경주에 가거든

한국 근대 지식인을 통해 본 경주

경주에 가거든

한국 근대 지식인을 통해 본 경주

조성환 편

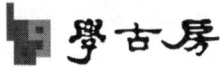

서 문

고향! 말만 꺼내도 정겹고 살가운 단어다. 국내외를 막론하고 고향을 두고 많은 문인들이 그들의 필치로 '고향'을 복원해내려고 얼마나 노력했던가?

나의 고향은 충남 서산 고북이라는 면 단위에 불과한 조그만 마을이다. 아침에 눈을 뜨면 눈앞에 바다가 보이는 '신송리'라는 곳이 바로 내 고향이다. 그곳에서 나서 자라고 천안(3년), 대구(9년), 서울(1년)을 거쳐 1991년부터 2007년 2월까지 경주에서 무려 16년째 살았으니 경주는 누가 뭐래도 제2의 고향인 셈이다.

경주! 담장 없는 신라 역사박물관! 이름만 들어도 흥분되고 설레는 곳이다. 이곳에서 수많은 역사의 흥망성쇠가 이루어졌고 지금도 진행 중이다. 한때 관광의 메카로 불리던 경주가 이제 급속한 자본주의화의 물결을 피하지 못한 채 파괴되어 왔고 지금도 쇠락하고 있다.

나는 경주에서 수많은 사람을 만났다. 박혁거세, 김알지, 김춘추, 김유신, 선덕여왕, 진성여왕, 아사달, 아사녀, 강수, 설총, 원효대사, 최치원, 김시습, 최제우 등의 선조들과 그림이나 사진, 글 속에서 아련히 근대의 문화사에 족적을 남긴 문인, 학자들. 그들이 쏟아낸 무수한 담론들. 나는 이들의 담론을 정리하고 싶었다. 그러나 이를 깔끔하게 정리하기란 시간도 없거니와 공부(工夫)가 부족하여 힘에 부친다. 하여 일단 일제강점기에서 해방 공간에 이르기까지 한국 근대 지식인의 경주 체험을 대충 모아보았다. 일종의 자료집인 셈이다. 아마도 근대 경주 관련 담론이나 글은 금강산 빼고는 가장 많을 것이다. 그러나 여기에 수록된 글은 그중 일부에 지나지 않는다.

아울러 16년 동안 경주에 있으면서 수많은 사람들의 가이드 역할도 자임해 보았다. 전공이 중국쪽이다 보니 주로 중국측 인사들을 모셨다. 북경제2외국어대학 신·구 총장, 하남대학 신·구 총장, 북경대학·중국사회과학원·하남대학·남경대학·복단대학·강서사범대학·상해사범대학 등 많은 교수들이 경주를 찾았다. 그중 일부는 귀국해서 진솔한 필치로 기행문을 남기신 분이 있는가 하면, 불국사 별로 볼 거 없노라며 주위의 단풍나무만 배경으로 연신 사진 찍는 분들도 계셨다. 혹자는 모든 걸 중국의 사찰과 비교하여 치지도외하는 분들도 계셨고, 심지어 어떤 분은 불교적 지식이나 감각, 특히 건축 양식에 해박하여 나의 혀를 무감각하게 마비시키는 분들도 있었다. 지금 생각해보면, 30, 40대의 경주 생활은 나에게 어쩌면 환상이었을지도 모른다. 과거에 찬란했던 문화적 황홀감과 현재의 어두운 그림자가 오버랩되어 나의 안전에 펼쳐진다.

그때는 왜 그랬는지는 모르겠지만 불국사 다보탑을 설명할라치면 먼저 '십원'짜리 동전을 꺼내 보여주며 이것이 '다보탑'이라고 힘주어 설명했다. 아아, '십원'짜리 다보탑!

다보탑을 줍다

고개 떨구고 걷다가 다보탑을 주웠다
국보 20호를 줍는 횡재를 했다
석존이 영취산에서 법화경을 설하실 때
땅 속에서 솟아나 찬탄했다는 다보탑을

두 발 닿은 여기가 영취산인가
어깨 치고 지나간 행인 중에 석존이 계셨는가
고개를 떨구면 세상은 아무데나 불국정토 되는가

정신차려 다시 보면 빠알간 구리동전
꺾어진 목고개로 주저앉고 싶은 때는
쓸모 있는 듯 쓸모없는 10원짜리
그렇게 살아왔다는가 그렇게 살아가라는가.

위의 시는 유안진(1941~) 시인의 자조 섞인 넋두리인지도 모르겠다.

여기에 실린 글들은 모두 일제 강점기부터 해방 공간, 그리고 몇 편은 그 후까지 여러 문인이나 꿈 많고 감수성이 예민한 여고생들이 경주를 보고 느낀 기행문, 유기, 순례기나 감상문, 회고성의 글, 전설, 소설, 시, 시조 등 다양한 장르로 구성되어 있다. 이 책 제목『경주에 가거든』은 고유섭 선생의 글 「경주기행의 일절」에서 따왔다.

이 글 뭉치를 통해서 지금과는 달리 또 다른 눈으로 경주를 읽어내고 재발견하는 재미가 쏠쏠할지도 모르겠다. 아울러 근대와 일제 강점기 및 해방공간의 경주의 위상 및 표상을 비교 검토하는 것도 경주를 바로 이해하는데 도움이 될지도 모르겠다.

경주여, 천년 묵은 육중한 몸 떨쳐내고 깃털 같은 가벼운 몸매로 사바세계 넘어 하늘과 대지, 그리고 불쌍한 인류를 보듬어주고 앞길 인도해주는 등불이 되어주소서!

천안 봉서산장에서 조성환
2010년 6월 3일 일요일, 천안에서 경주 대불의 미소를 그리며

【일러두기】

1. 누가 보더라도 오자라고 판단되는 글자는 바로 잡았다. 예를 들면 교천(蛟川)→문천(蚊川) 등. 그리고 의미가 벗어나지 않는 범위에서 일부는 현대어 표기법을 따라 고쳤다.

2. 외국어의 경우 현대 표기법에 따라 표기하였다.
   예) 가라반→카라반, 곱보→컵, 라마(羅馬)→로마, 윗트 포겔→비트 포겔, 샤만니즘→샤머니즘, サラリマソ→샐러리맨, 세멘트→시멘트, 푸르그람→프로그램, 피라밋→피라미드 등.

3. 사투리는 가능한 범위에서 가독성을 위해 현대 표준어로 바꾸었다.
   예) 모다→모두, 나리다→내리다, 소래→소리, 어찌써→어째서, 하든→하던, V+이었→였, V+리었→렸, 끼었→꼈 등.

4. 한자어 표기는 문제가 없는 경우 한글로 바꾸어 입력했고 다만 아래의 한자어는 다음과 같이 표기했다.
   예) 급(及)→와, 과, 및, 기중(其中)→ 그 가운데, 기외(其外)→그 밖에, 기후(其後)→ 그 뒤(에), 나종(那終)→나중, 시(時)→때, ……할 때, 우(右)→오른, 전(前)→앞, 좌(左)→왼, 위선(爲先)→먼저, 재조(才調)→재주, 하(下)→아래, 밑 등.

5. 의미 전달이 불명한 경우에 임의로 각주를 달았다.

6. 원문이 희미하여 판독할 수 없을 경우, 복자(○)로 처리하였다.

목 차

●ⓞ 서문 __ 5

Ⅰ. 경주에 가거든 __ 13

   01. 경주에서 __ 김교신(金敎臣) ·· 15
   02. 경주행(慶州行) __ 권덕규(權悳奎) ·· 24
   03. 경주기행 __ 김동환 ·· 57
   04. 경주기행 __ 이원조(李源朝) ·· 64
   05. 반월성반(半月城畔)의 묵례(默禮) __ 노춘성(盧春城) ············ 79
   06. 경주순례기(慶州巡禮記) 옛 달을 찾아서 __ 조영출(趙靈出) ·· 92
   07. 가을의 경주를 찾아 __ 이병기 ·· 118
   08. 그리운 옛터를 찾아 신라 고도 경주로 __ 오병남(吳秉南) ·· 126
   09. 그립던 옛 터를 찾아 신라 고도의 경주로
        __ 박화성(朴花城) ·· 146
   10. 계림의 고목 등걸 __ 박화성(朴花城) ································ 180
   11. 고도순례 경주 __ 현진건 ·· 185
   12. 경주 기행의 일절 __ 고유섭(高裕燮) ································ 224
   13. 경주에 가거든 __ 황수영(黃壽永) ······································ 235
   14. 경주 수학여행의 감명 __ 황수영(黃壽永) ························ 242
   15. 경주 여행기 __ 영생여고생(永生女高生) 이봉순(李鳳順) ········ 246

16. 경주기행 __ 이화여고(梨花女高) 4년 정봉득(鄭鳳得) ················ 252
17. 경주기행 __ 호고(好高) 임학수(林學洙) ···························· 262
18. 오도답파여행 __ 이광수 ·· 283

II. 문학의 장, 경주의 빛과 그림자 __ 311

19. 경주의 달밤 __ 이병기 ·· 313
20. 여명(黎明) __ 이태준(李泰俊) ·· 320
21. 불국사 돌층계 __ 이태준 ·· 323
22. 안압지의 모색(暮色) __ 이원조(李源朝) ···························· 326
23. 옥룡암(玉龍菴)에서 __ 이육사(李陸史) ······························ 330
24. 초하(初夏)의 반월성(半月城) __ 김동환(金東煥) ·············· 332
25. 추억의 불국사 __ 성갈맥(成葛麥) ···································· 351
26. 무녀도 __ 김동리 ·· 356
27. 가실(嘉實) __ 이광수 ··· 389
28. 석굴암(石窟庵) __ 월탄(月灘) 박종화 ······························ 416
29. 불국사(佛國寺) __ 박목월 ·· 420
30. 계림애창(鷄林哀唱) __ 조지훈 ·· 428
31. 이 동굴 안을 거니는 자여 경주 석굴암 __ 조영출 ·········· 432
32. 경주시(慶州詩) __ 서정주(徐廷柱) ···································· 434
33. 석굴암 __ 임학수 ·· 439
34. 석굴암 관음상의 노래 __ 임학수 ···································· 441
35. 경주 길 __ 모윤숙 ·· 442
36. 경주를 보고 __ 이병기 ·· 444
37. 석굴암 __ 이병기 ·· 453

38. 다보탑 __ 김상옥 ··· 455

39. 신라문학 논의 __ 문일평, 모윤숙 양씨 일문일답기 ················ 467

Ⅲ. 경주의 농촌과 전설, 그리고 인물 __ 473

40. 경주 지방의 농촌 생활 다찌바나(橘樸) 선생을 동반하여
 __ 인정식(印貞植) ·· 475

41. 일천년 고도 경주 지방 ··· 491

42. 역사 미담 : 신라 효녀 연권(連權) 양 __ 김약천(金藥泉) ······ 512

43. 경주의 개 무덤 __ 금화산인(金華山人) ····························· 516

44. 경주의 인물 __ 일기자(一記者) ····································· 523

45. 여왕 선덕 __ 서정주 ··· 530

46. 불국사의 시진(瑞典) 황태자 __ 창랑객(滄浪客) ················ 535

47. 자연으로 본 경주 __ 이병기(李秉岐) ····························· 540

48. 역사적으로 본 경주 __ 이윤재(李允宰) ··························· 543

●⊙ 편저자 약력 __ 549

경주에 가거든

1. 경주에서(김교신)
2. 경주행(권덕규)
3. 경주기행(김동환)
4. 경주기행(이원조)
5. 반월성반이 묵례(노춘성)
6. 경주순례기(조영출)
7. 가을의 경주를 찾아(이병기)
8. 그리운 옛 터를 찾아 고도 경주로(오병남)
9. 그립던 옛 터를 찾아 신라의 고도 경주로(박화성)
10. 계림의 고목 등걸(박화성)
11. 고도 순례 경주(현진건)
12. 경주 기행의 일절(고유섭)
13. 경주에 가거든(황수영)
14. 경주 수학여행의 감명(황수영)
15. 경주 여행기(이봉순)
16. 경주 기행(정봉득)
17. 경주 기행(임학수)
18. 오도답파여행(이광수)

01 경주에서

김교신(金教臣)

    10월 5일 야(夜) 경성을 발(發)하여 익조(翌朝) 대구에서 경철(輕鐵)에 승체(乘替)하다. 철로 연변에는 중생대(中生代)의 대구 층암석(層岩石)이 판재(板材)를 쌓인 것처럼 되어 팔을 펴면 만질듯하게 되어 있으니 수학(修學)의 재료로 귀한 것이다. 신라 냄새난다는 아화역(阿火驛)을 지나 멀리 금척규봉(金尺峯群)을 지점(指點)하면서 기차가 지구대(地溝帶)를 지나 분지로 돌입(突入)한 때는 벌써 동경(憧憬)하던 동도(東都)에 착(着)한 것이었다. 경주역이 수원역같이 순 조선식 건물이었음은 아의(我意)를 득(得)하였다.
    오후 두 시경부터 제일차로 서악(西岳)을 향하여 고적 탐방의 도(途)에 취(就)하다. 태종무열왕릉(太宗武烈王陵)에 참배하고 서악서원을 지나 김유신 묘에 올라가 일천 년 전 백만 장안(長安)의 전용(全容)을 조망하다. 산과 같은 분묘의 거대함이 비록 애급(埃及)의 피라미드에 비하여 손색이 있다 할지라도 우리 조상들도 경멸(輕蔑)키 어려운 장부의 생활을 하였었다는 재료를 공(供)함에는 충족하였다. 김유신 묘는 무열왕릉에 비하여 그 규모는 소(小)하나 괘릉(掛陵)과 함께 신라 시대 능묘의 구용(舊容)을 대체 완전히 보전하였다하여 석난간(石欄干), 석상(石床)과 12지주(支柱) 등도 볼 수 있었다. 단 동시대의 무열왕릉이 저처럼 퇴락(頹落)하고 김유신 묘만

이처럼 구태(舊態)를 완보(完保)하였다 함은 무슨 사적 차오(差誤)가 있는 것이 아닌가 생각하나 오호라! 나의 천식(淺識)을 산록에서 대구 층암석(層岩石) 일괴(一塊)를 채집하여 가지고 서천(西川)을 섭도(涉渡)하여 시내로 향하다. '국파산하재(國破山河在)'라 운하나 천 년 전에 군함과 내외 상선이 폭주(輻湊)하던 서천을 금일 섭도할 줄이야! 신라의 누가 짐작하였으랴! 국파산파(國破山破)하여 남산은 해골만 남긴 독산(禿山)이 되어 화강암의 백사(白砂)만 배설할 줄 알게 되었으니 서천은 사구(砂丘)를 성(成)하고 문천(蚊川)은 건천(乾川)이 된 것이다. 금후 천년의 시일로써 반월성 아래에 범선이 들어온다면, 그 누가 조림(造林)을 불원(不願)할손가?

7일 조(朝)에 경주고적보존회로서 안내자가 왔으나 그 행정(行程) 프로그램의 입안이 저열함을 보아 그 안내를 사퇴(辭退)하고 반세간(半歲間) 경주를 위하여 준비한 바 오인(吾人)의 소지(所持)한 지식대로 자유롭게 구적(舊蹟)을 탐(探)하기로 하다. 동으로 나가 9층탑을 보고 황룡사지를 거쳐 안압지에 지(至)하여 천 년 전에 벌써

그림 1-1 경주 향교 대성전

금일의 창경원에 불하(不下)할 동물원, 식물원과 수족관을 설비하였던 우리 조상의 박물학 지식에 대하여 경모(敬慕)의 념(念)을 금(禁)치 못하고 석빙고에 지(至)하여 신라인의 생활양식을 추상(推想)하고 과학적 지식이 수월(殊越)하였던 당시의 인(人)이 빙고의 출입문을 남(南)에 설(設)하였음은 하고(何故)일까 의아(疑訝). 반월성 아래 일정교(日精橋), 월정교(月精橋)의 구지(舊趾)를 찾고 공자묘 곁에 최 부자 댁을 잠방(暫訪)하다. 13대 300여 년간 화로의 불이 꺼지지 아니하였다는 전설을 들은 고(故)이였다.

경주에는 고물구적(古物舊蹟)이 생명이다. 경주의 산천 그것이 고물이다. 그 경주에서 불을 보존하는 원시 시대 유풍을 보게 된 것은 그 처소(處所)를 득(得)함이라 할 것이다. 동북으로 계림에 소휴(少休)하고 첨성대에 반등(攀登)하여 천 년 전 과학자에게 경의를 표하니 때가 오정(午正). 분황사, 황룡사와 임해전 등이 모두 당시의 궁정에 있었다 하니 반일(半日)을 배회한 것도 오히려 정내(庭內) 산보에 불과한 셈이었다. 위재신라(偉哉新羅)!

오후에 경철(輕鐵)로써 불국사를 향하여 도중에 영지반(影池畔)에 입(立)하니 전설과 같을진대 연모의 정도 신라인은 그 후예보다 신실(信實)하고 참되었던 것 같다. 괘릉에 참배하여 신라문화의 절정을 규시(窺視)하고 불국사에 착(着)하니 사찰과 다보·석가 양 탑과 청운·백운 양교와 노사나동불(盧舍那銅佛)·춘일등(春日燈)·석사자 등이 모두 압도적으로 여배(余輩)의 심미안의 불비(不備)를 책(責)함을 감(感)할 뿐이었다. 다보여관(多寶旅館)에 일박.

10월 8일 미명(未明) 5시에 출발하여 석굴암으로 등산하다. 6시 15분 전에 영상(嶺上)에 올라 6시 20분에 태양이 동해를 솟아오를 때까지 그 변화무궁함과 그 광경의 절대(絶大)함을 다만 감(感)할 뿐이었지, 도저히 표현할 수 없다. "인(人)이 생(生)하여 위인을 접하기 난사(難事)요, 위대한 풍경을 접하기는 더욱 난사다. 위인은 움직이는 것이매 좌(坐)하여 접할 기회도 있으련마는 위경(偉景)은 내가 찾아가 서야 접할 수 있는 것이라" 함은 사실이었다. 조양(朝陽)을 받은 석굴암에 들어가 신라 문명의 존재를 입증하고 조선인 2천만보다도 더 굳세게 서서 그 자부심을 변호하고 있는 신라 예술의 결정(結晶)인 석불을 보고 하산하여 조반 후에 다시 경주에 귀래(歸來).

오후 문천(蚊川)을 건너 오릉(五陵)에 참배하고 김유신(金庾信)의 전설로 입(立)하였던 천관사지(天官寺趾)와 나정을 바라보면서 포석정에 지(至)하여 국가 흥망의 기인(基因)을 상고(想考)하고 남으로 5리 허(許)의 삼석불(三石佛)을 상(賞)한 후 남산성지(南山城趾)에 등(登)하여 지형과 축성의 관계를 알려 하였으나 성지(城趾) 희미하여 알 길이 없고 명물 자수정도 큰 결정을 발견할 수 없었다. 아침에 동해에 뜬 해가 서악에 떨어지고 조정산상(鳥頂山上)에 중추월(中秋月)이 솟는 것을 바라보면서 하산하다.

그림 1-2 남산의 삼존석불(1930년대)

9월 아침에 북천(北川)을 건너 백률사(栢栗寺)에 등(登)하여 배면(背面)으로서 구도(舊都)를 보니 서, 동, 남, 북 사면으로서의 관찰을 필(畢)한 것이다. 사체불(四體佛)·표암비(瓢岩碑)·탈해왕릉으로써 경주 일람을 마치고 오전 10시 차로 귀도에 등(登)하다. 총총한 구경이었다.

  전세기에 시운전하던 유물인가 싶은 경편차상(輕便車箱)에 몸을 싣고 효현(孝峴) 구비를 돌아서니 광활한 구도(舊都)의 산야는 벌써 보이지 않고 다만 남은 것은 3, 4일간의 피로와 2천 년 간을 내왕하던 인상뿐이다. 눈을 감아도 눈앞에 나타나 보이는 것은 저 왕릉과 분묘의 거대한 토구(土丘)들이다. 천여 성상을 지나고도 저러한 위대한 종적을 남겼으니 당시 저들의 생활, 정치, 군사가 얼마나 씩씩한 것이었을까? 그러나 그 분총(墳塚)은 애급1)이 피라미드에 비할 바가 못 되고, 금일에 그 사실(史實)이 확연한 자(者)가 희소하니 오호라, 삼국통일의 정략과 무운(武運)도 일장춘몽에 불과함이었다. 시의 동편에 우뚝 솟은 29척(尺)의 첨성대와 아직까지 원형을 보존하였다는 안압지가 신라의 과학을 자랑하는 힘은 넉넉히 세계대(世界大)에까지 급(及)할 것이나 중절(中絶)된 과학이라. 일진월보(日進月步)하는 현대의 과학에 비길 바가 못 되니, 오직 자부자위(自負自慰)의 자료나 되면 당행(當幸)이 아닐까? 정치도 쓰러지고 과학도 지나가되 홀로 천년 후에 생명이 발발(潑潑)한 것은 당시 예술이 다 무인석(武人石)과 석사자가 건재하고 춘일등과 노사나불이 살아 있고 다보탑의 매란국죽(梅蘭菊竹)이 연연세세(年年歲歲)에 자란다 한다. 조선의 생령(生靈) 2천만을 사각유해(死殼遺骸)로 볼지라도 석

---

1) 애급(埃及) : 현재 이집트의 한자어.

굴암의 불상에 생기없다리가 없다. 경주에서 예술을 제(除)한다 하면 남는 것은 영(零)에 근(近)한 것이다. 신라는 가고 경주는 황야가 될지라도 그 예술만이 영구히 남았도다. 경주의 예술품 중에서 불상과 사찰을 제하고 보면 또한 잔여(殘餘)가 영(零)뿐이다. 즉 불교의 신앙이 없는 곳에는 김대성(金大成)도 없었고 신라의 자랑인 예술도 없었던 것이다. 신라인이 큰 것이 아니었고 저들이 가졌던 신앙에 위력이 있었다. 신앙으로 설 때에만 영구하고 위대한 것이 산출되었다.

『성서조선(聖書朝鮮)』제23호, 1930년 12월

 일제강점기 한국의 종교계에서 개혁운동을 펼친 두 쌍두마차가 있었다. 하나는 불교계의 한용운(韓龍雲, 1879~1944)이요, 다른 하나는 기독계의 김교신이다. 한용운은 누구나 알고 있지만 김교신을 아는 사람은 별로 없다. 아마도 교회 밖에서 '무교회' 이념을 전파하고 복음의 토착화, 생활화를 주장한 결과, 그는 처음부터 기독교에서 '이단자'로 몰렸기 때문일 것이다.

그림 1-3 김교신 선생

김교신(金教臣, 1901~1945)은 함경 함흥에서 장남으로 태어나 1918년에 함흥농업학교를 졸업하고 이듬해 동경 정칙영어학교(正則英語學校)에 입학하여 공부하면서 동경 성결교회에서 세례를 받는다. 1920년 말에는 일본의 '무교회 기독교' 창시자인 우찌무라 간조(內村鑑三, 1861~1930)의 문하에 들어가 7년 동안 귀국할 때까지 그에게 사숙하였다.

1922년에는 중등학교 교사를 양성하는 동경고등사범학교 영문과에 입학했으나 중도에 지리박물과로 전과하여 1927년 3월에 졸업하였다. 그 도중 1925년부터 우찌무라 문하의 한국 유학생, 즉 함석헌(咸錫憲, 1901~1989), 송두용(宋斗用, 1904~1986), 정상훈(鄭相勳), 유석동(柳錫東), 양인성(楊仁性) 등 6명이 '조선성서연구회'를 조직하고 희랍어를 공부하며 원문으로 성서를 연구하기 시작하였다. 이들의 신앙 연구는 1927년 7월에 월간지 『성서조선』 창간으로 활기를 띠게 되었다. 나중에 이 잡지는 12년 동안 일제의 혹독한 검열을 받다가 1942년 3월 제158호에 실린 권두언 「조와(弔蛙)」를 계기로 폐간되었다.

  작년 늦은 가을 이래로 새로운 기도터가 생겼었다. 층암(層岩)이 병풍처럼 둘러싸고 가느다란 폭포 밑에 작은 담(潭)을 형성한 곳에 평탄한 반석 하나 담 속에 솟아나서 한 사람이 꿇어 앉아서 기도하기에는 천성(天成)의 성전(聖殿)이다.

  이 반상(磐上)에서 혹은 가늘게 혹은 크게 기구(祈求)하며 또한 찬송하고 보면, 전후좌우로 엉기엉기 기어오는 것은 담 속에서 암색(岩色)에 적응하여 보호색을 이루운 개구리들이다. 산중에 대변사(大變事)나 생겼다는 표정으로 신래(新來)의 객(客)에 접근하는 친구 와군(蛙君)들 때로는 5, 6 마리 때로는 7, 8 마리.

  늦은 가을도 지나서 담상(潭上)에 엷은 얼음이 붙기 시작함에 따라서 와군들의 기동이 일부일(日復日) 완만하여지다가, 내종 두꺼운 얼음이 투명을 가리운 후로는 기도와 찬송의 음파가 저들의 이막(耳膜)에 닿는지 안 닿는지 알 길이 없었다. 이렇게 격조(隔阻)하기 무릇 수 개월 여!

  봄비 쏟아지든 날 새벽. 이 바위 틈의 빙괴(氷塊)도 드디어 풀리는 날이 왔다. 오래간만에 친구 와군들의 안부를 살피고자 담 속을 구부려 찾았더니 오호라, 개구리의 시체 두 세 마리 담 꼬리에 부유(浮遊)하고 있지 않은가!

  짐작건대 지난 겨울의 비상한 혹한에 작은 담수의 밑바닥까지 얼어서 이 참사가 생긴 모양이다. 예년에는 얼지 않았던 데까지 얼어붙은 까닭인 듯. 동사한 개구리 시체를 모아 매장하여 주고 보니 담저(潭底)에 아직 두어 마리 기어다닌다. 아, 전멸은 면했나보다!

위의 짧은 글은 풍부한 은유를 여지없이 보여주는 전형적인 사회수필이다. 여기에서 김교신은 '보호색'으로밖에 살 수 없는 개구리들을 대동아전쟁에 시달리는 우리 민족의 모습으로 묘사함으로써 결국『성서조선』의 폐간을 가져왔다. 이런 혹독한 시련 속에서도 살아남은 개구리는 우리 민족의 자화상이라 하겠다.

이때 함석헌, 송두용, 유달영(柳達永, 1911~2004) 등 13명이 서대문형무소에서 1년간 옥고를 치렀는데, 이것이 '성서조선 사건'이다.

그는 일본에서 귀국 후 관북 최초의 여학교 함흥 영생여고 교사를 거쳐 양정고보에서는 박물교사로 지내면서 어린이운동의 개척자인 윤석중(尹石重, 1911~2003), 농촌운동가 유달영, 베를린올림픽 마라톤 우승자 손기정(孫基禎, 1912~2002) 등 기라성 같은 제자를 배출하였다. 특히 그는 스포츠에도 관심이 많아 베를린올림픽 동경 예선 경기에 손기정의 마라톤 코치 중의 한 사람이 바로 김교신이었다.

1940년 언론에 의한 복음을 전도하고자 양정고보를 사임했다. 얼마 뒤 여러 가지 이유로 공립경기중학교 교사로 다시 부임하였으나 불온인물로 낙인찍혀 6개월 만에 그만 두고 이듬해에 개성의 송도중학교로 부임하였다. '성서조선 사건'은 바로 송도중학에 재직할 때 일어났다. 1년간 옥고를 치르고 난 뒤 전국 각지와 만주를 유랑하며 전도 생활을 지속하는 도중 흥남질소비료공장에 징용으로 끌려간 5천명의 노무자들이 처참한 생활을 한다는 말을 듣고 그들의 숙사에 합류하여 처우 개선을 꾀하였으나, 들어간 지 1년도 안되어 그곳에서 발진티푸스에 감염되어 1945년 4월 25일 사망하였다.

위의 경력과 함석헌 선생의 표현을 빌려 한 마디로 말하자면, 그는 근대 한국 민중의 '씨알'이라고 하겠다.

그의 문집으로 『김교신 전집』(6권, 경지사, 1975)이 있고 아울러 그가 주편한 『성서조선』도 8권으로 영인(노평구 편, 대구 일심사, 1982)되어 나왔다. 그의 평전으로 김정환의 『김교신, 그 삶과 믿음과 소망』(한국신학연구소, 1994)이 있다.

그는 지리박물 교사였다. 따라서 시간이 나면 주일마다 학생들과 서울 근교의 고적, 능묘, 명소를 탐방하였는데, 위의 글도 양정고보 경주 수학여행단의 인솔교사로 경주를 탐방하고 적은 여행기이다.

02 경주행(慶州行)

권덕규(權悳奎)

길을 가다가도 큰 산 밑으로 그야말로 청룡백호가 분명하게 되고 안산(案山)이 그렇듯이 놓인 속에 구년(舊年)묵이 둥그나무가 몇 그루 서고 고래 등 같은 기와집이 경성드뭇한 마을을 만나면 자연히 고개가 숙어지고 일종의 경건한 생각이 나며 그 동리가 어떤 사람의 장점(粧點)한 곳인가 알고 싶은 생각이 어찌할 수 없이 일어나되, 그와 반대로 납작한 등성이 발아진 옴욱태기에 포푸라 회초리가 회회 둘리고 회리 바람에 날아갈 듯한 양철 지붕 한 새집 몇이 산뜻이 보이는 곳을 만나면 어찌하여 그러한지 가엽고 가증(可憎)하고 하잘 것 없고 채신이가 없어서 일종의 경멸하는 생각이 일어나는 것은 누구든지 다 같이 그렇다는 동감을 가지리라.

나는 이제 이런 생각을 가지고 천년의 옛 도읍 경주(慶州)로 내려간다. 차 탄 지가 얼마나 되었는지 무엇들을 다투고 빼앗고 하는 서슬에 획 돌아보니 육과(肉果)의 한 자리를 차지(次知)하여 칠절(七絶)이 있다고 기리어 아끼는 감이며 아이들 수수께끼에 껄껄이 안에 빤빤이, 빤빤이 안에 털털이, 털털이 안에 오두둑이 하는 밤을 가지고 야단이라.

아아! 알괘라, 과천(果川)이라는 데는 본래 과실이 많이 남으로 이름한 곳으로 여기에서 동행한 사람이 오름이라. 토산으로 양주

(楊州)밤을 매우 치지마는 역사상으로는 과천이 실상(實狀) 실과(實果) 고장으로 더욱 밤을 일러 내려오는 대로니 그리하기에 고구려적의 골 이름도 율목동사힐(栗木冬斯肹)이라 하였다. 이는 그곳에 밤나무가 많이 나며 이 밤나무에 겨우살이가 많음으로 이름이니 곧 율목은 밤나무며 동사힐은 겨우살이라. 대개 우리의 옛 지명이나 인명은 지금과 같이 한자로 지어 부른 것이 아니라 순조선어로 지어 불렀나니 청풍(淸風)을 사열이(沙熱伊)라 함은 사열이가 곧 서늘이란 말이며 영암(靈岩)을 달내(達奈) 또는 월출(月出)이라 하니 월출은 곧 달내의 역(譯)이며 고성(高城)을 달홀(達忽)이라 함은 고어에 달(達)이 높다는 말이며 회양속현(淮陽屬縣)의 적목진(赤木鎭)은 사비근을(沙非斤乙)이라 하였는데 사비근을이 곧 새 밝안이란 말이며 신라 명장 죽죽(竹竹)은 세한부조(歲寒不凋)를 의미함이라 하였으나, 이도 또한 거리낌 없이 주욱죽 자라는 뜻이 아닐는지?

대성(大聖) 원효(元曉) 같은 이도 원효는 방언으로 시단(始旦)이라 하였으니 시단은 첫새배라는 말이라. 예어라, 이런 소리를 언제 다하고 있으랴!

이럭저럭 인심 사납기로는 남수원(南水原)이라는 거기도 지나버리고 편쌈이 용하다나 하여 "평택(平澤)이 깨어지나 아산(牙山)이 무너지나" 하는 평택은 여기다마는 아산은 어디쯤인고? 편쌈만으로 만이 아니라 우리의 일대 위인 이충무(李忠武)의 영골(靈骨)을 모신 아산, 아아, 아산아, 아산아, 네 부디 평안하거라.

"천안(天安) 삼거리 능수버들"은 하고 거기도 지나놓고 "김제역(金蹄驛) 말 잡아타고" 하는 소정리(小井里)를 거쳐 차가 스르를 닿으며 조치원(鳥致院), 조치원하는 곳에 다달았다. 전하는 말에 조치원은 신라의 문장 최치원(崔致遠)이 세운 시장으로 이 최치원의 음이 변하여 이렇게 되었다 하나, 이는 구태 그렇다 아니라 의론할 것도 없고 여기만 와도 차차 경주(慶州) 서울이 가까워지고 신라의 옛 적으로 들어가는 듯하다.

그림 2-1 고운 최치원 선생 초상

말만 들어도 삼한(三韓)이란 한의 생각이 나는 한밭[太田]을 지나고 양반의 모자리라는 영동(永同)을 빠져서 황간(黃澗) 어디쯤인지 가니까 집 뒤에는 솔밭이 거하고 울 밖에 대숲이 있고 문 앞에 내가 흐르며 내 건너 꽤 넓은 들에는 벼가 한참 익어서 황금으로 진을 친 듯한 마을이 있다.

아아, 거지(居地)야 좋다마는 아마도 거기에는 십 몇 세기 부질없는 꿈이 제법 무르녹은 뉘집 서방님이 누었으렸다. 차가 여기를 오면 가지를 못하고 헐떡헐떡 하기만 한다는 미신(迷信)의 굴혈(窟穴)

추풍령(秋風嶺)을 지나는데 한 모퉁이를 지나면 곧 내이요, 내를 건너면 곧 들이며 들 건너 산이요, 산 너머 강이라. 차가 이리 가면 내가 저리 쫓고, 차가 저리 가면 내가 이리 돌아 마치 아이들 숨바꼭질하듯 앞서서 암금질을 하며 나를 잡겠지, 잡겠지 하는 듯하다.

과하주(過夏酒) 좋기로 유명한 김천(金泉)을 거쳐 한 정거장, 두 정거장 세이다가 대구(大邱)에 내리기는 해가 기울어서라.

중앙경철(中央輕鐵)을 갈아타니 어찌면 그다지 다를까! 아주 딴 판이로다. 조선반도의 산수야 천편일률로 비슷비슷하여 말할 것이 없거니와 이로부터 인물, 언어, 풍속은 교계(較計)할 수 없는 딴 세상이라. 먼저 한 가지 예를 들어보자. 그 이름부터 어찌 그럴상한 반야월(半夜月)이라는 정거장 근처의 후미기리[건널목]를 지나갈 제 문득 바라보니 바로 보면 보기도 무서운 나이나 한 사십 됨직한 여자가 신호기를 들고 섰다. 나는 부질없는 생각으로 그 여자의 신세를 생각하고 싶었다.

아마도 그 여자는 가난한 집에 낳스렸다. 그리고 또 가난한 집으로 갔겄다. 그리하고 그 팔자가 더욱 기구하게 되느라고 남편까지 잃은 모양이었다. 그리하여 그는 끈 떨어진 뒤웅박 신세로 남의 집 고공(雇工)살이도 하였을 것이요, 힘에 넘는 임2)을 이고 군군촌촌(郡郡村村)이 돌팔이 장사도 하였고 이 장 저 장에 장돌림도 되었으렸다. 그리하다가 근력이 쇠하니까 집에 들어 억척살림을 하는데 마침 철도가 집 앞으로 놓이고 후미기리가 문 바로 나는데 회사에서도 청을 하고 자기도 괜치않게 승낙하여 되는대로 신호부(信號夫)가 된 것이었다. 지금에 보이는 철도 옆의 오막살이 초가집이 그

---

2) 임 : 머리 위에 인 물건, 또는 머리에 일 만한 정도의 짐.

집이라. 그 집이 겉으로 보면 조그마하고 납작하고 더럽고 그러하나 그 내부는 중의 살림 비슷하게 아주 정갈하고 모든 것이 질서 있고 규모적으로 정돈(整頓) 되었을 것이라.

다시 그 여자의 평생 호강을 낱낱이 짐작할 수 있다. 그가 난지 1년 만에 돌상으로 좋은 의복에 좋은 음식을 한번 받았고, 그 다음에는 설령 자기의 뜻은 아닐지라도 이른바 백년가약을 맺어 자기 평생을 남에게 의탁하여 가던 그 날에 또 한 번 의복 음식의 사치를 하였고, 그리고는 다시 자기 몫에 돌아오는 호강이란 아마 없을 것이다. 또한 그의 성질을 의론하면 과부되는 이 치고 영악하지 아닌 이 없다고 워낙 강한 바탕에 영남의 견인한 풍기를 받아서 비록 만(萬) 말의 힘을 빌어 끌더라도 다시 잡아 돌리지는 못할 것이요, 그리하여 구사일생을 하면서도 남의 신세를 지지 않고 오직 이마에 땀을 흘려 먹은 것이라. 지금에 저 기를 들고 서있는 양(樣)을 보더라도 그렇지 않겠는가?

나는 다시 그를 도회의 부녀와 비교하고 싶었다. 아이구 미워, 도회의 부녀, 기름머리에 분세수(粉洗漱)를 하고 명주고름 같은 손으로 잘잘 끌리는 치마고리를 휘어잡고 외씨 같은 발끝으로 아실랑아실랑 걸어가는 그런 종류는 그만 두고라도 쇠똥머리에 동강치마를 떨떨이고 굽 높은 신으로 나가서는 자유해방을 부르면서 들어서는 손끝의 물을 톡톡 튀기는 그런 여자도 참으로 찐답지 아니하다.

해방은 되었다 하지마는 자유는 무엇으로 인고? 나는 과문(寡聞)이라 그러한지, 또는 자유해방을 과학적으로 하려 하지 아니하여 그러한지는 모르되, 나는 간단히 설명하여 자유는 독립생활을 지지할 만한 그것이라고만 한다. 그러한데 신호부 그 여자는 과연 해방이요, 독립이요, 자유평등이라 생각만으로 만이 아니라, 말만으로

만이 아니라 이행이요, 실현이라 해방을 부른 적 없으되 스스로 해방이요, 독립, 자유, 평등을 주장한 적이 있지 아니하되 스스로 그러하여서 그대로 잠잠한 공(空)의 철학이라. 그에게 만일 설명이 있다 하면 이러할 것이다.

이성(異性)인 이족(異族)인 너희들이여! 아무리 가두려하여라, 나는 절대의 해방이요, 아무리 올무를 씌우려 해라, 나는 절대의 독립이라. 언제 나에게 자유, 평등이 문제 되더냐, 해방, 평등을 이성에게 구하는 어린 여자들아, 모든 것이 나에게 있는지라, 어찌 남에게 구하리오.

또 한 가지 정거장마다 머리 헙수룩한 상투장이와 고깔 수건 쓴 총각아이가 혹은 모판 혹은 둥우리에 연초(煙草)나 과실, 과자를 가지고 권련 사소, 과자 사소하며 맘에 맞지 아니하면 "왜 이력히는 게요?" 하는 것이 특별이 눈에 들어 참으로 옛 도읍 구경길인가 싶다.

날이 차차 저물어간다. 우양자귀촌항(牛羊自歸村巷)3)은 얼마큼 말작이어니와 염소가 늦었다고 '애햄애햄'하는 근처에는 반드시 아이들이 달려가고 연기서린 고목 가에는 날짐승의 활개가 가장 한가로운데 가을걷이하는 남녀 농부가 혹은 빈 몸으로 혹은 연장을 메고 혹은 미나리[山有花]를 부르며 혹은 '쯧쯧' 소를 몰아가는 양(樣)이 그림이라 하면 훌륭한 그림이어니와 이것이 그림이 아니고 실경(實景)인지라 더욱이 유심(有心)히 보이도다.

---

3) 이 시구는 왕유(王維, 701~761)의 「전원의 즐거움(田園樂)」에 나온다. 참고로 적어둔다.
萋萋芳草秋綠, 우거진 풀 가을에도 푸르고
落落長松夏寒. 늘어진 긴 소나무 여름에도 시원하네.
牛羊自歸村巷, 소와 양은 동네 길로 돌아오고
童稚不識衣冠. 아이는 관리를 알아보지 못하네.

하양(河陽) 근처를 지나니까 해가 아주 서산 밑에 보금자리를 쳤는데 비록 차를 탔다하여도 종일 휘달려온 몸이라 피로를 못 이기어 잠깐 다른 세상에 쉬이더니 승객들이 퉁탕거리고 역부(驛夫)가 영천(永川), 영천하는지라 아아, 이 영천이 고려 충신 정포은(鄭圃隱)을 낳은 땅이로구나. 거룩한 사람을 내어 거룩한 땅이로다. 새삼스럽게 그를 다시 소개할 것은 없거니와 그는 학설로는 횡설수설이 무비당리(無非當理)요, 시(詩)로 운치(韻致)를 모두가 갖추어서 말하면 썩 원만한 양반이라. 그가 9월 이 때에 명원루(明遠樓)에서 읊으신 글이 하나 생각긴다.

　　　　풍류태수이천석(風流太守二千石)이요,
　　　　해후고인삼백배(邂逅故人三百盃)라.4)

나는 선생의 글을 읊고 글을 짓고 싶었다. 그러나 글은 되지 아니하고 선생을 생각하여 투(套)로 적으니

　　　　정 선생 나신 터를 어드메에 찾을런고
　　　　저물어 안보이니 물어도 쓸 데 없다.
　　　　행여나 여기에서 가까우면

---

4) 이 시구는 영천 조양각(명원루)의 낙성식 때 포은 정몽주(鄭夢周, 1337~1392)가 쓴 시 「청계석벽(淸溪石壁)」의 구절이다. 원문은 다음과 같다.
淸溪石壁抱州回, 바위언덕 아래 푸른 강물 영천을 돌아 흐르고
更起新樓眼豁開. 다시 지은 누각에서 깨어보니 눈앞이 훤하다.
南畝黃雲知歲熟, 남쪽 밭에 노란 구름처럼 곡식이 익었고
西山爽氣覺朝來. 서산의 시원한 기운 아침에 몰려온다.
風流太守二千石, 풍류 즐기는 태수는 이천석을 허비하고
邂逅故人三百杯. 오랜만에 만난 친구와 술 삼백 잔은 마신다네.
直欲夜深吹玉笛, 밤이 깊어 옥피리 불며
高攀明月共徘徊. 높고 밝은 달과 함께 배회하고 싶어라.

달은 가을 달을 치거니와 파란 하늘에 밝은 달이 뚜렷이 비치어 서늘한 저녁 하늘을 장식하는데, 차는 전산(前山)이 홀후산(忽後山)의 구(句)를 '우루룽우루룽' 읊으며 씨근거리다 아화(阿火)를 지난다. 옆의 사람이 지명도 이상하다고 묻는다. 나는 실없이 그에게 이것이 경주가 가까운 전조(前兆)라고 하였다. 그는 자꾸 잇대어 묻는다. 경주는 물론 가까웠거니와 전조(前兆)가 무슨 전조냐고 한다.

그림 2-2 현재의 아화역

나는 이것이 고대의 말이니 화(火)가 곧 불이 아니냐고 하였다. 그는 화를 내어 '에에기'하고 말아버린다. 아마 화가 불이라는 말이야 누가 모르랴고 순전히 농담으로만 안 모양이라. 그리하여 다시 설명하기를 시작하였다. 화가 곧 불이니 불은 벌이라는 말도 될 것이며, 벌이라는 말이 고대에 있어서는 골 이름으로 또는 나라 이름으로 널리 쓰였다. 먼저 신라의 초호(初號) 서라벌(徐羅伐)의 벌(伐)이 이것이니 이 벌을 불, 발 여러 가지로 적었으나 그 음이 벌이든

I. 경주에 가거든 31

지 불이든지 발이든지는 질정(質定)할 것 없고 불이나 벌이나 발 등 여러 가지로 쓰인 것은 사실인데, 이 나라라는 말 하나쯤이 그렇게 어수선하게 된 것은 조선어음 그대로 조선문으로 적은 문적(文籍)이 없어지고 한문으로 적게 된 까닭이며 한문으로 적되 한 사람의 손으로 적은 것이 아니라 여러 사람의 여러 손으로 적은 것이며, 그도 조선 사람뿐이면 더러 일치할 수가 있으되 조선 사람 아닌 외국 사람, 더욱 남의 말이란 아무쪼록 못되게만 적는 버릇이 제2 천성으로 들어어박힌 지나(支那) 사람의 손으로 적은 것이 지금 우리의 눈에 뜨이게 되어 그렇게 가닥지게 된 것이라.

그리하여 지나 사람이나 조선 사람이 그 한문으로 적기 때문에 혹은 음으로 혹은 훈으로 불을 불(不), 불(弗) 또는 화(火)로 적기도 하였고 발(孛), 발(渤) 또는 발(發)로 적기도 하였으며 벌(伐)로는 가장 많이 적어서 음즙벌(音汁伐)·사벌(沙伐)·기벌(伎伐)·소벌(蘇伐)·비사벌(比斯伐) 등이 무수하며 불의 예는 달불(達弗)·궁화(弓火)·굴화(屈火)·가주화(加主火)·노사화(奴斯火)·본추화(本推火)·달구화(達句火)·비자화(比自火) 등이 이것이니, 이를 조금 더 널리 소급하여 찾으면 부리(夫里)·비리(卑離)·부여(扶餘)·부루(扶婁)·배달(倍達) 따위가 모두 이와 같은 것이며, 발의 예는 융발(戎發)·연타발(延陀勃) 따위인데, 이와 같이 음훈 등 여러 다른 글자로 적은 것은 그만두고 한 가지 음으로 적는다 하여도 국명은 국(國)에 당(當)한 자(字)로, 수명(水名)은 수(水)에 당한 자로 맞추었나니 삼한(三韓)의 한은 한(韓)으로, 한지(韓地)의 강명(江名)은 한(漢)으로 해명(海名)은 한해(瀚海) 따위(東南海의 稱) 한(瀚)으로 쓴 것이며 다시 발발(發勃)의 자(字)도 수명에 당하여는 발(渤)로 쓰여 발의 해(海), 곧 국(國)의 해(海)라는 것이 이 따위라. 말이 끝나지 아니하여 경주역에 다달았다. 차에 내려보니 영접하는 이 별로 없고 정거장조차 쓸쓸한데 명월만 유심(有心)히 교교(皎皎)하여 설월(雪月)은 전조색(前朝色)에서 설자(雪字)만 떼어버렸다.

경주를 들어서면 제일 먼저 엄청 나는 것이 하나 있다. 조금만 거짓말을 보태면 한양(漢陽)의 남산(南山)만큼한 산더미가 만두 모양으로 여기저기 들어박혀 있다. 누구든지 그것을 처음 보고는 무덤이라고는 생각할 리가 없다. 아무리 하여도 천연의 산더미이다. 도저히 사람의 손으로는 그렇게 만들 수가 없을 것이다. 사람이 모든 것을 다 생각하고 조출(造出)하지만은 땅덩이야 새로 만들 수가 있으랴! 그러나 신라의 사람은 땅덩이를 만들었다.

봉황대(鳳凰臺)를 올라보았다. 이 대라는 산도 또한 누구의 능묘인지는 모르나 반드시 누구의 능묘리라고 추정하는 바이다. 여기에 대하여는 맹랑한 이야기 하나가 있다.

그림 2-3 봉황대 위로 난 오솔길(1950년대)

태초에 말이 있으니 하는 때인지는 모르되 아주 옛적에 봉황이 내려와 놀았다. 그 봉(鳳)의 놀던 터가 이 봉황대이다. 천하가 태평하면 봉이 보인다는데 지금은 천하가 어지러워 그러한지 봉황은 아니 보이고 대만 남아 쓸쓸한데 부질없는 까마귀가 봉황을 대신하여 '까악깍'할 뿐이다. 그 후에 언제인지 풍수장이 하나가 이 대에 올라보고 말하기를 봉황은 난생(卵生)인데 그 봉이 노는 터만 있고 알이 없어서는 못쓴다하여 뫼를 무수히 몰아놓으니 지금에 이 대를 중심(中心)하여 사면으로 보이는 산더미가 그것이라 한다.

풍수장이의 이런 거짓말은 이를 것도 없거니와 나는 감여술(堪輿術)5)을 혹신(酷信)하는 자는 모두 경주로 보내고 싶다. 그들의 말이 음택(陰宅)의 자리는 내룡(來龍)이 어떠하고 향(向)이 어떠하며 무슨 혈(穴)에 장풍(藏風)이 되어야 한다고 하겠다. 그러하면 이 산릉(山陵)들은 그 모든 조건을 구비하였는가? 그것을 몰라 경주 전체가 그 모든 조건에 합한다고 할 양이면, 그러나 이 뫼들의 자리를 보아라. 밭귀, 논귀, 마른 데, 진 데 할 것 없이 주어묻지 아니하였는가? 아무리 하여도 경주의 고분을 보고는 이른바 감여가(堪輿家)가 36계를 부를 것이다. 그렇지 아니하고 그래도--뻔뻔히 주장한다 하면 먼저 말한 경주 전체가 모든 조건에 합한다고 밖에는 못할 것이다. 그러면 나도 또한 할 말이 있다. 그러하면 요동(遼東) 벌판도 괜치 않을 것이며 세계에 제일 넓은 사하라 사막도 괜치 아니할 것이다. 그러면 지구 전체를 가지고 말할 것인가? 지구가 구형(球形)인데야 무슨 내룡(來龍)이 있어야지! 이는 다 시키지 않는 장난이고 따라서 경주의 지형이 북(北)이 허(虛)함으로 부녀로 북상투를 틀게

---

5) 풍수지리설의 다른 이름.

하고 지금에도 창녀가 허리띠를 뒤로 매는 것과 꼬리 없는 짐승을 동경(東京)이라 함이 다 이에 근원(根源)하였다 함이 암만하여도 말 작이 풍수장이의 말이요, 신라 때의 말이 아님을 어림하겠다.

이 고분들을 경주 사람들은 독메라고 하며 쌍분(雙墳)을 형제 독메라고 하나니, 이 메라는 말을 들어도 남산만하단 말이 과히 거짓말 아닌 것은 변명될 것이요, 아무튼지 여간(如干) 수 30명씩은 묘동상(墓東上)에 올라서면 서에서 아니 보이고 서상(西上)에 올라서면 동에서 아니 보이나니 그리하면 이 분묘가 실재에 얼마나 큰 것을 짐작할 것이다. 아무튼지 경주 고도의 형식은 이 고분들이 반 이상을 꾸리나니 그 형식으로든지 그 고분 배 속에 감춘 유물로든지 과연 사람으로 하여금 입을 딱딱 벌리게 하는 도다.

근일에 고물(古物)이 발견되었다고 떠드는 것이 이 고분에서 나온 것이며 경주고적보존회(慶州古蹟保存會)에 있는 무수한 고물들이 반은 다 이 고분 속으로 나온 것이다. 이 고분의 형식을 보아 두 가지로 구별하나니 그 내부로 보아는 그 현실(玄室)을 석곽(石槨)으로 한 것과 적석(積石)으로 한 것의 둘이며, 그 외부로 보아는 병풍석(屛風石) 기타 석물들이 있는 것과 그것이 없는 것의 둘인데 없는 것은 통일 전의 것이요, 그 있는 것은 통일 후의 것이라.

무열왕릉비(武烈王陵碑)의 이수(螭首), 귀부(龜趺)가 지금에 경주 4보(寶)의 하나라고 일컫는 것이어니와 이것이 곧 삼한을 통일하던 태종 임금의 능에 와서 비롯된 것이라. 그리하여 태종무열왕릉 앞의 김양 묘(金陽墓)와 송화산(松花山) 중복(中腹)에 있는 김각간 묘(金角干墓)를 바꾸어 생각하는 것도 이 까닭이니 김양 묘를 무열릉 계하(階下)에 쓸 리도 없는 것이요, 쓰더라도 무열왕과 김양과의 상거(相距)가 백유여년(百有餘年)인즉, 그 석물을 무열왕릉과 일여(一

如)히 비 하나만 세울 리도 없는 것이며 김각간 묘, 곧 김유신 묘라는 곳에는 병풍석에 석물에 갖추었은즉 반드시 통일구후(統一久後)의 능묘임이 분명한데 김양도 각간위(角干位)를 지내었으니 각간묘라 하였을 것이 또한 분명하며, 신라의 각간이라 하면 김유신이 대표가 되었으매 후인이 각간 2자에 어두워 김유신 묘라 억단(抑斷)도 할 것이라. 김각간 묘야 누구의 묘이든지 김양 묘라는 것은 아무튼지 김양 묘는 아닌 것이요, 무열왕릉과 같은 시대의 능묘일 것은 분명하다 한다. 안압지를 거쳐 반월성의 석빙고를 보고 돌아오다가 첨성대를 구경하였다. 안압지는 신라가 통일의 업(業)을 이루고 얼마 되지 아니하여 무열왕의 다음 임금 문무왕이 비업(丕業)을 이어가지고 한참 흥청거리는 판에 판 못이니 못 가운데는 도서(島嶼)를 모고 창궁(蒼穹)같이 무지개 돌다리를 놓고 사면에 돌로 산을 쌓아 무산(巫山) 12봉을 형상하고 기화요초(奇花瑤草)를 심고 진금이수(珍禽異獸)를 기르고, 그 서쪽에 임해전을 지어 화조월색(花朝月色) 성하융동(盛夏隆冬)에 때를 바꿀만한 기구로 어련(御輦)이 한번 뜨면 산천이 다 은근히 예를 드리는데 만조백관(滿朝百官)이 국궁진퇴(鞠躬進退)를 하는 양이 눈을 감으면 즉시에 보인다.

지금에 전 터에 있는 석조(石槽), 석통(石桶)은 그 때의 광경을 다 보았건만 여기서 가까운 거리에 동서로 갈구리같이 곱으장곱으장 한 산이 동서로 연락(連絡)하여 누은 것이 반월성이니 이 성이 개개(個個)이 떼어도 반월이요, 전체로 합하여 보아도 반월인 것이 매우 흥미의 부(富)한데, 반월은 원만을 기(期)하는 뜻으로 더욱이 그 생각의 장원(長遠)함을 가르친다.

이 아래가 왕궁 터이다. 군데군데 나자빠진 주초(柱礎)가 비록 말은 없으나 천년 전 역사를 분명히 설명한다. 이 주초뿐 아니라 경주

평야에 그득히 깔린 기왓장, 돌조각이 하나나 범연(泛然)한 것이 없으니 혹은 연꽃, 혹은 운문(雲紋), 혹은 국화를 새기어 어느 것이 사람의 손을 거치지 아니한 것이 없다. 돌도 호강이 한때 인가보다. 지금에 뒤깐 돌이 되고 개천막이가 된 것이야 오작 슬프랴!

월성 허리에 남으로 석빙고가 있다. 이 빙고의 창축(創築) 연대는 알 수 없으나, 『삼국유사』에 유리왕(儒理王) 때에 이거(犁耟)와 장빙고(藏氷庫)를 시제(始製)하였다 하였고, 『삼국사기』에 지증왕(智證王) 6년에 유사(有司)를 시명(始命)하여 빙(氷)을 장(藏)하다 하였으니 장빙(藏氷)의 기원이 오랜 것을 알 수 있으며, 그 입구의 미석(楣石)에 이조 영종(英宗) 17년에 개축한 문자가 있다. 처음에는 석비(石扉)를 하여 단 듯한 흔적이 있으며 고(庫)의 넓이는 한 20척 가량이나 되며 높이는 너덧 길 되는데 천정은 둥그스럼하게 늑식(肋式)으로 쌓았다.

경주고적안내를 펴어 보니까 이 고(庫)의 용석(用石)이 약 천 개에 늑식 구조로 동양에서 차종(此種)의 석조 건축물은 귀중한 것이라 하였더라. 나는 다시금 신라의 호강을 생각하였다. 겨울에 문천강(蚊川江)의 얼음을 떠서 이 고에 장였다가 삼복 중 끓는 듯한 전각을 서늘이 식히어 그만 수정궁을 만들었을 것이요, 속이 답답하여 대규(大叫)코저 할 때에 빙수 한 종(鍾)을 기울이며 '아아 시원해' 하고 즐기었스렸다.

첨성대는 월성의 북, 읍에서 시림으로 가는 도방(道傍)에 있으니 신라조의 천문 관측하는 유지(遺址)로 동양의 최대한 천문대로 거룩한 건축물이라. 이는 신라 27세왕 선덕조(善德朝)의 건조(建造)라 하나니 화강석으로 높이가 30척이나 되게 원통형으로 쌓아 올렸고 맨 위에는 2중의 정형(井桁)을 얹고 중앙 남면에 방형의 창을 내어

Ⅰ. 경주에 가거든 37

출입구를 만들었는데, 대의 내부는 승강 계단이 없이 그냥 쌓았음으로 시후(時候)를 관측하는 긴급한 곳으로 시간의 허비되는 제자(梯子)를 썼을 리도 없고 아마 승강기를 썼나보다는 의견을 가지는 이도 있다. 그도 그럴는지도 몰라. 천 년 전 그 때에 있어 유리를 고고 오색 모직을 짜고 건축 조각이 그만하고 만불산(萬佛山)같은 이상한 물건을 만드는 솜씨로 승강기쯤을 만들었다는 것이 그리 괴이한 것은 아니라.

　신라 8괴(怪)6)의 하나라는 안압지의 부평(浮萍) 따위도 아마 참으로 부평이 아니라 마름잎 같이 무엇을 해 띄어 사람이 타도 가라앉지 않게 한 것이 아닐까? 신라의 신물(神物) 금척(金尺)이라는 것도 정말 금자가 있어서 병자를 재면 병이 낫고 사자를 재면 사자가 부생(復生)하는 것이 아니라, 생각건대 아마 금척이라는 용한 의원이 있어서 병자를 다스리면 병든 자가 낫고, 죽게 된 자를 다스리면 죽게 된 자가 살아나게 하는 신라의 편작(扁鵲)7)인지도 모르겠다.

---

6) 신라 8괴는 남산부석(南山浮石, 남산 국사골의 아슬아슬하게 걸쳐 있는 바위), 문천도사(蚊川倒沙, 남천의 물에 떠서 거슬러 올라가는 모래), 계림황엽(鷄林黃葉, 계림숲의 노란 잎사귀), 금장낙안(金丈落雁, 현곡면 금장리 형산강 가에 나는 기러기), 백률송순(栢栗松筍, 백률사 소나무에 돋은 솔순), 압지부평(鴨池浮萍, 안압지에 떠있는 마름), 불국영지(佛國影池, 불국사 석가탑의 그림자가 비치는 영지), 선도효색(仙桃曉色, 선도산의 새벽 경치) 등 8가지이다.

7) 편작은 중국 전국 시대의 뛰어난 의사로서 기원전 5세기 전후에 살았다. 본명은 진월인(秦越人)이며 발해 막군(지금의 하북 임구(河北 任邱)) 사람이다. 의학에 정통하여 임상에 뛰어났으며, 특히 맥진(脈診)에 정통하여 이 방면의 시조로 추앙받는다.
　『사기(史記)』에 의하면, 호(號) 나라 태자가 죽었는데 편작이 지나다가 치료를 하여 살려내고서 말하기를, "의원 자신이 살리고 죽게 하는 게 아니라, 마땅히 살아날 수 있는데 자신이 그를 일어나게 했을 뿐이다"라고 하였다. 또한 제(齊) 나라를 지날 때 환후(桓侯)를 보고서 병이 있다고 수차례 이야기했으나 환후가 듣지 않다가 결국 죽어버렸다는 기록도 있다. 무당의 주술과 미신을 반대하여 "치료할 수 없는 경우가 여섯이 있는데, 그 중 무당을 믿으면서 의사를 믿지 또한 금척이란 사람의 성명이 아니라 하면 아어(我語)에 무엇을 전업(專業)하는 자, 또는 전문하는 자를 자곳장이라 하는데 장이는 한자로 역(譯)하여 척(尺)이라 하였나니 가령 소리장이를 가척(歌尺)이라, 활량을 궁척(弓尺)이라, 어부(漁夫)한 이를 해척(海尺) 또는 어척(魚尺)이라, 밥 짓는 사람을 칼자[刀尺] 또는 도(刀)자아치라 한 따위라. 그러하면 척은 자곳장이라는 말일 것이요, 금(金)은 그 성이든지, 그렇지 아니하면 금침(金針)으로 침 놓는 침(針)장이일 것이라.

월성을 지나며 낭산(狼山)을 바라고 포석정(鮑石亭) 터로 가면서 낭산 아래 살던 어떤 선생을 생각하였다. 한창적 신라 시대의 활기가 발발(潑潑)하여 떠드는 한쪽에 더러움과 어수선을 흠뻑 느끼면서 고요하고 깨끗한 딴 세상을 별(別)로 만드는 그 선생, 선날 그믐날이라 이웃에서는 비음을 만들고 떡을 치며 치하(致賀)하고 웃고 즐기는데 옆에서 그럴수록에 더욱이 선생의 세상은 꾸미어지도다.

이 희한한 선생이 세상에 아주 모르게 되지 않노라고 부인이 다가오며 하는 말, "여보시오, 옆집에는 떡을 치는데 우리는 먹이가 없으니 설을 어찌 지내려오?" 선생이 천연(天然)히 일어나 거문고를 끌어다가 동당징 줄을 골라 '당둥 딱'하고 떡치는 양을 아뢰이며 부인을 위로하였다. 이 조(調)가 신라 악부(樂府)의 대악(碓樂)이라

않는 자는 치료할 수 없다"고 하였다.
임상의 여러 방면에 두루 뛰어나서 가는 곳마다 서로 다르게 명성을 떨쳤으니, 조(趙) 나라를 지날 때는 대하의(帶下醫 : 지금의 부인과 의사)로, 주(周) 나라를 지날 때는 이목비의(耳目鼻醫 : 지금의 안과・이비인후과 의사)로, 진(秦) 나라를 지날 때는 소아의(小兒醫 : 지금의 소아과 의사)로 이름을 날렸다.
그런데 진(秦) 나라 태의령(太醫令) 이함이 자신의 의술이 편작만 못함을 시기하여 사람을 시켜 살해하게 했다. 저서로는 『편작내경(扁鵲內經)』, 『편작외경(扁鵲外經)』이 있다 하나 모두 전하지 않는다.

는 것이다. 그 선생이 성한 데보다 떨어진 데가 더 많은 누더기를 입고 지내었음으로 남들이 부르기를 백결(百結) 선생이라 하였다. 아아, 우악우악하던 신라도 이제는 이 선생을 배우고 말았다.

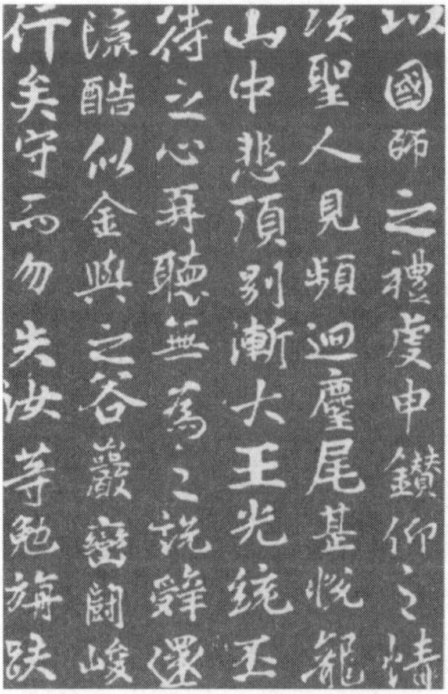

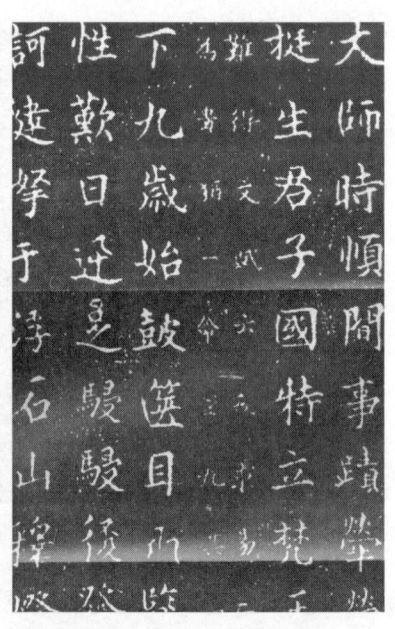

그림 2-4 김생의 「낭공대사비
(朗空大師碑)」 일부

그림 2-5 성주사 「백월탑비문」
탁본 일부

남으로 남산 아래 포석정 못 미처에 창림사(昌林寺) 터가 있다. 신라의 서신(書神) 김생(金生)이가 이 비사(碑寺)를 썼다는데 그 사람은 물론이어니와 그 비문까지 없어졌다. 고적보존회(古蹟保存會)에 김생의 쓴 「백월탑비문(白月塔碑文)」을 걸고 굉장히 설명하는데 김생의 글씨는 여기에서만 볼 수 있다는 것도 좀 심한 말, 방형으로 담이 둘리고 그 안에 고목이 있으며 나무 밑에 전복(全鰒) 모양으로 둥글실죽한 석거(石渠)가 신라의 최후막(最後幕)을 연(演)하던 포석정의 유상곡수(流觴曲水) 터라 뜻이나 하였으랴!

경애왕(景哀王) 만승(萬乘)의 귀한 몸이 견훤(甄萱)의 사나운 칼에 혜염없이 쓰러지며 꿈속의 경애왕후(景哀王后), 한 나라의 국모로 가장 창피한 욕을 당하고 무서운 불길이 하늘에 닿았는데 문무백관이며 삼천궁녀가 밟히며 찔리며 허둥지둥 부르짖는 양이 생각하면 곧 그려진다. 나는 정신 잃은 사람 모양으로 우두커니 섰다. 아아, 무상하다 하는 외에 말이 없겠다. 동행한 분이 운(韻)에 과(過)한 사람이라 빨병에 담은 술을 거울러 한 잔씩 돌리는데 유상(流觴)은 아니나마 그렇거니 하고 마시었다. 인(因)하여 떠날 때에 한 ○의 돈을 손에 쥐어주며 …… 으면 백○을 주겠다 하던 하자호(何字號)를 가진 벗님이 그리웠다 생각으로 한 간을 니누며 빙그레 웃었다. 이어 글을 한 말이 읊으니,

　　　포석정 놀음머레 화광(火光)이 어인 일고
　　　만승의 높은 임금 칼 끝에 지단 말가
　　　서풍에 떠는 나뭇잎만 옛 경(景)인 듯하여라.

돌아오는 길에 문천 남쪽 언덕 오릉(五陵)의 동남방에 알영정(閼英井)을 찾으니, 우수수하는 대수풀 한 귀퉁이에 알영정이라 한 목표(木標)가 있고 그 앞에 알영정과는 아주 딴판인 흙무더기가 있고, 그 위에는 보기만 하여도 가슴이 다 답답하도록 큰 화강석 한 장을 눌러 놓은 것이 있다. 아아, 이것이야 누가 알영정이리라고 생각이나 하였으랴! 참으로 천만 뜻밖이로다.

그야 상전(桑田)이 변하여 벽해(碧海)가 되는 수도 있거니와 일국

국모의 발상지로 변하기로 이대도록 변하였으랴! 나는 경주 인사에게 한마디 묻고자 한다. 그대네들이 경주를 자랑하고 겸하여 조선의 문명을 자랑하지 아니하는가? 그러면 국모의 발상지에 기념각 같은 것은 못 세운다 하더라도 저윽이 정성만 있으면 목(木)이나 석(石)이나 간에 표(標) 하나쯤 세우기는 그리 어려울 것이 아니어늘 홀죽한 나무때기에 알영정 석자를 표(標)한 것조차 고적보존회 곧 없었던들 얻어 보지 못하도록 내어버려 두는 것이야 어찌 한심치 아니하리요!

또한 경주 인사는 교만이 많다. 고금을 물론하고 노대국민(老大國民)은 의례 그러하거니와 과연 경주 인사는 삼국을 통일하던 그 때의 거드름이 있다. 경주 인사여, 그대네가 역사로 자랑하는 사람이 어찌 역사를 생각지 아니하는고? 신라가 삼한을 통일할 때의 형편을 사씨(史氏)가 설명하여 가로되 백제는 교만으로 망하고 신라는 근면으로 흥하였다고 하지 아니하였는가? 다시 설명할 것 없이 교만하고서 무엇이 될 것인가?

그대네는 그대네의 직계 조상을 생각하여라! 2천년 전 그때의 사람들이 머리를 짚고 눈을 감으며 어찌하면 신라로 하여금 예술국(藝術國)이 되게 할고, 어찌면 더 부강하여 풍국(豊國)의 이름을 얻게 할고 하고 경륜(經綸)하든 생각을 하여라. 그대네는 없어진 신라를 자랑하지 말고 신라의 생각이 끼쳐있는 경주를 사랑하여라. 경주를 발전시키라! 나의 생각 같아서는 경주는 진흥(振興)할 기망(期望)이 적은 데라 한다. 교만한 인사를 가지고 한편에 벽재(僻在)한 경주가 무엇으로 발전하겠는고?

경주 인사여, 분기하라! 경주가 비록 지리상으로 발전의 망(望)이 없다 할지라도 해륙 교통을 잘 이용하여 상공업 같은 것을 정성으로 일으키면 아주 그리 안 될 염려도 없을 줄 안다. 그것은 망한 신라가 거울하지 아니하는가?

이 정(井)은 일명(一名)에 아리영정(娥利英井)이요, 또는 계정(鷄井)이니 알영후(閼英后)가 탄생할 때에 계룡(鷄龍) 출현의 상서(祥瑞)가 있음으로 이름이며 천하에 유명한 계림(鷄林)의 호가 실로 이에 말미암음이라.

일설에 탈해왕(脫解王) 시에 김알지를 얻을 때에 닭이 시림에서 울었다고 시림을 고쳐 계림이라 한다 하였으나 나는 이에 의심이 있다. 탈해왕의 거(居)하던 궁은 지금 창림사(昌林寺) 터이요, 시림은 월성 북(北)인즉, 그 상거(相距)이 계명구폐(鷄鳴狗吠)가 서로 들릴 수가 없는 것이라 임금 한 분만이 어찌 계성(鷄聲)을 들을 수 있으리요? 암만하여도 시림이 이 오릉 송림(松林)인지도 모르겠다. 그러하면 닭의 소리가 서로 들릴만한 거리며 시림이란 이름조차 들어맞을 듯하다. 이것은 한 의심으로 하는 말이요, 일행이 여럿이라 별소리가 다 나오는데 정말 이것이 우물일까 하는 사람도 있으며, 설령 우물이라 하더라도 사람이 우물에서 나올 리가 있나?

이 오릉의 전설도 비석이 분명히 가르침같이 시조·알영후(閼英后)·남해(南解)·유리(儒理)·파사(婆娑) 5위(位)의 능인 것을 시조가 승천한 7일에 오체가 산락(散落)한 것을 취합하여 묻으려 하매 사요(蛇妖)가 있어 못하였다는 말은 무엇이야 하여 이 등(等) 전설의 만들어낸 소이연(所以然)은 생각지 아니하고 자기 똑똑에 자기가 되속는 소리만 한다.

그러나 그들 책망할 까닭은 없다. 책망할 사람이 있다 하면 이는 고려의 사가(史家)이다. 고려의 사가가 몸은 조선 사람이면서 마음은 당(唐)으로 화(化)하여 아무쪼록은 조선의 족계(族系)를 무시하고 조선의 민성(民性)을 무시하고, 조선의 전설을 무시하고 조선의 문명을 무시하여 조선으로 하여금 나나벌의 당(唐)이 되도록 적은 것이 불행이 행처럼 지금 사람을 만들어 놓은 것은 모두가 고려 사가의 죄이다. 그러나 이도 또한 고려 사가의 죄라고만 할 수가 없다.

더 올라가 최치원(崔致遠) 같은 사람은 신라 말의 학자이다. 12세 된 어린애로 고국을 떠나 해외에 유학하고 돌아온 이름난 학자이다. 아무리 어리어서 고국을 떠났음으로 자가(自家)의 사정을 모른다 하더라도 그래도 저윽한 생각이 있으면 어떤 틈을 타서든지 자기가 생장하여 자기가 묻힐 그 땅의 사정을 적어 전하였을 것이 아닌가? 이것은 도리어 나의 말이 군소리요, 적어서 전하기는 고사하고 차라리 자기의 말마따나 미치광이 모양으로 산수에 방랑이나 하

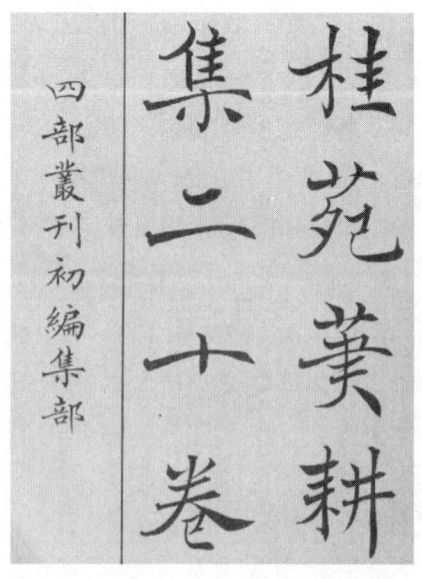

그림 2-6 중국의『사부총간』초편 집부에 수록된 최치원의『계원필경집』

였으면 좋을 것을 제간에 적는다는 것이 당인(唐人)의 발꿈치를 핥아 폐주견(吠主犬)이 되노라고 정성으로 애쓴 형적이 보이는 것은 그를 위하여 가엾은 일이요, 신라를 위하여 원통한 일이다.

참으로 5백년 모화가(慕華家)의 시조는 최치원이가 그라하여야 의당(宜當)할 것이다. 피아(彼我)를 구별할 줄 모르는 어린애를 유학시키는 일도 두려운 일이어니와 아마 나라가 망할 때에는 학자도 망할 것만 나는 것이야 어떤 사람은 쓰러진 대 한 가지를 얻어들고 풍상(風傷)하여 황백(黃白)한 반문(班紋)을 어루만지면서 이것이 소상반죽(瀟湘斑竹)이라 아황(娥皇)·여영(女英)의 눈물이 여기까지 뛰었던가 하는 이도 있다. 나는 이에 아황·여영의 눈물이란 말에 그 눈물이 괴더란 생각이 나며 이에 연상되는 것이 있다. 두견화(杜鵑花)는 촉제(蜀帝) 영혼이 피눈물로 붉고 소상빈죽은 아황·의영의 피눈물로 붉고, 우리나라 속담에 수수대의 붉은 점은 호랑이 밑구녁의 피가 묻어서 그렇다는 말이 있다. 그러나 나는 이런 것들을 생각한 것이 아니라 포간(浦間)에 나는 갈대의 점(點)은 박제상(朴堤上)의 피로 붉었다는 것이니 박제상이 목도(木島)에서 소살(燒殺)을 당할 때에 발바닥은 빼앗기고 피가 뚝뚝 떨어지는 고기덩이로 보기만 하여도 소름이 쑥쑥 끼치게 갈대 그루턱을 뚜벅뚜벅 걸어가며 닭, 개새끼가 되어도 하며 한갓 맘을 지키다가 다시 지글지글 끓는 무쇠 위에 올라서던 경광(景光)이 생각만 하여도 끔직하다.

읍에서 동 오리(五里)에 분황사(芬皇寺) 9층탑을 절하였다. 탑은 안산암(安山岩)을 연와(煉瓦)같이 다듬어서 방형으로 9층을 쌓았는데 어느 때에 3층이 무너지고 그 후에 사승(寺僧)이 중수하다가 잘못하여 또 3층을 무너뜨리고 3층만 남았었다. 그러한데 대정(大正) 4년에 총독부로부터 수선(修繕)을 가(加)할 때에 그 안에서 석함(石

函)을 발견하여 구옥(句玉) · 유리 · 금구(金具) · 영자(鈴子) 따위와 다수의 장식품을 발견하였는데, 그중에 고려주(高麗鑄)의 숭녕통보(崇寧通寶)가 나와서 고려 때에 중수한 증적(證跡)을 얻었다.

이것이 사승(寺僧)이 중수하였다는 그 세대가 아닐런지도 모를 것이라. 이 3층만도 그 웅대한 법(法)이 경복궁의 근정전을 쳐다보는 듯한 감이 있다. 어찌하면 그렇게 구상이 웅대하며 건축이 장건(壯健)하였는고? 나는 이 3층을 미루어 9층을 생각하였다. 신라의 발발(潑潑)한 생각이 천하를 통일하고 인국(隣國)을 조공(朝貢)받을 뜻으로 제1층은 하국(何國), 제2층은 하국, 제3층은 하국하여서 국민에게 대국주의를 보이노라고 쌓은 것이매 오죽하랴마는 그 탑이 9층 그대로는 경주의 4산(山)을 솟아올라 하늘을 뚫고 천하를 내려보는 양이 과연 대국의 이상을 대표하였을 것이다.

그림 2-7 무너진 불국사

그러한데 수선을 가하노라고 탑 위를 마말라 놓은 것이 형용할 수 없이 안 되었다. 그 전에는 탑 위에 무너진 흔적이 그대로 있어서 9층이던 것을 분명히 설명하는 듯 하든 것이 이제는 어린애가 상투를 짠 모양으로 아주 응태부리가 되어버렸다.

불국사역에서 미십리(未十里)에 토함산(吐含山) 남록(南麓)에 보면 하 우스운 무너지고 허술한 절이 불국사이다.

이 불국사의 다보탑은 석굴암과 아울러 천하의 절보(絶寶)라는 세끼노 타다시[關野][8) 박사의 설명을 들었다. 그 말에 이 불국사의 다보탑과 석가탑과 비슷한 건축 조각이 인도나 당에 없는 것이요, 있다 하더라도 거기의 것은 이것과 같이 정교하지 못할 뿐만 아니라 그 의장(意匠)은 오직 조선 사람의 생각으로 만들어낸 것이며, 설령 이와 비슷한 것이 인도나 지나에 이것보다 먼저 된 것이 있다 하더라도 이것은 조선 사람의 손으로 된 것이매, 이것들이 조선의 보배가 되는 동시에 또한 세계의 보배라 하며 더욱 다보탑은 형태가 수려하고 기상(奇想)이 종횡치밀(縱橫緻密)하여 화강석을 가지고 나무를 맘대로 말라 만들 듯이 정교한 수공을 베풀었다고 연(連)해 말을 거푸하며 다보탑과 마주 서있는 속(俗)에 무영탑(無影塔)이라 하는 석가탑도 수법이 간단하나 규모가 크고 권형(權衡)이 득의(得宜)하여 매우 우미경쾌(優美輕快)한 특질이 있다 하고 헐어진 범

---

8) 세키노 타다시(關野貞, 1868~1935)는 동경제국대학 공학부를 졸업한 건축사학자로 모교에 남아 교수를 지내면서 1902년부터 여러 차례 한국의 고적지와 사찰 등 문화재를 조사하고 그 결과물을 1904년에 『한국건축조사보고』(동경제국대학 공과대학, 1904)로 냈다. 이는 악질 일본인의 도굴 지침서가 되었다고도 한다. 나중에 『조선예술의 연구(朝鮮藝術之硏究)』(경성 탁지부 건축소, 1910), 『조선고적조사략보고(朝鮮古蹟調査略報告)』(경성 조선총독부, 1914), 『조선고적도보』(15집, 조선총독부, 1915~1935), 『조선미술사』(경성 조선사학회, 1932), 『조선의 건축과 예술(朝鮮の建築と藝術)』(동경 岩波書店, 1941) 등이 간행되었다.

영루(泛影樓) 기주(基柱)를 가리키며, 그것은 단면 십자형을 성(成)하여 하활상착(下濶上窄)하게 미(美)한 곡선을 묘(描)한 것이 실로 천래(天來)의 기상(奇想), 입신(入神)의 수공이라 당시 공장(工匠)의 영완(靈腕)은 참 놀랍다 하며 다시 법당 앞에 있는 석등을 가리키며, 저것이 보기에 변변치 아니하나 그렇게 경쾌하고 아름답게 만들기는 참 어려운데 일본에는 오직 저와 비슷한 것이 나라[奈良] 다이마지[當麻寺][9)]에 하나 있을 뿐이라 한다.

우리는 공학의 지식이 아주 어두운지라 무슨 의론할 것이 없거니와 그 박사의 침이 말라 하는 설명에 어깨가 으쓱하였다. 불국사에 또 한 가지 유명한 것은 사(寺) 전면 계단 동서에 놓은 석교이니 동상(東上)은 청운이요, 아래는 백운이라. 백운교 상부는 통상궁륭(筒狀穹窿)으로 하여 지(支)하고 청운교는 편공상(編拱狀) 석재로 하여 지(支)하였으며 계단 양방(兩房)에 석란(石欄)을 설(設)한 것이니 서(西)의 연화, 칠보 상하교(上下橋)도 그 결구는 대개 전자와 같다.

나는 여기서 이런 생각을 하였다. 연화, 칠보는 물론 불교의 문자어니와 청운, 백운은 무엇을 의미함인고? 이는 필경 먼저 분황사 9층탑이 정치적으로 통일을 의미한 것 같이 이 절 석교는 종교상으로 통합을 의미함이라 한다. 그렇지 아니하면 유교에 당(當)한 문자 청운과 선교(仙敎)에 당한 문자 백운을 취하였을 리가 없는 것이다.

사후(寺後)로 로(路)를 취(取)하여 토함산을 넘어 좀 내려가다가 북으로 꺾어 얼마 아니 들어가면 머리 빡빡 깎은 중대가리 같은 돌

---

9) 612년 불교 보급에 힘쓰던 성덕태자(聖德太子)의 가르침을 받고 제자 마로코(麻呂子) 친왕이 건립한 것이 이 절의 시초라고 전한다. 원래 가와치(河內) 지방(지금의 오사카부(大阪府)의 일부)에 있었다. 681년 당시 호족인 다이마노쿠니미(當麻國見)가 지금의 위치로 옮겼기에 그의 이름을 따서 다이마지(當麻寺)로 절 이름을 바꿨다. 이 절의 금당 본존불인 미륵보살상은 일본의 국보이다.

집이 있다. 이것이 그리 유명한 석굴암이라. 토함산 동록(東麓) 끊어진 곳을 파고 화강석으로 굴을 쌓아 놓은 것이니 터가 그리 등고(登高)한 줄은 모르나, 또한 어지간히 높으며 앞으로 잔 산을 깔고 멀리는 동해를 바라 그 위치부터가 그럴듯하다.

굴에 입구, 좌우의 벽면에는 사천왕과 인왕상을 박육각(薄肉刻)으로 새기고 굴의 중앙의 석연대(石蓮臺) 상에 장육불(丈六佛) 좌상을 모시고 후면의 중앙에는 11면 관음 입상을 양각(陽刻)하고 좌우로 각 5구(軀)의 나한상과 2구의 보살상을 작(作)하고 주벽(周壁) 상에 갱(更)히 좌우 각 5처(處)의 불감(佛龕)을 천(穿)하고 그 안에 좌방(左方)에 4보살, 우방(右方)에는 2보살과 지장보살, 유마거사(維摩居士)의 좌상을 안(安)하였고 천정은 궁륭형(穹窿形)으로 하였는데, 그 구축(構築)의 정(精)함과 이장(意匠)의 묘(妙)함과 수법의 교(巧)함이 우아정려(優雅精麗)한 특질을 발휘하여 실로 신라 예술 황금시대의 대표적 유물이라 할지로다.

그리하여 일동(日東)의 학자 도리이(鳥居)10) 씨가 이렇게 말하였다. 이 조상(彫像)을 보면 그리 장중하고 숭엄한 생각이 나지 아니하고 사랑하고 정다운 생각이 난다 말하면 아주 여성이라, 만일 남성이라 하면 애적(愛的) · 정적(情的) 남성이라고 하였다. 이 굴이 근일에 와 황괴(荒壞)가 심함으로 대정(大正) 4년에 이도 또한 수리를 가하였는데, 수리라 하면 원형 그대로 하는 것이 아니라 입구의 천정을 헐어 없이 하여 동그란 석조불감(石造佛龕)과 같이 되어 굴이

---

10) 일본의 인류학자 도리이 류조(鳥居龍藏, 1870~1953)는 일본의 인류학, 고고학 연구자로 중국 · 한국 · 시베리아 · 사할린 등 주로 동북아시아 지역을 현장 조사한 인물이다. 그는 조선총독부 촉탁에 의해 1911년부터 1916년까지 6회에 걸쳐 한반도 조사를 실시했다. 그의 저작으로『도리이 류조 전집(鳥居龍藏全集)』(15권, 朝日新聞社, 1976)이 있다.

라는 생각이 도무지 붙지 아니한다.

그리하여 어찌하면 가마 갖다 놓은 것 같기도 하며 또한 달마(達摩)의 육계(肉髻) 같기도 하다. 게다가 수리 전보다 우수(雨水)가 삼루(滲漏)하여 조상이 하얗게 분을 발라서 아주 옛빛이란 조금도 없다. 지금도 시멘트 칠을 자꾸 한다. 내 생각 같아서는 시멘트 칠만 하지 말고 근본적으로 원형대로 수보(修補)하는 것이 좋을 듯하다. 원형을 잃은 수보는 개조요, 수보가 아니며 고적 보존의 본의를 잃은 것이라 한다.

수리 공사에 감역(監役)하는 기사가 우리에게 일종의 권면(勸勉)을 주는데 고적을 보존하는 우리로는 자기의 고적을 아끼어 구경오는 여러분에게 감사를 하노라 하며 잇대어 시키지 아니하는 설명을 한다. 이 석굴암은 구축이 기하학적 구상이 아니고는 도저히 이에 이를 수가 없으며 위치를 잘 가리어 아침 해 돋을 적이나 저녁달 뜰 적이면 그 광선이 바로 굴 안에 비추어 참으로 장관이라 하며 조선 사람들은 이 굴을 동해(東海) 상에 쌓은 것은 일본을 정복하려는 의미로 하였다 하나, 나는 그같이 생각지 아니 하나니 이 굴 자리를 여기에 잡음은 일월을 숭배하는 의미나 또는 항해선을 보호하는 뜻으로 한 것이라 하며, 사천왕 중 하나의 신은 신발이 뒤는 조선 짚신 꾸미듯 하고 앞은 일본 와라지11) 꾸미듯 하였으니 이것으로 보면 벌써 그때에 일선융화(日鮮融和)가 의미되었다고 매우 자득(自得)하여 한다.

나는 이에 딴 의론이 있다. 고대에 있어 문물제도가 대륙으로부터 도국(島國)에 수입된 것은 설명할 것이 없거니와 이 신발에도 또

---

11) 일본의 전통 짚신 '와라지(草鞋)'는 6~7세기 백제인이 신었던 짚신에서 유래된 것으로 보인다.

한 그 영향이 미쳤나니, 그는 이현석(李玄錫)의 『유재집(游齋集)』[12]을 보면 넉넉히 일본의 짚신과 나막신 제도가 대륙으로부터 들어간 실징(實徵)을 얻을 수 있으며, 그리고 이 석굴암 쌓은 연기(緣起)도 9층탑에 와 불국사 석교와에 비추어 그 설명의 약함을 찾을 수 있다. 그러하면 나는 석굴암 쌓은 연기를 말할 때에 그 기사의 빼려는 설명까지 넣어야 가(可)하다 한다. 물론 고대에 있어 일월 같은 자연물을 숭배함도 사실이거니와 9층탑을 쌓는 신라 사람, 불국사를 짓는 신라 사람이 석굴암을 지을 때에 또한 엉큼한 생각이 그 속에 들었을 것도 사실이 아니랴.

누구든지 옛적을 알려는 이는, 더욱 삼국의 문화를 알려는 이는 경주를 가보아라, 가보면 무슨 생각이 꼭 일어날 것이니 구려(句麗)의 왕궁에는 방일리(方一里)의 수정성(水晶城)이 있었다는 역사를 보았다. 그러나 이는 지금에 상고할 수 없는 것이요, 나는 먼저 백제의 서울 부여(扶餘)를 보았다. 그러하나 그것은 경주에 비기어 손색이 있다. 여기에 와야 고대의 웅원(雄遠)한 생각을 안다. 9층탑을 보아라. 불국사, 석굴암을 보아라. 그러면 신라 사람의 생각을 다 안다. 어쩌면 그렇게 웅대하고 장중하고 치밀하였든고?

나는 지금에 되빡만큼씩 한 무덤을 쌓는 조선 사람과 산더미 같이 쌓는 신라 사람과는 아주 딴 판이어서 도무지 역사상 관계가 없는 듯하다. 나는 신라의 유물을 보고 신라의 생각을 짐작하고 신라의 옛적으로 들어가고 싶어 못 견디겠다.

국민의 사상은 지리를 따라서 다르거니와 신라 사람은 아마도 금강산의 아름다움과 창해의 넓음을 배워서 그러한 듯하다. 지금의

---

[12] 조선 후기의 문신·학자 이현석(李玄錫, 1647~1703)의 시문집으로 24권 8책, 목활자본이다. 편자는 미상이며, 고종 연간에 간행된 것으로 추정된다.

조선 사람도 그 산과 바다를 한 모양 보건만은 그러나 신라의 쇠망한 원인도 이에 있다 할지니 한참적 백제를 병(倂)하고 구려(句麗)를 유린하여 국세(國勢) 문물이 절정에 달하였을 때에 벌써 한 옆으로 자만과 사치가 따라서 성채를 쌓는 대신에 사탑을 세우고 화랑을 뽑는 대신에 허무승(虛無僧)을 높이어 항해술을 연습하는 창해, 한해(瀚海)가 인도・페르시아[波斯]의 진금기수(珍禽奇獸)를 나르는 항로로 변하고, 예술미를 배우던 금강산이 한인(閒人) 탕자(蕩子)의 화유(花遊)하는 장소로 화하였다. 정(定)코 신라 흥망의 경계선은 이에 난 후인 것이다.

경찰서에서 근일에 파낸 고물(古物)을 보았다. 썩 중요한 것은 무슨 관계로 뵈지 아니하고 약간의 것만이 그것도 하루 밖에는 공개하지 않았다. 보옥류(寶玉類)와 순금속의 기구와 장식품도 많거니와 그중에 제일 진귀한 것은 유리와 수정이라 한다. 수정 구슬 한 개에 만 여원 가치를 가진다 하니, 얼마나 고귀한 것임을 짐작하려니와 더욱 유리를 고은 것은 그때에 앉아서 희한한 것일 뿐더러 유리라 하여도 그냥 유리만 고은 것이 아니라 속에 사기질(砂器質)을 싸서 고은 것은 참으로 놀라운 것이며, 또 하나 신기한 것은 금대(金帶)의 띠 돈에 눌리어 썩지 아니한 옷감을 볼 수 있음이라.

이 옷감은 굵은 벼 같은 것이 마사직(麻絲織)의 여름 양복과 비슷한 것이다. 손목에 두르는 금완환(金腕環), 발목에 두르는 각환(脚環)이 나왔다. 그리하여 이 옷감과 완환(腕環) 따위를 모아서 미루어 생각하면 그때에 혹시나 지금 양복 비슷한 옷을 입지 아니하였는가, 또는 유리, 자기를 고는 공학과 건축 조각 등 놀라운 예술을 합하여 보면 지금 서양의 문명이 동양의 신라 같은 데로부터 들어갔다가 다시 재연되어 나오는 것이나 아닌가 하는 생각을 가지는 이가 있다. 그것도 몰라 아라비아 등 서국의 상인들이 신라에 들어가 돌아가기를 잊어버렸다는 역사와 고구려와 중앙아세아와의 관계를 미루어 생각하면 어떠할런지. 아라비아 사람이 돌아가기를 잊었다는 것같이 아무튼지 경주를 보는 이는 차마 돌아가기가 싫을 것이다.

경주의 맨 나중 구경으로 봉덕사(奉德寺) 종을 울렸다. 이 종은 경덕(景德)・혜공(蕙恭) 부자 양대가 그 고조되는 성덕(聖德) 임금을 위하여 주성(鑄成)한 것이니 소입황동(所入黃銅)이 12만 근이라. 금은을 잘 조합하고 수부(首部)에 기지(旗指)를 놓은 순 조선식 종으로 다시 얻을 수 없는 것이다. 한번 울리매 '위잉'하고 울다가 그 소리가 끊어질만 하여서 다시 '위잉'하고 음파(音波)를 계속하여 고국의 나머지 소리를 잔잔이 전한다. 아아, 좋은 종이로디. 손끝으로 조금만 튀기어도 윙윙하고 수십 분씩 계속한다. 신라 사람은 9층탑, 장육불, 옥대(玉帶)로써 3기(奇)라 하였거니와 지금 사람은 석굴암・다보탑・무열능비의 귀부와 이 종을 아울러 4보(寶)라 한다. 이것이 경주의 4보만 될 뿐 아니라 우리 과거의 문명을 역력히 설명하는 보배가 이것이라. 만일에 이것조차 없었던들 우리가 무엇으로 자랑하고 위안을 얻었을고?

일행을 하루 먼저 보내고 나는 오(吳)라는 벗과 경주에서 몇 군데 나머지 구경을 하고 하룻밤을 더 쉬었다. 먼저 이틀은 방이 좁아서 과연 고생하였다. 서로 비고 서로 깔고 아주 야단으로 지내었다. 이 날은 좀 정(精)한 여관을 얻어서 단 둘이 편히 쉬게 되었다. 이 밤에 이런 노래가 생각났다. "동경 밝은 달에 새도록 노닐다가 들어와 자리를 보니, 가라리 네히로새라." 이것은 「처용가(處容歌)」의 일절인데 우연하게 경우가 들어맞았다.

그림 2-8 처용무의 한 장면

신청천(申靑川)13)과 최두기(崔杜機)14)가 전생 부처(夫妻)로 우호(友好)하여 지냈다더니 나와 오(吳)가 또한 그런 숙연(宿緣)이 있는지도 모르겠다. 밝는 날 일찍 밥을 먹고 시가를 북으로 통하여 한참

---

13) 조선 후기 문장가 신유한(申維翰, 1681~?)의 호. 본관은 영해(寧海), 자는 주백(周伯), 호는 청천(靑泉)이며 경북 고령 출신이다. 1705년(숙종 31) 진사시에 합격하고, 1713년 증광문과에 병과로 급제하였다. 1719년 제술관(製述官)으로서 통신사 홍치중(洪致中)을 따라 일본에 다녀왔으며 벼슬은 봉상시첨정에 이르렀다. 그는 문장으로 이름이 났으며, 특히 시에 걸작품이 많고 사(詞)에도 능하였다. 최두기(崔杜機)와 친하게 지냈는데 당시 사람들은 당나라의 원진과 백거이의 사귐에 비유하였다. 저서로는 『해유록(海遊錄)』, 『청천집(靑泉集)』, 『분충서난록(奮忠紓難錄)』 등이 있다.

14) 조선 후기 문신 최성대(崔成大, 1671~?)의 호. 본관은 전의(全義), 자는 사집(士集), 호는 두기(杜機)이다. 음사로 별제(別提)가 되었으며, 1732년(영조 8) 정시문과에 병과로 급제, 세자시강원설서를 거쳐 지평·장령을 지낸 뒤에 춘방대사간을 역임하였다. 시문에 뛰어나 김창흡(金昌翕) 이후의 제일인자라 칭해졌다. 신유한과 친교를 맺고 화답한 것이 많았다. 그의 시 11수를 모아 엮은 『두기시집(杜機詩集)』이 남아 있다.

거닐었다. 읍에서 북으로 포항에 닿는 길은 신라적 길 그대로라 한다. 연전(年前)에 신작로를 낼 때에 길을 깔다가 신라 구로(舊路)의 양편 석축이 들어나 별로 힘들이지 아니하고 수리를 가하였다 한다. 그렇겠지, 그때에 길이 좁았을 리가 있나. 교통은 문명의 정비례하는데, 시간이 되어 자동차를 잡아타고 이 길을 뒤로 연장시키며 영지(影池), 괘릉(掛陵) 이야기를 하며 경주 동(東)의 유명한 치술령(鵄述嶺)을 가리키면서 울산으로 달아간다. 가기는 가면서도 생각은 차마 떨어지지 아니하여 마치 생장(生長)한 고향을 떠나듯 연(連)해 고개를 돌이켰다.

『개벽』 제18호, 1921년 12월

 이 글의 저자 권덕규(1890~1950)는 국어학자로 호는 애류(崖溜), 경기도 김포 출신이다. 1913년 서울 휘문의숙(徽文義塾)을 졸업하고 모교와 중앙학교·중동학교에서 국어 및 국사를 가르쳤다. 주시경(周時經, 1876~1914)의 제자로 1921년 12월 3일 조선어연구회 창립에 참여하였다. 그 뒤 조선어학회의 역사적인 사업이라 할 수 있는 『조선어 큰사전』 편찬에 참여하였으며, 1932년 12월 「한글맞춤법통일안」의 원안을 작성하였

그림 2-9 중앙고 교사 시절의 권덕규 선생

다. 또한 『한글』에 「정음(正音) 이전의 조선글」을 비롯하여 신문·잡지 등에 수많은 논문·논술·수상 등을 발표하였으며, 한글순회강습 등에 온 힘을 기울였다. 그는 호주가로도 유명하여 많은 일화를 남기기도 했다.

I. 경주에 가거든 55

저서로는 『조선어문경위(朝鮮語文經緯)』(1923), 『조선유기(朝鮮留記)』(1945), 『을지문덕(乙支文德)』(1948) 등이 있다.

위의 글을 읽노라면 그의 풍부한 국어학 지식을 엿볼 수 있다. 어원의 고증학적 관심이 이 글에서 시종일관한다.

기차에 오르니 아이들이 과일을 가지고 수수께끼를 내고 푸느라 야단이다. 기찻길 연선의 역명을 지날 때마다 그의 고증벽은 계속된다. 과천, 남수원, 평택, 천안, 소정리, 조치원, 대전, 영동, 황간, 추풍령, 김천, 대구, 반야월, 하양, 영천, 아화, 경주역 등 어느 한곳 그냥 지나치는 법이 없어 지루할 지도 모르는 여정을 즐겁게 해준다. 그 가운데 반야월역의 신호깃발을 든 농촌 아낙네를 보고는 그의 상상력이 유감없이 발휘되며 아울러 그녀를 도회지의 '모던 걸'과 비교하는 치밀함을 보여준다. 아울러 당시 기차가 설 때마다 온갖 물건을 기찻칸 안으로 들이미는 행상들마저 정겹게 느껴진다.

경주 유적 관광에 나서도 그의 고증벽은 다시 시작된다. 김양 묘와 금척의 진위를 따지거나 '국모의 발상지' 알영정에 안내판 하나 없다고 경주인을 교만하다고 질타하는가 하면, 계림은 오릉의 송림일 것이라고 추정하기도 한다. 또한 모화주의자 최치원을 '당인의 발꿈치를 핥아 폐주견(吠主犬)'이 되었다고 가여워하며 신라인의 지조를 지킨 박제상을 연상하는 장면을 보면, 권덕규는 분명 민족주의자라 하겠다.

03 경주기행
김동환

　벌써 바람결에 어디선가 뎅그렁 뎅그렁 풍경 소리 들리는 듯, 아마 경주가 가까워 온 듯하다. 산도 태백산(太白山) 본 줄기로 잡아선 듯, 차츰 모질어 가고 들도 두부모 같이 네 귀 번듯하게 하고 살지며, 더구나 청렬한 시냇물이 소리치며 넓은 평야 위로 흘러간다.
　이 어저리가 모두 서라벌의 땅으로서, 나는 벌써 신라 산허의 흰 구릉이를 밟았거니 하면 수줍기도 기쁘기도 하다. 그리고 이 근방의 산은 모두 왕릉이라더니, 또 밭 가운데 들은 모두 천 년 전의 기왓장이고 비석이라더니 하는 생각을 하매 눈에 저절로 정열이 돌아 이모저모 분주히 줄달음침을 깨달았다.
　마침 밭에는 보리가 한창이다. 누런 보리가 살진 옥토 위에 질퍽하게 덮인 것이 내 집 곳간에 벼 천 섬 들여 쌓인 것같이 마음이 그득하여 끝없이 든든하여 진다. 내가 이럴 제는 이 땅을 갈아먹은 백대 후예의 심중이야 오직 기뻤으랴.
　나는 이렇게 경주성읍(慶州城邑)에 차츰 가까이 들어서오자 마음속으로 한 가지 결심을 하였다. 이번 걸음에는 되도록 왕릉 팔도 어디에든지 있는 불사나, 산천이나 둘러보고 곧 오리라 하였다. 좀 더 장안 옛거리의 가구(街區)나 상상하고, 초립 쓴 선민(先民)들이나 생각다가 돌아오리라 하였다. 뒷산에 우뚝 선 그 소나무 한 가지,

그 풀 한 포기에 무슨 뜻이야 있으랴마는 다만 천 년 전에 씨를 뿌려 된 것이려니 그렇게 유심히 보고 오면 좋지 않으랴. 행여 어정수한 모금, 왕관 끝에 달린 은방울 하나라도 만질 생각은 말고 그저 곱게 돌아오리라 하였다.

만일 그러찮는다면 그 흙과 성터 그리운 심정에 그냥 주저앉아 한양 돌아갈 회고를 잊고 말지 않을까.

이런 생각으로 서악리(西岳里) 고분묘가 보이자 경주 가까운 줄 알고 나는 곧 방향을 옮겨 읍을 버리고서 불국사가 있다는 동으로 동으로 걸음을 옮겼다. 경주 읍이 행여 보일까 머리 한번 돌릴 생각을 아니하고 일로 동으로 동으로 구부러 들었다. 한창 가노라니, 마동리(馬洞里) 석탑을 지나 꾸부정한 산등성이를 돌자, 깊숙한 골짜기 한모퉁이 산맥 자리에 쌓이어 고래등 같은 거찰(巨刹)이 보인다. 저기가 아마 늘 들어오던 불국사인 듯.

이 틈은 절간이나 멀리서 보기에는 꼭 무슨 성곽 같았다. 돌로 서너 길 올려 쌓은 축석(築石) 위에 여러 백 평 당우(堂宇)가 즐펀이 놓인 것이 보이니, 어느 것이 범영루(泛影樓)고, 청운교고, 어느 것이 석가탑이요, 다보탑인가? 창건 초에는 삼천 여 칸의 큰 절이라 하니, 서울 안동별궁(安洞別宮)15)을 아는 나의 계산으로 치면 참으로 굉장히 큰 건물이었음을 짐작하였다. 서울 여염집이 대개 십 삼, 사 칸이니, 삼천 칸이면 이 안에 서울 가호 이백여 채가 들어 앉았

---

15) 지금의 서울 안국동 풍문여자중고등학교 자리는 본래 안국별궁이 있던 곳이다. 이곳의 역사는 유구한데, 원래 세종 때에 영제대군(永濟大君), 중종 때에 혜순옹주(惠順翁主), 인조 때 정명공주(貞明公主)의 저택으로 사용되었다. 그리고 고종 때 흥선대원군이 고종의 비 명성황후를 맞아들이기 위해 별궁을 축조하였고 이곳에서 궁정교육을 받았으며, 왕실의 혼례 장소로 이용되었다. 한일합방 뒤에는 내인의 거처로 사용되다가 1937년에 경성휘문소학교(京城徽文小學校), 1945년에 풍문고등여학교(豊文高等女學校)를 거쳐 지금에 이르고 있다.

을 것이 아니던고. 아무리 불교 문명이 이 나라 정치와 문화에 결정적 기축(機軸)을 짓고 있었다 할지라도, 이만큼 큰 거찰을 가졌을 적에는 제정일치(祭政一致)의 옛 정사(政司) 모양이 꼭 보이는 듯하다. 여기 앉아 불국사 대법사(大法寺)가 로마 법왕(羅馬法王)같이 신라 조정을 쥐고 흔들던 그 모양이 ……

나는 이날 불국사 주회(周廻)를 배회하면서 무엇을 보았던고. 남들이 하는 양으로 청동으로 주(鑄)한 노사나불 좌상이 앉은 대웅전도, 아미타여래의 극락전도, 칠보 연화교(七寶蓮花橋)도 모두 보았다.

절간 뒤의 울창한 이깔나무도, 그 아래 지난밤 사슴 놀다간 듯한 풀잔디도 모두 보았다. 장하고 미(美)하고 화려하였다. 기둥에 선 금, 연 영으로 인 기왓장, 어느 것인들 향기와 색채가 나풍기지 않으랴. 그러나 이런 것은 해인사(海印寺)에도 석왕사(釋王寺)에도 흔히 있을 것들이 아니던가.

그림 3-1 석왕사 전경

연대가 좀 더 오랬을까, 결구(結構)가 좀 더 크고 아름다웠을까, 그러나 딴 곳에도 있는 흔한 것들이 아니던가.

그 금이 선 기둥, 퇴색한 당우(堂宇) 옆에 풍경소리 들리며 참선하는 수도승의 무리, 백일홍이 피고 찔레꽃 열매가 달린 원정(苑庭)의 유거(幽遽), 그도 또한 어디든지 있던 것들이 아니던가.

그러나 나는 이 절간에 와서 단 두 가지 소중한 것을 보았노라. 그것은 다보탑과 석가탑의 두 탑이 그것이다. 신라 통일 시대라면 가장 이 나라에 생기가 돌고 윤기 흐르던 철이라 명장 김대성(金大城)이 천재(天才)를 기울여 도안을 설계하고 창의를 내어 만든 이 두 기(基)의 탑. 이것이 대웅전 앞 넓은 마당에 좌우로 갈라 앉아 천년 나대(羅代) 문명을 길이 살게 하고 있다. 그 다보탑의 석계는 십층, 맨 위층에 세련된 솜씨로 이 일대를 환하게 밝혔으리라. 아침에는 고승이, 저녁에는 부처님께 원을 드리던 각시들이, 날마다 저녁마다 송유를 부어넣어 천 년을 하루같이 붙이어 옴인 듯.

그림 3-2 아테네 신전

이런 생각을 하매 이 불국사야말로 이 나라 최고의 신전으로서, 저 그리스 아테네 신전에 오천 년래로 신화(神火)가 불어오듯이, 그래서 연전 베를린 올림픽 대회 때에도 이 신전불을 나누어 오듯이, 저 다보탑 신화야말로 신라 온 절간에 경사 있을 때마다 연년이 게서 분화(分火)하며 신라 전국에 영구히 붙어 내려오던 것이 아니던가.

이렇게 생각하매 지금 …… 내눈 앞에는 불국사의 남쪽, 저 바다같이 넓은 평원에 신라 여러 고을 건아들이 북 치고 나팔 불며 수만 명이 모여들어 장쾌하게 온갖 경기를 하는 양이 보인다. 그 중엔 무술에 뛰어난 화랑도 있고, 말 잘 타는 사관학교 학생도 있고, 소리 잘 하는 명창과, 무동(舞童) 잘 서는 연예단도 모여서 경기장 안에는 천하장사를 고르는 큰 경기가 벌어졌고, 경기장 밖에는 단오 추석날같이 수십만 시민이 몰려나와 연예단을 둘러싸고서 웃고 즐기며 그 하루를 보내는 것이 보이는 듯.

삼 년에 한 번, 혹은 십년에 한 번씩 국가적 경사로 연면부절(連綿不絶)이 하여 내려왔을 신라 올림픽 대회 일을 생각하매, 예전의 이 나라 전통과 열렬한 민중의 정열이 느껴진다. 이것이 고대 정신에의 복귀를 염(念)하는 나머지에서만 생각됨이 아닐 것이다. 영혼의 고향을 찾아왔던 이 몸의 향수만으로 그러함도 아닐 것이다.

그때는 이 지역의 주회에는 대리석으로 만든 원구장(圓丘場)도 있었겠고, 노송(老松)도 참치(參差)하여서 삼엄하고도 장려하였을 것이다. 그래서 당에서 온 선수와 고구려, 백제에서 온 외국 선수들까지 숙연한 옷깃을 바로잡고 감격하면서 환희에 넘친 눈으로 청곡에 올려 솟은 이 나라 국기를 황홀하게 바라보면서 제 나라 국가들을 합창하여 경축하였으리라.

 김동환(金東煥, 1901~?)은 시인으로 아호는 파인(巴人), 함북 경성 출신이다. 중동중학교 졸업 뒤 일본에 유학하여 동경대학 영문과에서 수학하다가 관동대지진으로 귀국했다. 함북에서 발행된『북선일일보』를 비롯하여『조선일보』와『동아일보』등에서 기자로 근무하며 시 창작 활동을 시작했다. 1924년 발표한「적성(赤星)을 손가락질하며」가 본격적인 등단작이다.

그림 3-3 김동환 사진

그는 장편 서사시「국경의 밤」(1925)으로 문단의 주목을 받았다. 시적 특색으로는 국경 지대인 고향에서 얻은 북방적 정서와 강한 낭만성, 향토적인 느낌을 주는 민요풍의 언어를 들 수 있다.

1929년 종합월간지『삼천리』와 문학지『삼천리문학』을 창간해 운영했는데, 일제 강점기 말기에 삼천리사를 배경으로 친일 단체에서 활동하고 전쟁 지원을 위한 시를 발표하는 등 친일 활동을 하였다. 그가 발행한『삼천리』잡지는『별건곤』과 더불어 당시 대중잡지의 쌍벽을 이뤘다.

광복 후 이광수, 최남선 등과 함께 문단의 대표적인 친일 인사로 꼽혀 반민족행위특별조사위원회에 체포되어 재판을 받았고, 한국 전쟁 때 납북되었다. 1956년 재북평화통일촉진협의회에 참여했다는 기록 이후 행적과 사망 일시를 알 수 없다.

두번째 부인이 소설가 최정희(崔貞熙, 1912~1990)이며, 최정희와의 사이에서 얻은 두 딸 김지원과 김채원(1946~)도 소설가이다. 이들의 자매 소설집『먼 집 먼 바다』가 있다.

그의 저작으로『파인 김동환 전집』(5권, 국학자료원, 1995)이 있다.

김동환은 누런 보리가 한창일 때 경주를 찾았다. 그는 살진 옥토 위에 질퍽한 보리가 내 집 곳간에 벼 천 섬이나 쌓인 양 기뻐하기도 한다. 지금 경주는 '황남빵'으로 유명하나, 경주 거리를 걷다보면 '보리빵'을 파는 점포가 곳곳에 늘어섰다. 다 연유가 있었던 모양이다.

그는 경주 읍내를 들르지 않고 곧장 불국사로 직행하여 다보탑과 석가탑을 보며 그 설계의 기교에 넋이 빠진다. 그리고는 불국사를 아테네 신전에 비기고, 아울러 무술에 뛰어난 화랑, 말 타는 사관학교 생도, 소리 잘하는 명창, 연예단원, 당·백제·고구려에서 온 선수들이 모여 천하장사를 선발하는 '신라 올림픽 대회'를 연상한다. 번성기의 경주는 중국의 장안과 마찬가지로 국제도시였다. 충분히 가능한 일이었을 것이다.

경주를 모티브로 한 김동환의 작품으로는 시 「불국사의 동백꽃」(『삼천리』1931년 2월), 기행문 「백마강과 불국사」(『신문학전집』1932년 4월), 기행문 「가을의 신라 산하」(『삼천리』1932년 11월), 기행문 「청추의 반월성」(『삼천리』1938년 10월), 수필 「불국사의 서서(瑞西) 황태자」(『삼천리』1938년 12월) 등이 있다.

04 경주기행

이원조(李源朝)

내가 경주에 생장하여서 일찍이 경주를 지난 것이 2, 3차나 되었으나 나는 한 번도 둘러본 적이 없었다. 이것을 지금에 와서 생각하면 철없는 생각이었지마는 그때의 내 생각 같아서는 신라 2천년 고도의 어마어마한 유적을 그냥 과객과 같이 보고 지나기는 차마 아까운 듯도 하고 미안한 듯도 하여서 어느 때나 재필여한(載筆餘閑)이 좋은 기회가 오기를 기다린다고 하였더니 마침 이번에 동경으로부터 돌아와 향리에 유(留)하는 동안 우연히 유경(柳京)16)으로부터 K군이 온지라 이 기약하지 아니한 동서의 해후를 그냥 보내기도 아까우려니와 또한 경주에 있는 C군과는 금춘(今春)에 서로 만나기로 한 숙약(宿約)도 있은지라 뉘가 말을 먼저 한 지도 모르게 경주로 가자하니 즉좌(即座)에 동행이 4, 5인에 이르렀었다. 모두가 숙지구교(夙知舊交)라 하나도 어색할 점이 없을 것은 저윽이 마음에 편하였으나 내 경험에 의하면 대개 명구승지(名區勝地)에 가는 법이 도부동, 취부제(道不同, 趣不齊)한 동행이 많으면 서로 엇갈리고 삭갈려서 자연과 인생이 혼연히 융화되는 경지에 이르지 못하고 왕왕이 겉 구경만 하게 될 때가 많음으로 동행이 많은 것도 도리어 걱정스럽지 않은 것도 아니었었다. 그러나 그 대신에 담소의 자약(自若)한

---
16) 평양의 다른 이름.

일흥(一興)도 없지 않아서 모두 경장단책(輕裝短策)으로 자동차에 오르니 오전에 떠나려던 것이 그럭저럭 오후 두시나 되었는데 그다지 청명하지 못한 날씨라 먼 산은 아득하고 덜 익은 빛살에 아직도 남은 봄추위가 옷깃에 숨어드는 것을 느꼈다.

한참이나 가다가 옆에 앉았던 K 군이 나더러 "여보게, 나는 경주 갈 때마다 흥미 있게 보는 것은 저 산들을 보게, 모두 경주를 향해 들어가는 것같지 않은가?" 하고 좌우의 연산을 가리켰으나 그야 보기에 달렸지.

대해의 파랑(波浪)과 같이 완연(蜿蜒)한 산맥이 어디서 나와서 어디로 추창하는지를 누가 알리오마는 구태여 남의 성습(成習)한 흥미를 깨트릴 필요도 없고 하여서 나는 아무 말도 없이 그저 그런양 하였으나 실상 그것보담도 맨 먼저 내 눈에 들어오는 것은 다년간 외지에 나돌던 나로서는 보지 못하든 까치집들이었다. 까치란 본래부터 우리에게는 상서로운 새로서 생각해지는 것이지마는 비록 그것이 흉화(凶禍)의 새이라고 하더라도 황량한 들 복판, 훑어버린 듯한 잎, 떨어진 백양목 가지 사이에 점점이 얼키어 있는 까치집이란 우리 땅에서만 볼 수 있는 한 폭의 그림과 같은 겨울 풍경이라고 아니 할 수 없는 것이며, 더구나 이 들 복판 나뭇가지에 매어 달린 까치집과 산기슭 두어 채 옹기종기 한 초가집과의 조화미는 벌써 우리에게는 자연 그것이 아니고 마치 한 개의 고전을 보는 듯한 느낌을 주는 것이니, 거기에 저녁 짓는 한 줄기의 푸른 연기가 뜨고 안 뜨는 것은 말할 것도 없는 것이다.

하양(河陽) 근처에 이르는 동안은 길이 산맥(山脈)의 단애(斷崖)를 끼고 돌면서 좀 위이(逶迤)한 바가 없지 않았으나 그 외에는 일로평탄(一路平坦)하여서 조금도 불편한 줄을 모르게 영천읍(永川邑)

에 이르러 잠깐 정류(停留)하게 되니 이 영천은 벌써 십여 년 전에 내 사숙하는 선생을 따라 수학하러 왔던 곳이라 내 마음으로는 새로운 바 없지 않으나, 시가의 모양은 그때와 별로 달라진 것이 없으니 십년 동안에 발전의 보조(步調)가 그다지도 더딘 것은 한심하지 않은 바도 아니나, 내 눈에 보이는 것으로는 그동안에 창상(滄桑)과 같이 변해서 어디가 어디인지 알아보지 못하게 된 것보다는 도리어 잔영(殘影)하나마 지나간 내 추억을 자아나게 하여주는 것이 오히려 고맙다고 할는지. 그때에 말만 듣고 보지는 못한 그 유명한 조양각(朝陽閣)을 자동차 위에서라도 보이는가 해서 사방으로 돌아보았으나 눈에 뜨이지 않으니 그동안에 또한 헐어졌는지도 알 수 없었다. 그러나 건천(乾川), 금장(金丈)을 지나면서부터 눈에 들어오는 어디인지 모를 산야의 웅혼장대(雄渾壯大)한 맛에 가히 사라진 왕기의 남은 자취를 엿볼 수 있었다.

경주읍에 들어서기는 오후 네 시나 되었는데 벌써 눈에 뜨이는 것은 마치 그림 속에서 보는 이집트의 피라미드와도 같이 숭엄(崇嚴)한 생각과 일종의 기괴한 느낌까지 주는 산재(散在)한 왕릉들이었다. 차가 무열왕릉 입구라는 표목(標木) 앞을 지날 때 역시 옆에 앉았던 K군 말이 "지금부터는 이 근처가 전부 고적일세" 하는 바람에 갑자기 정신이나 차린 듯이 눈을 돌리니 과연 일초일목(一草一木)과 일석일토(一石一土)까지 모두 풍마우세(風磨雨洗)한 가운데서도 오히려 천년 전 옛일을 말하는 듯하나 그러나 지금에 능이곡천(陵移谷遷)하니 황○잔첩(荒○殘堞)에 지나가는 자동차의 휘날리는 먼지 떼만 길이 가라앉을 줄 모를 따름이었다.

자동차가 정류소에 닿자마자 어디나 다름없이 여관 안내인들이 모기떼 덤비듯하는 것을 간신히 물리치고 나서 왔다.

그림 4-1 안동여관

 우선 안동여관(安東旅館)이라는 데 들어서 점심을 먹은 뒤에 C군에게 전화를 거니 마침 다른 손이 와서 같이 불국사로 갔는데 저물어야 돌아올 것 같다고 하기에 K 군은 C 군과 인척 관계가 있음으로 바로 C 군의 집으로 들어가고 나와 Y 군과는 우선 시가 구경이라도 하겠다고 나섰으나 처음 길이라 어디가 어디인지 잘 몰라서 당지의 산업조합에 있는 다른 C 군을 찾으니 여러 해 못 만난 사람이라 반가이 맞아주며 곧 인도해 주겠다고 같이 나섰다.
 "우선 어디로 갈까?"
 하기에 나는 그저 이전에 이름만 들은 "봉황대로 가세" 하니 C 군 말이 "봉황대는 바로 저것일세" 하고 가리키는데 그 역시 내 보기에는 능과 같으나 다른 능에 비해서 퇴이(頹圮)하였을 뿐만 아니라 그 위는 거의 노목(老木)에 가까운 소나무들이 되는대로 기울어져 있는데 그 사이로 실오라기같이 뽀하얀 좁은 길이 파고 박은 듯이 구부러져 있으니 아마 오고가는 손들이니 어린애들까지도 마음대로 오르내리는 것 같았다. 그래서 그 위에 따로 축대(築臺)가 있느냐고 물었더니만은 C 군 말에도 모두들 거기를 봉황대라고 부르기는 하나 따로 축대도 없을 뿐만 아니라 그 구조가 다른 능들과 조금도 다름이 없는 것을 보면 아마 48왕릉 중에 실전(失傳)한 후인이 봉황대라고 이름 지어서 일개의 '테라스'와 같이 된 것이 아닌가 하였다.

그림 4-2 현재의 봉황대 모습

첨성대로 가니 알괴라, 당시에는 아마 궁원(宮苑) 안에 설비되었든 것이겠지마는 지금은 밭 가운데 형해(形骸)만 남은 채로 서있어서 첨성대란 이름만으로서 옛날의 천문대이던 것을 짐작하지, 지금의 그 모양으로서는 무엇인지 알 수 없으며 그 위에 어떠한 설비가 있었는지도 알 수 없으나 다만 그 원통형의 축조가 그냥 단순한 수직선으로 되지 않고 허리가 약간 굵은 듯한데 스스로 유유자적한 맛이 있어서 나대(羅代) 문화의 가장 찬란한 개화기에 ○했던 당시의 미의식이 얼마나 발달되었던가를 예서도 가히 짐작할 수 있었다.

> 예 보든 저 천문도
> 인사(人事)같이 변했는가
> 하계(下界)는 창망(蒼茫)인데
> 너만 홀로 유유하니
> 일천 년 지나간 일이
> 더욱 아득하여라
> 첨성대 별 보는 탑
> 높이 쌓아 오를 적에
> 억조문성(億兆文星)이
> 이 땅 위에 비쳤으리
> 지금엔 풍우에 지쳐
> 장승같이 섰고녀.

그림 4-3 1920년대의 첨성대

Ⅰ. 경주에 가거든 69

다시 남으로 4, 5리간을 걸어가니 왼손편 앞으로 구부러진 구릉 위에 푸른 소나무 우거진 곳이 반월성이라고 하는데, 요 바로 오른손편 일대에 성그른 관목이 저녁연기를 띠여 아득한 데가 이 진실로 신라의 신성림(神聖林)이라고 할 계림(鷄林)인 것이다. 계림이 본래 시림(始林)이란 곳으로서 김알지(金閼智)의 탄생을 말미암아 계림이란 이름으로 고쳐지고 또한 거기에 남아 있는 신화와 구비(口碑)는 새삼스러이 소개할 것도 없으나, 만약 백화요란(百花燎爛)한 봄철이라든지 푸르른 그늘 우거진 여름 같으면 몰라도 잎 떨어진 자취에 아직도 어린 맹아리 피어나지 않은 가지마다 아득하게 얼키인 옅은 봄 황혼이란 차마 그냥 지나기 어려운 일경(一景)이라고 하니 할 수 없는 것이다. 흔히 경주에 와서 우리를 놀라게 하고 기쁘게 하고 찬탄하게 하는 것이 많으되 우리로 하여금 거의 아무 이유도 없이 일말의 애수를 느끼게 하는 것은 진실로 내가 짐짓 두류(逗留)해서 발을 옮겨 놓을 줄 모르는 이때의 계림이었다.

> 흥망이 하 오래니
> 서러움도 모를레라.
> 고왕궁(古王宮) 헐린 터도
> 찾아볼 길 없다거늘
> 어찌타 이곳에 와서
> 발 옮길 줄 모르난고.
>
> 계림 묵은 숲도
> 봄이 오면 꽃 핀다네.
> 꽃 필 때 채 못되니
> 찬 연기만 얼켰건만
> 천년 전 옛 시름같아야

더욱 아득하여라.

　그럭저럭하는 동안에 날이 벌써 어두어진지라 여관으로 돌아오는 길에 Y 군과 나와는 다만 묵묵한 가운데서 커다란 감격에 채인 듯이 아무 말이 없었다. C 군 말도 "우리는 늘 여기서 자라나서 별로 더 좋은 줄도 모르지마는 다른 데서 온 사람들은 다 좋다고 하느니"하기에 나는 문득 "인생살이 흥망 속에 있는 법, 황폐한 탑에 석양 걸린 줄 모르네(居人生長興亡裡, 不省荒塔有夕陽)"이라는 김창강(金滄江)17) 선생의 만월탑(滿月塔) 시가 생각이 났다.

　여관에 와서 저녁밥을 먹는 중에 C 군의 집에서 전화가 왔기에 Y 군과 나와는 물물이 저녁밥을 마치고 같이 C 군의 집으로 갔다.

　거기서 목○(牧○)이나 이야기하다가 C 군들 여러 종친과 다시 읍으로 나오는데 때도 공교로이 초생이라 미인의 눈썹 같은 반 조각 차운 달이 이미 천심(天心)에 이르러 건드리기만 하여도 떨어질 듯이 외로이 걸려 있는데 무심한 사람들의 발자욱도 정(正)히 반월

---

17) 조선 말기 학자. 자는 우림(于霖), 호는 창강(滄江), 당호는 소호당주인(韶護堂主人). 본관은 화개(花開). 개성(開城) 출생. 소년 시절부터 고문과 한시를 공부하여 시문에 능하였다. 42살 때에 성균진사가 되었고, 1894년(고종 31) 김홍집(金弘集) 내각의 편사국주사(編史局主事)로 기용되어 주로 역사 편찬에 참여하였다. 대표적인 것으로 『증보동국문헌비고(增補東國文獻備考)』, 『역사집략(歷史輯略)』, 박지원(朴趾源)의 문집인 『연암집(燕巖集)』이 있다. 1905년 을사늑약(乙巳勒約) 체결에 비분하여 중국으로 망명, 중국 양자강(揚子江) 하류 남통(南通)에서 생활하면서 창작활동 및 한문학에 대한 정리 평가와 역사 서술에 힘썼다. 『여한문선(麗韓文選)』 및 박지원·신위(申緯)·황현(黃玹)·이건창(李建昌) 등의 시문집과 『여한역대소사(麗韓歷代小史)』, 『한사경』, 『신고려사(新高麗史)』 등의 역사서가 그의 손을 거쳐 한묵림서국(翰墨林書局)에서 출판되었다. 한문학사의 종막을 장식하는 대가로서 그의 시는 호방하고 화려하며 신운을 중시하는 경향을 띠었으며, 중국 망명 이후에는 주로 우국적인 시작품을 많이 썼다. 그중 「문안중근보국수사(聞安重根報國讐事)」가 유명하고 시문집으로 편집하여 간행한 『창강고(滄江稿)』와 『소호당집(韶護堂集)』이 있다.

성 밑을 지나고 있었다.

저 반달 본을 떠서
반월성 쌓았는가

상하에 한 모양이
굽어우러 서로 볼 때

말 없는 미소만 띄여
알음있는 같더라

뉘라서 달을 일러
무심타 하단말고

반월성 허리 위에
높이 걸린 저 반달은

긴 한밤 새워가면서
떨어질 줄 모르더라.

 읍에 들어와서는 C 군들의 호의로 진성(珍盛)한 향응을 받으니 선비의 행색에 도리어 너무 과분한 여흥이었으나 또한 춘소(春宵)의 짧음을 한탄할 만한 낙사(樂事)이라고도 아니할 수 없었다.
 익일 아침에 불국사와 석굴암을 향해 떠나는데 우리 일행과 끼어들어서 C 군이 나온지라 여섯 사람이 자동차를 몰아 불국사 앞에 내리니 처음에는 도량에 들어온 청정한 느낌도 모르겠고 고찰에 이른 황량한 생각도 없이 다만 마치 깊은 물에 빠졌다 솟아오른 듯이 내 스스로 망연하였을 따름이었다. 경각이나 멍하니 섰다가 다시 정신을 차려 청운교, 백운교, 무지개같이 높이 걸린 다리를 층층이 올라가니 그 옛날에는 여기에 ○○○○○가 소내내고 오르내리든 곳이언마는 지금에 숙세(宿世)의 띠끌을 거리낌 없이 흩트리고 가는 사람이 얼마이든고? 바로 보이는 대웅전보다도 우선 내 눈을 끄으는 것은 좌우에 갈라서서 서로 바라보는 다보탑과 석가탑이었다.

다보탑의 구조가 ○공(○功)의 극치에 이르러 변화자재(變化自在)한 맛에 올라도 보고 싶고 어루만져 보고 싶다면 석가탑은 후중(厚重)하고 ○혼(○渾)하여서 가히 옷깃을 바로 하고 멀리서 바라보기만 하여도 일종의 엄숙한 생각과 자비스러운 느낌이 스스로 머리가 숙여지는 것을 깨달을 수가 있는 것이니 이 두 개의 석탑이야말로 불국사 경내에서 어느 하나의 고하를 논단할 수 없는 가장 보배스러운 쌍벽이라고 아니 할 수 없을 것이다. 다시 후원(後苑)에 이르니 황량한 풀밭 속에 흩어져 있는 초석(礎石)이 옛닐의 영화를 밀하는 듯 새삼스러운 애수를 자아내는 것이었다.

문○(門○)에 오르면 남산까지의 십리 평야가 한눈에 들어올 듯이 펼쳤는데 옛날에는 이 십리 일면(一面)이 전부 ○○이어서 오고 가는 데에 신을 신지 않아도 ○○으로 돌아다닐 수가 있었다드라고 한다. 그러므로 지금에도 불국사 앞에 서있는 네 개의 석주(石柱)는 그때에 ○○가 ○○하거나 고관대작이 나올 때는 그 사원의 전부에게 알리기 위해서 깃대를 세우든 것이 아니었든가 하는 것이다.

다시 석굴암까지 왕환(往還)할 일자 바쁘다. Y 군이 자꾸만 재촉하는 바람에 거의 모두 헝뚱헝뚱하였으나 극락전 안에 봉안(奉安)해 있는 선덕여왕(善德女王)이 입으셨더라는 곤룡포 자락과 신 한 켤레가 헤어진 데는 헤어졌어도 성한 데는 새 것같이 윤기가 있으며 더구나 그 운룡○(雲龍○)는 배색(配色)의 ○○한 게라든지 ○○의 ○○한 것이 오히려 어제일 같이 선명한 것이 있었다. 내려올 때

I. 경주에 가거든

는 연화교, 칠보교로 내려오는데 저쪽 청운교, 백운교와 함께 모두 '아취'로 되어 있어 돌과 돌이 서로 물고 어우러져서 천여 년을 지난 오늘에도 빈틈 하나도 보이지 않았다.

대체로 이 벽상(壁像)들의 작자가 한 사람의 작자인지 그렇지 않으면 여러 사람의 합작인지 알 수가 없으나 한 개의 종교적인 예술 ○○ 밑에서 제작된 작품이 이렇게도 면면이 다 각각 변화가 있고 개성이 있는 것도 놀랄만 하거니와 그 의상과 염주의 흐느러진 유○(流○)이 ○교(○巧)와 화려의 극치에 이르면서도 오히려 그 배석(背石)의 방정(方正)한 게라든지 자세의 전아한 것이 빈틈없이 조화되어서 그야말로 손가락부터 발꿈치까지 아직도 승평(昇平)의 면맥(面脈)이 통하여 있는 듯한 산 고전이었다.

우리가 거기에 닿기는 오후가 훨씬 늦었으니까 광선 관계가 있겠지마는 그 벽상(壁像)의 조각을 세부(細部)와 음(陰) 이러한 고○(古○)을 기록하려면 다 말할 수 없으나 경주에 남아있는 나대(羅代)의 석조 예술품 가운데서 이미 세상이 다 아는 것들은 말할 것도 없고 다만 무명한 한 개의 걸작이라고 생각나는 것을 소개한다면 극락전 축담 위 오른손편 기둥 앞에 앉아있는 적은 석사자상일 것이다. 이것이 어떠한 이유로서 고적보존회에서까지 등한이 여겨서 바깥에 내어 놓았는지 알 수 없으나 그 사자의 두부가 약간 깨어졌어도 오히려 맹수(猛獸)로서의 전신(全身)에 넘치는 긴축성(緊縮性)과 응결성(凝結性)이 금방이라도 살아 움직거릴 듯하며 더구나 그 네 발 발톱 끝에 멋진 ○○란 처음 보는 나로서는 거의 나도 모르게 '앗' 소리를 지르게 하리만치 ○연(○然)하게 한 것이었다. 내가 아무리 육안(肉眼)이라고 하더라도 내가 일찍이 감상한 일체의 예술품 가운데서 이 석사자상의 발톱과 같이 직각적으로 나를 놀라게 한 것은 그다지 많지 않을 것이다.

　차마 떨어지지 않는 발○○나마 일색(日色)이 이미 황혼(黃昏)○○○진지라 하는 수없이 다시 ○○는데 산길을 거의 반이나 내려오도록 내 도취와 ○○감은 식어지지 않았다. 오다가 나는 C군에게 "우리가 이러한 위대한 예술을 가졌다는 것은 다 같이 자랑스러운 일이지마는 자네같이 여기서 생장한 사람은 우리보다도 더 행복스러우이" 하였더니, C 군 말이 "먼 데서 온 사람들이 모두 자네같이 좋아하는 것을 보면 마치 내 것을 보인 듯이 나도 유쾌하이" 하고 둘이 다 웃었다.

　다시 불국사에 내려오니 벌써 먼 데는 어둑살이 끼여온지라 자동차 오기를 기다리는 동안에 나는 다시 그 극락전 앞에 있는 석사자상을 한 번 더 보려고 올라갔었다. 그러는 동안 자동차에 오르라고 재촉을 받아서 돌아오는 길에 차가 바로 안압지를 지나는지라 잠깐만 정류하게 하고 우리는 임해전이라는 못가에 비어 있는 누각에 올라섰다.

　　　　안압지 고은 물결
　　　　황혼에 잠들었다

　　　　십이봉 헐어져서
　　　　자취조차 희미한데

　　　　무심히 지나는 바람은
　　　　잔디밭에 울더라.

　C 군 집에 돌아오니 나른히 피곤하여서 거의 경황없이 하룻밤을 지냈다.

I. 경주에 가거든

익일에 마지막으로 돌아와야 할 일정이라 박물관, 포석정, 분황사, 오릉 등을 낮에 보고 밤차로 오려고 했으나 졸지에 생긴 불가항력의 일로 해서 그날 낮에 떠나지 않으면 안 되게 되고 보니 흥도 식어지고 다소 걱정되는 바도 없지 않아서 다른 데는 다 두고 가까이 있는 박물관에나 보고 떠나기로 하였다. 박물관은 그 진열과 분류가 아직도 초창적인 미비한 데가 있는 듯도 하나 와○(瓦○)과 석기 등속은 특히 고고적 안목을 요하는 것이니 우리네의 알아 짐작할 바가 아니로되 금관과 옥패(玉佩)의 정교함이란 신라의 조형 예술이 석재에서만 발달하지 않았다는 것을 증명할 수 있는 것이었다.

그림 4-4 봉덕사종

마지막으로 봉덕사종, ○○을 인향(人響)이라고 하는 대종을 박물관 지키는 사람에게 특히 청하여서 한번 울려보았는데 많이 울린 것이지, 약간 건들인 것이었다. 그러나 그 여운이 마치 대해의 잠들은 물결을 보는 듯이 우리에게 끝없는 로맨틱한 꿈을 맺어주는 것이었다.

천년 고도를 다 못보고 돌아온 이틀 동안은 내 일생에 기꺼운 시간이었으며 또한 한스러운 시간이었다. 이 미진한 회포를 애오라지 두어 줄 글에 나부끼노라.

『조선일보』 1935년 3월 29일, 30일, 4월 3일, 5일, 6일, 9일 6회 연재

 이원조(李源朝, 1909~1955년경)는 문학평론가이며 언론인이다. 아호는 여천(黎泉), 임목아(林木兒)이며 시인 이육사의 친동생이다.

경북 안동 출생으로 일본에서 유학 생활을 했다. 1935년 일본 법정대학 불문학과를 졸업하고 돌아온 뒤 조선일보사에서 기자로 일했다.

1930년대 초반 조선프롤레타리아예술가동맹에 참여하고 『조선일보』와 『소년중앙일보』에

그림 4-5 문학평론가 이원조 선생

평론을 발표한 것을 시작으로 문단활동을 활발하게 펼쳤다. 사회 현실의 인식과 비판을 강조하는 이념적인 내용의 평론을 썼으며, 특히 광복 후에는 조선문학가동맹에서 '인민적 민주주의 민족문학론'을 설파했다.

왕족인 이관용의 딸과 결혼했을 정도로 명망이 높은 가문에서 유교적 소양을 쌓은데다, 서구문학을 전공하고 학예부 기자 생활을 한 그는 세련된 교양을 갖춘 좌파 지식인이었다. 외조부 허형이 독립운동가이며 둘째 형인 이육사를 포함한 형제들이 의열단에 가입할 정도로 민족주의와 반일주의에 충실한 집안 분위기 속에서 성장했다. 1946년에는 중국에서 옥사한 이육사의 유고 시집인 『육사시집』을 간행했다.

광복 직후에 임화, 김남천, 이태준 등과 함께 조선문학건설본부를 결성했으며, 조선문학가동맹에서 활동하다가 한국 전쟁 이전에 월북했다. 북한에서는 조선로동당 중앙위원회 선전선동부 부부장을 지냈고, 한국 전쟁 때는 서울로 와 종군했다.

남로당의 이승엽, 임화 등이 대거 간첩 혐의로 사형 선고를 받았을 때 함께 재판을 받았고, 이 재판에서 기소된 열두 명 중에서 징역 15년형을 선고 받은 윤순달과 함께 단둘이 사형을 면했다. 이때 징역 12년형을 선고 받고 수감 중 옥사한 것으로 전해지나, 자세한 사망 경위 등은 전혀 알려지지 않았다.

조정래의 역사소설 『태백산맥』에서는 부인과 아이들을 우익들에게 잃은 백색테러 피해자이자, 언론을 통해 '해방전쟁'을 지원하는 언론인으로 묘사되고 있다.

이 글은 산문과 운문을 섞어 쓴 경주 기행문이다. 이러한 글쓰기 유형은 당시 문인, 학자, 학생 할 것 없이 당시 유행했던 문체였다.

05 반월성반(半月城畔)의 묵례(默禮)

노춘성(盧春城)

1930년 5월!

빛나는 국토! 우리에게 혁혁한 문명을 나아놓은 경주 고토에 적은 마음이나마 열정과 정성을 다하여 찬례(讚禮)를 드리고자 K 군과 함께 그곳을 찾았다.

시익역(西岳驛)에 도딜하여 경주 일대를 바라볼 때 우신 산파 밀판에는 무슨 신운(神韻)이 떠도는 듯하고 더욱이 토함산(吐舍山)은 울룩불룩 생명의 동맥이 뛰는 듯하여 나로 하여금 심상치 않은 지역임을 느끼게 하였다.

경주역에 하차하여 여사(旅舍) 경동관(慶東舘)에서 짐을 풀고 점심을 먹은 후 먼저 경주박물관을 찾았다. 역사적 지식과 고고학적 견식이 없는 나이지만은 마음 끝은 그것을 자세히 보고자하였다.

진열품은 석기 시대의 석족(石鏃)·석검(石劍)·석부(石斧) 등으로부터 신라·고려·이조 등 각 시대에 대한 토기·와전·불상·석관(石棺)·병복(兵服)·왕

그림 5-1 신라 금관

관・고종(古鐘) 등이 있는데 특히 나의 마음을 끈 것은 왕관과 봉덕사(奉德寺) 고종이었다.

각실(各室)을 순회하던 나의 발자취는 신라 왕관 앞에 이르러 한참이나 멈춰지게 되었다. 그 연금술의 진보에도 탄복하였거니와 그 화려한 모형과 다양다채(多樣多彩)의 변화 많은 기교에는 마음을 움직이지 않을 수가 없었다. 그리고 이 같은 찬란한 왕관을 쓰시고 이 고토에 군림하던 그때를 회상하매 지나간 그날이 화려한 필름을 가지고 내 눈 앞에 떠오르는 듯하였다.

부하고 화려하고 넉넉하고 자랑스럽던 그때의 땅이여! 언제는 그다지 빛나고 오늘은 이처럼 무색한가? 세월이 가고 모든 것이 간다고 하지만은 이렇게 모든 것을 망각의 구렁 속에 묻어버릴 줄이야 누가 생각할 것인가?

진열실을 모두 돌고 뜰 앞 잔디에 앉아서 나는 봉덕사 고종을 바라보았다. 이 종은 신라 성덕왕(聖德王)을 기념하기 위하여 신라 35대 경덕왕(景德王) 때에 시작하여 가지고 제36대 혜공왕(惠恭王) 6년에 완성한 것으로써 세계무비(世界無比)의 영종(靈鍾)이라고 한다. 고(高) 일장(一丈), 구경(口徑) 7척(尺) 5촌(寸), 주(周) 23척, 중량 12만 근이라는 거종(巨鐘)이다.

그 유량(嚠喨)한 거음(巨音)! 그는 신라의 부귀와 자랑을 하늘 높이 온 국토에 울리는 거인이었다. 그러나 때가 지나고 세월이 변하여 오늘날 진열실 한 구석에 바뀌어 있을 줄이야 그인들 알았으랴! 마음 없는 그이지만 그 녹슬고 검어진 몸둥이에는 회고의 강개가 가득 찬 듯하다.

나는 지팡이로 그 고종을 두드리고 그 유량한 음향을 따라 나의 혼은 옛날의 그때로 흘러가고 싶었지만은 그 역(亦) 간수(看守)의 제지로 어찌할 수가 없었다. 이 고종은 무슨 신세로 한번 울지도 못하고 구원(久遠)의 벙어리가 되어 이 구석에 숨어있는가 생각하니 그 역(亦) 우리같이 불쌍한 자의 하나라고 동정을 느끼게 되었다. 박물관을 나온 나는 무엇을 잃은 듯 무엇에 패한 듯 공연히 섭섭한 마음을 금할 길이 없어서 한참 동안이나 '박물관 경주분실(博物館慶州分室)'이라고 써붙인 문패를 들여다 보고 있었다.

여관에 돌아와서 잠깐 다리를 쉬인 후 다시 고적을 찾기로 하였다. 흙 한 조박, 풀 한 포기 어데나 어느 곳을 물론하고 거기는 오히려 옛날의 향기가 남은 듯하고 오히려 찬란한 문화의 빛이 흐르는 듯하여 삼가 그 땅을 밟으며 남쪽으로 십여 정(町) 걸어가니 거기는 내가 바라고 기다리는 첨성대가 있다. 공중에 무연(蕪然)이 서서 먼 구름을 바라보는 그 대의 모양 …… 그는 많은 생각과 많은 사색을 가진 늙은 철학자 같다. 무엇을 말하고 무엇을 이야기할 듯한 그 첨성대 …… 고색이 창연한 중에 만년풍파를 가는 사람에게 밀어(密語)하려는 듯하다.

이 첨성대는 신라 27대 선덕여왕 시에 건축한 것으로써 천상관측(天象觀測)을 위하여 세우는 것이라 한다. 방형의 지복석(地覆石) 위에 화강석으로써 쌓아 올린 것이니 고(高)가 29척이오, 광(廣)이 8척 5촌이며 지층수(石層數)가 27단으로 동양 최초의 천상대(天象臺)라고 한다.

때가 가고 사람이 가서 그는 경주 일우(一隅)에 한 우상같이 서고 있지마는 그는 왕년 신라를 위하여 천상(天象)을 말하고 풍우를 말하는 그가 아닌가? 토함산 위에 사라졌다 뭉쳤다하는 구름을 보고 그는 반드시 한 줄기 탄식이 없지 못할 것이다. 그리고 컴컴한 밤하늘에 진주알 같이 반짝이는 많은 별들을 보고 그는 반드시 무엇이라고 말하고 싶을 것이다. 무변창공(無邊蒼空)의 별과 그 별 위에 빛나는 밤의 궁전에 그는 떠올랐다 다시 내려오며 "경주인이여, 깨어나라!"고 그가 부르는 소리를 경주인은 들었는가? 듣지 못했는가?

    한 많은 첨성대가 하늘 위에 안 오르고
    굳이굳이 이 땅에서 경주인을 부르겠만
    잠이 들고 깨는 이 없이 그는 홀로 섰더라.

    첨성대 별을 보고 그 별 오라하겠만은
    별은 커녕 꽃 한 포기 그 옆에 아니 피고
    무심한 이끼[苔]만이 그 몸 위에 얼켰더라.

비 내리고 바람 불어 첨성대의 석층(石層)은 구멍이 뚫리고 그 옆에는 청태(靑苔)가 얼켜 있다. 사람이 가니 그도 가고 지금은 첨성대의 형해(形骸)만이 남은 셈이다.

그림 5-2 일제강점기 첨성대 엽서

82 경주에 가거든 - 한국 근대 지식인을 통해 본 경주 -

무심한 까치가 와서 대상(臺上)에서 '깍깍' 짖고 있다. 나는 돌멩이로 까치를 쫓고 그 대상에 오르고 싶었다. 그러나 둘러있는 철책이 나에게 그것을 허락지 않았다. 나는 고요히 그 대에 예를 드리고 그곳을 떠났다.

첨성대에서 멀지 않은 곳에 안압지(雁鴨池)가 있다. 경주는 가는 곳마다 나그네의 마음을 슬프게 한다. 나 또한 눈물이 없고는 이 안압지를 볼 수가 없었다.

이 안압지는 신라의 영주(英主) 제30대 문무(文武) 34년에 축조한 것이라 한다. 연못을 파고 지중(池中)에 섬[島]을 만들고 다시 지주(池周)는 축산(築山)을 행하여 지나(支那)의 무산(巫山) 12봉을 모형(模型)하고 그 위에 석교를 가(架)하고 화초를 심고 진금기수(珍禽奇獸)를 사육(飼育)하였었다고 한다.

그래서 신라의 영화를 말하는 최고의 유원지(遊園池)였다고 한다. 그러나 지금은 풀은 지수(池水)가 바람에 흔들릴 뿐이오, 지변(池邊)에는 석교의 기편(基片)이 무심히 흩어져 있을 뿐이다. 상전벽해라 하더니 옛날의 조각조차 찾을 길이 없는구나.

그림 5-3 장강삼협의 무협(巫峽)

신라의 천년 왕업 이 물속에 숨었는가?
바람 불어 물결치니 그 소리 구슬프다.
벗이여 고국 흥망을 말해 무엇하리오.

안압지 남은 물에 푸른 하늘 홀로 잠겨
옛 하늘 그 때인 듯 다시 변함없겠지만은
어이써 그 영화만이 홀로 가고 없는고?

   나는 돌을 주워 지중(池中)에 던져 보았다. 물소리라도 옛날 그 소리인가 하여 귀를 기울였으나 그 소리를 알 길이 어데 있는가? 공연한 감정 유희에 불과한 것이다. 지변(池邊)에 앉아 눈을 감고 마음만은 1,250년 전 그때 궁원(宮苑)을 그려보았다. 미희(美姬)의 웃음 소리, 궁신(宮臣)의 발자욱 소리, 이 땅을 울리던 그 소리조차 영겁의 구렁으로 사라진 것이 아닌가?
   월성지(月城址)와 석빙고(石氷庫)를 보고 흩어진 성지(城址)에서 경주 일폭(一幅)을 바라보았다. 거인과 영걸과 미희를 몇 만, 몇 천만으로 묻어버린 반월성이여! 거기에는 아직도 그들의 숨소리가 들리는 듯하고 오히려 그들의 혼이 뛰어나오는 듯하다.
   아! 무심한 반월성아! 너는 어째서 그 많은 영걸과 위인과 미희를 모두 파묻고 너 홀로 무심히 서고 있는가? 너는 눈물이 없는가? 마음이 없는가? 가버린 그들을 위하야 단장의 설움을 어찌 금(禁)하고 있는가?
   봉덕사(奉德寺) 거종이 그 큰 소리를 다시 울릴 듯하고 수많은 망령이 다시 일어나 "너희는 마음이 없는가? 눈물이 없는가? 우리의 영예로운 피를 어데다 버렸는가?" 하고 소리를 칠 듯하여 나는 머리를 숙이고 무엇을 생각하고 있었다.

안동관(安東舘)에서 밤을 평안히 쉬고 조반을 먹은 후 불국사(佛國寺)행 차를 탔다. 약 30분 후에 불국사역에 내려 자동차를 타고 10여 정 들어가니 오랫동안 보고 싶어하던 불국사이었다.

불국사! 이름조차 신비로운 성지, 지금으로부터 1,500여 년 전 신라 제19대 때에 창건하고 그 후 신라 제23대 법흥왕(法興王) 22년에 재건하였으며 다시 35대 경덕왕(景德王) 10년에 수조(修造)하였다고 한다.

신라의 문화를 말하고 신라인의 존영(尊靈)을 표현한 이 절은 그 건축에 있어서 단연 타(他)의 형류(形類)를 허(許)치 않는다고 한다. 대웅전 좌우에는 2기(基)의 석탑이 있으니 하나는 다보탑이요, 하나는 석가탑이다.

다보탑은 그중 구조가 교묘를 극(極)한 것으로써 현존 유물 중에 가장 걸출한 것이라 한다. 전부 화강 석재로써 된 것인데 우리 같은 문외한으로도 그 우미한 조각에는 당세(當世)의 기예를 찬례(讚禮)함에 자연 머리가 수그러진다. 그리고 더욱이 나의 맘을 울린 것은 석가탑 옆에 있는 석사자(石獅子)이다.

풍마세우(風磨洗雨) 천 여 년이 지났건만 그 우미한 곡선과 영동(靈動)하는 형자(形

그림 5-4 불국사 석사자 서쪽 정면

I. 경주에 가거든 85

姿)는 완연(完然)히 산 사자인 듯 보는 사람의 마음을 놀라게 한다. 그 영묘(靈妙)한 솜씨, 그 걸출한 기교, 과연 우리 조선(祖先)에게는 이러한 천재와 영감이 있지 않았는가?

   석사자 살아나서 큰 소리로 울 듯하다
   풍마세우(風磨洗雨) 몇 천년가 그 영교(靈巧) 남았거늘
   어이타 못난 나그네 이 돌 앞에 우는고?

   토함산 바람 불어 불국사 종이 울 제
   석사자 눈을 감고 홀로 땅을 핥고 있네
   울지도 못하는 마음 더욱 슬퍼보여라.

 석사자를 손으로 만지고 그 귀에게 무어라고 말해 보았으나 그는 귀(貴)치 않음인지 아무 대답이 없다. 석가탑을 등에 지고 남방을 바라보니 무영지(無影池)가 바라보인다. 옛날 아사녀(阿斯女)가 이 지변(池邊)에 서서 그 지수(池水)에 어린 불국사 건조(建造) 중의 자기 남편을 바라보고 외로운 여수(旅愁)를 참았었다고 한다. 당시 여자로는 이러한 대건찰(大建刹)에 내방(來訪)을 허(許)치 않은 까닭이라 한다. 아름다운 전설과 함께 이 불국사를 길이 비치고 있는 무영지! 그 지면(池面)에 어린 불국사는 더 한층 아름다운 그림이 되어 푸른 대공(大空)을 부르고 있는 것이다.

   영지가 거울 되어 그 님 얼굴 비쳤던가?
   지척 천 리 못 뵈는 님 그 거울에 비쳐놓고
   기나긴 쌓인 회포 아뢰올까 하노라.

   무영지 푸른 물이 불국사 띄워놓고

창공 만 리 떠오를 듯 못내 마음 그립거늘
어이써 그 하늘이 그 맘 몰라 하는고?

지수(池水)는 푸르러워 고은 단장 빛나건만
불국사의 어린 자태(姿態) 언제 졸음 깨이는고
수조(水鳥)가 울고 가도 꿈만 더욱 깊어라.

 석가탑 밑에 앉아 고요히 눈을 감으니 나 역시 그림자가 되어서 저 멀리 무영지에 숨어드는 것 같다. 불국사는 이리하여 무영지를 바라보며 언제까지나 토함산 밑에 서고 있으려는고? 보다 기쁜 미지의 날을 기다림인가?
 나는 K 군과 함께 다시 석등·청운교·백운교·자하문·칠보교를 구경하고 다시금 그 칠보의 우아함에 놀라고 탄복하고 못내 찬례(讚禮)하였었다.

신라의 높은 영교(靈巧) 이 자리에 꽃이 피다
가신 이의 깊은 재주 이 땅속에 숨었는가?
못난 자손 눈을 감고 땅을 치며 우노라.

거룩한 그 핏방울 우리 몸에 남았던가?
다시금 피어날 날 우리 앞에 있으려니
석가탑 이 자리에 굳은 마음 맺노라.

 한참이나 마음이 이상하여 무영지만 바라보고 있었다. 무영지 저쪽에는 치술령(鵄述嶺)이 있어 옛날 외국과 통래(通來)하던 도로가 있었다고 한다.

그림 5-5 현재의 치술령 망부석

경주를 찾는 사람은 석굴암을 보아야 한다고 한다. 석굴암을 가려면 이 불국사에서도 높은 토함산을 넘어 10여 리를 가야 한다. 한참이나 땀을 흘리며 높은 산을 넘느라니 그야말로 젖 먹은 기운까지 모두 빠지는 듯하였다. 구불구불 활등같이 좁은 산로(山路)를 더듬어 올라가니 해발 1,853척(尺)의 높은 봉은 만산(萬山)을 발밑에 두고 내려다보는 듯하였다.

동해의 바다가 천제(天際)에 연(連)하여 그 망망한 기우(氣宇)가 나의 가슴을 시원케 하였다. 산정에서 다시 북쪽으로 6, 7여 정 걸어가니 산줄기 구부러진 곳에 석굴암이 있었다.

좌우에는 송림과 잡목이 벌려 있고 그 사이에는 불뚝불뚝 석벽이 벌려 있다. 이 석굴암은 신라 제35대 경덕왕 시에 창축(創築)한 것인데 좌우경(左右徑)에 22척 6촌이요, 전후경(前後徑)이 21척 7촌이요, 입구의 광(廣)이 11척 1촌이요, 측벽(側壁)의 고(高)가 약 9척 가량이라고 한다. 내부 요벽(腰壁)에는 불상과 보살과 나한상을 조각하였는데 그 정교 섬세한 솜씨는 과연 희세(稀世)의 명작임을 느끼게 한다. 이미 돌에 새긴 지가 천유여년(千有餘年)이 되어 풍우세마에 많은 변화가 생겼을 것인데 불상이 방금 걸어 올 듯하고 더욱이 여상(女像)에 있어서는 그 치맛자락에 안개가 도는 듯하고 그 속으로 설부(雪膚)가 비치는 듯한 정교한 기교! 사람의 재주도 이에 이르면 신에 가깝다고 느껴진다.

    신운 영감(神韻靈感) 한데 뭉쳐 혼연(渾然)한 그 기교가
    석벽의 불상으로 만년성훈(萬年聖訓) 알 리 없네.
    높으신 그 재주를 여기 두고 가시었나?

    토함산 깊은 골에 석굴암 홀로 있어
    그 많은 걸작신품(傑作神品) 품에 안고 있나니
    뻐꾹새 그이라도 때로 와서 웁소서!

                         『신인문학(新人文學)』 창간호 1934년 7월

 노자영(盧子泳, 1908~1940)은 시인이자 수필가이다. 호는 춘성(春城)으로 황해도 송화군 출신이다. 평양 숭실중학교를 졸업하고 고향 근처 장연군 죽계리의 양재학교에서 교편생활을 한 적이 있으며, 이때부터 투고하기 시작했다. 1920년 8월 상경하여 한성도서주식회사(漢城圖書株式會社)에 입사하였다. 이 때 『서울』, 『학생』 잡지의 편집부에 근무하며 감상문 등을 발표하기도 하였다. 이후 『장미촌』 동인, 동아일보사 사회부 기자, 『백조』 동인, 청조사(靑鳥社) 사장을 거쳐 1925

그림 5-6 노자영 사진

년경 도일하여 일본대학(日本大學)에서 수학하고 1927년 봄에 폐병이 악화되어 귀국하였다. 이후 청조사를 처분하고 폐질환으로 5년간을 병석에서 보냈다. 1931년 오랜 병상에서 일어나 문단 및 출판계에 복귀하여 1934년 『신인문학(新人文學)』을 간행하였으나 자본 부족으로 1936년에 종간하였다. 1937년에는 조선일보사 출판부에 입사하여 『조광(朝光)』과 『여성』지를 맡아 편집하였다. 1940년 『조선일보』가 폐간되면서 퇴사하여 다시 출판사 창립을 준비하다가 그해 10월에 사망했다.

작품 활동은 1919년 8월 『매일신보』에 「월하(月下)의 몽(夢)」이, 같은 해 11월에 「파몽(破夢)」, 「낙목(落木)」 등이 계속 2등으로 당선되면서부터 본격적으로 전개되었다.

그 뒤 1921년 『장미촌』, 1922년 『백조』 창간 동인으로 가담하여 『백조』 창간호에 시작 「객(客)」, 「하늘의 향연(饗宴)」, 「이별한 후에」를 발표하였고, 이어 『백조』 2호에 「우연애형(牛涎愛兄)에게」라는 수필을 발표하였다.

시, 수필뿐만 아니라 1923년에는 장편소설 『반항(反抗)』(청조사)을 출간하기도 하였다. 1924년에는 첫 시집 『처녀(處女)의 화환(花環)』을, 1927년에는 두 번째 시집 『내 혼(魂)이 불탈 때』, 1938년에는 세 번째 시집 『백공작(白孔雀)』(미모사서점)을 간행하였다.

그의 시는 낭만적 감상주의로 일관되고 있으나 때로는 신선한 감각을 보여주기도 한다. 산문에서도 소녀 취향의 문장으로 명성을 떨쳤다.

기타 저서로는 3권의 시집 외에 연애서간집 『사랑의 불꽃』(1923), 번역서 『일리어드 이야기』(한성도서주식회사, 1923), 소설집 『청춘의 광야』(청조사, 1924), 소설 감상집 『영원의 몽상』(청조사, 1924), 시극·감상문·기행문 등을 모은 『표박(漂泊)의 비탄(悲嘆)』(청조사, 1925), 소설집 『무한애(無限愛)의 금상(金像)』(청조사, 1925), 번역동화집 『천사의 선물』(청조사, 1925), 번역동화 『소공자』(청조사, 1926), 수필집 『황야에 우는 소조』(1927), 교양서 『세계개조 10대 사상가』(조선도서, 1927), 『문학창작론』(청조사, 1929), 『'웰스'의 세계국가설』(영창서관, 1930), 『세계 대웅변가 연설집』(영창서관, 1930), 수필집 『낙화유수집』(청조사, 1935), 수필집 『청공세심기』(청조사, 1935), 수필집 『인생안내(人生案內)』(세창서관, 1938), 『나의 화환』(미모사서점, 1939), 번역소설집 『금색의 태양』(명성출판사, 1940) 등이 있다.

　위의 글은 자신이 창간하고 주편한 『신인문학』 창간호(1934년 7월)에 실린 기행문이다. 병마를 딛고 문단에 복귀한 1934~1936년까지 3년 동안은 노춘성에게 '문학에 대한 재출발'이면서 가장 의욕이 넘쳤던 시기였다.

06 경주순례기(慶州巡禮記) 옛 달을 찾아서

조영출(趙靈出)

　가을 하늘은 맑다 뿐이랴! 또한 향기로웠다. 경주 순례의 첫 발길은 끔찍이도 가벼웠다. 슬픔이 엉기성긴 고도를 찾아가는 자의 마음이 무엇이 기쁘랴만은 우울의 학창(學窓)에서 차디찬 과학에 얼크러진 흉금이 맑은 대기를 향하여 자유로이 호흡을 하는 것은 기쁨이 아니랄 수 없었다.

　10월 3일 우리들은 새벽 7시 경에 경성역(京城驛) 앞 광장에 모였다. 네 분 선생님의 인솔 하에 일행은 부산행 7시 40분 열차에 몸을 던졌다.

　장안(長安)을 울리는 기적 한 소리, 차가 움직이는 줄은 모르건만 남산은 움직이기 비롯하였다. 홍진의 흙구덩이인 도성(都城)을 떠나가는 것이다. 그렇다. 한양(漢陽)도 피 흘리고 넘어진 옛 성 경주도 한숨 속에 사라진 옛 성 폐허에서 폐허로 남북 삼천리! 이것이 모두 폐허인 것이며, 지긋한 과거의 유물인 것이다. 묻혀질 것은 묻혀지고 새로 건설될 것은 건설되어야 할 것이라고 생각했다.

　삼각산(三角山) 그림자 잠긴 한강(漢江)을 한숨에 건너가는 기차의 울음 좇아 …….

　기차는 가을 하늘에 검은 입김을 뿜으며 평원을 더듬고 산을 더듬고 물을 건너며 남으로 달아났다. 동무들은 먼 길을 떠나는 기쁨에 노래하고 춤추며 즐겨하였다. 모든 근심을 잊어 두고 ……. 젊어서 못 즐기면 어느 때 웃어보리! 옛 설움 잊어 두고 노래하며 춤추노라. 기구한 삶일수록에 즐겨 웃고 클 것을. 멀리 구름이 한가롭게 훑었다. 무슨 역을 지났느냐고 물으니 성환(成歡)을 지났다고 한다. 다음이 천안(天安)! 천안에서는 아산(牙山) 하늘이 보일 터이지? 생각할수록 가슴이 막막하여졌다. 세상을 원망해 무슨 소용이 있으랴만은 쓰디쓴 세류(世流)에 밀리고 부대끼어 표랑(漂浪)의 길 위에 한 조각 '생(生)'을 더듬어 헤매는 이어 자신을 생각할 새 심장의 어여지는 듯한 느낌이 없지 않았다.

고향이 어데냐고 누가 물으면 나는 고향이 없다고 대답하는 것이 내의 습관이었다. 고개를 숙이며 "나는 고향이 없소"라고 언제나 같은 대답에 같은 한숨을 흘리는 것이다. 그리던 고향! 내 낳은 아산이 천안에서 머지않은 것이다. 비애의 차디찬 구름은 내 넋을 안고 고향 하늘에 떠 날아갔다. 누구나 고향이 아니 그립으랴만 기억에서도 찾아볼 수 없고 오직 공상에서만 찾아볼 수 있는 내 고향 아산은 너무나 이애를 쏟아 먹은 존재였다.

내 고향은 서해 바다의 물결이 찰싹이는 곳이라 한다. 그리고 그 얼굴은 많은 전란에 힘젓고 선구자 김옥균(金玉均) 선생의 묘가 그곳에 있다 한다. 그 산이 어찌 생겼고 그 물이 어찌 흐르며 그 마을이 어떻게 누워있는지, 더구나 내 낳은 영인산(靈仁山) 밑 조그만 초옥은 지금 어찌 되어 있는지,

그림 6-1 김옥균 사진

I. 경주에 가거든

꿈에서도 찾아볼 수 없는 내 고향은 너무 애처로운 존재이다.

"천안!" 그것은 역부(驛夫)의 외치는 소리였다. 내 고향 산천이 저기요, 가르킬 새 눈물이 넘칠 듯해 구름을 가르켰네. 구름도 고향 구름이라기 눈을 감고 한숨지다.

어느덧 천안을 떠난 기차는 여전히 씩씩거렸다. 고향 하늘은 점점 멀어졌다. 그것이 얼마나 고마운지 몰랐다. 내 마음속으로는 하염없이 울었다. 그러나 "그래도 큰 뜻 먹었으니 웃음 웃고 나가지" 하며 부르짖었다.

차는 씩씩하게 달아났다. 내 마음도 어덴가 멀리 달아났다. 부강(芙江)이 지나갔을 때 난데없는 한 줄기 강물이 서쪽으로 흘러가고 있다. 이것이 백마강(白馬江) 상류라고 한다. 이 물줄기를 따라 내려가면 그곳이 백마강이고 그 강가에는 눈물겨운 낙화암(落花岩)이 있을 터이지? 백제의 애닯은 옛 이야기를 이 물결이 낙화암을 싸고 돌며 이야기할 터이지?

대전(大田)에 도달하였을 때 일행은 점심을 먹었다. 달아나는 기차를 그 누가 막으랴! 기차는 어느덧 추풍령(秋風嶺)을 넘어가는 것이다.

오후 4시경에 대구역에 도착하여 한 20분 후 다시 경주행 경편차(輕便車)에 승환(乘換)하였다.

동촌(東村)·반야월(半夜月)·금호(琴湖) 등을 지나가는 동안에 날은 저물었다. 암흑이 온 세상을 짓눌렀다.

차창에 숨어드는 가을밤 바람은 저윽히 싸늘하였다.

7시 30분이나 되어 불빛만이 깜박이는 경주 고도에 내렸다. 고도에 부는 바람엔 색다른 향기 나는 것 같았다. 경주는 검은 빛 바다에 푹 파묻혀 있음으로 산도, 들도 모두가 한 빛이었다.

쓸쓸한 거리를 걸어갔다. 이곳에도 붉은 등불, 푸른 등불은 눈을 뜨고 있었다. 천 년 전 옛 서울에도 얄미운 현대 문명의 발길이 숨어들었다는 것은 생각할수록 섭섭하였다.

안동(安東) 여관에 들어 저녁을 먹었다. 온 하루를 두고 차에 시달린 몸을 자리에 눕히니 그것처럼 좋은 일은 없었다. 고도에 와 두 다리를 펴고 누워 옛일을 헤아리매 내 또한 옛 사람인 상 싶었다. 옛 사람들을 꿈속에 만나지라고 마음속 빌며 잠에 안겼다.

이튿날.

가을날은 언제나 청명하였다. 고도의 운명을 보고 웃음울던 옛터에 뜨는 해가 오늘도 계림(鷄林)을 붉게 물들여 주었다.

오전 8시 반경에 여관 정전(庭前)에 일행은 모여 황 선생님의 진열관의 고적 설명을 듣다

다음 고적 진열관에 이르러 위대한 신라 예술의 향기를 맛보다.

가장 드러난 몇 가지를 들건댄, 금관은 1,500년 이전의 것으로 거금(距今) 10년 전에 봉황대(鳳凰臺) 옆 고분에서 발굴된 것이라 한다. 휘황한 금빛, 기묘하게 만들어진 모양이 관을 신라 임금은 쓰시고 백성을 다스렸을 터이지. 그 관이 1,500년 이후에 와서 신라 문명을 빛내고 있지 않는가?

석사자(石獅子) 2개 중에 일개는 분황사탑(芬皇寺塔) 측(側)으로부

그림 6-2 금관총에서 출토된 신라 금관

터, 일개는 월성(月城) 다나카(田中)으로부터 박물관으로 이전되었다 한다. 직립한 사자각(獅子刻)은 일본인 야마 쇼인(山松陰) 씨의 손으로 들어간 호인(胡人) 및 사자(獅子)의 석각(石刻)과 괘릉(掛陵) 앞 무인(武人) 및 석사자(石獅子)와 같이 페르시아(波斯) '앗시리아' 사자수렵도형(獅子狩式圖形)으로 '싸산'(1,700년 전) 왕조의 예술적 문화의 영향을 받았다고 한다. 뒷발은 벌리고 앞발을 거단이는 그 기상! 그는 신라인의 기상이 아니고 무엇이랴!

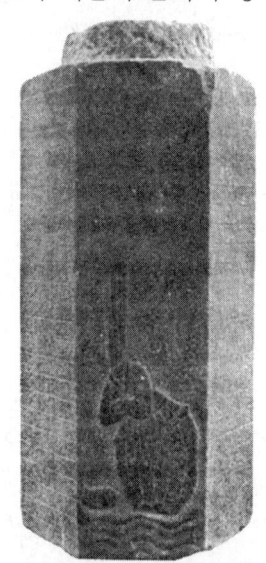

그림 6-3 이차돈 기념비

• 이차돈(異次頓)의 기념비. 신라 제23세 법흥왕(法興王) 14년(서기 527년)에 국선교(國仙敎), 즉 화랑교가 세력이 있을 때 불교를 위하여 용감히 희생된 박염촉(朴厭觸)[18]의 기념비이다. 이는 제41세 헌덕왕(憲德王) 9년(서기 817년)에 승(僧) 혜륭(惠隆)·효원(孝圓) 등이 창립한 바이라 한다. 석비엔 희미한 비문과 단두용혈(斷頭勇血)의 조각이

---

[18] 이차돈(異次頓, 506~527)은 신라의 승려이며 한국 불교사상 최초의 순교자이다. 자는 염촉(厭觸), 염도(厭都)이며 거차돈(居次頓), 처도(處道)라고도 한다. 습보갈문왕(習寶葛文王)의 증손으로 속성은 박(朴)이다. 법흥왕의 근신(近臣)으로서 일찍부터 불교를 신봉하였으며, 벼슬은 내사사인(內史舍人)이었다. 당시 법흥왕은 불교를 국교로 삼고자 하였으나 재래의 토착 신앙에 젖은 조정 신하의 반대로 뜻을 이루지 못하고 있었다. 이때 그는 신하의 의견에 반대, 불교의 공인을 주장하던 끝에 527년 순교를 자청하고 나서 만일 부처가 있다면 자기가 죽은 뒤 반드시 이적(異蹟)이 있으리라고 예언하였다. 예언대로 그의 잘린 목에서 흰 피가 나오고 하늘이 컴컴해지더니 꽃비가 내리는 기적이 일어나 신하들도 마음을 돌려 불교를 공인하게 되었다고 한다. 북산(北山)의 서령(西嶺: 金剛山)에 장사지내고 그곳에 절이 창건되었다. 817년(헌덕왕 9) 국통(國統) 혜륭(惠隆) 등이 그의 무덤을 만들고 비를 세웠다.

있어 위법망구(爲法忘軀)의 옛일을 말하고 있었다.

옥적(玉笛). 이는 신라 시대에 사용하던 것으로 신비적 존재임에 흥미가 있었다. 신라, 고려를 통하여 국보로 보관하여 오다가 중년(中年)에 유실되었으니 이조 숙종(肅宗) 32년(서기 1706)에 주인(州人) 김승학(金承鶴)이 객사 토병(土塀) 중에서 발굴하였다 한다. 하나는 황적(黃笛), 다른 하나는 청적(靑笛), 이것이 조령(鳥嶺) 이북에선 소리가 안 난다고 하는 신비적 존재이다(鳥嶺以南而鳴, 鳥嶺以北而不鳴). 이 옥적 소리에 신라 왕궁은 얼마나 평화에 잠들었던가! 신라의 혼을 한 입에 덥석 물은 이 옥적은 쓸쓸한 고적 진열관 한 모에 잠들어 누웠구나. 황금 시대의 신라도 영원히 돌아오지 못할 길손의 잠이 깊어 과거의 한 조각 유물이 되어 젓대 빈 구멍 속에 고이 숨어있지 않은가! 옥적 다시 운들 신라는 못 올 것을 ……. 그러나 다시 운다면 신라의 눈물은 기어코 쏟아지리라.

끝으로 나오다가 봉덕사종(奉德寺鍾 : 聖德鍾)을 보았다. 신라 제36세 혜공왕(惠恭王) 6년 12월 시작하여 동 7년 12월 14일에 이르러 박한미(朴韓味) 등의 손으로 완성된 것이라 한다. 중(重) 12만 근, 구경(口徑) 7척 5촌, 구주(口周) 23척 4촌, 후(厚) 8척 되는 거종(巨鍾)에 또한 보상화문(寶相花文)과 비천문(飛天文) 등의 조각이 있어 가장 유명한 예술품이라 한다.

그림 6-4 봉덕사종 비천문

이 종은 인주(人柱)를 세워 주조한 것임으로 그 여운이 '에멜레' 한다는 전설을 품고 있다. 보기에도 커다란 종, 우리들은 그 종소리를 들을만한 기회를 얻었다. 그러나 그것은 결코 신라 사람이 치지는 않았다.

'떼-'하고 종은 울었다. 나는 이전 시를 생각했다.

> 신라적 종이 울었네,
> 밤 천 년, 낮 천 년 만에 그 종이 또 울었네.
> 계림 흰 닭은 어데 갔소?
> 신라적 종이 울었네.
> 갈바람만이 쓸쓸한 고도에
> 이 종만이 호올로 눈 부비며 울었네.
> 신라가 살었다 우느뇨?
> 신라가 죽었다 우느뇨?
> 멋없이 우는 그 종소리 월성(月城)갓으로 사라져 가는구나.
> 신라적 종이 울었네,
> 여운은 끊일 듯 이을 듯 흘러서 가네.
> 종소리에 넋을 잃고
> 회색빛 과거에 정조를 빼앗긴 무리여!
> 신라는 울었다. 그러나
> 종소리 슬어질 때 신라는 잠든다.
> 광녀(狂女)와 같이 현실은 다시 고함치며 달려드느니
> 아! 과거와 현재에 쫓기운 무리여!
> 신라적 종은 울었다,
> 신라적 종은 그게 설어
> 에멜레- 울다 살아서 가는 것이다.

어덴가 검정 안개가 덮인 듯한 마음으로 고적 진열관을 나서 남

쪽 길로 가다가 다시 서(西)으로 꾸불어서 도파(稻波)가 넘실거리는 평원 사이로 뻗어진 길을 걸어갔다.

길가에서 멀리 동편산(東便山) 기슭을 바라보며 그곳에 백률사(栢栗寺)가 있고 표암(瓢岩)·굴불사(掘佛寺) 등이 있다는 설명을 듣고 다시 왼편으로 알천(閼川)·논호수(論虎藪)에 대한 재미있는 설명을 듣다.

표암은 신라 초(서기 약 70년 전) 6부의 하나인 양산부장(楊山部長) 이알평(李謁平) 씨의 탄생지로, 명칭의 기인(起因)은 전설이라 하겠으나 『동경잡기(東京雜記)』에 "세속에 전하기를, '신라 때 이 바위가 국도에 해를 끼친다 하여 박을 심어 이 바위를 덮었기 때문에 이렇게 명명했다'고 하였다(俗傳新羅時, 以此巖有害於國都, 種瓢以覆, 故名焉)"이라 하였다.

논호수는 신라 28세 원성왕(元聖王) 시 2월 8일에 김현(金現)이란 사람이 흥륜사탑(興輪寺塔)을 요회(遶廻)하다가 호랑(虎娘)과 결연(結緣)하여 호랑의 사후에 호원사(虎願寺)를 지었다는 곳으로 이름이 있는 곳이다. 일연(一然)이란 사람이 이곳을 지나다가 이런 시19)를 지었다 한다.

   義重數條輕萬死, 맺은 인연 중한지라 만번 죽어 싸건만
   許身林下落花忙. 숲 속에서 허락한 몸 꽃이 지기 바쁘도다.

굴불사는 신라 제35세 경덕왕(景德王) 시(서기 750년경)에 왕이 대혜상(大慧像)의 신조품(神造品)이 있었고 효소왕(孝昭王) 시에 국선(國仙) 부례(夫禮)와 만만파파식적(萬萬波波息笛)과 현금(玄琴) 등

---

19) 『삼국유사』 찬시 중 「함통(感通) 7, 김현감호(金現感虎)」 조에 나온다.

을 북적(北狄)에게 유실(遺失)하였다가 대비상(大悲像)의 신력(神力)으로 환귀(還歸)하였다는 곳으로 8괴 중에 하나인 백률순송(栢栗筍松)이 있어 유명한 곳이다. 알천을 이야기할 새 나는 먼저 황룡사 대종이 그 모래밭에 파묻혀 있다는 전설이 숨은 곳이라는 것을 말하고 싶다.

신라의 무역항이 그곳에 있어 일본과 지나 교통의 문호가 되고 또한 군사적으로 많은 군함이 출입하였다 한다. 신라 문명을 이야기할 새 어찌 이것을 남겨놓을 수 있으랴! 신라 사람은 상업이 또한 발달된 사람들로 지나와의 무역은 퍽이나 번창하였다 한다. 다시 이 강은 제37세 선덕(善德) 6년(서기 785) 정월 13일에 왕이 붕(崩)함에 왕위 계승의 제일망(第一望)을 가진 주원(周元)20)이 수북(水北)에 있어 강수(江水)의 창일(漲溢)로 건널 수 없어 제이망(第二望)에 있는 경신(敬信)이 즉위하여 원성왕(元聖王)이 되었다는 곳이다.

분황사를 나서 그 앞 콩밭 좁은 길을 걸어갔다. 명활성지(明活城址)를 왼편으로 바라보며 황룡사지에 발을 옮겼다. 아무 흔적도 찾아볼 수 없는 황룡사 터는 너무도 황폐하였다. 이것이 폐허다.

한때의 영화가 낮이면 바람이 되어 수풀에 흐득여 울고 밤이면 이슬 되어 풀잎에 잠들어 자는 오직 공허만이 떠 흘러가는 곳이 이

---

20) 김주원(金周元)은 777년(혜공왕 13) 이찬으로 시중(侍中)이 되었는데, 785년(선덕왕 6) 왕이 후사가 없이 작고하자, 군신이 그를 왕으로 추대하였으나 때마침 그가 수도 경주에서 200리나 떨어진 곳에 있었고, 홍수로 알천(閼川)이 범람하여 건너올 수 없게 되자, 대신들이 이는 하늘의 뜻이라 하여 상대등(上大等) 김경신(金敬信)을 왕으로 추대하였다. 그러자 김주원은 자기에게 화가 미칠 것을 염려하여 명주(溟州, 강릉)에 도피하였는데, 2년 뒤에는 그곳 명주군왕(溟州郡王)으로 봉해졌다. 그의 아들 헌창(憲昌)은 후일 자기 아버지가 왕위에 오르지 못하게 된 것을 원망하여 822년(헌덕왕 14) 웅주(熊州, 공주)에서 반란을 도모하였으나 실패하였다.

폐허다. 숲속에 우는 벌레 울음이 옛 영화를 울부짖으며 기러기 나는 가을 하늘의 한 조각 달이 옛 환락을 괴롭게 이야기할 뿐이다.

이곳에 큰 종이 있었고 이곳에 9층 대탑(大塔)이 있었고 화려한 금당(金堂)이 있었음을 어이 아랴! 어이 짐작하랴! 오직 콩밭이 이 모저모에 빼어져 있는 커다란 주춧돌만이 "이것이 황룡사 자리요" 하고 외칠 뿐이다.

이 절은 신라 제24세 진흥왕(眞興王) 14년(서기 553) 계유(癸酉) 2월부터 30년 을유(乙酉)까지 17개년의 장구한 시일을 쓰어 축성된 거찰로써 그 시절의 국가적 신앙의 중심지요, 그 시대의 크나큰 자랑거리이던 것이 고려 제23세 고종(高宗) 25년(서기 1238) 무술(戊戌)에 무지한 몽고병의 침습(侵襲)으로 여지없이 소실되었다 한다. 얼마나 무침(無憯)한 일이랴! 그 가운데 장육불상(丈六佛像)은 진흥왕 35년 갑오(甲午) 3월에 동 3만 5천 7근과 황금 1만 백 98분(分)으로 조성하고 철 1만 2천근과 황금 1만 백 36분으로 좌우 2보살상을 조성하여 국보의 하나로 되었었다 하며, 좌우 금당은 제26세 진평왕(眞平王) 6년(서기 584) 갑진(甲辰)에 조성되었다 한다.

국보의 하나로 가장 이름이 있던 9층탑은 27세 선덕여왕 12년(서기 643 癸卯)에 자장국사(慈藏國師)의 요청으로 이간(伊干) 용춘(龍春)의 감독과 백제 신장(神匠) 아비지(阿非知)의 주간(主幹) 하에 2백여 소장(小匠)의 조력(助力)으로 창시하여 동 14년 을사(乙巳) 3월까지 3개년의 시일을 지나 그를 건축하였다 하며, 철반(鐵盤) 이상의 고(高)가 42척, 이하가 183척으로서 9층의 진국탑(鎭國塔)이더니 천화진상(天火震傷)으로 6, 7차의 중수를 거듭하였으나, 그도 소용없이 고려 고종 25년 몽고 병화(兵火)에 황룡사와 같이 소망(燒亡)되었다 한다.

그림 6-5 일제강점기 분황사탑 엽서

　싸움, 그것이 얼마나 많은 죄악을 범한다는 것은 말하지 않고라도 몽고병이 얼마나 잔인무도한 야만인 것은 이로써 짐작할 바이다. 영토가 욕심이 나면 영토를 빼앗으면 고만일 것이고 재보(財寶)에 눈이 뒤집히면 재보 그것만을 가져가면 족할 것이 아닌가? 불상이 무슨 죄가 있고 탑이 무슨 죄가 있어서 불을 놓고 훼손하랴! 그것이 문화의 적이며 인류의 범죄자가 아니고 무엇이랴! 그들의 발밑에 문화의 아름다운 꽃송이가 그나마 무참히도 짓밟혔으며 찬란한 역사의 종잇장을 얼마나 가엾게도 짓찢었는지 생각하면 생각할수록 울분을 참을 수 없는 일이다.

　황룡사 거종은 제35세 경덕왕 13년(서기 754) 갑오(甲午)에 시주 효정이왕(孝貞伊王) · 삼모부인(三毛夫人)21)과 장인(匠人) 이상택하

---

21) 삼모부인은 신라 제35대 경덕왕의 첫번째 왕비이며 이찬(伊湌) 김순정(金順貞)

전(里上宅下典)의 손으로 주성(鑄成)된 고(高) 1장(丈) 3척, 후(厚) 9촌, 중(重) 49만 7천 5백 8십 1근의 세계 제일의 거종이었다 한다.

이 종은 아침과 저녁으로 18만 호의 계림 성중(城中)에 울리워 신라 사람들의 마음을 미화(美化)시켰던 것이다. 이 종이 한번 새벽 하늘에 사모치면 성중 사람들은 모두 자리에서 일어나 향불 피우고 합장하고 굳은 신앙 밑에 불전(佛前)에 예배하였다 한다. 해 뉘엇이 서산을 넘을 때 이 종이 울면 씩씩하게 일하고 힘쓰던 신라 사람은 집으로 돌아가 즐거운 웃음에 생황(笙篁)을 울리며 또한 글을 외웠다 한다.

이 종이 얼마나 위대하였었던 것은 이로써 짐작할 바이나, 그러나 이런 크나큰 보배가 언제 어떻게 없어졌는지를 모른다. 오직 희미한 전설에서 알천 모래밭에 파묻혀 있다는 말밖에는 얻어들을 수 없다.

이 종이 자취를 감추었을 때 신라도 기울어졌던 것이다.

모든 것이 꿈같이 사라져 버린 터전에 콩잎만이 누런 물결을 치며 바람에 넘실거릴 뿐이다.

형용할 수 없는 심정으로 다시 좁다란 논둑길을 걸어갔다. 간 곳이 바로 안압지였다. 물결만 바람에 나부끼며 찬 웃음 치는 듯하였다. 못 속에 우뚝 일어선 둔덕에는 이름 모를 수풀이 흰 꽃을 피워 옛일을 꿈속에 뭉겨버리는 것이다.

거칠은 터전, 기화요초(奇花瑤草)가 우거지고 진금기수(珍禽奇獸)가 뛰놀던 안압지엔 오직 공허의 회색빛 환상이 흩어져 갈 뿐이었다.

의 딸이다. 원래 경덕왕의 왕비였으나 743년(경덕왕 2)에 자손이 없다는 이유로 출궁당하였다. 그 뒤 754년 황룡사종을 만들 때 삼모부인은 이찬 효정(孝貞)과 함께 단월이 되었다. 효정은 당시 활약이 두드러진 김옹(金邕)과 함께 혈연적으로나 정치적 입장으로나 삼모부인과 매우 밀접한 관계였다.

신라 최고 행락(幸樂)의 생활이 이 못에 피었다. 이 못 속에 흔적도 없이 숨어졌구나! 하고 생각할 때 임해전(臨海殿) 터의 외로이 남은 석구(石溝) 또한 구슬펐다.

임해전 터, 잘 있거라! 뒤에 두고 안압지를 눈감고 돌아서 갈 새 발밑에 밟히는 가을 숲이 옛 넋인 듯 바스락 울었다.

에돌아 가는 것이다. 고허(古墟)에서 고허로 …….

큰길 건너서서 조그만 언덕에 올라가니 송림 우거진데 바람이 '솨-' 불어간다. 그리 높지 않은 언덕, 반달처럼 주욱 뻗어져 간 곳, 그곳을 월성이라 한다.

가슴에선 시상(詩想)이 뒤범벅을 쳤다. 멀리 들 넘어 가을 밝은 하늘엔 흰구름짱이 흘러가고 월성 복판엔 밭곡식이 누렇게 물들고 새들은 푸득 날았다.

석빙고를 거쳐 다시 큰길로 돌아나와 한참 가노라니 첨성대에 노라는 듯이 내달았다.

첨성대. 동양 최고 기록을 갖은 천문대, 신라의 큰 자랑. 신라의 밝은 혼은 아직도 이 대에 남아 있는 것이다.

신라 제27세 선덕여왕 16년(서기 647) 정미(丁未) 정월에 석오원(昔五源)의 건축한 것으로 고(高) 31층 29척 5촌, 저경(底徑) 17척, 두광(頭廣) 8척 5촌의 대석조 건물이다. 밑 사면엔 풀이 우거지고 다른 데와 같이 이것도 밭 사이에 외로이 서서 고도의 아담한 대기(大氣)에 옛 향기를 아직도 힘차게 뿜어내는 것이다. 신라 없었던들 이 대 어이 있었으며, 이 대 없었던들 신라의 문화 어이 빛났으랴!

비 내릴 때 비를 맞고 눈 내릴 때 눈을 맞으며 가을 달, 봄바람 하많은 몇몇 해에 얼마나 하늘을 원망하였으랴! 영락에 허덕이는 이 겨레를 얼마나 원망하였으랴! 신라 이후의 암담한 역사를 굽어

볼 때 얼마나 그 가슴이 쓰리랴! 온 몸이 아프랴!

이만한 천문대는 고려에서도 찾아볼 수 없으며 조선에서도 찾아볼 수 없다. 만일 이 대가 덧없이도 허물어져 그 자취가 아득하다면- 하고 생각할 때 마음은 알 수 없는 공포에 떨었다. 가슴이 써늘했다.

기념 촬영을 한 다음, 소나무가 그득히 서있는 숲을 들어갔다. 이름을 물으니 계림이라 한다. 옛날 김(金) 씨의 시조인 김알지(金閼智)의 탄생지라는 전설이 숨어있는 곳이다.

흰 닭의 울음이 들리는 듯하였다. 나는 흰 닭이 그리워졌다. 크나큰 혁명가의 출현을 기다리는 이 마음은 흰 닭의 울음이 삼천리 그 어느 구석에서나 들려지기를 바랬다.

문묘(文廟)에서 점심을 먹고 포석정(鮑石亭)으로 걸어갔다. 뻔히 바라뵈는 길다란 허연 길을 걸어갔다.

남산 밑 포석정을 잡어드니 바람이 옷깃을 붙잡고 감돌며 무엇인가 속삭이는 듯하였다.

유상곡수(流觴曲水)의 남은 자취는 이곳을 찾는 이로 하여금 애상의 멜로디를 한 마디씩 뜯어주는 것이다.

굽이굽이 돌아간 곡선!

지나 동진(東晉) 시, 즉 육조 시대에 유행하던 유상곡수를 본받아 축조한 것으로 신라 호화를 짐작하기에 가장 쉬운 존재이다.

이 극단의 호화일락(豪華逸樂)의 포석정에 아침 꽃과 같이 담뿍 피었음에 반해서 신라 멸망의 참화(慘禍)가 또한 이곳에서 폭풍과 같이 일어났었다는 눈물겨운 과거의 갈피를 들출 때 가슴이 안 어여지며, 눈물이 안 솟아나랴?

문약(文弱)에 흩어진 신라 말기에 임금으로 태어난 경애왕(景哀王)의 운명도 기구하였던 것이다. 포석정에 그 달이 몇 번이나 뜨고 곡수(曲水)에 술잔이 몇 번이나 흘러갔던가! 후백제 군의 낯선 말굽이 이 자리를 그리도 짓밟을 줄은 꿈에도 몰랐을 것이다. 남산 밑 이궁(離宮)으로 쫓겨간 경애왕이 용포(龍袍)를 몇 번이나 눈물에 휘적시었으랴! 이 땅에 있어 공전절후(空前絶後)의 최고 문화의 아담스러운 꽃이 곡수에 흘러간 술잔과 같이 꼬리를 아득한 추억 밑에 숨기고 말지 않았는가?

아! 과거는 빛났다. 또한 참담하였다. 흥망이란 그것이 진리이니까 원망한들 소용이 있으랴!

나는 유득공(柳得恭)22) 작의 고시를 생각했다.

三月初旬去踏靑, 삼월 초순 청명절에 답청 놀이 하러 갔더니
蚊川花柳鎖冥冥. 문천의 꽃과 버들 어둑어둑하게 잠궈 있네.
流觴曲水傷心事, 굽이치는 물에 술잔 띄우고 마시던 일이 상심되니
休上春風鮑石亭. 봄바람이 불 때에 포석정에 오르지 마시길.

유 씨는 춘풍이 불 때 포석정에 오르지 말라고 하였다. 유상곡수는 너무도 심사를 상하게 하니까 …….

하물며 추풍이랴! 조락의 가을 대지에 나뭇잎이 부실 떨어지며 황랭(荒冷)한 가을의 비수(悲愁)를 아뢰울 때 포석정에 오르는 이의

---

22) 유득공(1748~?)은 조선 후기의 실학자다. 본관은 문화(文化), 자는 혜보(惠甫)·혜풍(惠風), 호는 영재(泠齋)·영암(泠庵)·고운당(古芸堂) 등이 있다. 1774년(영조 50) 사마시에 합격해 생원이 되고, 시문에 뛰어난 재질이 인정되어 1779년(정조 3) 규장각검서(奎章閣檢書)로 들어가 활약이 컸다. 그 뒤 제천·포천·양근 등의 군수를 거쳐 말년에는 풍천부사를 지냈다. 저서로는 『경도잡지(京都雜志)』, 『영재집(泠齋集)』, 『고운당필기(古芸堂筆記)』, 『앙엽기(盎葉記)』, 『사군지(四郡志)』, 『발해고(渤海考)』, 『이십일도회고시(二十一都懷古詩)』 등이 있다. 위의 시는 『이십일도회고시』 「경주」 편에 나온다.

마음이야 오죽이나 비탄을 느끼랴! 신라는 이곳에서 넘어졌다. 영웅의 말로와 같이 신라의 임종을 헤아릴 때 포석정은 비참하였다.
　나는 어미 잃은 어린 갈매기의 노래같이 떨리는 가슴 위에 서투른 시조(詩調) 몇 수를 썼다.

　　　곡수에 띄운 잔이 맘 놓고 흘러가다
　　　낯설은 굽소리에 넘어져 울었습네,
　　　임금님 가신 지 천 년에 그도 가고 없고녀.

　　　한끝 호화롭든 꿈 깨고 눈 부비니
　　　낙엽만 빈 터전에 옛일을 그리노라(畵),
　　　오릉에 자는 혼들아, 예와 몇 번 울었었나?

　떨려 나왔다. 더 있을 수 없었다.
　도랑을 건너고 밭을 지나 남산 밑으로 읍(邑)을 향해 갔다. 신라 시조 박혁거세(朴赫居世) 거서간(居西干)의 탄생지라는 나정(蘿井)에 들려 숭덕전(崇德殿)·오릉(五陵)·숭혜전(崇惠殿)·미추왕릉(味鄒王陵)·황남고분군(皇南古墳群)을 차례로 거쳐 석양이 뉘엿할 때 저자 복판에 있는 봉황대(鳳凰臺)에 올랐다. 이는 큰 고분이었다. 넓은 고도의 벌판을 눈 아래 깔고 회고의 실마리를 더듬기에 가장 좋았다.
　천 여년 간 전하여 내려온 서울! 17만 8천 9백 3십 6호의 대규모의 서울, 그 서울의 번창은 이 겨레 기록에 있어서 수옥(殊玉)의 편(篇)인 것이다. 화려를 잃을까 염려하여 취탄(炊炭)의 생활을 하던 그때의 사람은 또한 가장 예술을 알고 당(唐) 문화를 능가할 만한 문화건설에 신력(神力)이 있었던 것이다. 서울, 위장(偉壯)한 서울!
　금성(金城)도 지금은 없어졌다. 월성 또한, 명활성(明活城) 또한.

모든 것은 황폐의 페이지에로 옮겨져 갔다.

폐허!

동도(東都)의 성곽은 한 촌락에로 그 그림자를 뭉개버리고 오직 저녁 연기만이 봉황대를 싸고 돌 뿐이다. 지금쯤은 황룡사 종이 18만 호 장안(長安)에 울려 가고 옥적(玉笛)과 생황의 아름다운 멜로디는 신라의 평화를 구가하며 신라 혼을 싣고 사모쳐 흘러갔을 것이다.

그러나 20세기의 신라 서울엔 석양이 봉황대 위의 붉은 핏물을 죽죽 뿜으며 무거운 우수의 한숨 같은 저녁 연기만이 도성을 휩싸고 희미한 신비의 세계로 이 넋을 안고 끝도 없이 갈 뿐이었다.

나는 한시에서 이런 구를 생각해냈다.

>鳳去臺空鎖暮煙, 봉황은 날아가고 빈 대에만 저녁 연기 가득하고
>徐菀繁華何處覓. 서울의 번화함 어디에서 찾을텐가.
>行人駐高怨蒼天, 행인은 높은 곳에 올라 푸른 하늘 원망하니
>落花流水已千年. 낙화유수는 이미 천년을 지냈도다.

나는 내 시상(詩想)에서 이런 절을 끄집어냈다.

>비인 큰 대(臺) 위에 석양이 그득할 손
>메마른 가을날에 찬 까마귀 울고 내려
>일천 년 그 긴 내력이 모연(暮煙)되어 드옵노라.

>우뚝우뚝 솟은 뫼는 옛 사람의 무덤 곳이
>신라 큰 혼들이 그 속에 자옵노라
>이따금 샛바람 되어 옛 일을 아뢰우더라.

아련하게 잠들어 버리려는 옛 서울!

오, 옛 서울이여! 아주 잠들어 버려라! 20세기의 혼탁한 물결에 물들지 말고 옛 향기에 젖은 그대로 신라의 향그러운 그리고 고상한 해골을 가슴에 안은 채 과거로 달음질쳐 가거라! 영원히 잠들어 버리라! 신비의 총아여!

이 날의 해는 남은 빛을 걷어 안고 서산 뒤로 사라져 버렸다. 평화의 꿈을 물결이 저 지평선에서 밀려드는 것 같았다.

그러나 어덴가 낙숫물 같이 떨어지는 옛 서울의 그리운 넋의 눈물 소리를 듣는 것 같았다.

아! 신라의 서울이여, 너는 밤의 평온한 것에서 자위(自慰)의 거문고를 뜯으며 고단한 넋을 꿈에로 보내려는 구나!

대를 내려기는 마음! 그는 꿈이었다.

오후 6시경에 여관에 돌아갔다.

10월 5일 오전 6시에 잠은 깨다. 날은 여전히 밝았다. 가을 대기의 홀리는 향기는 너무도 가슴을 밑바닥까지 씻어주었다. 새벽밥을 먹고 경주역 발 6시 35분에 올랐다. 이화생(梨花生)들도 같이 탔다. 동무들도 즐거이 노래했다. 새벽의 무거운 공기를 뚫고 기차는 달아났다. 고도의 평원을 헤치며 멀리 명활성지가 보이고 가까이 안압지가 보이고 아침볕은 찬란한 햇살을 흘렸다. 약 40분 후에 우리들은 불국사역에 도착하였다. 신작로를 걸어 왼편에 보이는 산으로 산으로 올라갔다. 얼마동안 올라가매 그곳에 송림이 우거지고 새맑은 바람이 별경(別景)을 앞서 손을 맞아 주었다.

"불국사!"

입에 오르고 귀에 익은 이름! 처음에 눈을 띄우는 것이 석교(石橋)였다. 바른편 자하문(紫霞門)으로 올라가는 곳이 백운교(白雲

橋)·칠보교(七寶橋), 왼편이 청운교(靑雲橋)·백련교(白蓮橋). 기묘한 구조, 신비스러운 유물, 웅장한 다보탑, 직선미로 된 석가탑 …… 아름다운 전설이 숨어있는 탑 등, 신공(神工) 같은 그 솜씨에 아니 놀랄 수 없었다.

솔밭길 걸어드니 바람도 맑더군요
백운교 밟고 올라 칠보교 잡아드니
그것이 큰 보배랄새 발 놓기가 젊더군요.

층층 디딜머리 발꿈치가 무겁기로
머리 돌려 긔 보오니 잡는 이 있더군요
잡는 이 있으리마는 신라혼이 딸더군요.

20분간 자유 관람을 마치고 일행은 토함산을 넘어갔다. 구비구비를 돌아 열두 구비도 더 돌아갔다. 아리랑 고개를 넘어가는 추상적

그림 6-6 청운교와 백운교

인간의 마음과도 같이 조선인의 상징인 그 마음과도 같이 식은 희망과 쓰디쓴 원망이 얽힌 마음으로 ……. 나는 경제로나 정치로나 혹은 문화로나 모든 부문에 있어 뒤떨어지고 자기 파멸의 갱굴(坑窟)을 더듬는 조선 사람이 아무런 희망도 기대도 없이 한갓 옛 문화의 곰팡내가 그리워 이 토함산을 넘는 것이 아닌가 하고 생각했다.

언제나 짓밟힌 민족. 그것을 연민에만 부칠 것이 아니다. 오히려 꾸짖고 싶고 선배를 원망하고 싶다. 반만 년의 역사의 페이지의 대부분이 남의 발밑에 짓뭉개지고 짓찢어지지 않았는가. 고식적(姑息的)인 '생(生)' …… 현재. 그러나 다행히도 우리는 한 가지의 잊지 못할 존재를 갖지 않았니? 과거의 기록이 피투성이고 눈물 투성이인 그 속에서 빛나는 야광주(夜光珠)와 같고, 지극히 불결한 연못에 핀 한 떨기 연꽃과도 같이 두 눈을 또렷또렷 뜨고 한입에 향기를 덥썩 물은 한 개의 존재 …… 신라를 찾아낼 수 있지 않은가? 만일 이 존재가 그 기록에서 찾아낼 수 없었더라면 이 곁에는 얼마나 암담하였으랴? 얼마나 애처로운 한 가닥 꿈이었으랴? 그래도 이 문화가 있는 까닭에 자위의 곰팡내나마 맡지 않는가? 우리는 황금시대 신라의 예술이 있다고 자랑하지 않는가?

그러나 눈물 섞인 공허를 씹을 따름이다. 과거가 아무리 찬란하였다 해도 현재의 넘어가는 운명을 부추길 수는 없는 것이다. 나는 마음껏 소리쳤다.

"너는 너희들은 네 목에 걸린 삼줄을 풀 줄을 모르느냐?"

헐떡이는 가슴에 나는 토함산을 넘어서 산기슭에 숨긴 석굴암의 가슴을 두드렸다. 이내 두 발길이!

가을은 의연하였다. 단풍이 울긋불긋 대예술 전당의 석굴암을 또한 밖으로 장식하였다.

석굴!

그리 넓지 않은 동굴로 문 좌우엔 옹호신의 핏기 있은 박육(薄肉) 조각이 우선 엄숙하게 서 있고, 그 사이를 가을 따스한 햇볕이 은빛을 부었다. 태양은 무심하였다. 그러나 보는 이의 마음은 유달리도 이감을 느꼈다. 문안을 들어설 때 그 찰나의 감정은 암실에서 태양을 본 황홀 밑이 고요히 흘러가는 침묵, 그것이 잘 표현해주었다. 웅장한 석가본존의 좌상, 차디찬 돌의 조각이언만 어딘가 온정이 넘치고 유화(柔化)의 감이 났다. 어진 빛이 감도는 눈! 그 눈은 신라를 말해주고 다시 현재를 꿰뚫어 미래를 말해주는 것 같았다.

미간(眉間) 백호(白毫)는 간 곳이 없고, 오직 그 자리로 조그만 구멍이 남아 있다. 그러나 그곳에선 한없이 길고 큰 빛을 비추어주었다. 그 빛은 이 동굴에 들어선 사람의 마음에 '영원의 진리' 한 형떨이도 없는 향불을 피워주는 것이다. 벽면엔 박육각(薄肉刻)의 보살이 조각되어 있고, 그 위 석감(石龕) 속엔 여러 나한님이 열좌(列坐)하여 있었다. 미묘한 기술은 너무도 훌륭하였다. 더욱 석가좌상의 후면에 계신 관음상 조각에 이르러서는 오직 '!'만이 있을 뿐이었다. 그러나 너무도 위대한 걸작의 예술 앞엔 부질없는 감탄도 오히려 어리석은 짓이라 생각했다.

관음상의 조각은 과연 동양의 자랑이었다. 그 스타일로 보아 요샛말로 백 퍼센트였다. 여러 부처님을 인 머리! 한 알 한 알의 구슬이 또렷한 주영(珠纓)! 왼손의 화병! 그 기상은 숭엄과 미의 권화(權化)였다. 무거운 침묵에 한없이 넓은 자애를 흘리는 눈! 엉틀엉틀한 돌이건만 뭉글뭉글한 살 붙임! 마음대로 휘늘어진 옷자락! 이에 숭엄이 없다면 그 누가 살점이라도 한 점 물어뜯을 생각이 안 나랴? 천년 전 신라 석공의 손에 피었던 한 송이 꽃은 아직도 이슬을 머금어 향기를 토하는 듯하며, 신라 문화를 한 입에 담은 채 신라 석공의 손에서 만들어진 보드라운 손결은 아직도 쫓기는 현실에 두근거리는 이 곁에의 백성의 가슴을 얼른 맞으려 내닫는 듯도 하였다.

숭엄한 예술 전당 신라 예술의 물결이 꿈틀거리며 흐르다가 가장 씩씩한 기혼(氣魂)에서 기묘하게 불끈 솟은 물결이 석굴암인 것이다. 이 동굴 안을 걸어가는 자의 마음은 성결한 신라 호흡에 취하지 않을 수 없을 것이다. 신라의 호흡은 두드러진 호흡이다. 석굴암은 신라 예술의 권위며 최고봉이요, 조선 문화의 대표적 걸작인 것이다. 신라는 아직껏 살았다. 그 혼은 동굴 안에 무늬를 일으키며 흘러가는 것이다.

신라여! 고맙다. 나는 감사하여 마지않는다. 그러나 숭엄한 기류에 싸여 동굴 안을 합장하고 걸어가는 내 마음은 끝없이 흐득여 울어마지 않았다. 차라리 아주 황폐한 옛 터에 백사장만이 쓸쓸한 바람에 누워 있었던들 이 생각도 멎었을 것을 구태여 흐트러진 주추, 깨어진 와편(瓦片), 그리고 돌 바위에 새겨진 귀여운 불상! 이것이 있는 까닭에 회고의 심금은 눈물에 젖어 목멘 멜로디를 울리지 않는가? 오히려 피눈물까지 솟지 않는가 하고 생각했다. 그러나 이지(理智)는 아직도 눈을 떴었노라. 나는 다음과 같은 시를 읊었노라.

   이 동굴 안을 거니는 자여
   이 석굴 안을 들어가는 이여
   오뇌를 잊으려는 자는 이 동굴 안을 거닐어라
   자기를 잊고 드문 진락(眞樂)에 웃으려는 자는
   이 동굴 안을 거닐어라
   질식된 현실에서 새로운 우려를 살려는 자는
   또한 이 동굴 안을 거닐어라.

토함산 너머 고이 잠자는 석굴
산언덕에 바야흐로 무르녹는 단풍
아, 옛 광휘를 잊지 못하는 역사의 피눈물이여
곰팡내 나는 과거의 기식(氣息)이 흐르는
영원의 침묵에 눈감아버린
이 동굴 안을 들어가는 이여
그 침묵에서 위대한 맥박을 들으려는 자는
이 동굴 안을 거닐어라
신라의 큰 호흡을 마시려는 자는
이 동굴 안을 거닐어라.

과거는 죽었느니라
휘황하던 문화의 넋도
한 조각 와편(瓦片)에 ……
찬 피 흐르는 곡선에 숨어 있을 따름이다
현재도 죽은 상 싶으니
아, 아득한 미래여
낡은 공기에 오직 예술만이 빙긋이 웃는
이 동굴 안을 들어가는 이여
무덤에 피는 꽃과 같이
다시 향그러워 지려는 자는
이 동굴 안을 주먹 쥐고 거닐어라
곱다란 곡선엔 구원의 진리의 맥박이 푸들거리며
우두머니 앉은 석불의 시선은
참다운 삶의 순례자의 코스를 가리키리니
이 동굴 안을 들어가는 이여
자기를 불사르고 새로운 자기를 알려는 자는
이 동굴 안을 감히 거닐어라.

일행은 다시 토함산을 넘었다. 불국사에서 점심을 먹고 괘릉으로 갔다.

[중략]

10월 6일 오전 9시에 여관을 나서 선도산성(仙桃山城) 밑을 향하여 걸어갔다. 5리쯤 가서 왼편 솔밭으로 들어가니 그곳에 무열왕릉(武烈王陵)이 있었다. 그 앞에 김양 묘(金陽墓)가 있고 ……. 신라를 아는 자로서 김춘추(金春秋)를 어찌 모르랴? 그는 재위 8년 간에 백제를 공멸(攻滅)시켜 통일의 첫걸음을 쌓아 이룬 임금이었다. 그러나 생사의 진리 앞에 그도 머리 숙인 탓으로 한줌 흙이 되어 이곳에 썩어지는 것이었다. 생각하매 하늘에 흘러가는 구름이 무엇을 가리키는 것 같고, 땅 위에 말라가는 가을 잎이 그 무엇을 교시하는 것 같았다.

[중략]

순례는 이것으로 끝났다. 애달픈 신라의 답파는 이것으로 막을 내렸다.

그날 오후 4시 32분. 경주를 떠나는 기적 일성(一聲)은 신라 옛 하늘에 고별을 아뢰었다. 경주는 신라 문화의 싹튼 곳이다. 빛난 곳이다. 그리고 넘어진 곳이다. 경주여! 신라가 네 품에 몇 번을 웃고 몇 번을 울었느냐?

신라의 옛터여! 달무리여! 너는 너의 가장 아끼고 사랑하던 골동품을 나에게 눈물 흘리며 보여주지 않았니? 그리고 그 옛날의 너의 호화를 자랑하지 않았니? 오늘은 네가 골동품 상자를 문 닫으며 "옛날은 이랬다오. 나도 그때는 어여뻤다오. 그때 내 님은 퍽도 훌륭하였지요" 하는구나. 그리고 또 우는구나.

오, 신라의 제전이여! 동도(東都)의 넋이여, 그만 울라! 가을 하늘은 넓고 내 마음의 우수는 끝도 없이 길다. 신라의 고운 사랑이 피던 폐허의 흘리는 눈물은 기구한 운명에 휘말리는 이 땅의 한 싹을 받아난 이 몸의 구곡간장을 천 갈래로 쏘느니. 포말같이 스러진 과거는 너무도 큰 애상의 존재이다. 그러나 긴 밤의 끝엔 여명이 오고, 스러지는 눈 밑엔 새싹이 돋으리니 신라의 옛터여! 맘 놓고 평온한 꿈의 거리를 침묵에 걸으라. 가뜩이나 멍든 이 몸의 옷깃엔 손을 대지 말라. 폐허여, 잘 있으라.

철마여! 가을에 검은 입김을 내뿜으며 폐허를 등지고 가자. 아, 경주 순례의 마지막을 아뢰우는 붓끝은 눈물의 과거와 핍박의 현실의 교차점에서 이 날의 여명을 더듬어 약동하노라.

『불교』1932년

조명암(趙鳴岩, 본명 趙靈出, 1913~1993)은 충남 아산에서 태어나 일본 와세다 대학에서 수학한 불문학도였다. 그는 정식으로 등단한 시인이면서도 일제 강점기에 대중가요 작사가로 박영호(朴英鎬: 1911~1952)와 더불어 쌍벽으로 평가받고 있다. 그는 보성고보 재학 시절 1932년 5월 4일 『조선일보』독자투고란에 시 「밤」을 투고하면서 등단하였고 그 뒤 1934년 『동아일보』신춘문예에 시 「동방의 태양을 쏘라」가 당선됐으며 아울러 가요시 창작에 힘써 「알뜰한 당신」, 「선창」, 「고향

그림 6-7 보성고보 재학 시절의 조명암

초」, 「꿈꾸는 백마강」, 「신라의 달밤」, 「세상은 요지경」 등 무려 544편의 작품을 남긴 바 있다. 한국 가요사에서 한 획을 그은 작사가이다.

저작으로 『조령출 시선집』(조선작가동맹출판사, 1957), 『조명암 시전집』(이동순 편, 도서출판 선, 2003), 『온달전』(문예출판사, 1984), 『춘향전』(문예출판사, 1991)이 있다.

위의 글은 조명암이 보성고보 재학 시절인 1932년, 즉 열아홉 살 때 『불교』지의 독자 문단에 투고한 글이다. 아마도 보성고보의 경주 수학여행을 다녀와서 쓴 여행기일 것이다.

07 가을의 경주를 찾아
이병기

기차중(汽車中)에서

오늘도 마음이 좋지 못하다. 뜻밖에 일어난 시시한 일로 말미암아 어제부터 불쾌한 생각이 나던 것이 하룻밤을 자고나도 그대로 남아 있다. 적으나하면 늘 바라고 보고저하든 이 길을 오늘 떠나게 되니 남달리 여행다니기를 좋아하는 나로 다른 날보다도 더 기쁠 것 아니냐.

정거장에 나가보니 같이 가려고 나온 이들은 모두 기쁜 얼굴로서 반가히 인사들을 하고 출발 시간이 어서 닥치기를 기다리고 있다. 삼등대합실 벽에 걸린 체경(體鏡)을 보더라도 내 얼굴에만 기쁜 빛이 없다. 벤치 위에 우두커니 걸터앉아 새로이 오고오는 사람들을 보고 보아도 나와 같이 불쾌한 얼굴을 가진 이는 하나도 없는 것 같다.

오전 7시 10분, 우리의 일행은 부산행 열차에 실려 경성역을 떠나간다.

서울 안에 틀어박혔다가 모처럼 문밖에만 나가도 이상하게 느끼는 것이 많거늘 하물며 머나먼 시골길을 가는 이날 산에는 단풍, 들에는 연두빛 풍성하게 여물어가는 곡식들이며 하얀 강변과 파란 들이며 올막졸막한 구릉과 납작한 초가집들이며 논들, 밭들로 어슬렁

어슬렁 걸어나오는 흰옷 입은 이들이며, 맑은 가을 향내를 피우며 스쳐가는 서늘한 바람, 어느 것이 아름다운 경(景)이 아니며 새로운 느낌을 아니 주랴.

나는 서울보다 시골을 사랑한다. 시골에도 산 좋고 물 좋은 시골을 사랑한다. 그리고 봄, 여름, 겨울의 시골보다도 가을의 시골을 사랑한다.

서울의 생활은 구린내, 먼지 속에서 수식(修飾)과 신선하고 풍부한 자연경(自然景) 속에서 질실(質實)하고 천진스러운 것이라 하겠다. 그 농부들의 순결한 손으로 땀으로 갈고 고르고 심고 북돋우고 걸우고 김매고 하여 굵은 뿌리와 여문 열매들을 캐고 따고 떨고 추리고 담고 갈며 이 구석 저 구석에 가득가득 쌓아두는 그 재미야말로 어떠한가, 사람의 힘과 자연의 힘을 합하여 자연아(自然兒)를 길러낸 공적이 나타나는 행복스러운 이 때가 아닌가.

아무 죄악도 지을 것이 없이 자연으로 더불어 벼를 심어놓아 들우르며 평화롭게 평복(平福)스럽게 지내는 농부의 생활을 볼 때마다 나는 그들을 천사와 같이 여긴다. 또한 이 농부의 생활이 가장 영원성을 가지고 인류의 최후까지라도 지속될 줄로 안다. 이러므로 나는 농부를 존경하고 부러워 아니할 수 없다.

일행과 같이 대구에서 경주행 열차를 바꿔타고 가면서도 차창으로 그 연변의 들빛을 내다보며 이런 생각, 저런 생각을 하다 마다하는 동안에 날도 저물고 경주도 다 왔다.

경주에서 봉황대에 오르다

봉황대는 조그마한 둥그런 산이다. 어데로 오르든지 구배(句配)

가 급하게 되었고 그 테두리로는 한 백년 묵은 느티나무들이 들어섰고 한편으로는 나선형의 길이 놓여 있다. 이 길로 조금 가쁜 숨을 쉬며 오르고 보면 백회(白灰) 친 자리 같은 금잔디 밭이 뚜렷하게 되어 있다. 경주 읍내의 전경이 이곳에서 거의 다 바라보인다. 아침해가 떠오르는 걸 보고 동서남북의 방위는 분간해도 어데가 어덴지는 아직 잘 모르겠고 다만 이밖에도 여나문이나 되는 이 봉황대와 같은 산더미가 가까이 서남쪽으로 둥긋둥긋 솟아있는 것과 동북쪽으로 초라한 기와집, 초가집 너머로 누런 벌판이 넓게 널린 것과 멀리 아름다운 장산(壯山)들이 에둘러 있는 이곳이 천 삼백 방(坊) 18만 호나 되던 대신라의 서울이었든가 하며 그 속에 파묻혀 있던 수없는 슬픔과 기쁨과 작은 꿈, 큰 꿈들을 생각해보며 이리저리 거닐다가 내려와 옆에 금관총, 서봉총을 밟아보았다. 이것도 원래는 이 봉황대와 같은 것인데 신라가 망한 뒤로 시민들이 흙만 쓸 일 있으면 이 흙을 함부로 파다 쓰고 써 평지가 되었더니 이 근년 조선총독부에서 다시 다섯 길이나 파서 금관, 구옥(句玉) 따위들을 얻고 그 자리를 좀 도두룩하게 해놓고 이렇게 이름을 지어 새긴 비석을 세웠다. 이로 보면 봉황대라는 것이 모두 이와 같은 무덤인 것이다.

지금 전하는 말을 들으면 여기는 신라 시대의 북망산같이 되어 있어 도장리(都葬里)라 일컫던 곳이며 이런 무덤 하나둘 만드는 이에게는 정승을 시켜준다 하는데 이 무덤들이 예삿사람의 무덤이 아니고 나랏님들의 무덤임은 이미 파보고 알 뿐만 아니라 정승을 시켜준다는 전설로도 얼마큼 짐작할 수 있다.

오늘은 오전 10시 40분 출발로 불국사를 갈 예정이다. 그 전에 두어 시간을 여유로 하여 고적진열관에서 고적의 단편을 가지고 예습도 하고 복습도 하였다. 석기, 토기, 도기, 와전, 소불상, 석불, 석벽,

석탑, 석함(石函), 능호석(陵護石), 일시계(日時計), 석비, 금관, 구옥(句玉), 옥적(玉笛), 석등, 신종(神鐘), 조각물 등이 하나도 범물(凡物)이 아닌 것 같고 그중의 와전의 발달이며 신종의 주성(鑄成)은 어떻게나 놀라운지 혀를 내두를 뿐이다. 이것만으로도 신라의 자랑을 세계에 내놓을만하다. 이렇던 신라의 자손들아, 너희들은 무엇을 하였느냐, 하느냐, 하겠느냐 하고 신라의 신령님들이 저 공중에서 외치는 것 같다. 갑자기 부끄럽고 두려워 두근거리는 가슴이 좀처럼 가라앉지 아니한다.

오정이 지났다. 빗방울이 뚝뚝 떨어지다 만다.

불국사역에서도 한 마장이나 걸어 불국사에 이르렀다. 쓸쓸한 절이다. 백운교, 청운교, 연화교, 칠보교는 과연 그 이름과 같이 아름다우며 석계단이며 다보탑, 서가탑이며 범영루며 석사자며 미로진의 노사나불, 아미타불들도 비록 범안(凡眼)으로도 그 좋은 점을 볼 수 있으며 이 절의 보배만 아니라 조선의 보배이다. 이 보배들이 이 쓸쓸한 절에 있다. 주지 스님은 두어 상좌(上佐)를 데리고 날마다 이 보배들을 구경하러 오는 손님네의 치다꺼리를 하느라고 염불도 할 겨를이 없는 모양이다. 아아, 나무아미타불 관세음보살이여.

토함산 밑엣길로 오른다. 일행이 한굽이를 돌으면 또 한굽이 또 한굽이 이렇게 몇 굽이를 돌고 돌다가 이 골짝, 저 골짝에서 졸졸이는 물소리를 듣고 발을 멈추며 돌아다보면 죽죽 뻗어나간 산기슭이 거뭇거뭇한 수림, 번번한 놋물, 드문드문 박힌 마을집, 틈틈이 노란 볏논, 콩밭, 그도 그러하려니와 다시 돌이켜보면 쫑긋쫑긋 솟아난 바위 사이 척척 늘어진 단풍가지, 칡넝쿨, 머루 넝쿨, 이름 모를 나무들의 넓은 잎, 좁은 잎이 울긋불긋, 아롱아롱 아름다운 색채와 농담(濃淡)으로써 아름다운 풍경화를 그려 있다. 멈춰섰던 발은 좀처럼 아니 뜨려하다가도 한굽이 또 돌으면 이 굽이보다도 더 좋은 풍경이 보일까하여 그렇게 준급(峻急)한 길을 평지와 같이 여기며 오르고 오르니 첩첩한 산 너머로 새파란 동해 바다가 들여다 보이며 하얀 돛을 단 배들이 이 산모퉁이, 저 산모퉁이에서 나왔다 들어왔다 한다. 그리고 그 바다를 스쳐오는 서늘 바람이 옷깃을 풀풀 날리어 지나간다. 답답하고 두근거리던 나의 가슴이 이제야 시원하고 갈아앉는 듯하다.

【제3회분 빠짐】

황룡사 터에서 서으로 꺾여 오노라면 닳아진 기왓쪽들이 이따금 발 끝에 치인다. 이걸 그저 기왓쪽으로만 볼 것이 아니다. 그 조각, 조각에도 예술미가 있다. 그 변화 많은 형상이며 그 정교한 그림은 누가 보든지 찬탄아니치 못할 것이다. 이 기와들이 궁인(宮人)집, 절 집, 민가, 어느 집에나 다 같이 덮었을 것인데 이 근처는 대궐터이었던 곳이라 더구나 이런 기왓쪽들이 많이 남아있다. 기왓쪽을 주어가며 발맘발맘 온 것이 어느덧 안압지에 이르렀다. 안압지는 어느 바다를 줄여논 것이다. 만(灣)도 있고 갑(岬)도 있고 섬도 있고 임해전도 있었다. 역대의 임금들이 꽃같은 궁녀들을 거느리고 이 임해전에 나와서 이리저리 거니시며 내려다보시던 이 못물이 아닌가. 바라보시던 저 반월성도 그대로 남아있지 않은가. 군신을 놓아 놓고 눈물을 뿌리며 신라의 종막을 닫았던 김부 대왕(金傅大王)의 원혼이나 머물 터 있어 으스름 달밤에나 궂은 비 오는 날에 구슬피 우지나 않는가 우악하게 깃은 부들과 갈대잎들은 가는 바람에 불려 흐느적흐느적하며 물고기들은 예서 제서 뛰논다. 나는 고개를 숙이고 우두커니 서서 천만 년 전 옛 일을 낱낱히 머리 속에 그려보다가 나도 또한 신라 사람이 되어 오늘날 모든 시름을 잊어버리는 순간에 나는 실거웠다. 나는 행복이었다. 그러나 다시 고개를 쳐들고 휘둘러 보니 저 공중에 우뚝우뚝 솟아있던 구중궁궐도 만조백관(滿朝百官)으로 더불어 삼국통일을 의논하던 늠름한 위의도 수없는 궁인들이 엉기엉기 오락가락하는 양도 이런저런 것도 갑자기 다 스러지고 다만 황량하고 적막한 광경만이다. 사면의 넓은 벌이 볏논 아니면 콩밭들이다.

다시 서으로 오다가 석빙고, 호공댁지, 첨성대들을 보고 김알지(金閼智)의 ○산(○産) 터인 시림(始林)으로 드니 아름들이 되는 느티나무, 괴화나무, 팽나무들이 총총 들어박혔고 그 속에 조그마한 비각(碑閣)이 있고 한 구석에는 빗다직하게 서있는 '대소인개차마(大小人皆下馬)'의 비석이 보인다. 이것이 옛날 존중(尊重)히 여기던 곳이었음을 알리며 경건한 마음도 나게 한다.

그림 7-1 계림

앞길은 마을로 들어 임해전 주춧돌을 가져다 지었다는 향교를 잠깐 들여다보고 외따로 밭 가운데에 남아 있는 태대각간(太大角干) 김유신(金庾信) 공의 택지(宅址)와 재매정도 굽어보고 문천교를 건너서 오릉 알지정, 숭덕전이며 나정이며 더 나아가 포석정을 보았다.

유상곡수(流觴曲水)하던 포석정, 신라 경애왕이 비빈궁녀와 신하들을 데리고 즐겁게 놀음놀이를 하다가 견훤(甄萱)에게 쫓기던 포석정, 배상지(杯觴池)에서 십 리나 인수(引水)하여 돌거북이 주둥이로 분수(噴水)를 시키던 포석정이 늙은 느티나무 아래 하얀 모래밭에 거뭇한 포형(鮑形)의 곡선만 뚜렷히 남고 드문드문 낙엽들이 흩어져 있을 뿐이다.

경주 읍내로서 서으로 한 십리를 나아가면 서형산(西兄山, 仙桃山) 기슭에 낡은 기와집 몇 채가 있으니 이 집은 설총(薛聰), 김유신, 최치원(崔致遠) 선생들을 향사(享祀)하는 서악서원(西岳書院)이요, 그 근처에는 태종무열왕릉과 이수(螭首), 귀부(龜趺)만 남은 그 비석이 있다. 이 비석이 석굴암, 다보탑과 같이 신라 예술 황금시대의 대표적 유물이다. 보고볼수록 꼬리와 몸뚱이를 얼기설기 비비틀며 꿈틀꿈틀하는 듯한 리승이들과 고개를 쳐들고 엉금엉금 기어갈 듯한 거북이다. 신라의 미인을 '모델'로 하여 석굴암의 불상을 새겼다 하며 산거북을 본받아 이걸 만들었다 하면 신라의 조각은 사실주의 그것에 지나지 못한 것이라 하겠지마는 사실은 사실이면서도 사실주의를 초월한 예술이요, 또한 신라의 조각이 예술의 정점에 달한 이만큼 사실같이 보이는 것이 아닌가. 과연 산으로는 금강산을 가면 절미(絶美)한 풍경을 볼 것이라 하면 고적지는 이 경주를 오면 극치(極致)한 예술을 볼 것이다. 그리고 예술을 모르는 이로 하여 예술을 알리며 예술을 아는 이로 하여는 더욱이 예술을 찬탄케 할 것이다. 아아, 이 예술이여, 그때 그 공장(工匠)들의 기상(奇想)과 ○○의 화신으로 남은 이 예술이여(끝)

『조선일보』 1927년 10월 22일, 23일, 29일 연재

이병기(1891~1968)는 국문학자이다. 호는 가람(嘉藍)이고 전북 익산 출생으로 한성사범학교를 졸업했다. 1930년대 초중반 이래 고전론, 전통론 등의 비평적 담론을 형성한 중요한 문학인이었다. 시조부흥 운동을 주창하였으며 한글맞춤법통일안 제정에 관여했고 1942년 조선어학회 사건에 연루되어 피검된 바 있다. 또한 이태준, 정지용과 함께『문장』지의 중요한 이론가였다. 저작으로는 시조집『가람시조집』,『가람문선』,『가람일기』 등이 있고 백철과 함께 조선문학사를 체계적으로 정리한『국문학전사』를 남겼다.

그림 7-2 생전의 가람 이병기 선생

08 그리운 옛터를 찾아 신라 고도 경주로

오병남(吳秉南)

나의 이번 길은 학창 생활의 유일의 날이며 또한 세요일(洗曜日)이라 할 수 있는 수학여행의 길입니다.

어려서부터 동경하고 보고 싶어하던 경주를 찾게 될 때 내 마음은 기쁨에 날뛰었습니다. 내 몸은 경주를 떠나 먼 곳에 있으나 마음은 항상 옛터를 헤매입니다. 나의 보는 바가 현실적 씩씩한 관찰이며 느끼는 바가 실감적(實感的) 감상일는지도 몰라서 이 글을 적습니다.

나를 태운 기차는 줄달음질쳐 오전 2시경 대전역에 닿았습니다. 배가 고프기에 하차하여 유명한 대전 '가께우동'을 대번에 두어 그릇을 먹고 나니 배가 불룩하여졌습니다. 새벽 네 시 반쯤 되어 차는 약목(若木)역 플랫홈에 닿았습니다. 밖을 내다보니 먼 산에 희미하게 보이고 전기불만이 저의 빛을 자랑하는 듯 반짝거리고 있습니다. 늦은 가을 싸늘한 새벽 공기가 품안으로 담뿍 안겨 들어옵니다. 조금 가니 낙동강이 나왔습니다. 이것이 그 무서운 낙동강인가? 공전에 경상 일대를 상전벽해화(桑田碧海化)시킨 홍수를 내인 지긋한 강인가? 악마의 강? 수천의 생명을 빼앗고 수만의 동포를 만리 이역에 유리(流離) 걸식케 하던 이 마(魔)의 강아? 그러한 죄를 짓고도 조금도 거리낌 없이 유유히 흐르는 이 강! 우리의 원수, 돌아오는 길에 또다시 건널 일을 생각하니 몸서리가 납니다. 6시경 대구역에 내렸습니다.

대구역에 내리니 밤에 한잠 못 잔 몸이라 피곤하기 짝이 없습니다. 경주행 장난감 기차에 다시 바꿔 타고 앞으로 갑니다. 역을 하나둘 지나 고대하던 서악역(西岳驛)에 닿았습니다. 차에서 막 내리니 푸른 산이 반가히 맞아줍니다.

조선 통일의 영주(英主) 무열왕릉(武烈王陵)과 김유신묘(金庾信墓)

안내인을 따라 주위의 경치를 바라보며 조금 올라가 큰 능 앞에 발을 멈추었습니다. 입구의 안내 표찰을 보아 제29세 무열왕릉임을 알았습니다. 능도 어마어마하게 커서 능이라기보다 산입니다. 나는 능전(陵前)에 경건을 표하여 절하였습니다. 능선에는 비석이 있습

그림 8-1 태종 무열왕릉의 비석

I. 경주에 가거든

니다. 이 비석은 문무왕(文武王) 2년에 세웠다 하나 800여 년 전 몽고병란에 비신은 깨어져 황무(荒蕪) 속에 묻히고 지금은 다만 귀부(龜趺)와 이수(螭首)만이 남아 있습니다. 거북의 조각의 씩씩하고 세밀함에는 놀라지 않을 수 없습니다.

> 크신 뜻 품으시고 말 위에 높이 앉아
> 사비성(泗沘城) 내려 보시며 큰 호령 하시오니
> 장하다! 그의 위명(威名) 오늘까지 전해오네.
>
> 묘전(墓前)에 세운 비석 비신조차 잊으시고
> 이수(螭首) 실은 거북 지난 원한 말하는 듯
> 짓궂은 까마귀 한 마리 깃드면서 까옥하네.
>
> 오늘에 지내는 길손 바쁜 걸음 멈추고서
> 님의 묘 앞에 엎대여 절하올 제
> 거북이 기어오면서 저와 같이 하자더라.

앞 뒷발의 제작의 신기함과 앞택의 붉은 물이 여태껏 남아 있는 것은 기묘한 일입니다. 당시에 어떠한 화학적 약품을 사용하였는지 과학 만능 시대의 20세기에도 이러한 약품 사용에 경탄치 않을 수 없답니다. 이 거북은 아비지(阿飛只)가 만들었다 하나 확실치 않습니다. 이 거북의 예술의 가치가 6백만 원이라 하나, 숭고한 예술품에 대하여 이런 속된 값을 말하는 것은 무엄하기 짝이 없는 짓이며 당돌하고 요망하다 않을 수 없습니다. 이수에는 6룡(龍)이 어우러져 발로 구슬을 받들고 있으며 중앙에는 '태종무열대왕지비(太宗武烈大王之碑)'라 2열로 양각하였으며 당대의 명필 태종의 제2왕자 김인문(金仁問)[23]의 필적이라 합니다. 거북은 비가 와 몸이 젖으면 색이 검어지고 몸에 물이 흘러 돌연이 기어가는 것 같다 하나 개인 날에 비를 기다릴 수 없어 그대로 쓰린 가슴을 안고 김유신 묘로 발길을 옮겼습니다.

　나는 바쁜 걸음으로 산비탈 길을 올라 얼마쯤 가노라니 노송이 창연(蒼然)한 곳에 이르렀습니다. 여기가 무열왕의 편완(片腕)이 되어 백제를 친 당대의 명장 김유신 묘입니다. 묘전(墓前)에서 일대 영웅에게 경의를 표한 후 묘의 주위를 돌아보았습니다. 당장(唐將) 소정방(蘇定方)24)이와 함께 사비성(泗沘城)을 쳐부수고 부여(扶餘) 평야에서 백제의 용장(勇將) 계백(階伯)25)이를 물리쳐 조선 통일의

---

23) 김인문(629~694)은 신라의 왕족이자 문무왕 때의 장군이며, 태종무열왕의 둘째 아들이다. 신라의 삼국통일에 참여하여 활동하였으며 당나라에 사신으로 다녀 오기도 했다. 어려서부터 글을 좋아했고, 활쏘기와 말 타기, 음률, 예서에 능하였으며 식견이 넓어서 남의 존경을 받았다. 진덕여왕 5년(651) 당나라에 가 숙위(宿衛)하고, 태종무열왕이 즉위하자 압독주 총관(押督州摠官)이 되어 장산성(獐山城)을 쌓고 공신이 되었다. 백제가 자주 침공해 오자 당나라에 파견되어 원군을 청하니 당 고종은 소정방을 신구도 대총관(神丘道大摠官)으로, 김인문을 부총관으로 임명하여 백제를 멸망시켰다. 그 후 당나라에서 전과 같이 숙위하며 당나라의 고구려 정복에 양곡을 보급했고, 문무왕 8년(668년) 당과 합세, 평양성을 함락하고 고구려를 멸망시켰다. 신라가 당나라 세력을 축출하려 하자 당 고종은 김인문을 신라 왕으로 대치하려 하기도 했다. 그 뒤 김인문은 당나라로부터 보국 대장군 상주국(輔國大將軍上柱國)에 임명된 후 694년 당나라에서 죽었다.
24) 소정방(592~667)은 당나라의 장군이다. 본명은 소열(蘇烈)이며, 정방(定方)은 자이다. 보통 본명보다는 소정방으로 불린다. 당 태종(太宗) 때 이정(李靖)을 따라 동돌궐(東突厥)을 정벌하였고, 657년에는 서돌궐을 항복시킴으로써 중앙아시아 여러 나라를 모두 안서도호부(安西都護府)에 예속시켰다. 660년(백제 의자왕 20년) 3월 나·당 연합군의 대총관으로서 당군 13만을 거느리고 산동 반도에서 황해를 건너 신라군과 함께 백제를 협공하여 사비성(泗沘城)을 함락시키고, 의자왕과 태자 부여융(隆)을 사로잡아 당나라로 송환했다. 이듬해인 661년(고구려 보장왕 20년)에는 나·당 연합군을 거느리고 고구려 평양성(平壤城)을 포위 공격했으나 전세가 불리하자 철군하였다. 667년 소정방이 죽자 당 고종은 그에게 장(莊)이라는 시호를 내렸다.
25) 계백(?~660)은 백제 말기에 달솔을 지낸 군인으로, 부여현 충화면 팔충리 출신이다. 660년 백제의 결사대 5천을 이끌고 황산벌 전투에서 5만여 신라군을 맞아

기초를 세웠다 합니다. 옛날에는 삼상(三相)을 각간(角干)이라 하고 김 장군의 위대함을 칭찬키 위하여 대자(大字)를 붙이고 또 그도 부족타 하여 태자(太字)를 가해 태대각간(太大角干)이라 하였다 하며 흥무왕(興武王)이라는 칭호를 하사하였답니다.

> 갑주(甲胄)에 청룡도(靑龍刀) 들고 백마에 올라 앉아
> 삼군을 호령하는 양 눈앞에 그려보니
> 내 마음 예로 달리며 호령할 듯 하오네.
>
> 노안(怒眼)을 부릅뜨고 장중(帳中)에 언연히 앉아
> 당장(唐將)을 책복(責伏)시키던 그 때의 당당한 위풍
> 옛날의 장엄한 그 공적 어데 가서 찾을고?

무엇이 그렇게 부족한고? 신하가 나라에 충성함이 당연하며 군인이 공적을 세움이 당연커든 물론 이런 공적은 드물다겠지만 그러나 이러한 칭호를 가진 영웅의 유적을 찾을 길은 막연하고 묘(墓)만이 남아 있을 따름입니다. 묘의 하부에는 화강암에 12지 방위에 응하여 수두인신(獸頭人身)의 상을 양각하여 주위를 둘러 쌓았으며 그 조각의 신기함은 말할 것도 없습니다. 읍으로 내려오니 정오를 알리는 싸이렌 소리가 들립니다. 여관에 들어가 점심을 먹은 후 오

싸웠다. 『삼국사기』에 열전이 남아 있다. 흥수, 성충과 함께 백제의 3충신이라 불린다. 660년 나당연합군이 백제를 대대적으로 침공하자, 당황한 백제 조정은 나당연합군을 성공적으로 방어하지 못했고, 결국 계백으로 하여금 5,000여 명의 결사대를 이끌게 했다. 계백은 출정하기 앞서 그 처자식이 당과 신라군의 노예가 되지 않도록 모두 죽였다. 그리고 월나라 왕 구천이 5천 군사로 오나라 70만을 쳐부순 고사를 예로 들어 군사들을 격려했다. 계백과 5,000여명의 결사대는 황산벌에서 신라군을 네 차례 몰아냈으나 결국 중과부적으로 다섯 번째 전투에서 패했고 그 자신도 전사했다. 황산벌 전투에서 패배한 백제는 결국 멸망하고 말았다. 부여의 부산서원(浮山書院)과 충곡서원(忠谷書院)에 제향(祭享)되었다.

릉을 향했습니다.

왕릉과 알영정(閼英井)

　능을 향해 얼마쯤 가니 울창한 송림을 등지고 잔잔히 흐르는 물! 이것이 모래가 개울로 흐르는 문천(蚊川)이던가? 말로만 들은 문천 만나보니 감개무량합니다. 송림 속에 여기저기 솟아 있는 능 제일 앞에 능이 박혁거세능이요, 그 밖에는 왕비를 위시하여 여러 왕족들의 능이라 하며 성이 박 씨라 하여 바가지 형으로 움숙하게 만들었다 합니다.

　송림 속을 헤치고 조금 들어가니 조그만한 비각이 있습니다. 여기가 알영정입니다. 여기서 박혁거세의 왕비 알영 부인이 출생하였다합니다. 각내(閣內)에 조그만한 비석이 있고 그 옆에 우물이 있어 돌로 덮어져 있습니다. 어느 날 아침 동리 부인이 이 우물에 물을 길으러 와 본즉 둥글둥글한 박이 있어 주어다 타본즉 어여쁜 여아가 하나 나왔다 하니 즉 이 여아가 알영 부인이랍니다. 혁거세께도 박 속에서 나왔다 하니 천생연분인가 생각됩니다. 나는 발길을 옮겨 박혁거세의 출생지인 나정(蘿井)으로!

나정과 포석정(鮑石亭)

　나정을 가는 도중에 숭신문(崇神門)이라 쓴 와가(瓦家)가 있으니 여기가 시조 박혁거세의 제전(祭殿)입니다. 매년 춘추로 지방 군수가 나와 제사를 모신다 합니다. 신작로를 한참 가니 울창한 숲이 보입니다. 여기가 박혁거세의 출생지 나정입니다. 숲 사이에 비각이 있고 그 옆에 조그만한 우물이 있습니다. 외족의 침입으로 평화의 단꿈이 깨어지려 할 때 각 촌이 영주(英主)를 구하여 마지않음으로 고허촌장(高墟村長) 소벌공(蘇伐公)이 나정에서 주어다간 박동(朴童)을 임금으로 섬김에 부족이 없음을 소개하며 임금으로 추존(推尊)하였다 합니다.

나는 포석정으로 갑니다. 포석정! 이름만 들어도 지긋지긋합니다. 무단히 왔구나 한 느낌을 줍니다. 그러나 한번쯤 보아두어도 무방할 듯!

포석정이라니 여기에 무슨 정각(亭閣)이 있을 듯하나 옛 자취를 알리는 초석뿐이요, 물 부어 흐르게 하던 석거(石渠)만이 남아있을 뿐 가을바람에 떨어진 나뭇잎이 바삭바삭 옛 이야기를 하는 듯합니다. 그 형상이 세칭 포형(鮑形)이라 하나 한 개의 곡선과도 같습니다. 이 돌 위에는 빙 둘러 똘을 파고 간간이 구부가 되어 있습니다.

그림 8-2 경주 포석정 사진(1910년)

여기에 물을 흐르게 하고 가득이 부은 술잔을 띄어놓고 임금은 풍유랑(風遊郎)을 모여드려 유흥을 하였다 하니 이렇게 함이 임금의 할 일이던가! 마땅히 나라 정사에 힘써야 하거늘! 술잔이 흘러 구비진 데와 머무르는 사이에 시(詩)의 웃귀를 채우고 술을 마시고 또 술을 부어 담 사람이 받고 하며 기승전결(起承轉結)로 술잔이 한번 흐름을 도는 사람에 시 1수를 채웠다고 합니다.

    포석정 구비진 물에 술잔을 띄워 놓고
    풍유랑(風遊郎) 모여드려 유흥에 취한 나랏님
    술노래 시 짓기에 나라 정사 잊었네.

    옛사람 본을 받아 행장을 풀어놓고
    정자에 높이 앉아 시조 한 수 지으려니
    일홍엽(一紅葉) 내려오면서 내 평(評)하마 하더라.

그렇게 시를 열심히 지은 그때 문학은 융성을 못하였으니 시 짓기 위함이라는 가명(假名)이 아닙니까? 인간이란 양심을 가진 동물이라 나대(羅代)의 사람들로 그 양심만은 지극한 사심(邪心)으로도 근절치는 못하여 이러한 가면의 이름을 진 것 같습니다. 그러나 자기가 자기를 속임은 양심에 더 부끄럽지 않은가! 그러나 당시 인간은(상류계급) 시간 허비에 힘이 들어 이러한 짓을 한 모양입니다. 이 석거가 나대의 예술품에 하나인가? 나는 이 돌을 쳐부수고 싶은 충동을 금치 못했습니다.

계림(鷄林)과 첨성대(瞻星臺)로

 가던 길을 되집어서 계림을 향해 오던 도중에 퇴락한 비각 하나가 있으니 여기가 김 장군의 택지 재매정(財買井)입니다.

> 재매정 맑은 물을 한줌 움켜 마시오매
> 문무겸전(文武兼全)한 옛 영웅 이 물 먹고 자랐나니
> 내 또한 영웅될까 하매 마음 기뻐하노라.

비각 옆에 조그만한 우물이 있어 한줌 움켜 마시니 장군이 이 물 먹고 자랐다 하니 나도 장군이 되려는가 하는 어리석은 생각을 하였습니다.

멀리 울창한 숲이 보입니다. 이것이 유명한 계림입니다. 여기저기 썩은 나무 등걸이 없었던들 처녀림(處女林)이라 하겠습니다. 등걸인들 얼마나 오래되었으리요만! 제4세 탈해왕(脫解王) 9년 3월 1, 800여 년 전 김알지 왕이 금상(金箱) 속에 있는 것을 알리던 닭이 어느 곳에서나 울었든고? 조그만한 비각이 있어 옛 자취를 알리기는 하지만 어찌 그것이 정확타 하리오! 비각도 아마 후손이 중수한 듯합니다.

첨성대! 이 얼마나 갸륵한 이름인가! 나는 또 다시 쳐다봅니다. 모든 유적 중에서 가장 의의 깊으다 생각하며 가장 사랑합니다. 왜냐고 물으시면 다음과 같은 대답을 해드리겠습니다.

첫째, 남존여비의 당시에 남왕(男王)은 뜻도 못한 것을 선덕여왕만이 뜻을 하여 건축하였다는 것이요, 또 오락이나 종교가 융성하던 그때 오락이나 종교 기관으로 된 것이 아니요, 순전한 과학 연구의 것이라 해서 그러합니다.

> 장하다! 첨성대, 이 땅에 쌓은 이 뉘시든고?
> 허다풍우(許多風雨) 무릅써도 옛 자취 변치 않고

나대의 과학문명 오늘에도 말하올 듯.

첨성대 올라서서 하늘 높이 쳐다보니
일월 제성진(諸星辰) 뚜렷히 보이올 듯
슬프다! 옛 님은 어데 가고 이 몸 홀로 오르는 고!

1,288년 전에 돌을 척척 쌓아 이런 집을 진 것은 경탄치 않을 수 없습니다. 높이가 29척 화강암으로 아담스럽게 쌓은 솜씨 촌색시와 같은 수줍음이 있는 것이 더욱 맘에 듭니다. 그러나 이 불후의 작품을 만든 석공의 이름이 누군고? 나는 이 무명의 석공의 영혼에게 충심으로 경의를 표합니다. 부귀와 호화를 자랑하고 오락에 취한 그 때 선덕여왕만이 이 대를 쌓아 별, 구름을 보살펴 백성을 위하였다 합니다. 여왕의 단심(丹心)이 뼈질러서 그러함인지 춘풍추우(春風秋雨) 천 여 년을 지난 오늘에도 의젓이 옛 기상 그대로 남아 있습니다.

월성(月城)과 안압지(雁鴨池)

월성을 향하여 발길을 옮깁니다. 성이라야 그리 높지도 않고 그리 크지도 않습니다. 이 성은 일명 재성(在城)이라 하며 신라 태보공(太輔公)의 택지였는데 탈해왕에게 양도하여 탈해왕이 왕위에 오르매 왕성으로 하였다가 차대 파사왕(婆娑王)이 축성하였다 합니다.

월성에 높이 올라 옛터를 바라보니
모든 유적이 한눈 아래 다 보이네
나선 곳 또 옛 한터이매 누구 아니 놀라리!

성의 한편에는 유명한 문천(蚊川)이 흐르며 동서가 8정(町), 남북이 2정으로 당시에 석성(石城)이었다 하나, 지금은 토성에 불과합니다. 차성(此城)은 5대부터 19대까지의 오랜 세월의 궁터, 당시에는 지극한 영화의 전당이었을 것이나, 지금은 여기저기 황초(荒草)에 파묻힌 초석뿐이요, 아무것도 찾을 수 없으며 늦은 가을 싸늘한 바람이 옷깃을 스쳐가며 창공에 까마귀만이 까옥하며 날아가 뜻 있는 나그네의 가슴을 더욱 산란케 합니다. 유명한 문천도사(蚊川倒砂)를 바라보고 성의 한편에 자리 잡고 있는 석빙고로 왔습니다. 이것도 돌을 척척 쌓아 만든 굴로서 천정은 아취형으로 되었고 구조는 놀라지 않을 수 없으나 첨성대에 비하면 한푼어치 가치도 없습니다.

　　　　돌굴에 얼음 쟁여 여름 오기 기다렸다
　　　　임금의 겨울맛 그릴 때 이 얼음 썼다 하니
　　　　오늘에 이 빙고(氷庫) 얼음 쓰실 분이 뉘신고?

　다만 겨울에 얼음을 쟁였다 임금이 여름에 엄동의 냉미(冷味)을 그리워할 때 이 얼음을 썼다 합니다. 옛적에는 삼복성염(三伏盛炎)에 얼음 맛보는 것이 임금만이 가진 특전이었건만 후손인 우리는 동전 한 푼이면 맛볼 수 있으니 우리가 더 행복 되어 있는가?
　큰 못 앞에 발을 멈추고 바라봅니다. 신라의 황금시대인 30세 문무왕 4년 2월 1,260여 년 전 궁궐 임해전과 함께 만들었다 합니다. 문무왕이 신라 통일을 기념으로 반도형의 못을 파고 그 가운데 석산(石山) 12봉을 쌓고 진금기수(珍禽奇獸)를 길렀다 하며 무근(無根)의 연(蓮)을 놓고 12봉 사이에 다리를 놓아 임금은 배를 띄워 유흥을 하였다 하였다.

　　　　백성은 힘을 다해 국고를 채우는데
　　　　나랏님은 배를 띄워 오락만 하였다니

나대의 영화가 이렇고 어찌 아니 말하리!

이러고서야 어찌 나대의 영화와 문물이 영구 보전하리오! 지금은 못의 형상만 그대로 갖추워 물속에 난 잡초만이 가을바람에 시들어 애수를 더할 뿐 아무것도 찾을 길이 없습니다. 저물기 쉬운 가을해는 서산에 기울어지고 호수는 낙조에 곱게 물들여지고 저녁 연기에 옛 서울은 잠겨 있습니다. 백만의 인구가 살던 옛 그림자를 머리에 그리며 한숨짓고 여관을 향합니다.

석굴암(石窟庵)

아침 일찍이 차에 몸을 싣고 불국사로 향하였습니다. 안개에 쌓여 단꿈에서 눈을 뜨고 부스스 일어니는 듯한 대지 그 사이에서 대자연과 친하여 일하는 농부들! 이것은 옛 서울의 정취를 더 북돋아 줍니다. 역에 내려 한 5리쯤 평탄한 길을 가다가 토함산의 급한 산길에 이르렀습니다. 요리저리 기어 올라가며 사면을 보니 늦은 가을에 물들인 단풍이 고운 얼굴로 맞아 줍니다. 천신만고를 다하여 산꼭대기에 올라서는 순간 내 안전에 전개되는 경개! 무어라고 형언하여야 좋을지! 내 발밑에는 천봉만학(千峰萬壑)이 운도(雲濤)에 쌓여 있고 저쪽에는 동해 바다가 햇빛에 번쩍거립니다. 마치 웃음을 띄워 반겨 마지는 듯! 주옥이 깨여 흩어지는 듯한 휘황찬란한 광경과 무변대해 (無邊大海)를 볼 때 가슴이 쭉 펴지는 듯합니다. 남쪽으로 약 15분쯤 가니 잡목 사이에서 석굴암이 입을 벌리고 나를 부릅니다.

석굴암 입구에 참배 요금으로 일금 10전야(錢也)를 징수한다는 표찰이 박혀 있음은 기분이 퍽 불쾌합니다. 모든 것이 상품화한 이 시대이니 당연할런 지는 모르지만, 대비대자하신 세존(世尊)을 앙모하여 석불이나마 배관(拜觀)하려는 중생에게 돈을 받는 것은 본의야 여하튼 수단은 비열하였습니다. 영천(靈泉)에 세수를 하고 물을 한 그릇 마시고 나니 속세의 죄악을 벗고 정토의 선인이 된 듯한 느낌이 납니다.

  돌굴에 돌부처를 지은 이가 뉘시던고?
  선인들은 나라 융성 세존님께 빌었다니
  이 몸은 세존님께 뜻 이루기 비올까?

 석굴암은 55세 경덕왕 10년 재상 김대성(金大成)의 발원으로 지었다 하며 48년이란 장구한 시일이 걸렸다 합니다. 화강암을 척척 쌓아서 만든 것인데 입구와 천정은 아취식으로 되었습니다.

 입구에는 금강역사와 팔부신중의 제상(諸像)이 조각되어 있고 벽 주위에는 4보살, 10나한, 11면 관세음의 반육상(半肉像)이 새겨 있고 중앙 연화대(蓮花臺) 위에는 대자비(大慈悲)한 세존이 정좌하여 있습니다. 그 조각의 정묘함과 토실토실한 유방, 보들보들한 살결과 곡선미와 육체미, 산 육(肉)과 같이 피가 도는 듯하나 만져보면 꽝꽝하고 섯뚝한 돌임에 틀림없으니 어찌하랴! 세존의 꼭 다문 입, 꼭 감은 눈, 웃음이 떠오르는 낯에는 평화하고 대자비(大慈悲)함을 나타내는 듯합니다.

그림 8-3 조선총독부 철도국에서 간행한 남선안내도의 금강역사상(1939년)

불국사의 다보탑과 석가탑

올라가던 길을 도로 고불처 내려옵니다. 고진감래라 함이 이것을 두고 한 말인가? 오를 때에는 죽을 고생을 했지만, 내려올 때는 신선 노름입니다.

불국사, 이것이 불국사이던가? 나는 외관을 구경하고 백운교와 청운교를 지나 자하문 안에 들어서니 우편에 다보탑과 좌편에 석가탑이 나를 맞아줍니다. 나는 먼저 다보탑 앞에 발을 멈추고 쳐다봅니다.

읽고 듣던 다보탑아! 이제 와서 만나보니
즐겁기 한량없다, 어디 한번 다시 보자!
영지에 네 몸 비쳐다고, 다시 한 번 내 보련다.

높이기 30척으로 화깅임으로 된 것입니다. 그 성묘한 수법, 기상천외의 의장(意匠)! 탑의 네 귀에는 석사자가 달려 있었다 하나 지

그림 8-4 일제강점기 불국사 다보탑 엽서

금은 보이지도 않습니다. 두 마리는 도쿄[東京] 모 요리점에서 감추어두고 내놓지 않는다 하며, 한 마리는 영경(英京) 대영박물관(大英博物館)에 있는데 찾아오자면 5백만 원을 주어야 한답니다. 내 물건을 이렇게 내버려두어 어느 틈에 도적맞은 줄 모르는 이 얼빠진 짓이 어데 있겠습니까?

석가탑, 아담스럽고 웅장한 그 모양, 한 층마다 넓고 큰 돌 한 개를 척척 싸놓은 3층의 탑입니다.

> 내 몸은 탑 앞에 있고 마음은 예로프내
> 석가탑아! 입을 열어 옛 설움 하소헤라
> 이제는 네 그림자 보여지지 않느냐?

다보탑은 일명 유영탑(有影塔)이라고 하며 석가탑은 무영탑(無影塔)이라 하나 지금엔 그림자가 있음에 어찌하랴! 대웅전을 구경하고 물 건너 고향에 돌아온 사리탑을 보고 점심을 먹은 후 역으로 나와 경주행 차를 잡아탔습니다. 영지와 괘릉을 멀리서만 보고 마니 가슴이 답답합니다.

미술의 전당 박물관

3대를 내려오며 30여 년을 허비하여 애처로운 전설을 품고 만들어진 봉덕사종(奉德寺鍾)을 보고 석기 시대의 대소(大小) 석기를 봅니다. 저 돌칼, 돌끌로 다시 돌을 쪼아 기묘한 조각을 하였다 하니 당시 석공의 공예를 찬양치 않을 수 없습니다. 저 가지각색으로 된 자기와 기왓장 하나에도 잠겨 있는 예술적 솜씨 물론 저러한 좋은 기와는 궁궐에나 사찰 혹은 부귀를 가진 자의 집 혹은 유연(遊宴)의 정각에 사용하였을 것이요, 석공과 동(同) 계급의 사람은 쓸려고 꿈도 꾸지 못하였을 것입니다. 조선 공예의 최고봉은 나대일 것이며, 나대의 공예는 조선 문화의 자랑일 것입니다. 그러면 공예와 문화의 창시자는 누구인가? 기예가(技藝家)와 도안장(圖案匠) 머리, 토석공(土石工)의 솜씨가 아니었다면 신라의 지극한 부(富)로도 꿈도 꾸지 못하였을 것입니다. 그러나 이러한 예술품은 자기를 위한 것이 아니요, 최고 계급, 즉 부귀를 마음껏 누릴 수 있는 자를 위한 것이었습니다. 최고 계급과 최저 계급의 사람들! 여기에는 천양지차가 있었습니다. 봉건적 사상을 가진 당시의 최저 계급의 인간은 최고 계급의 노예이었습니다. 일순간의 행복을 위하여 기천년(幾千年)의 노동을 강요하였습니다. 금관과 금전의 장식품을 볼 때 찬양보다 증오와 분노의 념(念)이 앞섭니다. 왕만이 맛볼 수 있는 권위와 호화 금관을 쓰고 금신을 신고 이렇게 함이 왕의 할 일이던가? 나는 선덕여왕의 배진 앞에 발을 멈추고 그 존귀하신 마음에 충심으로 절했습니다. 금관과 배신을 비할 때 금관은 아무 가치가 없었습니다. 내 마음은 증오의 념(念)에 가득 차 총총 걸음으로 문을 나와 아픈 다리를 끌고 여관으로 향했습니다.

굴불사(掘佛寺) 4면석불과 분황사탑과 황룡사지

오늘이 경주 여행의 마지막 날입니다. 아침밥을 먹고 소금강(小金剛)에 있는 굴불사를 향하였습니다. 약 5리쯤 가니 표찰이 박혀 있어 거기서 산비탈을 조금 올라가니 석불이 서 있습니다. 이 석불의 높이는 1장(丈) 2척으로 중앙에는 세존의 입상과 좌우에 일월상(日月像)이 조각되어 있습니다. 이 석불은 35세 경덕왕께서 여기에

행차하시었는데 지하에서 불경 소리가 남으로 이상히 여기사 명하여 파본 즉, 이상한 큰 바위 하나가 나옴으로 여기에 불상을 조각케 하였다 합니다.

그림 8-5 굴불사 사면석불

소금강, 금강 2자만 들어도 반갑기 짝이 없습니다. 그러나 안은 보지 못하고 외양만 보고 지나려니 한편 마음이 몹시 서운하나 후일에 금강산 수학여행을 머리에 그리면서 다시 내려와 조금 가니 울창한 숲이 보입니다. 여기가 제4세 탈해왕릉입니다. 능전(陵前)에 경의의 절을 한 후 분황사로 향하였습니다. 한참 가노라니 석탑이 빨리 오라 손칩니다. 이것이 탑인가? 나는 여태껏 이렇게 큰 탑은 보지 못하였습니다. 언뜻 보니 벽돌로 쌓은 것 같으나 실은 안산암(安山岩)의 소석재(小石材)입니다. 이것도 또한 놀라지 않을 수 없으며 돌에는 지의류(地衣類)가 돋아있고 빛은 흑회색(黑灰色)을 띠워

허다풍우(許多風雨)의 고생을 역력히 말하고 있습니다. 탑의 사방에는 석사자가 호위하고 최하층 사면에는 돌문이 있고 그 안에는 금강역사의 석불이 파수(把守)를 보고 있으며 속은 거대한 돌로 가득차 있습니다. 탑 옆에 조그마한 'ㄱ'자 와가(瓦家) 일동(一棟)이 있으니 이것이 분황사입니다. 만일 내부에 조그마한 불상 두어 개가 없었던들 누가 이것을 절이라 하리요?

황룡사지! 여기서 묵묵히 주저앉아 장탄식을 하고 있는 크나큰 초석들 그 사이로 보리가 푸릇푸릇하여 늦은 가을철을 알립니다. 이 절은 진흥왕(眞興王) 27년에 지었다 하나 몽고 병란에 한줌의 재로 화하여 버리고 초석만이 허무세사(虛無世事)를 후손에게 호소하는 듯합니다.

    창포 덮인 옛 절터에 발 멈춘 이 몇이던가?
    옛터마저 없었으면 마음 상치 않을 것을
    애꿎은 비둘기만 쌍을 지어 깃드노라.

휘황한 처마, 바람에 흔들리는 풍령(風鈴) 소리, 사치의 승려, 호화한 고관대절(高官大節)들의 발이 끊일 사이 없이 드나들던 이 터! 그러나 지금은 농토화하여 후손의 밥그릇이 된가 하니 마음이 기쁩니다.

경주를 떠나며

경주 구경이 끝나니 나는 나의 고적에 대한 아무 지식이 없는 것과 좀 더 자세히 못 뒤져본 것을 한탄합니다. 나는 우리의 조상들을 끝없이 원망합니다. 왜 그렇게 무기력하고 쳐부수우고! 하나도 옛 기상 그대로 남은 것이 없으니! 고적의 어느 곳을 찾던지 무기력하고 등한했던 것을 여지없이 폭로하고 있습니다. 만일 예술품을 만들어낸 토석공(土石工)의 영혼이 남아 있다면 지하에서 목을 놓아 울며 원망할 것입니다. 나는 3, 4일간 구경한 고적과 아울러 그 터에 전개되었던 당시의 일을 머리에 그리며 읍으로 나왔습니다. 여관에 들어가 행장을 수습하여 역으로 나와 차에 올랐습니다. 나를 실은 차는 대구로 달음질칩니다.

올 때는 반기더니 가려하니 설워하네
내 뒤에 많은 사람 네 가슴 밟으려니
옛 터에 정든 발을 기약 없이 돌노라.

내 몸은 비록 경주를 떠나나 마음은 끝없이 예로 예로 달립니다. 나는 승강대에 나와 정든 땅을 내다보니 내 입에서는 "경주여! 잘 있거라"가 끝없이 흘러 나옵니다. 주위의 산은 "잘 가라" 손짓하며 무르익은 벼는 고개를 숙여 우리를 석별하여 줍니다. 그리고 유유히 흐르는 금호강(琴湖江) 물이 앞길을 가로 막고 소리치며 붙잡으려 합니다. 그러나 무정한 기차는 못 본 체하고 대구로 향하여 도망 질칩니다.

『호남평론』 3권 1호, 1937년 1월

오병남은 일제강점기의 시인이었다. 주로 『호남평론』에 발표하였는데 주요 작품으로는 「눈 내리는 겨울밤」(『호남평론』 3권 2호, 1937년 2월), 동요 「엄마품이 그리워」(『호남평론』 3권 3호, 1937년 3월), 「깊은 밤 방문을 가벼이 노크하는 예술가」(『호남평론』 3권 3호, 1937년 3월) 등이 있다.

그의 구체적인 생애와 문학 활동에 대해서는 과문인지는 몰라도 알려진 바 없다. 이 글은 '학창 생활의 유일한 날'인 경주 수학 여행기이다. 오병남은 아마도 호남 지역의 학생인 듯하다. 새벽 두시에 대전역에 내려 우동으로 시장기를 채우고 새벽 네시에 약목역, 여섯시 대구역에 도착하여 경주행 경편차로 갈아타고 서악역에 내려 그곳의 무열왕릉을 참관한다. 이어 도보로 김유신 묘를 거쳐 읍내로 들어와 정오를 알리는 사이렌 소리에 맞추어 여관으로 들어가 점심을 먹고 난 뒤 오릉, 알영정, 나정, 포석정을 보았다. 여기에서 다시 오던 길을 돌아서 재매정, 계림, 첨성대, 반월성, 안압지로 하루의 일정을 마쳤다.

그 다음날에는 불국사를 보고 불국사역으로 나와 경주행 차를 타고 읍내의 박물관(지금의 경주문화원 자리)을 참관하고 이틀의 여정을 끝냈다. 마지막 3일째에는 굴불사터, 탈해왕릉, 분황사, 황룡사터를 마지막으로 2박 3일의 수학여행을 마쳤다.

일제강점기 '고보'(5년제)에서는 시대마다 다르긴 하지만 일반적으로 3학년 때는 경주, 4학년에는 금강산, 졸업반인 5학년에는 만주나 일본으로 떠났는데, 작자 오병남이 이 글에서 '금강산 수학여행'을 그리고 있는 것을 보면 아마도 3학년 학생인 듯하다.

이 글에서 경주에 대한 작자의 이미지는 부정적인 표상으로 드러난다. 예컨대 '이름만 들어도 지긋지긋한' 포석정, '돌을 쳐부수고 싶은 충동을 금치 못한' 포석정 석거, 참배 요금으로 10전이나 받는 석굴암 입장료, 다보탑의 석사자상을 '도적맞은 줄 모르는 이 얼빠진' 짓 등의 표현이 그 예이다. 결론적으로 작자는 '조상들을 끝없이 원망하며' '증오의 념으로 가득 찬 총총 걸음으로' 하루 일정을 끝냈다. 그중 몇몇 표현은 박화성의 경주 기행문에서 보이는 것으로 보아 작자가 박화성의 기행문을 본 듯하다.

09 그립던 옛 터를 찾아 신라 고도의 경주로
박화성(朴花城)

먼저 드리는 말씀

　나의 이번 길은 고도 순례(古都巡禮)라거나 고적 행각(古蹟行脚)이라는 운치 있고 한가롭고 의미 있는 그러한 이름의 여행이 아닙니다.
　어떤 기회에 나의 어려서부터 동경하고 보고 싶어 하던 신라 고도 경주를 보게 될 때 옛 풍물을 본적이 없던 나의 감겼던 눈은 반짝 띄었습니다. 내 발길은 경주를 떠나되 눈은 오히려 무엇을 찾고 생각은 오히려 무엇을 더듬어 헤매기를 마지않았습니다.
　이에 나는 백제의 고도 부여와 고려의 서울 개성과 고구려의 고도 평양을 마저 찾기로 뜻을 정하고 이리저리 다니는 길에 해주의 수양산을 거쳐 율곡(栗谷)의 유적지인 석담(石潭)의 구곡(九曲)을 밟고 풍산의 정○산성(正○山城)을 지나 강서(江西)의 고분(古墳)까지 구경할 진귀한 시간을 가질 수 있었습니다.
　내 본시 역사가가 아니매 폐허(廢墟)의 쓰린 흔적을 모조리 뒤져 여러분의 답답한 가슴을 풀어드리지 못할 것이요, 내 또한 시인이 아니니 심산과 유곡에 묻힌 주옥을 캐어 강호제현(江湖諸賢)께 선물할 노래도 줍지 못하였습니다.
　무엇으로서 이렇다 여러분 앞에 내어놓을 자신이 있겠습니까? 제목은 너무도 번화하고 내용은 너무도 보잘 것 없는 것이 오늘의 이 글일 것입니다.

그러나 나는 천 년 전 혹은 몇 백 년 전 고도의 찬란한 문물을 구경만하고 말아버리기에는 너무도 약아진 현대의 한 여성이며 옛사람의 남긴 자취를 명산계수(名山溪水)에 찾으면서 한가락 노래로써 옛일을 읊어 지나쳐만 버리고 말기에는 또한 너무도 숙성한 한 청년입니다.

따라서 나의 보는 바가 현대적인 생생한 관찰일 것이며 느끼는 바 역시 실감적인 씩씩한 감상일는지도 모를 것입니다.

그러므로 나는 이번 길에서 모든 것을 보고 가슴에 느껴진 그대로의 감상을 말할 수 있는 자유의 범위 내에서 써보기로 한 것입니다.

장황한 여러 마디의 말씀을 드림으로써 이 기행문을 쓰는 본의가 어디 있다는 것을 말하여 두는 것입니다.

9월 23일 청(晴)

경주행 기동차(汽動車)의 대구역 발은 새벽 5시 40분이었습니다. 나는 3시에 깨었습니다. 다시 잠을 들이자니 차 시간에 늦어질 상싶고 그대로 눈이 말똥말똥해서 누워 있자니 그 시각까지가 너무나 지리한 듯하여 그냥 일어나서 이른 대로 준비를 시작하였습니다.

4시 반이 지나 경주 안내의 책임을 진 K 씨가 왔습니다. 나는 작은 가방에 헌 저고리와 자리옷과 먹다가 남은 평양밤 주머니 넣기를 잊지 않았습니다. 그리고 여자에게만 필요한 간단한 장신도구까지 넣으면서는 흰 쯔매에리 상하복에 운동구쓰만으로 나선 K 씨를 부러워 하였습니다.

잠을 깨지 않은 대구의 새벽 거리는 고요하고 깨끗하였습니다.

큰길 오른편에 있는 논에는 머리 숙인 벼가 가느다란 새벽바람에 물결 소리를 내고 있습니다. 산뜻이 얼굴을 스쳐가는 이른 가을바람만 굳게 입 다문 회색빛 거리에 왕래하고 있습니다.

오늘이 축일이고 내일이 일요일이자 때마침 불한불서(不寒不暑)의 첫 가을 날이매 멀지 않은 고도(古都)의 하루를 맛보고자 경쾌한 여장(旅裝)으로 경주를 향하는 일행은 우리뿐만이 아니었습니다.

밀려오는 탑승객들로 하여 발차는 정각보다 십오 분이나 늦어 사람 위에 사람이 첩놓이다시피 들어서고도 승강대에까지 매달렸습니다. 잘못하다가는 차가 뒤집혀지겠다고 운전차장은 딱한 듯이 말하였습니다.

무더기로 몰려 서서 떠나려는 차를 부러운 듯이 바라보고 섰는 나머지 사람들을 뒤에 두고 우리의 기동차는 뺑 소리를 지르며 떠났습니다.

다행히 한자리를 잡고 앉은 나는 빽빽하게 들어선 사람 틈으로 간신히 고개를 기웃거리며 차창 밖으로 달려 지나가는 좌우의 풍경을 조박조박 주어봅니다.

밭이랑들이 높직이 죽죽 서 있고 푸성귀들이 탐스럽게 되어 있는 것이 제법 진보된 농사 솜씨이었습니다.

좌우의 능금밭이 가지가 휘어지게 열어 붙은 빨간 열매들을 휙휙 보이면서 뒤달음질 칩니다. 이것으로 대구가 사과의 명산지라는 것은 알 수는 있거니와 애처로운 것은 지난 여름 그 큰 장마에 부대낀 흔적이 완연히 있어 온몸이 진흙투성이가 되어 가지고 엉성하게 서 있는 것이었습니다.

동촌(東村)·반야월(半夜月)·청천(淸泉)·하양(河陽) 등등의 정거장을 지내면서 그 이름의 고전적이오 시적인 것을 사랑하여 마지 않았습니다.

　가득히 들어섰던 사람들도 전부가 경주행객은 아니었든지 여러 정거장을 지나오면서 사람 수효가 훨씬 줄어지고 날이 점점 밝아지니까 차속도 환해졌습니다. 많은 중년 신사들 중에 양장(洋裝)한 미인들과 연인끼리 끼리나 신혼 부부인 듯한 일행들도 눈에 뜨입니다.

　기동차인 고로 객석이 전면만을 향하여 있음에 모든 사람들이 다 앞길만 내다보고 앉아 있는 것이 너무도 '우리는 이렇게 가고 있다' 하는 것을 보이고 있는 것 같아서 좀 우스웠습니다.

　그러나 우스운 것은 잠깐이요, 이 많은 승객의 우리들만 빼놓고는 전부가 일본인뿐인 것에 그윽히 놀랐습니다.

　대구 등지에서의 고급 샐러리맨은 일본인들 뿐이며 그들만이 조선 고도에 대한 애차심이 강하였었음일까요? 기솔린 냄세기 바람결에 풍길 때마다 나는 손수건을 코에 대이고 못 견뎌 하였습니다.

　멀리 하늘가에 붉은 햇발이 비칩니다. 구름장들도 그 빛에는 못 이기는 듯이 슬슬 밀려나고 우주의 주인공인 태양이 그의 맑고 부드러운 웃음을 산과 들에 흐트러 펼칩니다. 누르러진 벼 이삭에 엉겼던 이슬과 들판 가을 풀잎에 잠들었던 물방울들이 반짝반짝 빛나는 눈을 뜹니다.

　멀리나 가까이 보이는 산들은 모두가 벗어진 붉은 산이었습니다. 혹 사방(沙防) 공사를 한 곳도 있기는 하나 언제나 저 솔들이 자라서 옛 얼굴 그대로의 청산이 될는지가 아득하게 생각됩니다.

　아화(阿火)니 광명(光明)이니 하는 불교적 색채를 띤 역명을 읽으면서 경주가 가까웠다는 것을 짐작하였습니다.

　가끔 작은 산만큼씩 한 왕릉이라는 것이 나타나는데 여기 따라 한 가지 눈에 뜨이는 것은 비스듬한 산모퉁이에 있는 벌초하지 않은 평민의 무덤들이라도 그 모양이 우리 것과 달라서 왕릉 비슷하게 평평한 듯 둥그스름하게 큼직큼직한 것이었습니다.

서악역(西岳驛)에서 어떤 일본인이 차창 외(外) 동남쪽으로 보이는 수십 개의 토산을 손가락으로 가르키며 금척릉(金尺陵)이라 말합니다. 나는 그것을 바라봅니다.

  그 날의 거서간(居西干)도 현명하진 못한 것이
  한자 금척(金尺)을 어디다 못 숨겨서
  저리도 대소(大小) 토릉(土陵)이 서른 개나 넘는고.

7시 49분 착(着)일 것이 8시 5분이나 되어 경주에 닿았습니다. 역 출구에 나오니 고적 안내 해주겠다는 사람 2, 3인이 덤벼 따라옵니다.

우리는 어떤 여관에 들어서 그 집 주인에게 불국사를 다녀서 경주로 와야 구경하기에 편리하다는 말을 듣고 여기서 내린 것을 후회하였습니다.

내가 앉은 곳이 승경(勝景)의 앞이 아니오 좁은 방 안임을 알자 첫새벽부터 차에 흔들린 탓인지 속이 머슥머슥하면서 현기증이 났습니다.

하는 수 없이 조반을 사서 먹고 10시 30분발 기차로 불국사를 향하여 떠났습니다.

  뒤에서 끄을더니 앞에서 부르는 듯
  이 길도 좋거니와 저 길이 더 바쁘이
  이 한 몸 어디로 갈꼬 갈팡질팡 합니다.

불국사와 다보탑

 경주역을 떠나 얼마 가지 않아서 멀리 오른편으로 계림과 첨성대가 보이고 월성 터도 보입니다. 사진으로만 보고 듣던 첨성대의 바로 저것이 실물인 것을 생각하니 보이지 않아지는 것이 섭섭하였으나, 좌편으로 보이는 안압지와 함께 내일의 기쁨이 될 것을 생각하고 머리를 돌려 앞길을 바라보았습니다.

 동방역(東方驛)을 지나 불국사역에 착하니 11시 10분이었습니다. 불국사까지는 여기서도 동북방으로 십리쯤 더 가야하는데 승합자동차가 하루에 몇 번씩 내왕합니다.

 우리는 경주에서 두 시간 반이라는 시간을 허비한 잘못으로 모든 능 중에서도 가장 뛰어난 조각물과 장치를 가진 괘릉(掛陵)-나대 미술의 정화리는-과 35대 경덕왕 때의 국재(國宰) 김대성(金大城)이 불국사의 양 탑을 창건할 때에 당나라[26]에서 불러온 석공과 그 젊은 아내와의 쓰라린 애화(哀話)를 잠기고 있다는 영지(影池)를 지척에 두고도 못 보고 지나가게 된 것은 물릴 수 없는 큰 유감이었습니다.

 불국사 앞 넓은 뜰에는 벌써 자동차 5, 6대가 행렬 지어 있고 큰 나무 밑에는 떡 장사와 엿 장사 부인들이 앉아있습니다.

 우리는 잠깐 서서 노순(路順)을 정하되 불국사를 보고 석굴암으로 올라가 두루 구경한 후 그곳서 자고 새벽 기운 서리는 동해와 홍일에 비취는 석굴 불상의 육체미를 감상한 후 바로 내려와 경주에 향하기로 하였습니다.

 그러고 보니 나의 행장은 가방과 양(洋)산이오 K 씨의 것은 단장 하나뿐이매, 가방은 K 씨가 들어주기로 할 때 나는 또 한 번 내 몸

---

26) 백제의 잘못이다.

이 여성인 것을 한(恨)하였습니다.

　불국사! 이것이 말로만 듣던 불국사입니다. 나는 정면에서 그의 외관을 바라봅니다. 하계(下階) 백운교와 상계 청운교가 중교(重橋)로 되어 있는 것은 확실히 최고의 미관입니다.

　정문인 자하문과 그 우편 범영루(泛影樓) 그 뒤로 은은히 솟은 본전 등이 그 중교로 말미암아 더욱 지고의 미술의 전당처럼 보이는 것입니다.

　그 축석(築石)의 기이함에는 또 다시 감탄하였습니다. 다만 커다란 돌들을 척척 첩놓음만으로서 쌓아진 것이언만 …….

　백운교를 오르면 무장(舞場)이 있습니다. 이것만으로도 당시 사람들의 향락적 기풍을 엿볼 수 있습니다. 또 다시 청운교를 밟아 자하문 안에 들어서니 나의 우편에는 다보탑이오 좌편에는 석가탑입니다.

　나는 다보탑 앞에 섰습니다. 30척 그 높이대로 우선 한번 쳐다보고 다시 내려오면서 자세자세 뜯어보았습니다. 나 이제 그 구조는 말하지 못합니다.

　그러나 화강석에 새겨 있는 조각의 그 정묘한 수법! 그 의도의 풍부하고 정교함! 그 모양의 복잡하고도 수려함! 아무리 일찍부터 나대(羅代) 미술의 제일 우품(優品)이고 동양 불계의 유일기물(唯一奇物)이라고 이름이 날렸으나 막상 앞에 놓고 보니 과연 그 당시 기술가의 그 신비한 솜씨를 경탄치 않을 수 없습니다.

　이러한 경천(驚天)할 재주로써 남긴 것이 겨우 이것뿐이었을까? 좀 더 민중적인 어떤 건물을 남길 욕심은 없었던 것일까? 미술가나 예술가의 그 재예(才藝)를 어떤 최고 계급이 독점하고 있는 것은 천년 전 신라나 현대와의 공통된 사실입니다.

그 누구가 그 뛰어난 조각가의 이름을 기억이나 하고 있으며 당시 재상의 김대성 이름 외에 이 기물을 조작한 석공의 이름을 뉘라서 한번 구전(口傳)이나 해보았습니까? 나대 문물을 탄상(嘆賞)하는 자 한 석공의 수십 년의 피땀의 공을 생각이나 하여 봅니까?

개인적으로 풍유한 기예(技藝)를 자유로 사용하지 못하고 오직 어떤 지배하에서 이러한 걸품(傑品)을 제작하여 그 시대 문화의 수준을 올려 주기에 일생을 바친 그들을 거룩하고 위대하다고나 칭찬할까요?

석가탑과 석사자

나는 다시 석가탑 앞에 섰습니다. 넓은 돌장을 척척 쌓아놓은 삼층탑의 그 장관에 또 한 번 놀랐습니다. 전설은 다보탑을 유영탑(有影塔)이라, 석가탑을 무영탑이라 일컫는다 합니다.

나는 대웅전 안에 들어섰습니다. 먼저 황홀한 천정을 쳐다보고 다음 찬란한 사수벽(四手壁)을 둘러보고 나서 노자나불의 진좌(鎭坐)한 좌상을 보았습니다. 그 면상의 표정과 제작의 수법이 웅려(雄麗)하고도 우아합니다.

대웅전을 나와서 이제는 하나만 남았다는 석사자(石獅子)를 보았습니다. 생물의 실물 묘사가 아니고는 이렇듯 정밀하고 기묘할 수가 없음에 그 시대에 사자가 있었다는 것을 짐작한다 합니다.

살린 대로 놓고 묘사하였는지 죽여 놓고 본을 떴는지 내 모르거니와 이런 미술품을 남기기에 그 몸을 죽인 사자나 이것을 제작 조각한 그 석공이 하나는 짐승이오, 하나는 사람이로되 그 시대의 미술적 상아탑의 한 초석이 되어준 것에는 꼭 같은 신세의 몸이 아니

오리까?

　석등의 진기함도 기리고 지나면서 최근에 바다를 건너왔다는 후면에 있는 사리탑(舍利塔)을 보았습니다. 위축전(爲祝殿)27) 앞에는 범영루(泛影樓)가 있고 그 아래로는 승방들이 둘러 있습니다. 이 범영루와 자하문은 임란(壬亂) 이후에 그전 자리에 다시 지은 것이라 하는데 범영루의 하층 축석의 솜씨를 보고 외국인들이 혀를 감으며 절찬한다 합니다.

　이 불국사는 23세 법흥왕 22년에 처음으로 창건하였고 35대 경덕왕 10년에 당시 명상(名相) 김대성이 자기의 빈모(貧母)를 위하여 중수하였다 합니다.

　고고학과 미술을 연구하지 못한 나의 눈에 비친 모든 유적은 심히 불행합니다. 적당한 평가를 얻지 못하는 까닭이겠지요.

　그러나 이미 그 이름이 널리 세계에 높이 알려지고 있는 경주인 만큼 나같은 과객이야 있든 없든 만대에 그 이름이 빛나지라 빌고 몸을 돌리니 불국사 전체를 답붓이 안아주고 있는 송림이 문득 섭섭한 소리를 냅니다.

　고개를 돌려 다시 바라보니 가을 바람은 소나무를 흔들고 소나무는 다시 가을 소리를 내며 옛터의 가을이 깊어간다는 것을 알려줍니다.

　다보고 나니 어쩐지 마음이 서운합니다. 가벼운 듯 무겁고 반가운 듯 쓸쓸한 것이 지금의 나의 심정입니다.

　백운, 청운의 다리를 밟아 올라가던 때와 칠보(七寶), 연화(蓮花)의 다리를 밟고 내려오던 때와의 회포는 좀 달라졌습니다. 그러나 어떻게 달라졌다는 것을 나 자신도 집어내어 표현할 수가 없습니다.

---

27) 1900년대에 대한제국 고종 황제의 명운이 날로 발전하기를 기원하면서 극락전을 위축전(爲祝殿)이라 불렀다.

나는 나무 밑에 앉아서 우리 오기를 기다리고 있는 떡장사와 엿장사의 부인들에게 가서 우리의 점심 준비로 여러 가지 떡과 엿을 조금씩 사 가졌습니다.

> 다보탑 석가탑이 저리도 수려할 사
> 몸은 여기 있고 생각은 예로 도네.
> 이 보배 지어내신 이 그 이름이 누군고.
>
> 지나는 길손마다 옛 솜씨만 기리고서
> 돌아서 그대들은 하는 일이 무엇인고
> 솔숲이 소리를 내어 비웃으며 놀더라.

석굴암 올라가는 길에

우리는 석굴암을 향하여 올라갑니다. 신작로처럼 평탄한 길이 토함산록을 굽이굽이 감고 돌아 있습니다.

첫 가을이라지마는 아직도 뜨거운 볕이 여름티를 벗지 못하여 양산도 받지 못 한데다가 가방까지 들고 가는 K 씨는 땀을 뻘뻘 흘리면서 맥고모자를 벗어 훨훨 부채질하며 잠깐 숨을 돌립니다.

나는 자신이 옛날의 한 왕자나 된 듯이 경주의 산세와 지형을 살펴보았습니다. 멀리 보이는 산줄기들이 아득하게는 보일망정 강하게 된 것이라든지 지역이 광활하여 넓고 넓은 야원(野原)을 통할하여 있는 것 등등이 족히 왕도의 기상이 보입니다. 그러기에 신라의 경주만이 992년의 천년 고도로서 시종일관하지 않았던가를 생각하여 봅니다.

우리와 같이 동행되어 바로 불국사로 왔던 일행들은 벌써 석굴암 구경을 마치고 내려옵니다. 상봉에서 내려오는 굽이진 길목 길목에 그들의 모양이 보이고 4, 5인의 청년들은 경쾌한 발걸음으로 우리 앞을 지나가며 나의 무거운 보조를 곁눈질하여 비웃는 듯합니다.

그들은 그들 자신이 바로 몇 시간 전에 이러한 발걸음으로 경사의 이 길을 올라가던 생각을 잊어버린 모양입니다.

올라갈수록 골이 깊고 산림이 무성합니다. 이제는 길이 없나하면 다시 한길이 임곡(林谷)에서 생겨나 한 모퉁이를 돌아 있고 그 모퉁이를 돌아가면 다시 한길이 보여 골과 길이 끊이지 않고 이어 있습니다.

길 따라 오르고 올라가면서 나는 이 길을 만들어 놓게 한 석굴암의 석불의 매력을 생각합니다.

아침에 보던 양장 미인들도 잦은 걸음으로 파닥파닥 내려오면서 우리를 힐끗 보고 지나갑니다. 노년의 일인(日人) 신사가 들 것처럼 된 교의에 앉고 두 사람이 앞뒤에서 채를 메고 내려옵니다.

그가 고고학자라는 말을 듣고 다시금 돌아보매 넉넉히 걸음직도 한 노쇠의 정도인 것을 알자, 설명을 길게 요하지 않고 두 말 없이 그는 자격 없는 고고학자라고 인정하여 버렸습니다.

상봉에 가까울수록 경개는 극가(極佳)합니다. 쳐다보면 기봉(奇峰)이요 굽어보니 유곡인데 봉마다 골마다 숲이 우거져 검푸른 구름이 떨기떨기 층층이 피어 있는 듯 늦은 가을에 단풍이 얼마나 곱게 들 것을 상상하고 내 길이 너무나 이른 것을 한(恨)하였습니다.

길바닥은 흙이 아니오, 포근포근한 모래바탕이라 발에 밟히는 촉감이 극히 부드럽고 정다웁니다. 만일 나 혼자라면 반드시 발을 벗고 맨발로 뛰어올라갈 것을 …….

산정에 올라섰습니다. 거칠 것 없는 데서 불어오는 시원한 바람이 먼저 우리를 맞아줍니다. 안계(眼界)는 툭 터져 넓어졌습니다.

동편 하늘 끝 닿은 데가 시퍼렇게 보입니다.

아니 저게 무엇입니까? 바다입니까? 물입니까? 나는 시퍼런 하늘인 줄만 알았더니 오! 오! 저게 동해입니다 그려. 자세히 보니 정녕코 창해(滄海)입니다.

그 하늘 나직이 덩이져 있는 흰 구름에까지 푸른 영기(靈氣)가 스며들 듯한 동해의 푸른 물입니다. 아! 아! 저 만대불변(萬代不變)의 장엄한 흐름! 인간 길 끊어지고 세사가 뒤집혀도 흐르는 길 멈출 줄 모르며 흐르고 흐르고만 있는 저 창해의 창파(滄波)! 예부터 이 길을 걸어가던 모든 사람들을 얼마나 많이 울게 하고 느끼게 하였으랴만은 오늘 이 동해를 바라보는 내 마음까지를 이다지 몹시 치고 흔들 줄이야 …….

어디로선지 흰 돛대가 나비와 같이 떠돌이듭니다. 곁에 신 K 씨가 좋다고 소리칩니다. 동해를 바라보며 신비의 꿈을 꾸는 듯하던 나의 생각은 흰 돛대를 보자 훌쩍 꿈에서 물러났습니다.

저곳도 역시 인간의 발길이 가는 한 개의 바다 세상입니다. 세상이매 사람의 손길이 저 물결을 뒤지며 머리를 찾습니다. 옳다 사람아! 네가 대자연의 주인공인저!

노화릉과 석불

석굴암에 이르렀습니다. 참배(參拜) 요금으로 금 10전을 내어놓을 때 문득 불쾌감이 들었습니다.

대자대비(大慈大悲)의 석가세존의 광대무량한 법열을 앙모(仰慕)하여 석불이나마 배관(拜觀)하려는 중생에게 그 보이는 값으로 정가 10전을 붙여놓은 것은 그 본의야 물론 고적 보존에 있다하거니와 그 수단은 졸렬하다고 생각하였습니다.

그러나 어찌 생각하면 상품 시대인 현대에 있어서는 그것이 가장 지당한 행동일는지도 모르겠습니다.

먼저 암전(庵前) 영천(靈泉)에서 세수를 하고 영천수 한 그릇을 들이키고 나니 나 바야흐로 속세진애(俗世塵埃)를 털고 정토(淨土)의 감로수를 마신 선객이 아닌가 싶습니다.

석굴암은 갈대꽃으로 하얗게 뒤덮였습니다. 다른 꽃이 아니오, 청정한 노화인 것에 더 맘이 끌렸습니다. 노화릉(蘆花陵)(나는 석굴암을 이렇게 불렀습니다)의 갈꽃을 바라보며 층계를 올라가니 왼편에서 들리는 가느다란 폭포와 같이 줄기차게 떨어지는 그 물소리! 우선 정신이 쇄락합니다.

   발 감기 풀은 후에 영천에 몸을 씻고
   노화릉 바라보며 층계층계 올라가니
   물소리 품안에 들어 가슴마저 차(冷)구나.

이 석굴암도 35대 경덕왕 때에 김대성의 발원으로 지은 것이라는데 전부 화강석으로만 되었습니다.

입구에 있는 금강역사(金剛力士)와 팔부신중(八部神衆)의 제상을 슬쩍 보고 굴 안에 들어서자 우선 놀란 것은 이것 역시 큰 돌을 척척 쌓아올려서 만들어진 것입니다.

입구 맨 처음에는 사천왕이 발밑에 악마를 짓밟고 서있으며 죽 둘러 있는 벽에는 사보살(四菩薩), 십라한(十羅漢), 십일면관음(十一面觀音)의 반육상(半肉像)이 새겨 있고 중앙 연화대(蓮花臺) 위에는 한길 넘는 석가여래의 좌상이 있습니다.

그 모든 가구(架構)와 조각의 정묘우미(精妙優美)함을 칭찬하기에는 내 입이 이미 피곤하였으니 이루 말할 수 없거니와 관세음의 조촐하고 단아한 입상에는 푸른 이끼가 끼어 엷은 청의(靑衣)를 걸치고 있는 듯이 더욱 아름답게 보입니다.

나는 석불의 전후좌우를 돌아가며 사면에서 훑어보았습니다. 그러나 모를 것은 그 솜씨입니다. 그렇게 큰 돌을 쇠끝으로만 쪼아서 만들은 것이 뼈 위에 붙은 살피부처럼 그 건강미와 육체미와 곡선미가 어쩌면 그다지도 산 인육의 그것과도 같은지 몇 번이나 만져 보아도 선뜻한 돌이기는 할지언정 오동포동한 살이 주먹 안에 들 듯싶게 탄력이 있어 보입니다.

날씨가 좋은 날에는 동해가에 홍일이 떠올라 이 석굴에 비추면 석상에도 햇살의 혈관이 돌아 흡사히 육색(肉色)의 담홍색 빛을 발한다 합니다(그것을 보려고 별렀던 희망은 투숙한 곳이 없어 깨어지고 말았다).

궁륭 천정에는 광배(光背)가 붙어 있는데 굴 안에 가득 들어선 사람들은 광배와 석불을 가리키며 무어라고 지껄입니다.

나는 석불의 꼭 다문 입과 붙인 듯이 감은 두 눈을 쳐다보며 이러한 공상을 하여 봅니다.

'몇 백 년이나 감았던 저 눈을 한 번 크게 부릅뜨면 그 광채가 어디까지 뻗칠까? 동해의 물결도 그 빛 기운에 부글부글 끓지 않으리. 몇 세기를 다물었던 저 입을 벌려 이 거대한 몸둥이가 녹아지도록 큰 소리를 한 번 지르면 소리가 어디까지 미칠까? 이 땅 덩어리가 발딱 뒤집혀지지나 않을까? 아하 어리석은 자여! 실현 못할 공상을 하지 말고 오직 49년이라는 긴 세월을 허비하여 많은 사람들의 심혈을 짜낸 혈정으로 지어진 이 석굴암과 석불에게 축복이나 하라'.

부질없는 생각에 얼굴을 스스로 붉히며 석굴을 나와 노화롱 뒤쪽으로 돌아올라 갔습니다. 우리는 좋은 자리를 놓고 앉아서 가져온 떡으로 요기를 하였습니다.

한나절 기울도록 두루 보고 얻은 것은
마음은 찼거니와 배는 상기 고픈 것을
인절미 두 개 먹고 나니 새 기운이 나는구료.

알영정(閼英井)과 나정(蘿井)

비지땀을 흘리며 올라가던 길을 파닥거리고 내려갈 때는 퍽이나 유쾌할 줄 알았더니 동해를 내버리고 돌아오매 뒤가 못 잊히어 머뭇거림인지 기께 발걸음이 옮겨지지 아니합니다.

그러나 가고야 말 길임에 굽이진 길을 다시금 돌아 내려옵니다. 누군가 뒷덜미를 밀어치는 듯 쫓기어 오는 사람처럼 저절로 발걸음이 잦아만 지는 것은 결코 경쾌한 발걸음이냐고는 할 수는 없는 것입니다.

저녁으로라도 경주로 가려 하였으나 '이왕 여관의 하룻밤일진대 불국사에서나' 하는 심산으로 다보여관에서 가방을 풀고 저녁을 먹었습니다.

상 위에 오징어젓과 전복 장조림이 놓여있는 것을 보아 어항인 포항이 가까이 있다는 것을 알 수가 있습니다.

어두컴컴한 길을 더듬어 나는 누가 불러나 대는 듯이 불국사 안뜰까지 쏜살같이 올라갔습니다. 그러나 그곳에는 아무도 없고 솔바람만 술술 소리 내는 텅빈 빈 절 마당이었습니다.

누가 나를 불러왔던가 옳거니 저 다보탑과 석가탑이었습니다. 그러나 그들은 아무 말이 없습니다. 그뿐이리까? 그들의 정묘수려(精

妙秀麗)한 얼굴까지 감추고 괴물처럼 서 있어 오직 내게 무서움만 줍니다.

(이 순간 느낀 감상은「빛을 그리는 마음」이라는 제목의 소품으로서『신가정』지 2월호에 기고하였기에 여기서는 생략한다.)

쪽달이 검은 숲 속으로 떨어지는 것을 보고 빛 없는 밤길을 헤매이다가 돌아와 자리에 누우니 시계는 10시 10분! 내일의 기쁨을 알고 꿈나라로 듭니다.

오전 9시 27분에 불국사역을 떠나 10시 3분에 경주역에 도착하였습니다.

보행으로써는 도저히 몇 시간 내에 여러 곳의 유적을 답파(踏破)치 못할 것을 알고 우리는 2원 50전을 내어 한 시간 동안 자동차 한 대를 샀습니다.

우리는 자동차로 큰길을 달립니다. 이 길 이 거리 그 어느 곳에 옛 사람의 발길이 닿지 않은 곳이 있으리까마는 소위 고적을 순례한다는 자로서 발을 걷어 올리고 먼지를 휘날리며 현대적 수레바퀴를 달린다는 것이 도리에는 당치 않으나 이렇게 지나치며라도 보고 나 가면 그래도 고도에 대한 정이야 얼만큼 풀리지 않으리까?

나정(蘿井)이 보입니다. 저 양산(楊山) 허리 나정에서 신라 시조 박혁거세가 알에서 나왔다는 전설의 솔숲입니다.

신라의 전신은 이 씨의 알천양산촌(閼川楊山村), 최 씨의 돌산고허촌(突山高虛村), 손(孫) 씨의 무산대수촌, 설 씨의 명활산고야촌(明活山高耶村), 정(鄭) 씨의 취산진지촌, 배(裵) 씨의 금산가리촌(金山加利村) 등등의 육촌이었습니다.

외족(外族)의 침입으로 평화의 꿈을 깨지게 되는 그들이 영주를 구하여 마지않을 때 고허촌장 소벌공(蘇伐公)이 자기가 일찍 나정

(蘿井)에서 데려가 기른 박동(朴童)의 왕자의 기상이 있음을 소개하고 추종하여 그들의 임금으로 맞았다 합니다.

신라는 본시 서벌, 서라벌, 서야벌, 사허, 설라 등의 이름이 있었는데 22대 지증왕 4년에 신은 '덕업이 날마다 새롭게'라는 '사해신라'라는 뜻으로 국호를 신라라 하였다 합니다. 경주 역시 사허니 서라벌이니의 이름을 가졌다가 고려에 항한 후 경주라 하였고 후에 동경이니 계림부니 낙랑부니 하다가 조선 태종 때 다시 경주라 하였다 합니다.

우리 자동차의 운전수는 사람이 좋아 보이는 일본인이었습니다. 그는 나정의 전설을 신이 나서 말하다가 오른편 울창(右便鬱蒼)한 송림을 가리키며 오릉(五陵)이라 하고 이어 알영정이 그 옆에 있다고 합니다.

사릉(蛇陵)이라는 오릉을 바라만 보고 지나치려든 나는 알영정이란 말을 듣자 정차(停車)하기를 청하여 솔숲 속으로 걸어들어 갔습니다.

포석정과 경애왕

이 알영정은 박혁거세의 왕비 알영 부인의 난 곳이라 하는데 자세한 전설은 말하지 않거니와 우물이던 흔적만 남기고는 지금에 토석으로 함부로 메워버린 그 자취를 보고 지난 일의 덧없음을 다시금 느끼면서 오릉의 토분을 바라봅니다.

그 안에는 시조 왕릉과 왕비릉과 이세 남해왕, 삼세 유리왕, 오세 파사왕 등의 토릉이 있는데다 박 씨 왕으로서 그 제전(祭殿)은 능 남(南)쪽에 있는 숭덕전(崇德殿)이라 하나 바쁘매 들어가지는 못하고 지나만 가고 말았습니다.

포석리에 다다랐습니다. 우선 그 맑은 물소리를 듣고 바위에서 솟는 듯한 옥수같은 물빛을 보니 가슴이 시원하여 이 근방에서는 얻어 보기 어려운 수석인가 합니다. 포석정이라 하나 이곳에 정각(亭閣)이 있었다는 것을 겨우 알려주는 초석(礎石)만 여기저기 보일 뿐으로 다만 담장 안에 곡수유상(曲水流觴)하던 자취의 석가만 남아 있습니다.

돌을 끌어다 만든 것인데 포형(鮑形)인지 운형(雲形)인지 세칭 포(鮑)라 하니 포형인 듯하나 자세히 보면 굴곡의 아름다운 곡선미가 구름 모양인 듯도 합니다.

여기다가 물을 부어 흐르게 하고 흐름 위에 잔 가득히 채운 술잔을 띄우면 술잔은 곡선이 된 구비진 골을 흐르는 듯 되오는 듯 흘러가 다음 사람에게 닿고 그 곳에서는 그 술을 마시고 또 술을 부어 다음으로 띄워 보내는데 그냥 술만 먹는 것이 아니라 상류의 술잔이 닿을 동안에 글귀를 생각하여 먼저의 글귀를 채우고 하류의 사람들도 다시 그대로 행하여 기, 승, 전, 결로써 술잔이 한 번 흐름을 도는 동안 시가(詩歌) 일 수를 짓는다 합니다.

곡수유상(曲水流觴)의 풍(風)은 당에서 흘러 들어왔다 하거니와 나는 여기서 일종의 분노를 느끼게 됩니다.

    백성은 피땀 흘려 국고를 채울 동안
    임금은 재상들과 술놀이만 하였구나.
    나라가 이러고서야 아니 망할 수 있더냐.

    이름은 그 좋구나 작시를 위함인데
    술먹기 지리하여 시 짓는다 핑곈 것이
    포석정 나대 시인이 누구누구이더냐.

석굴암과 석불을 49년이라는 긴 세월에 지었다는 것을 웃었던 나는 이 자리에서 이 석거(石渠)를 짓밟고 싶은 충동이 일어납니다. 49년이라는 긴 세월을 허비하여서라도 오늘에 남김이 있어 당대 문화의 위관(偉觀)을 보여줌에는 오히려 일종의 경의를 표할 수 있거니와 이러한 퇴폐적 유흥적지는 당시 지배계급이 어떻게 하여야 시간과 부를 가장 많이 재미있게 낭비할 수 있을까를 연구하고 생각해냈다는 그것을 보여주는 것 외에 아무런 문화적 공헌이 없는 것입니다.

초석을 둘러보니 정각(亭閣)의 규모가 과연 큽니다. 이궁이 있지 않았는지도 모릅니다. 언덕과 송림이 군데군데 이어 있는 것으로 보아 유연(遊宴)할 집들이 많이 있었던 것은 사실입니다.

그렇다면 이 좋은 놀이터에 있는 후정(候亭) 저 석거(石渠)에 물을 부어 흘림이 아니오, 백미로 빚은 청주를 부어서 곡수유상(曲水流觴)을 하였다는 것을 누가 부인할 자신이 있겠습니까?

희(噫)! 예부터 양자(樣子) 그대로 있는 저 남산은 말이 없어 잠잠히 서 있건만 역사는 거짓이 없어 55대 경애왕이 그의 질탕한 놀이터 이 포석정에서 곡수유상을 하는 중에 그 몸을 잡혀 나라와 백성을 망쳐버리고 말았다는 것을 뚜렷이 보여줍니다.

> 갑주 떨쳐 입고 말 위에 높이 앉아
> 칼 든 채 낙명(落命)해도 그 이름이 쓸쓸커든
> 취하여 잡히었다니 추하기도 한지고.

계림과 첨성대

우리의 자동차는 오던 길을 되돌아서 계림으로 향합니다. 달리는 길에서 저 이름 높은 각간(角干)이오 장군인 김유신(金庾信) 저택이었다는 황폐한 집터를 바라보며 위명(威名)이 사해(四海)에 떨치던 김 장군의 당시의 영화를 추상해봅니다.

유명한 계림(鷄林)입니다. 시림(始林)이라는 계림! 정다운 이름입니다. 썩어진 나무등걸 두세 그루가 없었던들 이 숲이 천 년 전의 숲이라는 것을 짐작도 할 수 없는 한 작은 나무숲입니다. 고목등걸인들 하그리 오래야 된 것이리까만은 …….

멀리서 보기에는 깊은 숲인 듯 하더니 걸어들어 가매 하늘이 너무도 많이 보여서 옛날 김알지(金閼智)를 알리던 백계(白鷄)의 울음소리가 어디쯤에서 났을 듯한 것을 가상할 수도 없습니다. 지금도 규목(槻木)·괴목(槐木)·정목(楨木) 등이 울창하기는 합니다만은 …….

첨성대! 이것이 첨성대이던가! 평생을 만나지 못하리라 단념하였던 님을 뵈온 듯 하도 신기하여 다시금 쳐다봅니다.

바른 대로 말하면 신라의 모든 유적 중에서 가장 내 맘을 끌고 또한 나의 총애를 아낌없이 받은 것은 이 첨성대입니다. 그 이유는 이러합니다.

첫째, 동양 최고의 천문대로서 종교적이나 오락적이 아닌 순과학적(純科學的) 유물인 것.

둘째, 조선사에 있어 신라 왕실에만 있었던 세 여왕 중 모든 역대 왕 중에서도 가장 뛰어나게 영특했던 선덕여왕 때 지어진 민중적 유물인 것.

셋째, 그 모양이 극히 소박하여 다보탑같이 빼어난 맵시가 아니오, 촌가 처녀같이 탐스럽고 숫된 기질인 것.

과연 놀랄 수밖에 없습니다. 그 외관은 삼십 척의 키로서 밑은 굵다가 차차로 좁게 올라가 최상단에 정자형(井字形) 사각을 놓았을 뿐으로 안에서 상단까지 올라가는 층계가 있다 합니다.

그러나 그 구조에 있어 우수함은 말할 수 없거니와 돌 위에 돌만 척척 놓아서 27단이나 쌓아진 것! 문명의 최고봉이라는 현대에서도 시멘트 풀칠이 아니면 돌담 하나 쌓지 못하건만 저 모양 저대로 천년 풍우에 그 기상 그대로 서있는 이 첨성대에게야 있는 대로의 찬사를 드린들 아까울 게 있사오리까?

더구나 이것이 천후(天候)의 청담을 알고 구름과 바람의 행방을 분별하여 창공성좌(蒼空星座)의 위치를 살펴본다는 천문대임에리까? 나는 선덕여왕의 그때 심경을 대신하여 읊어 봅니다.

> 정성 곧 지극하면 하늘 일도 알 것이
> 비바람 고로 잡아 알진 곡식 거두리다.
> 이 나라 백성들에게 복된 살림 주소서.

제왕(諸王)은 꿈에도 상상 못하던 천문대가 이 시대에 된 것을 고찬함으로써 여성을 업신여기는 모든 남성을 징계하고 싶습니다.

『삼국사기』 찬자가 왕실에 여왕 있음을 평하여 말하되,

"신라가 여자를 왕위에 있게 한 것은 이 바야흐로 난세인 까닭이니 나라가 망하지 않음이 다행이라."

하였다니 이 사람의 막힌 생각과 유교주의의 망단(妄斷)을 통탄하지 않을 수 없습니다.

선덕여왕의 탁월한 선견지명과 현명한 정치이며 인격적 미풍을 열거함보다 그것을 부인하는 자 누구나 다 와서 이 첨성대를 보소서 하겠습니다.

일월 제 성진(諸星辰)을 신으로만 여겼더니
비구름 바람까지 첨성대가 보살피네.
장할사 이 대 쌓은 이 그 이름이 누군고.

임해전의 안압지로

　우리는 월성(月城)을 향합니다. 월성 입구에는 봉두흑면(蓬頭黑面)의 부인들이 앉아서 흙 묻은 고기(古器)를 사 가라고 소리합니다.
　월성은 그리 큰 궁터는 아닙니다. 신라 왕성에는 월성, 명활성, 남산성 등이 있는데『삼국사기』에는 1대 혁거세 21년에 금성(쇠불)을 쌓고 5대 파사왕 22년 춘 2월에 이궁(移宮)하고 20대 자비왕 16년 추 7월에 명활성을 쌓고 24대 진흥왕 15년에 동성을 수축하였으며 26대 진평왕 13년 추 7월에 남산성을 쌓았다고 써 있습니다.
　그러면 이 반월성은 5대부터 19대까지 오랜 세월의 궁성(宮城)이었던 듯한데 옛날에는 석성이라 하고 지금은 한 토성에 불과합니다.
　일국지고(一國至高)의 권(權)을 잡은 왕궁이 있던 터이니 이 속에 열렸던 한때의 극한 영화의 꿈인들 오죽이나 길었으리까마는 지금의 그 꿈의 자취란 흙 속에서 여기저기 보이는 초석인 듯한 것만 남겨놓고 옛터에 새 잔디 파랗게 났다가 그나마 가을바람에 시들어 지려 합니다. 석빙고를 봅니다. 이것이 궁성일우(宮城一隅)에 있는 것으로 보아 삼복염천(三伏炎天)에 겨울맛을 그리는 임금의 서퇴(暑退)를 위하여 얼음을 비장(秘藏)하던 빙고(氷庫)인 것을 알 수 있습니다.
　『삼국유사』에는 유리왕 때 만든 것이라고 하고『(삼국)사기(史記)』에는 지증왕 때의 말도 있으니 좌우간 극히 오랜 세월의 사명을 다하던 빙고인데 이것 역시 돌만을 척척 쌓아서 조작한 솜씨에 또다시 놀랄 수밖에 없습니다.

몇 백 년 전 얼음이 아직까지 남아 있어 녹아떨어지는 물방울인 듯 담벼락에서 물이 줄줄 흐릅니다.

옛날에는 뜨거운 여름날에 심동(深冬) 맛을 보는 특전을 임금만이 가졌던 것인데 오늘에 그 후손인 우리는 돈 한 푼이면 누구든지 언제나 삼복에 얼음 맛을 볼 수 있는 것을 생각하면, 그때 사람들보다 우리가 더 행복된 셈인가하고 철없는 생각까지 하여봅니다.

이제 차창으로 지나며 보던 안압지입니다. 신라의 극성(極盛) 시대에 건축하였던 임해전(臨海殿) 궁궐 안에 있었던 대지(大地)인데 30세 문무왕이 삼국통일의 기념으로 14년 2월에 못을 파고 석산(石山)을 쌓아 만든 것이라 합니다. 이 못의 형상은 반도형을 본떠 만들었고 무산십이봉(巫山十二峯)을 흉내내어 산을 만들어 기화이초(奇花異草)를 심고 진금기수(珍禽奇獸)를 길들였다 하며 못 가운데는 섬이 있어 석교(石橋)를 놓았더라 합니다.

그리고 그 주위에 둘러놓았던 기암괴석도 다 동해에서 가져다 놓은 것이라 하니 이만하면 이 임해전 정원이 얼마나 화미(華美)의 극치를 보이고 있었던 것을 상상할 수 있습니다.

지극한 영화를 날로 날로 누리던 임해전지(臨海殿址)

그림 9-1 장강삼협 무협의 석양

를 안압지(雁鴨池) 편으로 바라봅니다. 그러나 화려한 꿈만 빚어내던 곳만은 아닙니다. 당나라와의 비장한 국교 단절의 결의도 저곳에서 하였고 경애왕의 자진(自盡)도 저곳에서, 멋모르는 신라의 마지막 왕 경순왕이 고려 태조 왕건을 대대적으로 환영하여 잔치를 날마다 벌이던 곳도 저곳입니다. 어리석었던 경순왕을 생각하자 나는 나의 여학교 시대에 역사 선생이 경순왕을 말할 때마다 박경순[28] 왕이라 부르며 나를 놀리던 생각이 새삼스럽게 납니다.

지금은 그 궁궐 자리가 농토로 화하여 누르러 가는 머리 숙인 벼가 황금 물결을 치고 있으며 안압지는 관개용의 저수지로 되어 있어 지나는 사람에게 인간 길의 무상함을 느끼게 한다 하나, 나는 이 안압지의 사명이 오히려 그 때보다도 더 고가(高價)의 것인 것을 생각하며 지나갑니다.

그림 9-2 황룡사 9층 목탑지

---

28) 박경순은 박화성의 본명이다.

황룡사(皇龍寺)! 저 유명한 솔거(率居)의 노송벽화(老松壁畵)도 어려서부터 익히 듣던 황룡사입니다. 그러나 지금은 터만 남아 있고 신라 삼보(三寶)의 일(一)이라는 구층탑이 있던 자리도 초석만 남았을 뿐입니다.

대개 조선에 불교가 수입되기는 고구려에 맨 처음이요, 13년 후 백제에 수입되었고 신라에는 백제보다도 30년 후인 19대 눌지 마립간(訥智麻立干) 때에 고구려로부터 수입되었다고 전하는데, 이 황룡사는 불교가 가장 융성하였던 24대 진흥왕 때에 건축된 것이라 하며 저 이름 있는 화랑의 제(制)도 이 때부터라 합니다.

그리고 저 임해전으로부터 황룡사까지 긴 낭하로 연하여 있었다 함이 참인지는 모르나 당시에 우심하였던 향락적 기분으로 보아 또한 부인하기도 어려운 사실인가 합니다.

분황사 삼층탑만 보고 소금강 백률사를 그냥 지나쳐

분황사는 황룡사지 바로 북편에 있는 당대 거찰의 하나로서 선덕여왕 3년에 창건한 것이라 하는데, 그 삼층탑의 구조와 석재는 보던 가운데서 가장 이채 있는 것입니다.

탑의 기반은 화강석이오 상부의 축탑은 흡사 지금의 벽돌 모양으로 된 갈흑색의 안산암(安山岩)인데 근본은 구층탑이라던 것이 현재는 삼층밖에 남지 않았다 합니다.

『동경잡기(東京雜記)』에는 분황사탑이 신라 삼보(三寶)의 일(一)이라 하였으나 내가 알기에는 황룡사에 있던 구층탑이 아니었던가 생각합니다. 그러나 이 삼층탑 초층(初層)에 새겨진 금강역사(金剛力士)의 양각의 솜씨라든지 용산암(容山岩)[29] 같은 작은 돌멩이로 저렇듯 기이하게 쌓아올린 기술을 보면 이것이 삼보의 하나가 아닐까도 생각됩니다.

이 탑에 대한 애틋한 이야기가 있습니다. 신라가 망한 후 같이 미관(美觀)을 자랑하던 많은 건물과 즐비하던 민호들이 없어진 후 삼층탑은 쓸쓸함을 이기지 못하여 동복 형제인 첨성대와 밤이면 안압지 가에서 서로 만나 쓰린 정회를 주고받았다 합니다.

이로써 삼층탑은 첨성대 있는 서남쪽으로, 첨성대는 탑 있는 동북쪽으로 서로서로 기울어져 있다 합니다.

필요상 혹 그렇게 기울어지게 만들어진 것을 보고 만들어낸 사람들의 트집 얘기이거니와 당시 사람들의 말로서는 정서적이오 애상적인 그럴 듯한 전설이 아닙니까?

분황사 안에는 약사(藥師) 동상이 있는데 모든 불상 중에서 역시 이채를 발하는 것입니다. 석사자(石獅子) 역시 기물임을 자랑하고 있습니다.

우리는 다시 자동차에 올랐습니다. 약속의 한 시간은 이미 때를 넘어 두 시간 동안이나 되었습니다. 그러나 긴 시간은 결코 아닙니다. 짧은 두 시간에 몇 백 년의 역사를, 잠기고 있는 그 모든 유적을 추려 보고 말았다니 소위 현대적 최고 스피드식 순례입니다.

이제 우리는 최후의 구경거리로 정한 박물관으로 가지 않으면 아니 됩니다. 길이 바쁜 나그네의 일이매 반드시 보아야 할 백률사를 못 보고 지나치는 한이 큽니다.

백률사는 소금강이라는 경개(景槪) 좋은 북악중복(北岳中腹)에 있는데 큰 바위 사면에 불상을 혹은 양각으로 혹은 음각으로 새겨

---

29) 앞에서는 안산암(安山岩), 뒤에서는 용산암(容山岩)으로 되어 있다.

놓은 웅려(雄麗)한 수법의 사면석불이 있다 합니다.

　소금강의 기관(奇觀)과 사면석불의 장관을 보지 못함도 유감이려니와 천년 고도의 전모를 한 눈길에 내려다볼 수 있다는 이 장쾌한 시간을 가지지 못하는 가슴은 안타깝기 그지없습니다. 더구나 그곳에는 백률사 순송(筍松)이라는 신라 팔괴(八怪)의 하나인 유명한 것이 있다는 것을 …….

　　　　금강(金剛) 두 자와는 인연도 박(薄)한지고.
　　　　소금강 그쯤이야 보여준들 어떠하리
　　　　못보고 지나는 마음 울듯울듯 합니다.

　　　　북악에 높이 올라 옛터를 바라보고
　　　　모든 유적을 한 눈 아래 부를 것을
　　　　차라리 가슴에 지니고 돌아감이 나을까.

　자동차는 우리를 박물관 앞에 부려놓고 줄달음질쳐버립니다.
　관람권(觀覽卷)을 사서 들고 들어갈 때 눈에 띄는 것은 석등과 아로새긴 주춧돌이며 돌절구같은 큰 돌그릇들인데 그 주춧돌들의 정치(精緻)한 조각에는 새삼스러운 찬탄을 마지않았습니다.
　나는 찬란한 문화를 자랑하는 미술의 전당으로 들어갑니다.

찬란한 문화를 자랑하는 미술의 전당 박물관에서

　석기 시대의 대소(大小) 석기들과 돌칼, 돌끌 등을 봅니다. 저 돌칼과 돌끌로 다시 다른 돌을 끊고 쪼아 기묘한 조각과 모양을 제조하던 당시 석공들의 재주를 감상하면서 금석 병용(金石倂用) 시대의 동검, 동전, 동경 등등과 토기, 도기 등등의 진물들을 경탄일관

(驚嘆一貫)으로 보고 지납니다.

그 토기의 모양의 복잡함과 종류의 다양한 것이며 그릇과 기왓장 등등에 일일이 어떤 도안을 교묘한 솜씨로 아로새긴 것에는 혀를 차지 않을 수 없습니다.

기왓장 하나에도 숨어 있고 잠겨 있는 저 신 곡할 미술적 솜씨! 저 좋고 좋은 기왓장들은 물론 궁궐이나 사찰같은 건물에만 썼을 것이요, 또한 공후장경(公侯將卿)의 저택 건축이나 관화유연(觀花遊宴)의 정각(亭閣)을 짓는 데만 사용하였을 것이 분명합니다.

그러면 저 기왓장 하나하나에 정밀한 성(誠)과 공을 들여 만들어 낸 토공이나 석공들은 어찌 감히 이러한 기왓장 한 장인들 자기 집을 위하여 또한 같은 계급의 사람들을 위하여 만들어나 보았으리까?

조선의 공예는 조선 문화의 자랑이며 세계 문화의 시창(始創)이었고 조선에서는 고금을 통하여 신라 시대가 공예 문화의 최성기이었습니다. 비록 수, 당의 문화를 본떴다 하나 이것을 수입하여 신라 독특의 문화를 빚어냈으며 특수한 불교 예술을 현출(現出)하였습니다. 진실로 한 민족의 개화를 지배하고 지도한 것도 신라입니다.

그렇다면 이 특수 공예의 시창자가 누구이며 문화의 창설자가 누구입니까? 기예가의 도안장(圖案匠)의 머리와 토, 석공의 솜씨가 아니었다면 아무리 지극한 신라의 부로도 오늘의 찬란한 장면을 자랑하는 조선 문화의 시조는 되지 못하였을 것입니다.

그 빛난 문화를 빚어내는 그들의 만들어내는 모든 예술품들은 그들 자신의 것이 아니었고 오로지 최고 계급의 독점한 바가 되었습니다.

마음껏 부귀와 영화를 가질 수 있는 자! 그들은 이러한 고귀한 예술품을 마음대로 사용할 특권을 가진 지배 계급입니다.

그러므로 높은 계급이란 말은 마음껏 욕심껏 호화롭고 안일한 생활을 할 수 있다는 사람들이란 말입니다.

원시 시대에는 계급의 별(別)이 없었던 것으로 보아 문화와 부가 발달됨에 따라 계급이란 것이 생긴 것을 알 수 있습니다.

돌아보건대 이 때에 한층 더 계급적 엄준한 구별이 서릿발같이 서가지고 십수 세기 동안 봉건 제도의 극도의 꿈이 계속된 것입니다.

얼마나 그들은 아름답고 고운 것을 탐내었습니까? 자기들의 거룩한 몸에 닿기만 하는 것이라면 하다못해 귀후비개까지라도 신기하고 이상한 물품인 것을 요구하였습니다.

하층 계급인의 10여 년의 피땀을 희생하여서라도 그들의 일순간의 만족이 있는 것일진대 주저하지 않고 강요하였습니다.

이러므로 재예(才藝)와 기술은 극히 낭비되고 있었습니다. 낭비는 되면서도 생산에는 또한 제한이 있었습니다. 그럼으로써 그 생명이 길지가 못하였습니다. 신라가 망할 때 즉 최후계급이 망할 때 공예도 함께 망하고 말았습니다.

오직 그 유물이 남아 있어 오늘의 나 같은 나그네의 가슴을 쳐줄 뿐입니다.

불상과 금은의 장신구 등등의 궁사극치(窮奢極侈)함을 볼 때 절찬보다는 먼저 증오의 념(念)이 앞섭니다.

역전(歷傳)의 보(寶)라는 옥적(玉笛)! 영남을 떠나면 소리가 나지 않고 이 15년이라는 세월을 허비하여야 만들어지겠다고 한다는 옥적을 보고 금관을 봅니다.

금관의 부속품인 각색 옥류(玉類)와 귀금속이며 이식(耳飾) 등등의 기기묘묘(奇奇妙妙)한 모양과 세공품을 보고 그것을 쓰고 앉은 제왕의 성상(聖像)을 그려봅니다.

광휘찬란(光輝燦爛)한 금관과 금대(金帶)와 금화(金靴)로 왕권의 위력을 보이는 것만이 왕자의 할 일이 아니오, 높은 덕과 어진 정사로써 만민을 편히 살게 함이 왕자의 맡은 직책이었건만 …….

삼대를 내려오며 30여 년을 허비하여 애처로운 전설을 가지면서 만들어졌다는 봉덕사 울지 못하는 대종을 보았습니다.

삼국을 통일한 영주(英主) 무열왕릉을 찾아

박물관 순람을 마치고 나온 나는 오직 무거웁고 쓸쓸한 생각만이 가슴에 가득합니다.

나는 불국사에서 하던 말을 되풀이하여 봅니다.

"내 눈에 비치는 고귀한 유물들은 심히 불행하다. 나는 고고학자나 미학자가 아니매 적낭한 평가를 줄 수 없으므로."

여관에 들어와 보니 오후 2시입니다. 불국사를 보고 동해를 보고 석굴암을 볼 때는 그래도 마음이 찬 듯하더니 고도 일순을 마치고 오니 어째 맘이 빈 듯합니다.

다시금 자동차로 서악리 무열왕릉을 향합니다. 김유신의 화사(華奢)하다는 묘를 그냥 지내만 가는 내 길이 한스럽습니다.

무열왕릉은 크기도 합니다. 능이라면 높은 곳에 있는 줄만 알았더니 신라의 왕릉들은 평지에 있음이 어쩐지 눈 서툴게 보입니다. 능까지도 높은 곳에 정좌해야 할 것이 아니리까마는 …….

반도를 통일한 위업을 남긴 춘추왕릉(春秋王陵)의 능비는 문무왕 2년에 세웠다고 합니다. 지금은 비신(碑身)은 없고 귀부(龜趺)와 이수(螭首)만 남아 있는데 그 비신은 지금부터 400여 년 전 조선조 중종 때 깨어진 채로 황초(荒草)에 묻혀 있더라 합니다.

그 거북의 조각의 씩씩하고 세밀함에는 과연 찬사를 있는 대로 쏟을 수밖에 없습니다. 산 거북이가 등에 무엇을 업고 기어가는 듯이 앞뒤 발의 제작이 신기합니다.

이 거북의 값 있는 점은 주둥이의 붉은 색이 천연대로의 돌로써 만들어진 것이라 하나 이제는 그 홍점이 잘 보이지 않습니다. 이수는 육룡(六龍)이 어우러져 모양을 이루고 안과 밖에 있는 용들이 뒷발로 보주(寶珠)를 받들고 있는 모양인데, 그 중간에는 '태종무열대왕지묘(太宗武烈大王之墓)'라고 팔자이행(八字二行)을 양각으로 새긴 글씨가 있어 그것은 태종의 왕자 김인문의 글씨라 합니다.

비가 와서 이 귀부가 젖어지면 색이 검어지고 몸에 물이 흘러 완연히 살아 있는 거북이 기어가려고 하는 것 같다 합니다. 나의 욕심은 그것을 보고자 하나 맑은 하늘에 비를 기다릴 수도 없거니와 물도 없어서 희망을 달하지 못하였습니다.

자동차를 몰아 바로 역으로 향합니다. 얼마 아니 가자 별안간 소나기가 쏟아집니다. 나는 나를 보내놓고 나서 물에 젖은 산 모양을 하고 있을 귀부를 못 잊어서 자꾸자꾸 뒤를 돌아봅니다.

비는 연방 옵니다. 경주에 들어올 때는 하늘이 반가이 웃는 얼굴로 맞아 주더니 갈 때는 이 웬일입니까?

신성한 고도에 대하여 호의와 경의를 표하지 않는 나를 미워서 몰아내는 것인가? 그렇지 않으면 옛날 18만의 민호를 가슴에 안고 대번영을 자랑하던 고도로서 오늘의 보잘 것 없는 쓸쓸한 그 모양을 빗발 속에 숨기려함인가? 또한 그렇지 않으면 몇 개의 고적으로 겨우 뜻 있는 나그네의 밤길을 얻어 보는 자신의 서러운 신세를 생각하며 흘리는 눈물인가?

이러한 생각을 하면서 자연의 법칙대로 내려오는 소나기 한두 줄기에 대한 나의 생각이 이다지 관념적이요 개념적인 것이 부끄러우면서도 이런 생각 역시 헐벗은 고도를 앞에 놓고 앉은 까닭에서 일어남이라 겨우 자위(自慰)하였습니다. 6시 25분! '뛰' 하는 기적소리 비속에 사라지며 눈물에 젖은 고도를 뒤에 두고 나는 떠나고 말았습니다.

　　올 때는 기쁘더니 가려하니 서운한데
　　하늘도 맘 있는지 눈물 흘려 보내주네
　　옛터에 우는 가을을 돌아보며 갑니다.

　　　　　　　　『조선일보』 1934년 2월 8일~2월 22일 13회 연재

　　박화성(朴花城, 1903~1988)의 아명은 말재(末才), 본명은 경순(景順), 아호는 화성, 소영(素影)이며 전남 목포시 죽동 9번지 기독교 집안의 막내딸로 태어났다. 목포 정명여학교(1915)를 졸업하고 보급과(1916), 서울 정신여학교, 숙명여자고등보통학교(1918년 제9회 졸업)를 거쳐 천안공립보통학교, 아산공립보통학교, 영광 중학원 교원을 맡았으며 1925년에 『조선문단』 1월호

그림 9-3　박화성 사진
(1943년)

에 이광수의 추천을 받아 단편 「추석 전야」가 실려 정식으로 등단했다. 그해에 신학제의 숙명여고보 4학년에 편입하여 이듬해에 수석으로 졸업하고 일본으로 건너가 일본여자대학 영문학부를 수료했다. 귀국한 다음에는 주로 창작에 종사했으며 1933년에는 경주, 부여 등 고도를 답사하고

그때 쓴 기행문과 시조를 『조선일보』에 연재했다.

위의 글은 바로 경주를 답사한 후 연재한 여행기이다.

당시 첫남편 김국진은 구속되고 세 살의 딸과 5개월 난 아들 남매를 키우느라 온갖 고초를 겪으면서도 부지런히 창작에 매진했다. 그의 자전적 장편소설 『눈보라의 운하』에서 다음과 같이 적었다.

> 내가 서울에 있는 동안 아이들이 홍역을 치러서 어머니가 무척 고생을 하셨으나, 나는 이제는 고분고분한 말을 잘 듣는 주인네에게 또 집안을 부탁하고 경주, 부여 고도의 답사로 길을 떠났다. 대구에서 상업학교의 교유 노릇을 하고 있는 H 씨의 안내로 경주 시내의 고적과 불국사, 다보탑, 무영탑의 기관(奇觀)을 구경하고 석굴암을 보러 토함산으로 올라갈 때에 그 상봉에서 우연히 눈을 드니 문득 시퍼런 동해가 하늘과 맞닿아 펼쳐진 것이 보였다.
>
> 땀을 뻘뻘 흘리며 첩첩 산중이려니 하고 오르던 정상에서 신비스러운 동해를 기적인 양 만났을 때 얼마나 크게 감격했던지 그 심정은 경주 기행에 적었건만 지금 내게 없으니 안타깝기만 하다.
>
> 석굴암에서 십이면관음상이 생명을 담고 있는 것 같이 보였던 것과 석불의 육체미가 혈액이 돌고 있는 양으로 실감을 안겨주던 그런 기묘한 감상도 다 그 기행문에 기록했다.

그의 저작으로 『박화성 문학전집』(전 20권, 푸른사상, 2004)이 있는데 다소 꼼꼼하게 교정보지 못한 것이 흠이라 하겠다.

그의 자제 천승걸은 서울대 영문과 교수이며, 천승세는 유명한 세태소설 작가이다.

그녀의 경주기행은 1933년 9월 23일부터 시작된다. 날짜별→관광지별의 전형적인 일기식 기행문이라 하겠다. 우선 경주역에 내려 아침을 먹고 다시 일행과 차를 타고 동방역을 거쳐 불국사역에 도착했다. 불국사 앞 너른 뜰에는 손님맞이 자동차와 떡과 엿을 파는 행상들이 포진해 있다. 지금과도 별 다를 것 없는 풍경이다. 석굴암에 이르러 참배 요금 10전 때문에 불쾌감을 느끼고 불국사 앞의 다보여관에 숙소를 정하고 오징어 젓갈, 전복 장조림이 오른 밥상을 받는다. 다보여관은 김교신도 묵었던 당시 유명한 숙소였다. 다음날에는 '현대적 최고 스피드 순례'를 택하여 자동차 한 대를 시간당 2원 50전에 세낸다. 운전기사는 일본인이었다.

1936년 12월 1일 경주읍 서부리 124번지에 소재한 다나카 동양헌사진관(田中東洋軒寫眞館)에서 발행한 「신라의 고도 경주고적안내(新羅の古都慶州古蹟案內)」라는 관광지도를 보면 경주 중앙로에 있던 오카모토(岡本) 유람 자동차를 소개하고 있는데, 4인 기준으로 시내 구간의 경우 2원 50전으로 기록되었다. 1명이 늘어나면 사람마다 25전이 추가되고 소요 시간은 한 시간이었다.

박화성 일행은 이 자동차를 세내어 나정, 포석정, 계림, 첨성대, 반월성, 안압지, 황룡사터, 분황사, 백률사를 두 시간만에 돌고 조선총독부박물관 경주분관 앞에 내려 자동차를 돌려보냈다.

박물관 관람을 마치고 여관에 잠시 들렀다가 다시 자동차를 세낸다. 이번 코스는 서악동-동천동 코스였다. 요금은 역시 4인 기준으로 1원 20전이었으며 관람 시간은 30분으로 1명이 늘어나면 사람마다 20전이 추가되었다고 한다. 박화성 일행은 자동차를 타고 무열왕릉을 본 다음 막바로 경주역에서 6시 25분 기차를 타고 상경했다.

10 계림의 고목 등걸
박화성(朴花城)

A 선생, 저더러 경주 계림에서 놀던 추억기를 쓰라구요?
왜 하필 신라의 많은 고적 중에서 제 차례에다 계림을 주셨습니까?
계림,
이 두 글자가 제 앞에 떨어질 때 내 어찌 차마 이 두 자를 무심히 집어던질 수 있겠습니까? 선생이 모처럼 하신 부탁을 시행한다는 우의에서보다 계림을 괄세하지 못하는 정으로 보잘것없는 정으로 보잘것없는 이 붓을 들었습니다.
그러다가 소화(昭和) 8년 9월에 제 발길이 그리도 그리워하고 보고자 하던 계림에 이르게 되었으니, 얼마나 내 가슴이 기쁨에서 높직이 뛰었겠습니까?
계림은 신라 국호의 이명(異名)이오, 경주부의 전신을 계림부라고 하던 것을 미루어 볼지라도 계림은 모든 고적 중 가장 대표격이 될 으뜸의 곳이라고 넉넉히 말할 수 있습니다.
그러나 내가 어려서부터 알고 있던 계림은 한 나라로서의 계림이란 이름이거니와 내가 급한 마음으로 자동차를 몰아서 향하고 달려가던 곳은 질펀한 평지에 푸른 숲이 솟아있는 한 고적으로서의 계림이었습니다.
계림!

이 얼마나 정다운 이름입니까? 차에서 내린 나는 오랜만에 돌아온 내 어머니 집을 찾아 들어가듯 바쁜 걸음으로 숲 속을 걸어 들어갔습니다.

멀리서 볼 때는 깊고 짙은 숲 속인 듯하더니 걸어 들어가며 보니 너무나 하늘이 많이 보였습니다. 여기저기 보이는 썩어진 고목 등걸! 이 고목 등걸인들 하 그리 오래야 된 것이리까만은 이것이나마 없었던들 뉘라서 이것을 가리켜 천 년 전의 전설을 숨기고 있는 빛나는 숲이라고 짐작인들 하겠습니까?

그러나 사적에 주린 외로운 이 나그네의 눈은 이리저리로 두루두루 살펴보았습니다.

이 숲 속 어디쯤해서 김알지를 알리는 백계(白鷄)의 울음소리가 났을까 하고 …….

규목(槻木) · 가목(榎木) · 괴목(槐木)들이 울창하게 둘러서 있는

그림 10-1 계림의 고목

I. 경주에 가거든 181

곳에 120여 년 전에 세웠다는 커다란 석비가 있는데 거기에는 "신라 제4세 탈해왕 9년 3월에 대전호공(大轉瓠公)이 이 시림(始林)에서 백계가 지키고 있는 금 상자를 발견하여 그 속에 들어 있는 용모 수려한 용자(龍子)에게 김알지라는 이름을 주어 태자를 삼았는데, 알지는 왕이 되지 못하였으나 그 7세손 미추(味鄒)가 13세의 왕위에 있었으니 이가 즉 김씨의 시조라. 이로부터 시림을 계림이라 개칭하였다"는 말이 새겨져 있었습니다.

A 선생, 마음을 가득히 채워 있던 계림을 실물로 보고 나니 어쩐지 가슴이 비어진 듯하여 반가운 듯 슬픈 것이 그때의 나의 심경이었습니다.

그러나 나는 계림과 마주서서 천년 풍우의 옛 정을 속삭이는 첨성대의 위관(偉觀)을 보고자 힘있는 발길을 가볍게 돌리고 말았습니다.

계림!

지금 아직도 그 거칠어진 그러나 푸르고 푸른 그 자태가 내 눈에서 선합니다.

『조광(朝光)』 제1권 제1호, 1935년 10월

위의 글은 박화성이 소화 8년 9월, 그러니까 1933년 가을에 경주를 방문하고 나서 적은 짧막한 수필이다. 이 글은 A 선생의 원고 청탁으로 쓴 글인데, 아마도 『조광』 잡지의 편집자나 기자일 것이다.

박화성은 당시 "여기저기서 단편이네, 수필이네 하루에도 몇 통씩의 청탁이 와서 능력 범위 내의 수응을 했더니 나도 모르는 새에 여류소설가라

그림 10-2 박화성과 남편 천독근이 석굴암 안에서 찍은 사진

는 칭호가 붙어버렸던 것이다."(『눈보라의 힘』에서) 그리고 경주, 부여, 강서, 해서 네 곳을 탐방하고 그 기행문을 『조선일보』 별지에 시조를 곁들여 발표하였다.

대동아전쟁이 터지면서 박화성은 집안의 대소사에 눈코 뜰 새 없이 집안일과 손님 접대에 시달려야 했고, 두번째 남편 천독근도 수많은 격무에 시달려 심장판막증과 위하수증이 악화되어 휴양을 권고 받았다. 이에 1942년 7월 18일 돌이 지난 아들 천승걸만을 데리고 부산 철도호텔과 해운대의 호텔에서 한 달간 요양했다. 이어 8월에는 경주에 가서 불국사와 석굴암을 다시금 답사했다.

한달 동안 휴양한 후에 우리는 경주에 가서 불국사와 석굴암을 다시금 답사했다.
한 가지 신기한 일은 경주 시내의 고적을 구경하노라고 마차로 돌아다니다가 유적지에 이르러서는 마차를 세워 아가는 마부

I. 경주에 가거든 **183**

에게 맡기고 우리만 들어가는데 얼마를 지나서 나와도 아가는 남루한 의복의 마부에게 안겨서 놀고 있었다. 마부는 칭찬을 아끼지 않았다.

"이런 얼라아는 처음 보네요. 얼라아가 참 순하고 음전합니다."
새벽 4시에 석굴암에 올라가 동해에서 솟아오르는 일출의 장엄함을 구경하고, 아침햇살을 받은 석불의 그 육색(肉色)의 육체미를 관람한 후에 달리다시피 여관에 돌아오니까 모기장 속에 뉘어 놓고 갔던 아가가 없었다.

하기야 새벽 4시에 떠났지만 벌써 네 시간 반이나 경과하지 않았는가? 아가는 뒤뜰에서 아장거리며 일하고 있는 소녀의 뒤를 따라다녔다.

"이런 앤 처음이에요. 마루로 걸어 나오기에 오라니까 두말 않구 안겨와서 놀구 있지 않아요?"(『눈보라의 운하』에서)

이때 답사한 견문은 기록으로 남겨놓지 않았다. 시국도 시국이려니와 당시 박화성은 원고 청탁에 응하지 않았기 때문이다. 그 이듬해 7월 11일 금강산 탐방길을 나섰으며 10월 9일에는 다시 6살 난 아들 천승준을 데리고 금강산 추풍악을 탐승한 바 있다. 이때부터 해방 되는 날까지 절필하며 살았다.

11 고도순례 경주
현진건

여행 공덕송(功德頌)

　7월 8일 아침 경부선에 몸을 실리다. 행리로는 지팡이 하나, 손가방 하나, 단출하고 가뿐하기가 훨훨 날아갈 듯, 죽장망혜로 천리강산을 들어간다는 옛 노래의 풍정과 심회도 이러하였으리라. 생각하면 여행다운 여행을 해 본지도 정말 오래간만이다. 5년이 되었는가, 10년이 되었는가. 헤어 나오지 못하던 공무와 속무를 비록 일시나마 다 떨치고 표연히 떠나는 것만 해도 얼마나 시원하고 즐거운지 …….
　저번 큰물 진 뒤로 빗방울이 오락가락하던 일기조차 오늘만은 훨씬 개이었다. 해맑은 하늘가엔 목단송이 같은 흰구름이 뭉실뭉실 피어오른다. 한강물이 잠깐 붉은 기운을 띤 것은 지난번 장마의 흔적인가. 질펀한 뫼와 들은 부신 햇발을 안아 푸른빛이 다시금 새로워, 그 싱싱하고 선명한 품이 펄펄 뛰는 듯하다.

장님과 단청

　이번 걸음도 물론 단순한 놀이 길은 아니다. 고도 순례란 무거운 짐이 두 어깨를 누르지 않음도 아니다. 광채 나던 옛날의 서울, 눈물 묻은 오늘날의 폐허를 찾아들 제 그 무궁한 감개와 너와 나를 헤아릴 것이 아니로되, 한줌 흙과 한 조각 돌멩이에도 뜻 깊은 지난 날의 흔적을 찾아내고, 구부러진 고목과 우거진 쑥대 속에도 옛 자취를 헤쳐 보자면 고고학에 조예가 깊고 역사에 지식이 넉넉한 이라도 오히려 쉬운 일이 아니라 할 것이다. 하물며 고고학엔 별로 취미도 없었고 더군다나 역사의 지식이란 영에 가까운 기자야 생의 (生意)조차 못할 노릇이 아니냐.

백지 같은 맘

그렇다고 스스로 물러나고 스스로 앙탈할 까닭은 조금도 없었다. 학문적으로 캐어내고 밝혀냄은 저절로 그 길의 적임자를 기다릴 것이어니와, 나는 나대로 보고 나대로 듣는 것도 내 자신에겐 또한 그리 뜻 없는 일은 아니리라. 장님도 단청을 구경하려 하지 않느냐. 아니 장님일수록 단청 구경을 더욱 원하며 더욱 바랄 것이 아니냐. 아무런 준비 지식과 선입 관념이 없이 온전한 흰 종이 같은 맘으로 옛 서울을 대하자, 속임 없는 산하의 모양을 보아 우리 조상의 포부를 내 멋대로 상상해보고 뚜렷이 나타난 유적을 어루만지며 내 가슴에 뛰는 피 소리를 고요히 들어보자, 이것이 나의 고도 순례에 대한 준비의 전부다.

고추 나라로

9일 오전 7시 대구에서 경주행 가솔린 자동차를 집어 탔다. 승객 정원 스물 둘. 두 사람씩 앉는 좌석 길이가 두 자가 조금 넘을까 말까. 이십 세도 채 못 된 듯한 어린 차장. '삐삐-' 아기 보채는 듯한 소리를 지르며 까불까불 종종 걸음을 치는 것이며 요 조그마한 물건이 닿을 때마다 금테들이 역장과 조수가 어마어마하게 쏟아져 나와 제법 큰일이나 하는 것처럼 손을 들고 호각을 불고 둥근 테를 주고받고 하는 광경이 아무리 보아도 어린애 장난 같다. 나는 이 괴망스럽고도 살가운 탈 것에 실리어 벗 옛 얘기로 듣던 고추 나라에나 가지 않는가 싶었다. 좌우를 둘러보아도 경북 평야가 군데군데 열리기는 하였으되 웅대한 산천은 그림자도 볼 수 없고 송아지만큼씩한 작은 산들이 올망졸망하게 꼬리를 맞물고 양 가로 뱅뱅 돈다. 지명을 보아도 반야월(半夜月)이니 청천(淸泉)이니 금호(琴湖)이니 자못 꿈결 같은 시흥을 자아낸다.

광활한 대야(大野)

　서악(西岳)을 넘어 얼마 아니 되자 문득 눈앞은 훤하게 열린다. 천공지활(天空地闊)이란 문자는 이를 두고 이름이리라. 쫄쫄거리는 시냇물을 따라오다가 별안간 큰 바다를 만날 때의 느낌도 이러할 듯. 하늘 끝과 지평선이 닿으려는 데는 마치 병풍을 펼쳐놓은 듯이 새파란 산들이 둘레둘레 둘렀으되, 이 너머로는 넓고 넓은 평야가 어마어마하게 벌려졌는데 그 복판 여기저기 허연 선이 거침없이 쭉쭉 뻗친 것은 아마 강물의 줄기인 듯. 장난감 기차가 가까워 갈수록 기와집도 언듯언듯 보이고 새파란 잔디를 인 어여쁜 산들(나중에 알고보니 고총)이 떼로 맞이하는 곳은 묻지 않아도 신라의 천년 고도 경주가 분명하다.

2

박물관 분관

여관에 들이닥치는 대로 아침밥을 마치자마자 구경길을 나섰다. 길 끄는 인력거에 몸을 맡기매, 옛 서울의 서투른 시골뜨기 같아서 스스로 웃었다. 첫 걸음은 박물관 경주 분관 먼저 온고각(溫古閣) 본관에서 석기, 토기 시대, 동·철기 시대의 유물을 더듬으며 인류의 발달에 기구가 얼마나 위대한 소임을 맡은 줄을 다시금 깨달았다. 그러나 이것은 어느 박물관에서나 볼 수 있는 것인즉 대강대강 거치기로 하고, 여기에서 볼 수 있는 특이점만 추려보자. 기와장이 엄청나게 크고 튼튼하며 연꽃 모양도 뜨고 귀신 형상도 새겨 그 수법이 자못 능란한 것을 보아, 그때의 건축이 얼마나 굉장하고 화려했던 것을 얼마쯤 연상할 수 있었고, 토자기 같은 것도 통일시대 이후의 것은 그 바탕이 견실하면서도 치밀하여 두들기면 쟁연한 쇠소리가 나고, 그 모양도 가지각색으로 둥근 놈에 기름한 놈, 아가리 넓적한 축에 부리가 뾰족한 축, 다리 높은 것에 낮은 것, 혹은 인형을 그리고 혹은 꽃을 그리고 손잡이 모양에도 진기한 의장(意匠)이 많아 혼란하던 당년의 기술을 상상할 만한 것이 없지 않으되, 그러나 이것들은 나 보기엔 그리 큰 경이는 아니다.

금관의 경이

그러나 한번 신관에 발을 들여놓자 나는 황홀하게 넋을 잃었다. 첫째로 찬란한 황금관이 햇발과 같이 번쩍인다. 전체가 순금으로 된 것만 해도 끔직한 일이거든 그 치장과 잔손질은 또 얼마나 정교하고 혼란하냐. 관 위엔 반달 모양의 황금 조각이 두 갈래로 뿔 같이 뻗쳤는데 올리브 잎사귀 같이 동글동글한 금점이 무수히 발렸고, 관시울과 통에는 거의 빈틈없이 푸른 옥을 깎아 오십 칠 개의 아구장한 낚시 모양의 소위 구옥(勾玉)을 달아 놓은 것은 정말 눈이 어찔어찔할 지경이다. 황금 줄기에 송이송이 금꽃이 만발하였고 벽옥의 잎사귀가 파릇파릇이 점친 그 모양은 정말 무어라고 형용할 길이 없다. 그야말로 인공을 뛰어넘어 신공이오. 진토에 묻힌 것을 파내었다는 이보담 백운·청운을 멍에[駕]하고 길을 잘못 들어 하늘에서 이 세상에 떨어진 보물이라 함이 상상하기에 쉬우리라.

옥충(玉蟲)과 마등(馬鐙)

그러나 그뿐인가? 그 부속품으로 황금 허리띠며 황금 허리 패물이며 어여쁜 방울 달린 귀고리, 오늘날의 유행품을 뺨칠만한 간드러진 반지들. 그 외 황금 팔목찌, 발목찌 갖은 장식품과 기명 등 어느 것 하나 눈 부시지 않은 것이 없다. 그러고 무수한 주옥! 그 진주로 만든 목걸이는 오늘날 서양 여자의 흰 목덜미와 가슴패기를 꾸미는 것과 우열을 다투게 되었다. 더욱 진기한 것은 옥충 날개를 아로새긴 말등자[馬鐙]인데 옥충이란 것은 매미 비슷하게 생긴 벌레로 그 새파란 날개는 마치 벽옥과 같이 빛난다. 이 날개를 등자에까지 새겨 넣었으니 그때 사람의 눈이 얼마나 심미적이오, 감식력이 예민했던 것을 짐작할 것이 아니냐. 일본에서도 갓에 이 옥충을 끼운 것이 발견되어 큰 국보로 위해 올리다가 신라 시절엔 사람의 깃은 그만두고 말등자에까지 쓰던 것이 판명되자, 요새 와서는 멀쑥해졌다는 일화도 전한다.

유리컵!

또 한 가지 경이는 유리컵이다. 밑받침은 돈짝 같이 동글납작하고 아가리는 벌어졌으며 배 바닥에 푸른 줄로 선을 두른 것이 요새 우리가 얼음을 담아 먹는 유리 그릇과 흡사하다. 인도자의 설명을 들으면 만일 이 유리컵이 금관총을 발굴할 때 한데 섞여 나오지 않았던들 근자에 내버린 것인 줄 알고 돌아볼 이도 없었으리라 한다. 그런데 신라 당년의 사용한 그릇에 이 유리컵 같은 유형이 없는 것을 보면 아마 그때 구라파의 제품이 당나라를 거쳐 들어온 것이리라고 학자는 단정한다 하나, 어느 민족의 제품인 것은 그만두더라도 하여튼 천 수백 년 전 옛 사람이 벌써 오늘날 쓰는 것과 꼭 같은 물건을 만들어 썼다는 것만으로도 놀랠 것이 아니냐.

위에 적은 이 모든 보물은 1921년 신유(辛酉) 9월에 경주 읍내 봉황대 서편 반쯤 무너진 무덤에서 우연히 발견된 것으로 전부 한 무덤에서 나온 것은 물론이며 황금의 중량만으로도 삼백량 중은 넉넉하다 한다.

3

황옥벽옥적(黃玉碧玉笛)

신관의 또 한가지 남은 진품은 옥 퉁소다. 큰 놈은 누른 대를 본떠 황옥으로 되었는데 길이가 한 자 여덟 치 한 푼, 작은 놈은 푸른 대를 본떠 벽옥으로 되었는데 길이가 한 자 다섯 치 여섯 푼, 그 자연스러운 마디와 빛깔조차 천연죽(天然竹)과 조금도 다름이 없는데 아니 놀랄 수 없다. 세계 악기의 역사를 잘 알지 못하지마는 이렇게 순옥으로 천연물을 영락없이 모방한 것은 별로 그 예를 찾지 못하리라. 큰 놈은 사내가 불고 작은 놈은 여자가 불던 것인가. 옥에 닿은 꽃잎 같은 입술, 옥 위에서 남실남실 춤추는 옥 같은 손이 언뜻 눈앞에 나타나며 이 세상 것 아닌 미묘한 곡조가 요요히 내 귀가에 도는 듯하다. 이 옥저를 아뢸 때야말로 중천에 떠돌던 흰구름도 머무르고 난데없는 청학·백학이 날아와서 덩실덩실 춤을 추기도 하였으리라.

옥적의 내력

이 옥적의 내력에 대하여는 『여지승람』에

> 길이는 1척 9촌이며 그 소리는 청아하고 맑다. 속세에서는 동해의 용이 바친 것이라 하는데, 대대로 보물로 전해왔다(長尺有九寸, 其聲淸亮, 俗云東海龍所獻, 代傳寶之).

라 하였으니, 대개 큰 것을 가르친 모양이며 발견되기는 이조 숙종 32년 이인징(李麟徵)[30]이 경주 부윤으로 있을 때 김승학(金承鶴)

---

30) 이인징(1643~1729)은 조선 후기의 문신으로 본관은 연안(延安), 자는 옥서(玉瑞), 호는 운강(雲崗)이다. 1675년(숙종 1) 사마 양시에 합격하고 1679년 어제(御題)에 수석, 전시(殿試)에 바로 나갈 수 있는 자격을 부여받고 11월 식년문과에 장원하여 이듬해 정언이 되었다. 1689년 홍문록(弘文錄 : 홍문관의 제학이나 교리를 선발하기 위한 제1차 인사기록)에 선발되고 정언으로 김석주(金錫冑)의 시호(諡號)를 추탈할 것을 청하였다. 이후 부수찬·부교리·사간·집의·수찬·교리 등 삼사의 직책을 두루 지내고 1690년에 시강원보덕을 거쳐 당상관인 승지에 올랐다. 이 해 충청감사로 나가서는 구황(救荒 : 기근 때에 빈민을 구제함)을 위해 조정에 곡식 1만 석을 청하는 등 민생 구제에 노력하여 기여한 것이 많았으나, 민원 처리에 잘못이 있다 하여 추고되기도 했다. 1696년 조정에 들어와 승지에 임명된 이후 1701년까지 대체로 승정원에서 시종하였다. 숙종이 승하하고 경종이 즉위하자 지의금부사(知義禁府事)로 승진하였다. 1724년(경종 4)에는 공조판서를 거쳐 한성판윤에 임명되었다. 한성판윤 시절에 늙고 신병이 많아 한성부의 수많은 송사를 감당하기 어렵다는 이유로 체직되어 다시 공조판서에

이란 사람의 사랑담 속에서 파내었다고 전한다. 그런데 이에 연상되는 것은 『삼국유사』에 나타난 만파식적(萬波息笛) 얘기다. 그 요령만 대강 따면 이러하다. 신문대왕(神文大王) 당년 동해가의 왜구를 진압하고자 감은사(感恩寺)란 절을 세웠는데, 그 이듬해 5월에 산 하나가 둥둥 떠서 감은사를 향해 오매 왕은 이를 이상히 여기시고 해변에 거동하사 사자를 보내 그 이상한 산을 탐사해 본 즉, 산 모양은 거북 대가리 같이 생겼고 그 위에 대 한 포기가 났는데 야릇하게도 그 대는 낮에는 두 포기가 되고 밤에는 합하여 하나가 된다는 말에 왕은 더욱 이상하게 생각하여 그날 밤에 감은사에 쉬시며 그 대의 기적을 보시기로 하였다.

그림 11-1 감은사 터(1950년대)

임명되었다. 영조가 즉위한 뒤에도 공조판서와 한성판윤을 번갈아 수행하다가 공조판서로서 벼슬길에서 물러나고 기로소(耆老所)에 들어가는 영예를 입었다.

이성치천하(以聲治天下)

그 이튿날 오종(午鐘) 때가 되어 그 대가 하나가 되며 문득 천지가 진동하고 풍우회명(風雨晦冥)한 지 7일만에야 비로소 바람도 거치고 물결도 고요해짐으로 왕은 그때를 타서 곧 바다를 건너 그 이상한 산에 오르신 즉, 난데없는 신룡(神龍)이 나타나 검은 옥대[黑玉帶]를 왕께 올리매 왕은 먼저 대가 하나가 되고 또는 둘이 되는 까닭이 무엇이냐고 물으매, 용은 아뢰되 손뼉도 마주쳐야 소리가 나는 모양으로 이 대도 합한 뒤에야 소리가 있을지니 성왕이 소리로써 천하를 다스릴 상서인 즉 왕도 이 대로 퉁소를 만들어 불게만 되면 천하가 반드시 태평해지리라 하였다.

왕은 이 말에 일변 놀라고 일변 기뻐하사 오색 비단과 금옥을 이바지하고 용의 말대로 그 대를 베여 가지고 돌아오신 후 이 대로써 퉁소를 만들어 월성의 천존고(天尊庫)에 감춰 두었는데 퉁소를 불 때에는 병난도 그치고 악역도 나으매 가물 때는 비가 오고 장마질 때는 날이 개이며 폭풍도 그치고 물결도 고요해져서 그 이름을 만파식적이라 하여 국보로 위했다 한다.

소중한 유물

이것은 물론 황당한 전설이라 하겠고 또 만파식적은 분명히 대라 하였는데, 이 옥적은 옥으로 된 것이니 만파식적의 전설과 이 옥적과는 아무런 상관이 없을 상도 하다. 그러나 옛날에 있어서 가장 어려운 일이오, 무서운 노릇인 병난과 풍우를 다스리는 데 악기를 썼다는 것은 얼마나 흥미로운 일이냐. 다른 민족 같으면 으레 칼이나 창 같은 무기를 들추어 낼 것이나 한 조각 대에 전설의 살을 붙여 국보로 위한 것을 보아 그때 우리 조상이 얼마나 평화롭고 운치 있고 풍정 있던 것을 상상하고도 남을 것이 아니냐. 이토록 음악을 거룩하게 알아 소중하게 여겼고 진귀한 보물로 악기를 만들기에 아끼지 않은 탓에 세상에도 진기한 이 옥적을 우리 후생에 끼쳐 준 것이다.

4

이차돈(異次頓) 공양탑

별관에서 내 눈을 멈추게 한 것은 석굴암에서 떼어왔다는 돌조각으로 살아서 움직이는 듯한 주먹 쥔 팔뚝, 백률사(柏栗寺)에서 옮겨 놓았다는 동불인데 자태의 의젓함과 가슴과 팔뚝이 제법 육체미를 갖춘 것을 보아 범상한 솜씨가 아닌 것을 짐작할 수 있었다. 그리고 진기한 것으론 이차돈의 공양탑이니 불교를 전파하다가 이단으로 몰려 죽게 되매 나 하나 죽는 것은 어렵지 않되 불교는 반드시 홍왕해야 우리나라에 유익할 터인즉, 내 목을 찔러 무슨 기적이 있거든 부디 불교를 신앙하라 하고 조용히 죽음에 나아갔는데 목을 베인즉 문득 흰 피가 하늘에 쏟아 조정 상하가 경동하고 이 공양탑을 지은 것이란 비명까지 있다. 이 공양탑은 육면석당(六面石幢)으로 그 비명은 신라 명필 김생(金生)의 글씨라 하건만 풍마우세로 필적을 잘 알아볼 수 없음은 유감천만이라 하겠으며, 더욱이 귀중한 것은 한편에 이차돈의 사형 집행 광경을 새겼는데 이차돈의 쭈그리고 앉은 모양, 목이 한편에 떨어지며 흰 피가 쏟아 오르는 광경이 희미하게 나타났다.

만일 이 새김이 그대로 성하게 남았던들 그때 사형 집행하든 형식이며 또는 그때 의복 제도 같은 것을 분명히 알 수 있었겠거든 함부로 굴리어 이대도록 소중소중한 비면(碑面)을 흐려지게 한 것은 열 번 스무 번 한탄할 따름이다.

봉덕사(奉德寺) 대종

남은 큰 경이의 하나는 봉덕사 종이다. 둘레 23척 4촌, 직경 7척 5촌으로 그 안에서 두 활개를 벌리고 돌아다녀도 거치지 않을만큼 되었다. 그 어마어마하게 큰 것에 나는 입을 벌리지 않을 수 없었다. 그러나 인도자의 말을 들으면 큰 것만으로는 그리 놀라울 것이 없으되 첫째 그 음향이야말로 세계에 자랑할 만한 것이라 한다. 왠만한 종도 여간 때리어 소리가 잘 나지 않는 법이어든 저대토록 육중한 종이 손가락으로 튀기기만 해도 '괭' 하며 보통 구리만으로는 그렇게 청아한 소리를 내지 못할 터이매, 아마도 종 근량 12만 냥 가운데서 십분지 일 이상은 황금이 섞여 있으리라고 추측한다 하며, 또 한가지 진기한 것은 네 귀에다 각기 선녀의 구름 탄 모양을 새겼는데 그 하늘하늘한 옷맵시가 가는 바람에 나부끼는 듯하며 그 얼굴과 목덜미가 완연히 드러나 조각만으로도 절품이라 하겠다. 이 종은 경덕왕(景德王) 때에 시작하여 그 아들 혜공왕(惠恭王) 시절에 비로소 준공된 것으로 만든 공인의 고심은 물론 여간이 아니었다.

그림 11-2 봉덕사종

애자(愛子)를 희생

　전설에 의지하면 이 종을 맡아 만든 공인은 아무리 만들어 놓아도 소리가 잘 나지 않아 고심참담한 끝에 부부끼리 의논하고 사랑하는 아들을 철탕에 집어넣어 구리와 반죽을 해놓고 보니 그때에야 소리가 청아하게 났다 하고, 또 한가지 전설은 과부가 복숭아를 먹고 아이를 낳아 귀히 기르는데 봉덕사 중이 와서 동냥을 달라니까 경망한 어미는 "우리 집에 줄 것이 없으니 우리 아기나 줄까" 하였다가 이것이 말썽이 되어 필경 그 이상한 아이를 중에게 빼앗기고 중은 데리고 온 그 아이를 이 인경 속에 집어넣어 만들은 까닭에 종을 칠 때마다 어미 때문에 그렇게 되었다고 '어밀래!' 하고 운다 한다. 두 가지 전설이 우리 안목으로 보면 다 얼른 사실이라고 믿기 어려우되 그 음향을 내는데 고심했다는 것만을 엿볼 수 있고, 또 한편으로는 신라 당년에 예술을 위하여 희생을 아끼지 않는 풍속이 없지 않았던 것을 추측할 수 있을 듯싶다.

　나는 앞길이 바쁘므로 잘 떼어지지 않는 발길을 돌려 박물관을 나왔는데 난생 처음으로 이런 시조 한 마디를 읊었다.

> 끼치신 좋은 보배
> 볼수록에 고개 숙다.
> 솜씨도 놀랍고야
> 맨들 이도 의젓하다.
> 뒤 사람 이을 이 없으니
> 그를 슬퍼하노라.

5

굴불(掘佛)·백률사(柏栗寺)

　박물관을 나서니 하늘은 잔뜩 흐리고 가는 빗발조차 왔다갔다 한다.
　옛 서울의 유적 구경엔 너무도 구슬픈 일기다. 먼저 소금강산에 올라 굴불사 사면불석(四面佛石)을 구경하였는데 『삼국유사』를 보면 경덕왕께서 백률사에 거동하사 산밑에 이르시자 땅속에 염불하는 소리 들리거늘 파서 본 즉 네모난 큰 돌을 얻은지라. 이에 사방에 부처를 새기게 하시고 절을 이룩하사 굴불사라 하였는데 굴불사는 지금엔 자취조차 찾을 길이 없으나 불상만은 엄연히 남았다. 정면엔 길이 열두 자 가량 되는 아미타불 삼존의 입상을 새겼고 오른편엔 보살의 선 모양을 역시 새겼으되 하늘하늘한 옷자락 속으로 뚜렷이 육체를 나타낸 것도 훌륭한 예술품이라 하겠다. 나무를 더위잡고 까풀망[31]진 대를 기어올라 백률사를 찾았으나 별로 보잘 것은 없었고, 다만 지형이 높은 것을 이용하여 경주 전경을 한번 살펴보았다.

17만 여 호

　차에서 얼른 보기에도 너른 줄을 알았지만 여기 올라보니 더욱 그 광활한데 아니 놀랄 수 없다. 남에는 금오산(金鰲山), 서에는 선도산(仙桃山), 동에는 명활산(明活山) 그러고 북쪽에는 내가 오른 이 소금강산 줄기가 서로 꼬리를 물고 에둘러서 넓기는 넓으면서도 아늑한 생각이 나게 한다. 그리고 강물이 여기저기 흘러서 남천, 서천, 북천이 제각기 제 방향대로 흐르고 훤하게 터진 모양이 지금 경성

---

31) '가풀막'의 경상도 방언. 몹시 가파르게 비탈진 곳.

을 산악의 도시라 하면 경주는 분명히 평야의 도시요, 물의 도시라 하겠다. 지금은 호수 이 천을 넘지 못하고, 그 엉성한 꼴이 보통 농촌의 대읍에도 오히려 꿍무니를 빼게 되었지만, 한참 당년엔 전시가 일천 삼백 방, 호수 17만 8천 9백을 넘겨 동양에 유수한 큰 도시 노릇을 하던 당시의 면목을 더듬어 볼 수 있게 되었다.

웅대한 기백

이조의 한양이 산과 산 사이를 부벼대고 앉은 것과 비교해 보면 그때 사람이 얼마나 배포가 넓고 규모가 큰 것을 알 것이 아니냐. 평원 광야에 외적을 방비할 이렇다할 잔손질이 없으니 국세가 떨친 까닭도 까닭이려니와 외적을 안중에 안 둔 웅대한 기백도 상당하고 남을 듯하다. 이토록 외국 방비에 소홀한 까닭으로 경애왕(景哀王) 당년 후백제 견훤(甄萱)이 질풍같이 짓쳐 들어와 포석정에서 질탕하게 노는 왕을 어렵지 않게 잡아내고 왕후를 능욕하며 꽃 같은 궁녀 희빈은 무지한 군사에게 짓밟히는 일대 비참한 활극을 연출하게도 된 것이다.

포석정지(鮑石亭址)

이 비극의 장소요, 또한 당년의 풍류성사의 옛 터인 포석정 자리는 지금도 뚜렷이 남았다. 전복 모양으로 돌 홈통을 짜놓고 교묘한 곡선을 그린 유상곡수(流觴曲水)의 운치 있는 놀음자리가 아직도 행인에게 옛 일을 설명해 준다. 함박처럼 넓적한 돌함에 술을 가득히 담아놓고 그 술을 떠서 흘리면 술 담은 잔은 맑은 물이 미는대로 흐르고 또 흘러 꼬불꼬불한 구비마다 걸음을 멈추게 되었고 그 잔

그림 11-3 일제강점기에 발행한 포석정과 태종무열왕릉 귀부 엽서

이 닿는 구비에 앉은 사람이 그 잔을 말리게 되었다. 청풍에 노래 뜨고 청류에 술잔 뜨고 도도한 시흥은 가슴에 떠오를 제 백만 대병이 문 앞을 짓쳐 들어와도 자리를 옮기기 싫기도 하였을 것이다. 지금은 아름드리 수백 년 묵은 고목 아래 큼직한 두꺼비 한 마리가 옛 일을 비웃는 듯이 입을 비죽거리고 있을 뿐.

6

월성(月城)

경주 일대에 널린 고적은 읍내를 중심으로 사방 수십 리에 뻗쳤으니 그 이름과 유래만 이렁성거려도[32] 어렵지 않게 솔 두터운 책 한 권은 될 것이다. 짧은 시간과 바쁜 걸음, 한정 있는 지면과 졸렬

---

32) 자꾸 이런 모양 저런 모양으로 아무런 대중이 없이 하다.

한 붓대를 가진 기자는 암만해도 이 소임을 다할 길이 없다. 눈 딱 감고 함부로 빼던지고 대모한33) 것 중에도 대모한 것만 골라 적는 수밖에 없다. 옛날 왕성 월성을 찾아드니 석축이라는 옛날 형용은 알아 볼 길도 없고 새파란 잔디가 가지고 놀고 싶다. 문천(蚊川)의 북쪽 두덕을 내리누르며 꼬불꼬불 흐르는 강물을 따라 초생달 모양을 그린 것은 아름답고 아담하게 그야말로 미인의 눈썹을 생각하게 한다.

계림(鷄林)

한 나라의 이름이 되고 오늘날까지 조선의 고호로 우리에게 감개 깊은 회포를 일으키는 계림은 정작 와서 보니 아무 것도 아니다. 이천 평 남짓한 평지에 고목 몇 주가 우뚝우뚝 서있을 따름. 저 나뭇가지에 금 송아지가 걸리고 흰 닭이 울고 그 밑에 김씨 시조 김알지가 발견되었다는 것은 아무리 전설이라 해도 믿기 어렵다.

석빙고(石冰庫)

월성에 들어서니 석빙고가 눈 앞에 나타난다. 『삼국사기』에

> 지증왕 6년 겨울 11월에 유사에게 명을 내려 얼음을 저장하게 했다(智證王六年冬十一月, 始命有司藏冰).

이라 하였으니 신라 적부터 벌써 얼음을 캐어두었다는 것을 알 수 있고, 이 석빙고도 물론 그때의 유물로 영조(英祖) 17년에 이 자리에 옮겨 개축한 것이라는데 전부가 튼튼한 화강석으로 쌓았고 천

---

33) 대체의 줄거리가 되는 중요한.

정을 또한 돌로 '아치' 모양을 지은 것이다. 섣불리 그 안에 들어서
매 발 아래 미끈하며 지금도 찬 기운이 옷소매를 엄습한다.

첨성대(瞻星臺)

월성을 나와 북쪽으로 얼마 아니 올라가서 주막집 길 건너 신라 유물의 가장 소중한 것 중의 하나인 첨성대가 둥글넓적한 머리로 내 발길을 잡아당긴다. 신라 27세 선덕왕(善德王) 때 건축한 것으로 서력으로 632년, 동양에 남아 있는 가장 오래인 천문관측대라 한다. 원동형(圓同形)으로 화강석을 쌓아 올린 것인데 높이가 29척 나마요, 꼭지의 넓이가 8척 5촌, 농업국인 우리나라에 천문대가 먼저 발달된 것도 의엿한 일이다. 다만 후생이 못난 탓에 정당한 발달을 계속하지 못하고 오늘날 이 첨성대를 자랑하게 됨은 통곡할 노릇이 아니냐.

안압지(雁鴨池)

뉘엿뉘엿 선도산으로 기울어지는 해를 바라보며 구경에 지친 고달픈 몸을 안압지 두덕 풀밭에 쉬었다. 연당 안에 별궁 짓고 돌 모아 산 만들고 기화요초(琦花瑤草)며 진금기수(珍禽奇獸)며, 절경에 흠씬 인공을 아로새긴 곳이 당년의 안압지라 한다. 못에다 달아 구름을 헤치고 솟았다는 임해전은 얼마나 굉걸하였든고? 아까 금관총 유물에서 본 것과 같은 으리으리한 금관을 쓰신 임금과 신하의 거동, 온몸에 은하수와 같이 번쩍이는 우수한 주옥을 늘인 희빈 궁녀의 아름다운 모양이 문득 눈앞에 아련히 나타난다. 못 위에 만발한 연꽃과 궁녀들의 아리따운 그림자가 고움을 다투고 청학·백학

도 흥에 겨워 우쭐우쭐 날개를 벌리어 춤추는 사람의 소매와 한데 어울어졌으리라. 북 같이 넘나드는 옥수에 가득찬 황금잔이 기울기도 하였으리라. 기름 같이 맑은 물얼굴을 스치고 청풍을 따라 반공에 흩어지는 노래 가락은 또 얼마나 청아하였을까. 얼마 만에 이런 무지개 같은 몽상을 깨고 보니 현실은 또 얼마나 쓸쓸한가. 임해전 터전에 군청에서 지었다는 초라한 기와집이 볼상 없이 앙상한 꼴을 내밀었고 못가에는 물풀이 우거질 대로 우겨졌는데 케케 낡은 대패밥 모자를 쓴 친구가 낚싯대를 드리우고 있다. 들으니 살찐 붕어가 꽤 많이 잡힌다든가. 낚싯대를 채일 적마다 잔금을 내며 수멸수멸하는 물얼굴도 옛 일을 그리며 우는 듯하다. 되지 않으나마 시조 두 수를 읊었다.

    청학백학 날개 속에
    춤 소매가 어지럽고

그림 11-4 안압지의 강태공(1950년대)

옥수에 금잔 날아
달 그림자 깨쳤나니
어찌라 파립어옹(破笠漁翁)만
긴 낚시를 드리웠노.

어여쁜 궁녀들은
연꽃 위에 피어나고
청풍에 노래 뜨니
풍류승사 어제런 듯
수면도 옛 일을 그려
수멸수멸 울더라.

7

황룡 · 분황사

  안압지를 지나 북쪽으로 약 한 마장쯤 하여 질펀한 강가에 황룡사의 옛 자리는 거창한 돌 주추가 밭이랑과 집 마당 사이에 띄엄띄엄 놓이어 당년의 장관을 가르쳐 준다. 강변에 나앉은 것으로 보아 황룡의 기적도 그럴 성싶다마는 오늘날엔 그 자리조차 온전히 알 길이 없다. 바로 그 옆에 분황사의 9층탑이 행인의 옷소매를 잡아끈다. 벽돌 만큼씩한 잔돌로 곱게 쌓아 올렸는데 네 귀에 달린 돌이 손으로 밀면 쉽사리 열리고 닫히는 것이 나무로 된 문보다도 다 가볍다. 옛날은 아홉 층이려니 오늘날엔 세 층밖에 남지 않았다. 15년 전 총독부에서 수선을 할 때 석함 가운데에서 금옥과 옛날의 돈 등 수십 점을 많이 발견했다 하며 간신히 세 층밖에 수리를 못했는데 전에 새지 않던 비가 지금은 줄줄 흐른다고.

사천왕 절터엔 두 개의 귀부(龜趺)만 남았고 재매정(財買井)을 찾아드니 김유신의 옛 집터는 말목34)으로 알아차릴 뿐. 박혁거세의 발상지 나정(蘿井), 그의 비 알영 부인의 발상지 알영정(閼英井), 그들이 임금 노릇하시던 숭덕전(崇德殿), 그들을 위시로 그 자손이 돌아가 묻히신 오릉(五陵)은 전설 이외에 별로 이렇다 할 감흥을 일으키지 않는다.

천관사(天官寺) 전설

천관사 자리도 주추밖에 남지 않았는데 『여지승람』에 의지하면 그 절의 유래가 재미있다.

삼국을 통일한 김유신 같은 위인으로도 타오르는 청춘의 불길은 걷잡을 수 없었던 것이다. 우연히 꽃거리에 발을 들여놓게 되고 어여쁜 이성의 품에서 세월 가는 줄 잊었던 모양이다. 꼬리가 길면 밟히는 격으로 필경 그 대부인에게 들키게 되고, 김유신 같은 아들을 두신 만큼 그 대부인도 매우 엄격하셨던지, 깊이 훈계하시되 "내가 아비 없이 너를 길러 하루바삐 장성을 하여 나라를 위해 공명을 세워 가정을 빛내기 바랬더니 주사청루에서 헤어날 줄 모르니 이런 기막힌 노릇이 어디 있느냐?".하시고 울기를 말지 않으매 유신이 이에 느낀 바 있어 그 계집의 문 앞도 지나지 않겠다고 굳게 맹서를 하였는데, 하루는 술이 몹시 취하여 말을 타고 돌아갈 새 말이 옛날 길을 쫓아 그 여자의 집에 이르렀다. 그 여자는 일변 기뻐하고 일변 원망하며 울면서 유신을 맞아 들였는데 유신이 술이 깨자, 한 칼에 탔던 말을 베고 안장도 버린 채 옷소매를 뿌리치고 돌아왔다. 이 절

---

34) 말목 : 가늘게 다듬어 깎아서 무슨 표가 되도록 박는 나무 말뚝.

은 곧 그 여자의 집터요, 천관이라 함은 그 여자의 호라 하였다. 김유신의 결심도 물론 놀랍다 하겠거니와 당시의 창부로 천대를 받던 여자가 의젓한 부처님이 되고 그 집터가 절이 된 것은 실로 흥미 있는 사실이 아닌가.

달빛도 섧다. 다 늦게야 여관에서 저녁밥을 마치고 그 자리에 늘어졌다. 몸은 한껏 피로하지마는 흥분된 신경은 좀처럼 잠을 이룰 수 없다. 잠이야 언제라면 못자랴 하고 풀대님한 채로 여관을 나섰다. 마치 천년 고도의 혼이 부르는 사람 모양으로 정처 없이 발길을 옮겨 놓았다. 얼마를 나왔는지 내 앞에는 칼등 같은 좁은 밭둑과 졸졸거리는 개울물이 길을 막는다. 잔디의 아무데나 펄썩 주저앉았다. 개구리가 이따금 적막을 깨칠 뿐이오, 사면은 죽은 듯이 고요하다. 그렇다! 정말 모든 것이 죽은 듯하다. 구름이 흐르는 서쪽 하늘기엔 초생달이 으스레 비친 양도 죽음을 우는 눈동자인 듯. 불꽃을 흩으며 나는 반디도 귀화(鬼火)인 듯. 가물가물한 시내가 길이 끼인 사이에 우뚝우뚝 떠오른 누루한 무덤은 얼마나 쓸쓸한고. 쌓이고 쌓인 죽음 가운데 움직이는 오직 하나의 산 목숨인 나의 숨길도 질식할 듯하다.

폐허의 생명

무궁한 감개가 가슴을 누른다. 한참 당년 삼국을 통일하고 세계에 자랑할 만한 문화와 예술을 창조해 낸 이곳이 이대도록 소리 없이 냄새 없이 죽어 넘어질 줄이야!

　　　죽었다니 말이 되느냐, 너는 그 찬란한 유적을 보지 못했느냐. 위대했던 자취를 찾지 못했느냐, 세계에서 자랑할 만한 조상 가진 것을 앙탈하려느냐?

나는 문득 귀결35)에 이런 외침이 들렸다. 그러나 이 소리를 외치는 심정이 더욱 슬펐다. 아무리 아름다운 꽃과 높은 향기와 탐스러운 열매를 한 시절에는 가졌던 나무라도 다시 새싹과 새움을 트지 못할 때엔 우리는 그 나무를 가리켜 죽었다 할 것이다. 이 묵은 등걸에 새 꽃이 되고 새 열매가 맺혀야만 줄기차게 뻗친 뿌리가 기운 쓴 보람이 있을 것이 아니냐. 이 위대한 죽은, 광채 나는 시체를 밟고 새로운 생명이 쏘아 올라야만 조상 잘 둔 큰 소리도 칠 것이 아니냐. 그런데! 그런데! 그 새 생명은 어디에서 움직이는고!

8

안타까운 이별

7월 12일 아침 첫차로 경주를 떠나 불국사로 향했다. 떠날 임시에 봉황대에 올랐건만 잔뜩 찌푸린 일기에 짙은 안개는 나의 눈까지 흐리고 말았다. 시포(屍布)를 널어놓은 듯한 희미한 강줄기, 몽롱한 무덤의 봉우리, 쓰러지는 듯한 초가집 추녀가 도무지 눈물겨웁다. 어젯밤에 나를 부여잡고 울던 옛 서울은 오늘 아침에도 눈물을 거두지 않은 듯. 그렇지 않아도 구슬픈 내 가슴이거든 심란한 이 정경에 어찌 견디랴. 지금 떠나면 1년, 10년, 혹은 20년 후에나 다시 만날지 말지! 기약 없는 이 작별을 앞두고 눈물에 젖은 님의 얼굴! 내 옷소매가 촉촉이 젖음은 안개가 녹아내린 탓만 아니리라.

불국사 석교

장난감 기차는 반 시간이 못 되어 불국사역까지 실어다 주고 역

---

35) 우연하게 듣게 된 겨를.

에서 등대했던 자동차는 십 리 길을 단숨에 껑충껑충 뛰어서 불국사에 대었다. 뒤로 토함산(吐含山)을 등지고 왼편으로 울창한 송림을 끌며 앞으로 광할한 평야를 내다보는 절의 위치부터 풍수장이 아닌 나의 눈에도 벌써 범상치 아니했다. 더구나 돌 층층대를 쳐다볼 때 그 굉장한 규모와 섬세한 솜씨에 눈이 어렸다. 초창 당시엔 낭떠러지로 있던 곳을 돌로 쌓아 올리고 그리고 이 돌 층층대를 지었음이리라. 동쪽과 서쪽으로 갈리어 위 아래로 각각 둘씩이니 전부 네 개인데 한 개의 층층대가 대개 열일곱, 여덟 계단이요, 길이는 57, 8척으로 양가에 놓인 것과 가운데 뻗힌 놈은 돌 한 개로 되었으니 얼마나 끔찍한 인력을 들인 것인가를 짐작할 것이요, 오늘날 돌로 지은 대건축물에도 이렇듯이 대패로 민 듯한 돌은 못 보았다 하면 얼마나 그때 사람이 돌을 곱게 다루었는가를 깨달을 것이다 돌 층층대의 이름은, 동쪽 아래의 것은 청운교(靑雲橋), 위의 것은 백운교(白雲橋)요, 서쪽 아래의 것은 연화교(蓮花橋), 위의 것은 칠보교(七寶橋)라 한다. 층층대라 하였지만 아래와 위가 연결 되는 곳마다 요새 말로 네모난 발코니가 되고 그 밑은 아치가 되었는데 인도자의 설명을 들으면 옛날에는 오늘날의 잔디밭 자리에 깊은 연못을 팠고, 아치 밑으로 맑은 물이 흐르며 그림 배[畵船]가 드나들었다 하니 돌 층층대를 다리라 한 옛 이름의 유래를 터득할 것이다.

황홀한 광경

  층층대 상하에는 손잡이 돌이 우뚝우뚝 서고 쇠사슬인지 은사슬인지 둘러 뗀 흔적이 아직도 남았다. 귀인이 이 절을 찾을 때엔 저편 못가에 내려 그림배를 타고 들어와 다시 보교를 타고 이 돌 층층대를 지나 절 안으로 들어가기도 하였단다. 너른 못에 연꽃이 만발한데 다리 밑으로 돌아드는 맑은 흐름엔 으리으리한 누각과 석불의 그림자가 용의 모양을 그리고 그 위로 소리 없이 떠나가는 그림 배! 나는 당년의 광경을 머리 속에 그리며 스스로 황홀하였다. 활동 사진에서 본 물의 도시 베니스의 달 비낀 바닷가에 그림 배를 저어가는 청춘 남녀의 광경이 시원하게 나타난다.

9

다보탑

이 돌 층층대를 거쳐 문루를 지나서 유명한 다보탑과 석가탑이 눈앞에 나타난다. 이 두 탑은 물론 돌로 된 것이다. 그렇다! 그것은 만져 보아도 돌이요, 두들겨 보아도 돌임에 틀림이 없다. 그러나 석가탑은 오히려 그만둘지라도 다보탑이 돌로 되었다는 것은 아무리 하여도 눈을 의심치 않을 수 없었다. 연한 나무가지가 아니요, 물신물신한 밀가루 반죽이 아니고 육중하고 단단한 돌을 가지고야 저다지도 곱고 어여쁘고 의젓하고 아름답고 빼어나고 공교롭게 잔손질을 할 수 있으랴. 만일 그 탑을 만든 원료가 정말 돌이라면 신라 사람은 돌을 돌같이 쓰지 않고 마치 콩고물이나 팥고물처럼 마음대로 뜻대로 손가락 끝에 휘젓고 주무르고 하는 신통력을 가졌던 것이다. 귀신조차 놀래고 울리는 재주란 것은 이런 솜씨를 두고 이름이리라.

절묘한 의장(意匠)

탑의 네 면엔 자그마한 어여쁜 돌 층층대가 있고 그 층층대를 올라서니 가운데는 위 층을 떠받치는 중심 기둥이 있고 네 귀에도 병풍을 겹쳐 놓은 듯한 돌 기둥이 또한 섰는데, 그 기둥과 두 층대의 석반을 받은 어름에는 나무로도 오히려 깎아내기가 어려울 만한 소로가 튼튼하게 아름답게 손바닥을 벌렸다. 지붕 위에 이 중의 네모난 돌 난간이 둘러 쟁반 같은 이층 지붕을 받들었고 그 위엔 8모난 돌난간과 세상에도 진기한 꽃잎 모양을 수 놓은 듯한 돌 쟁반이 탑의 8모 난간을 받들었다. 석공이 기절했던 것은 물론이어니와 이런 기상천외(奇想天外)의 의장(意匠)은 또 어디서 얻어 온 것인고. 바람과 비에 시달린 지 천여 년을 지낸 오늘날에는 조금도 기울어지지 않고 이지러지지 않고 옛 모양이 변하지 않았으니 당해 건축술도 또한 놀랄 것이 아니냐.

분실된 석사자

들으매 이 탑의 네 귀에는 돌사자가 있었는데 두 마리는 동경 모요리점의 손에 들어갔다 하나, 숨기고 내어놓지 않아 사실 진상을 알 길이 없고, 한 마리는 지금 영국 런던에 있는데 다시 찾아 오려면 5백만 원을 주어야 내놓겠다 한다든가. 소중한 물건을 소중한 줄도 모르고 함부로 굴리며 어느 틈에 도둑을 맞았는지도 모르니 이런 기막힌 일이 또 있느냐. 이 탑을 이룩하고 그 사자를 새긴 이의 영(靈)이 만일 있다 하면 지하에서 목을 놓아 울 것이다.

석가탑

석가탑은 다보탑 서쪽에 있는데 다보탑의 혼란한 잔손질과는 딴판으로 수법이 매우 간결하나마 또한 정중한 자태를 잃지 않았다. 다보탑을 능라와 주옥으로 꾸밀 대로 꾸민 성장(盛裝) 미인에 견준다면 석가탑은 수수하게 차린 담장(淡粧) 미인이라 할까. 높이 27척, 층은 역시 3층으로 한 층마다 수려한 돌 병풍을 두르고 병풍 네 귀에 병풍과 한데 얼려놓은 기둥이 있는데, 설명자의 말을 들으면 이 탑은 한 층마다 돌 하나로 되었다 하니 그 웅장하고 거창한 규모에 놀랄 만하다.

무영탑 전설

이 탑의 별명은 무영탑(無影塔), 곧 그림자가 없다는 것으로 여기는 사랑과 예술에 얽힌 눈물 겨운 로맨스가 숨어 있다. 그 때의 사람이 얼마나 종교와 예술에 몸을 바쳤고 또는 사랑과 예술을 한 덩어리로 만든 황홀경(恍惚境)에서 살았다는 것이 아름답고 슬프고 신비로운 이 전설에 풍겨 있다.

그림 11-5 현진건의 역사소설 「무영탑」 광고

제35대 경덕왕(景德王) 시절, 당시 재상 김대성(金大城)은 왕의 명을 받들어 토함산 아래에 불국사를 이룩할 새 나라의 힘을 기울이고 천하의 명공을 모아들였는데 그 명공 가운데는 멀리 당나라로부터 불러내 온 젊은 석수 하나가 있었다. 이 절의 중심으로 말하면 두 개의 석탑으로 이 두 탑의 역사가 가장 거창하고 까다로웠던 것은 물론이다. 젊은 당나라 석수는 그 두 탑 중의 하나인 석가탑을 맡아 짓기로 되었다. 예술의 감격에 뛰는 젊은 가슴의 피는 수륙 수

천 리 고국에 남겨 두고 온 사랑하는 아내도 잊어버리고 오직 맡은 석가탑을 완성하기에 끓고 말았다. 침식도 잊고 세월 가는 것도 잊어버리고 그는 온 마음을 오직 이 역사(役事)에 바쳤다.

덧없는 세월은 어느덧 몇 해가 흘러가고 흘러 왔다. 수만 리 타국에 남편을 보내고 외로이 공규(空閨)를 지키던 그의 아내 아사녀(阿斯女)는 동으로 흐르는 구름에 안타까운 회포를 붙이다 못하여 필경 남편을 찾아 신라로 건너오게 되었다. 머나먼 길에 피곤한 다리를 끌고 불국사 문 앞까지 찾아 왔으나 큰 공역을 마치기도 전이요, 더러운 여인의 몸으로 신성한 절 문 안에 들어서지 못한다 하여 차디찬 거절을 당하고 말았다.

절 문을 지키던 사람도 거절을 하기는 하였으되 그 정성에 동정하였음이리라. 아사녀에게 이르기를,

"여기서 얼마 아니 가면 큰 못이 있는데 그 맑은 물 속에는 시방 짓는 절의 그림자가 뚜렷이 비칠지니, 그대 남편의 맡아 짓는 석가탑의 그림자도 응당 거기에 비치리라. 그림자를 보아 역사나 끝나거든 다시 찾아오라" 하였다.

아사녀는 그 말대로 그 못 가에 가서 전심전력으로 비치는 절 모양을 들여다보며 하루 바삐, 아니 한시 바삐 석가탑의 그림자가 나타나기를 기다렸다. 달빛에 흐르는 구름 조각에도 그는 몇 번이나 석가탑의 그림자로 속았으랴. 하루 이틀, 한 달 두 달, 1년 이태, 지리하고도 조마조마한 찰나, 찰나를 지내는 동안에 절 모양이 뚜렷이 비치고 다보탑이 비치고 가고 오는 사람의 그림자도 비치건마는 오직 자기 남편이 맡은 석가탑의 그림자는 찾으려야 찾을 길이 없었다.

사랑하는 아내가 멀리멀리 찾아왔다는 소식을 뒤늦게야 들은 당

나라 석수는 밤을 낮에 이어 마침내 역사를 마치고 창황히 못가로 뛰어 왔건마는 아내의 양자(樣子)는 보이지 않았다. 그도 그럴 일, 아무리 못 속을 들여다보아도 석가탑의 그림자는 끝끝내 나타나지 않은 데 실망한 그의 아내는 남편의 이름을 부르며 그만 못 가운데 몸을 던진 까닭이다. 그는 망연히 물속을 바라보며 몇 번이나 아내의 이름을 불렀으랴. 그러나 찰랑찰랑하는 물소리만 귓가를 스칠 뿐. 비가 오거나 바람이 불거나 이슬 내리는 새벽, 달빛 솟는 저녁에도 그는 못가를 돌고 또 돌며 사랑하는 아내를 그리며 찾았다.

오늘도 못가를 돌 때에 그는 문득 못 옆 물가에 사람의 그림자가 아련히 나타났다.

"아 저기 있구나!"

하며 그는 이 그림자를 향해 뛰어들었다. 그러나 벌린 그의 팔 안에 안긴 것은 아내가 아니요, 사람이 아니요, 사람만한 바윗덩이다. 그는 바위를 잡은 찰나에 문득 제 눈앞에 나타난 아내의 모양을 길이길이 잊지 않으려고 그 바위를 새기기 시작하였다. 제 환상에 떠오른 사랑하는 아내의 모양은 다시금 거룩한 부처님의 모양으로 변하였다. 그는 제 예술로 죽은 아내를 살리고 아울러 부처님에게까지 천도(薦度)[36]하려 한 것이다.

이 조각이 완성되면서 자기 역시 못 가운데 몸을 던져 아내의 뒤를 따랐다.

불국사 남서방에 영지(影池)란 못이 있으니 여기가 곧 아사녀와 당나라 석수가 빠져 죽은 데다, 내가 찾을 때엔 장마가 막 그친 뒤라 누런 물결이 산기슭의 소나무 가지에까지 넘실거리는데 부처님

---

[36] 죽은 사람의 넋이 정토나 천상에 나도록 기원하는 일. 불보살에게 재(齋)를 올리고 독경, 시식(施食)하다.

을 새긴 천연의 돌은 지난날의 애화를 다시금 일러 주는 듯. 그 새김의 선이 자못 섬세한 것은 부처님을 새기면서도 알뜰한 자기 아내의 환영이 머리를 지배한 탓인가?

||

경탄할 채색

　다보탑과 석가탑에 무한한 감탄과 감개를 마지않다가 대웅전을 들여다보니 정면에 엄연히 선 삼위불(三位佛)의 입상(立像)이 보통 부처님보다는 어마어마하게 크다마는 당시의 유물은 아니고 영묘조(英廟朝) 때 개축할 때에 만들어 놓은 것이라 하며, 다만 경탄할 것은 개축할 때 천장과 벽에 올린 휘황찬란한 단청이 3백여 년을 지난 오늘날에도 조금도 빛이 변하지 않았다는 것이다. 무슨 물감을 어떻게 풀어서 썼는지 채색 학자의 연구 문제이리라. 앞길이 바쁘매 아침도 굶은 채로 석굴암을 향해 또 다시 걸음을 옮겼다. 여기서 십 리 안팎이라니 그리 멀지 않되 가는 길이 토함산을 구비구비 돌아 오르는 잿길이요, 날은 흐리어 빗발까지 오락가락하건마는 이따금 모닥불을 담아 붓는 듯하는 햇발이 구름을 뚫고 얼굴을 내어미는 바람에 두어 모퉁이도 못 접어들어 나는 벌써 숨이 차고 전신에 땀이 흐른다.

치술령 전설

　창울한 송림은 볼 수 없건마는 우거진 잡목 사이에 다람쥐가 넘나드는 것도 또한 버리지 못할 정취다. 거진 상봉을 다 올라와서 동해 가에 다가앉은 치술령(鵄述嶺)을 손가락질할 때 장렬하던 박제상(朴堤上)의 의기가 다시금 가슴을 친다. 저 치술령이야말로 박제상의 아내가 남편을 보내며 울던 곳이다. 단신 홀몸으로 적국에 들어가는 남편을 부르고 또 불렀건만 박제상은 다만 손을 저어 보이고 의연(毅然)히 동해에 배를 띄웠다. 물과 하늘이 한데 어우러진 곳에 남편의 탄 배가 가물가물 사라질 때 그의 안타까운 마음은 어떠하였으리! 피눈물로 울고 울다가 그만 자빠지고 말았다. 거기는 지금에도 그 부인의 망부석(望夫石)이 그대로 남아 있어 행인의 발길을 멈춘다 하거니와 천추에 빛나는 의기를 남기고 왜국 키시마 [木島]에서 연기로 사라진 박제상의 의혼의백(義魂毅魄)은 지금 어디서 헤매는고!

정렬한 광경

그는 세상이 다 아는 바와 같이 신라 17세 눌지왕(訥祗王) 때 사람으로 먼저 고구려에 들어가 볼모로 잡혀 있는 임금의 동생 보해(寶海)를 빼내어 왔고 앉은 자리가 덥기도 전에 다시 왜국으로 들어가서 종횡하는 술책으로 역시 볼모 잡힌 미해(美海)를 감쪽같이 본국으로 돌려보내기에 성공하였다. 그러나 보낸 이의 신상을 염려하여 자기는 발 한 자욱 사지(死地)에서 옮기지 않았고 전후 사실이 발각되자 열화와 같은 왜왕의 분노를 사게 되어 단쇠로 지지고 다시 살을 벗겨내어 갈대[蒹葭] 위에 걸렸지만 사색조차 변하지 않았다.

녕위계림구(寧爲鷄林狗)

말 한마디만 굽혔던들 죽는 목숨이 살아날 뿐인가, 영화와 부귀까지 맘대로 누릴 수 있었거든 모든 것을 물리치고 의연히 죽음에 나아간 그 맵고 뜨겁고 비장한 태도는 동서고금의 찬란한 역사의 책장을 차지한 의인 열사가 많다할지라도 그의 짝만은 찾기가 어려우리라.

"차라리 계림의 개가 될지언정 왜국의 신하는 되지 않겠다!"
"신라의 형벌을 달게 받을지언정 왜국의 작록은 먹지 않겠다."

하고 부르짖던 그 열렬한 호통이 지금도 우레 같이 들려온다. 아아, 무지개 같은 그의 기개는 누구에게 전했는고!

끓는 물도 차다시고
모진 매도 달다시네
살을 찝는 쇠가락도
헌 새끼만 여기시네
비수가 살을 오려도
태연자약하시다.

왼 몸에 불이 붙어
지글지글 타오르되
웃음 띤 환한 얼굴
봄바람이 넘노는 듯
이 몸이 연기 되거든
고국으로 날아라.

동해에 배 뜨나니
가신 임을 어이하리
속절없는 피눈물에
잦아지니 목숨이라
사후에 넋이 곧 있으면

임의 뒤를 따르리라.

치술재 빼어난 봉을
묻어 넘은 이 빗발아
열녀의 남은 한을
이제도 실었느냐
나그네 소매 젖으니
눈물인가 하노라.

12

석굴암

숨이 턱에 닿고 온몸이 땀에 멱을 감은 한 시간 남짓의 길을 허비하여 나는 겨우 석굴암 앞에 섰다. 멀리 오는 순례자를 위하여 미리 준비해 놓은 듯한 석간수는 얼마나 달고 시원한지! 연거푸 두 구기[37]를 들이켜매 피로도 잊고 더위도 잊고 상쾌한 맑은 기운이 심신을 엄습하여 표연히 티끌 세상을 떠난 듯도 싶다. 돌 층대를 올라서니 들어가는 좌우 돌 벽에 새긴 인왕과 사천왕이 홉뜬 눈과 부르걷은[38] 팔뚝으로 나를 위협한다. 어깨는 엄청나게 벌어지고 배는 홀쭉하고 사지의 울퉁불퉁한 세찬 근육! 나는 힘의 예술의 표본을 본 듯하였다.

석가존 석상

한번 문 안으로 들어서매 석련대(石蓮臺) 위에 올라 앉으신 석가

---

37) 물, 술이나 기름, 죽 따위를 풀 때에 쓰는 기구. 자루가 국자보다 짧고 바닥이 오목하다.
38) 옷의 소매나 바지를 힘차게 걷어 올리다.

의 석상은 그 의젓하고도 봄바람이 도는 듯한 화한 얼굴로 저절로 보는 이의 불심을 불러일으킨다. 한 군데 빈 곳 없고 빠진 데 없고 어디까지 원만하고 수려한 얼굴, 알맞게 벌어진 어깨, 슬며시 내민 가슴, 통통하고도 점잖은 두 팔의 곡선미, 장중한 그 모양은 천추에 빼어난 걸작이라 하겠다.

신품(神品)의 입상

좌우 석벽의 허리는 열다섯 칸으로 구분되었고 각 칸마다 보살과 나한의 입상을 병풍처럼 새겼는데, 그 모양은 다 각기 달라 혹은 어여쁘고 혹은 엉성궂고 늠름한 기상과 온화한 자태는 참으로 성격까지 빈틈없이 표현하였으니 신품이란 말은 이런 예술을 두고 이름이리라.

십일면 관음

더구나 뒤 벽 중앙에 새긴 십일면 관음보살은 더할 나위 없는 여성미와 육체미까지 나타내었다. 어디까지 아름답고 의젓한 얼굴판은 그만두더라도 곱고도 부드러운 곡선을 그리며 드리운 왼편 팔, 엄지와 장지 사이로 살며시 구슬 줄을 들었는데 그 어여쁜 손가락이 곰실곰실 움직이는 듯. 병을 치켜 쥔 포동포동한 오른 팔뚝! 종교 예술품으로 이렇게 곡선미를, 여성미를 영절스럽게도 나타낼 수 있으랴. 그나 그 뿐인가. 수없이 늘인 구슬 밑에 하늘하늘하는 옷자락은 서양 여자의 야회복을 생각나게 한다. 그 아른아른한 옷자락 밑으로 알맞게 볼록한 젖가슴, 좁은 듯하면서도 술밋한 허리를 대어 둥그스름하게 떠오른 허벅지, 토실토실한 종아리가 뚜렷이 드러났다. 그는 살아 움직인다! 그의 몸엔 분명히 맥이 뛰고 피가 흐른다. 지금이라도 선뜻 벽을 떠나 지그시 감은 눈을 뜨고 방그레 웃을 듯. 고금의 예술품을 얼마쯤 더듬어 보았지만 이 묵묵한 돌부처처럼 나에게 감흥을 주고 법열(法悅)을 자아낸 것은 드물었다. 나는 마치 일생을 두고 그리고 그리던 고운 님(보살님이시여! 그릇된 말씨의 모독(冒瀆)을 용서하사이다. 보살님이 내 가슴에 붙여 주신 맑은 불길은 이런 모독쯤은 태우고야 말았습니다)을 만난 것처럼 나는 그 팔뚝을 만지고 손을 쓰다듬고 가슴을 어루만지며 어린 듯 취한 듯 언제까지고 차마 발길을 돌릴 수가 없었다.

석붕(石棚)에 십불상

벽 위에는 둘러가며 좌우 각각 다섯 곳에 불좌(佛座)를 만들었고 왼편엔 네 분 보살님, 오른편엔 두 분 보살님과 지장보살과 유마거사(維摩居士)의 좌상을 모셨는데 그 솜씨도 또한 심상치 않았다.

13

석굴암 구조

석굴암의 옛 이름은 석불사(石佛寺)로 신라 경덕왕 때 이룩한 절이라 한다. 석굴이라 함은 곧 돌을 파내어 절을 지은 것이며 부처님을 새기고 모신 것도 모두 돌이요, 땅바닥도 돌이요, 천장도 물론 돌이다. 굴의 구조는 동남으로 향하여 평면 원형으로 좌우 직경이 22척(尺) 6촌(寸), 앞 뒤 직경이 11척 7촌 2푼(分), 들어가는 데 너비 11척 1촌 5푼, 옆 벽의 두께 약 9척이라 한다. 천여 년의 바람과 비에 귀중한 옛 솜씨가 더러 이지러지고 무너진 것은 아깝기 한량없지마는 15년 전에 크게 수리한 탓으로 도리어 옛 것과 이제 것을 분간하기 어렵게 된 것은 더욱 한할 노릇이다.

그림 11-6 일제강점기 석굴암의 내부 구조

궁륭상(穹窿狀) 천정

그러나 앞문은 지금 손질이 많았지만 정작 굴 속은 별로 수선한 것이 없고 아직도 옛 윤곽이 뚜렷이 남았음은 불행 중 다행이라 할까. 그 안에 모신 부처님·관세음보살·나한님네들의 좌상과 입상이 어느 것 하나 세상에 뛰어나는 신품 아님이 없다는 것은 좀된[39] 붓 끝이 적이 끄적거린 바로되, 석가님이 올라앉으신 돌 연대도 홀

---

39) 사람의 됨됨이나 언행이 너무 치사스럽고 잘다.

륭하거니와 더구나 천장의 장치에 이르러서는 정말 찬란하다 할밖에 없다. 하늘 모양으로 궁륭상을 지었고 그 복판에 탐스러운 연꽃 모양을 떠 놓은 것은 또 얼마나 그 의장이 빼어나고 솜씨가 능란한가. 온전히 돌이란 한 가지의 원료로 이렇도록 공교하고 굉걸하고 아름다운 건축물을 낳아 낸 것은 모르면 몰라도 동양·서양의 건축사에 가장 영광스러운 한 장을 점령할 것이다.

선연(仙緣) 없는 탄식

굴 문을 나서니 밖에는 선경(仙境)이 또한 나를 기다린다. 훤하게 터진 눈 아래 어여쁜 파란 산들이 띠엄띠엄 둘레둘레 머리를 조아리고 그 사이사이로 흰 물줄기가 구비구비 골 안개에 쌓였는데 하늘 끝 한자락이, 꿈결 같은 푸른 빛을 드러낸 어름이 동해 바다라 한다. 오늘같이 흐리지 않은 날이면 동해 바다의 푸른 물결이 공중에 달린 듯이 떠 보이고 그 위를 지나가는 큰 돛 작은 돛까지 나비의 날개처럼 곰실곰실 움직인다 한다. 더구나 이 모든 것을 배경으로 아침 햇발이 둥실둥실 동해를 떠 나오는 광경은 정말 선경 중에도 선경이라 하나 화식 먹는 나 같은 속인엔 그런 선연이 있을 턱이 없다.

괘릉(掛陵) 무신석상

석굴암을 내려와 괘릉을 둘러보매 문

그림 11-7 괘릉의 무인 석상

무 석인의 웅혼하고 수려한 양자에 저절로 고개가 숙었다. 더구나 그 무신의 위엄 있고도 너그러운 얼굴, 칼 짚은 부르걷은 팔뚝이 살아서 움직이는 듯하던 기억은 아직도 내 머리에서 사라지지 않는다.

독자께 지은 죄

이로써 경주에 대한 순례기는 마치려 하거니와 총총한 걸음, 바쁜 시간, 좀된 붓끝, 제한 있는 지면은 유적의 백분지 일, 천분지 일도 구경을 못하였다. 들은 그것 뿐 그것이나마 십분지 일을 적지 못한 것은 독자께 지은 죄도 크거니와 내 스스로 더욱 슬퍼한다. 처음 예정은 경주를 거쳐 부여, 개성, 평양, 구월산 등 순례기를 쓰려 하였으나 그 또한 극무와 지면 관계로 뒤 기회로 밀게 되었다.

『동아일보』 1929년 7월 18일~8월 19일 13회 연재

빙허(憑虛) 현진건(玄鎭健, 1900~1943)은 대구가 낳은 소설가이자 언론인이다. 그의 가계는 대대로 역관을 지냈던 중인 출신이었고 대구 우체국장이었던 현경운(玄炅運)의 다섯째 중 4남으로 태어났다.

현진건은 연극인 당숙 현철(1891~1965)의 소개로 1920년 『개벽』에 「희생화」를 발표함으로써 문필 활동을 시작하였으나 시인 황석우에게 '허위와 과장이 많고 묘사도 불충분한' 습작에 불과하다는 혹평을 받았다. 그러나 그 이듬해에 발표한 「빈처」(1921)로 작가로서 인정을 받았다. 1921년 조선일보사에 입사함으로써 언론계에 첫발을 내디뎠다.

홍사용·이상화·나도향·박종화 등과 함께 『백조』 창간 동인으로 참여하여 1920년대 신문학운동에 본격적으로 가담하였다.

1922년에는 동명사(東明社)에 입사, 1925년 그 후신인 『시대일보』가 폐간되자 동아일보사로 옮겼다. 1932년 상해에서 활약하던 공산주의자인 셋째 형 현정건(玄鼎健)의 체포와 죽음으로 깊은 충격을 받았는데, 그 자신도 1936년 동아일보사 사회부장 당시 일장기말소 사건으로 구속되었다.

그림 11-8 대구 두류산 공원 '인물동산'의 현진건 문학비

1937년 동아일보사를 사직하고 세검정 밖 부암동으로 이사하여 1943년까지 이 집에서 거주하였다. 그의 고거는 아직도 남아 있다고 하는데, 부암동 동사무소의 오른쪽으로 난 길을 따라가다 오른쪽에 큰 은행나무가 있는 집이다.

그는 15년 동안 근무했던 신문사를 사직하고 나니 생계가 암담하여 궁여지책으로 백 마리가 넘는 닭을 키우는 양계 사업을 벌였지만 경험 부족으로 시원치 않았다. 문단 친구들이 방문할 때마다 계란과 닭을 안주로 내놓는 일이 종종 있었다고 한다. 그러니 이것도 생계에 도움이 되지 않았다. 그는 여기에서 역사소설 창작에 전념하여 『동아일보』에 「흑치상지」(1940)를 연재하기 시작하였으며 빈궁 속에서도 친일문학에 가담하지 않은 채 지내다가 마지막 작품인 「선화 공주」도 완성하지 못한 채 1943년 장결핵으로 사망하였다.

위의 글은 현진건이 동아일보사 사회부장을 맡을 당시 민족사의 고적을 순례할 목적으로 경주 순례에 나서 그 견문을 적은 기행문이다. 일찍이 그가 동아일보사에 재직하는 동안 '단군입론(檀君立論)' 운동을 하며 단군 탄강지(誕降地)를 답사했으며 경주를 포함한 무수한 역사의 현장을 순례

했던 것은 이후 역사소설 창작의 모티브가 되었다. 이는 후에 『무영탑』(1938~1939년 『동아일보』 연재)으로 이어진다.

현진건은 1929년 7월 8일 경성을 떠나 12일까지 경주의 고적과 유물, 전설을 순례하고 돌아와 『동아일보』에 「고도순례 경주」를 7월 18일부터 8월 19일까지 13회에 걸쳐 연재한다. 그는 경주 고도순례기에서 문화적 전통을 재발견하였다. 그는 각종 유물을 보고 문화 창조의 전통을 찬양하거니와 왜국의 압박에도 굴하지 않고 분사한 박제상의 저항 정신을 강조하였다. 아울러 현진건은 경성을 '산악의 도시'로, 경주를 '평야의 도시', '물의 도시'로 본다. 이러한 영감은 『무영탑』 창작의 소재가 되었다.

1920년대 후반부터 문화적 민족주의 운동 차원에서 한국의 역사와 문화, 풍속과 지리를 새롭게 조명하는 순례기들이 많은 언론매체에 기고되었다. 현진건 이외에도 이광수의 「금강산 유기」, 박종화의 「남한산성」, 한용운의 「명사십리」, 「해인사순례기」, 정지용의 「다도해기」, 이은상의 「만상답청기」, 「강도유기」, 「한라산 등척기」, 이병기의 「해산유기」, 「사비성을 찾는 길에」, 문일평의 「동해유기」, 「조선의 명폭」, 최남선의 「백두산 근참기」, 「심춘순례」, 안재홍의 「백두산 등척기」, 「춘풍천리」, 「목련화 그늘에서」, 고유섭의 「송도고적순례」 등의 무수한 순례기가 전한다.

그의 무남독녀 현화수는 나중에 월탄 박종화의 며느리가 된다. 그가 죽던 해에 역시 대구의 시인 이상화도 눈을 감았다. 이들과 이장희, 백기만의 시비가 대구 두류공원의 '인물동산'에 나란히 세워져 있다.

12 경주 기행의 일절
고유섭(高裕燮)

l 청산에 홀로 떠 보자

　고요한 마음과 매인 데 없는 몸으로 청산엘 홀로 거닐어 보자. 창해에 홀로 떠 보자. 가다가 며칠이라도 머물러 보고 싫증이 나거든 돌아서도 보고, 번화함이 싫거든 어촌 산사에서 적료한 꿈도 맺고, 소조함이 싫어지면 유두분면의 넋두리도 들어 보자. 길가에 꿇어앉아 마음 놓고 앙천대소(仰天大笑)도 하여 보고 대소하다 싱겁거든 달음질도 뛰어 보자. 시냇물이 맑거들랑 옷 입은 채로 건너도 보고 길가의 뇌락송이 멋있어 보이거든 어루만져 읊어도 보자. 가면의 예절은 악마에게 덜어주고 싱거운 수식은 속한(俗漢)에게 물려주어 내 멋대로 천진히 뛰어 보자. 구차한 생에 악착스럽지도 말고 비겁한 자기에서 패망치도 말고 내 멋대로 순진히 노래해 보자―하면서도 저문 날에 들 집이 없고 무거운 안개에 등불이 돈탁해질 때 스스로 나그네의 애상은 뜬다.
　차를 타자. 너도 나도 타자. 하필 달음질을 뛰어 수선한 이 세상을 더욱 수선케 만들 것이냐. 고달픈 몸이라 너도 눕고 싶겠거든 하물며 옆 사람이 깊이 든 잠결에 몸집이 찔린다고 짜증을 내일 것은 무엇이냐. 짐이란 시렁 위에 앉으려므나. 자리 밑에 넣으려므나. 내 자리도 넓어지고 옆 사람도 편하거늘 무엇이 그리들 잘났다고 그 큰 짐을 우마같이 양협(兩脇)에 끼어안고 네 세상같이 버티느냐. 이 소 같은 우둔한 사람들아, 차가 굴속에 들지 않느냐. 그 무서운 독사와 같은 석탄 연매(煉煤)가 몰려 솟치는데 질식지도 않고 저대도록 있느냐. 담배들도 그만 피우라. 내 눈이 건어 같아진다. 이 촌 마누라여, 그대에게는 흙 묻고 때 묻은 그 누더기 솜버선이 귀중키는 하겠지만 나의 코앞에 대고 벗어 털 것이 무엇인고. '미이라' 같은 그 발 맵시도 가련하긴 하지만 보기 곧 진실로 싫구려—목치마도 아깝긴 하지만 그 더러운 속옷만은 제발 덮어 두오. 아아, 여행하거들랑 차도 타지 마라.

동해 중부선은 옛날의 당나귀 걸음같이 제법 빨라졌다. 동촌은 '대구지동촌(大邱之東村)'의 뜻인가. 그보다도 어스름 달빛 아래 반야월을 지나고 대천을 끼고 도니 청천·하양·금호(琴湖)·영천·임포(林浦)—모두 그 이름이 좋다. 날이 밝기 시작하니 계변교송(溪邊喬松)이 군데군데 일경이요, 아침 안개가 민야에 흩어지니 원산봉수(峰岫)가 바다에 뜬 듯—게다가 조돈(朝暾)⁴⁰⁾이 현궁(玄穹)을 물들이니 채운이 빛나서 아화역이라. 건천·광명에 이를수록 차는 자갈돌의 벌판을 달리고 해는 높아진다. 저 건너 저 양류촌(楊柳村) 계변에 번듯이 보이는 와옥 청사(淸舍)는 옛적에 본 법하지만 물어 알 곳이 없고 양지에 기복된 산맥은 북국 산맥의 준초한 맛이 전혀 없다. 들판엔 죽림이 우거져 있고 산판엔 송삼(松杉)이 무성하여 옛적의 소삽(蕭颯)던 풍경은 가셔졌지만 차에 오르내리는 생도의 촌민의 궁상은 흙 묻은 갈치요, 절여진 고등어 떼들이다, 아아.

---

40) 아침에 돋는 해.

2 서악은 경주의 서산이니

서악은 경주의 서산이니 차창에서 내다보이기 시작하는 고분의 떼를, 평지의 광야의 고분의 떼를 놀라이 여기지 마라. 한무(漢武)의 고지(故知)를 본받아 서산 낙조에 울부짖으려 함이 아니었겠고, 미타 정토의 서방 극락을 좇으려 함이 아니었겠지만 경주의 고분은 서악에 펼쳐져 있다. 남산, 북망, 동령엔들 고분이 어찌 없으랴만 신라의 고분은 서악에 있다 하노니 이 무슨 뜻인가. 의심치 마라. 신라 불교 문화의 창시 정초를 이루고, 신라 국가의 패기를 보이던 법흥, 진흥, 진지 제왕의 능이 이 서악에 있고, 삼국 통일의 위업을 이룬 무열의 능을 비롯하여 김인문, 김양, 김유신 등 훈관(勳官)의 묘가 이곳에 몰려 있으니 서악이 어찌 이 경주의 고분을 대표하는 지대라 아니하랴. 봉황대 이남의 원분 표형분, 구정리(九政里)의 방형분 등이 고고학적으로 귀중치 아니함이 아니라 서악의 제분(諸墳)과 그 뜻을 달리한다.

남에도 고분 북에도 고분, 차는 고분을 바라보고 고분을 끼고 고분을 돌고 고분을 뚫고 달린다—달린다. 머리 벗겨진 고분, 허리 끊어진 고분, 다리 끊어진 고분, 팔 끊어진 고분, 경주인은 고분과 함께 살림하고 있다. 헐어진 고분은 자갈돌의 사태이다. 자갈돌의 사태—고분의 사태—돌무덤의 바다—차를 내려 거닐어 보아라. 길에도 논에도 밭에도 두렁에도 집터에도 담에도 벽에도 냇가에도 돌, 돌, 돌—진실로 경주는 돌의 나라이니 돌은 곧 경주이다. 해주의 석다(石多)가 유명하지만 경주의 다석(多石)도 그에 못지 않는다. 다만 해주의 돌들은 조풍(潮風)에 항쟁하고 조풍에 시달린 소삽한 돌들이지만, 경주의 돌은 문화를 가진 돌이요, 설화를 가진 돌이요, 전설을 가진 돌이요, 역사를 가진 돌이다. 경주에서 문화를 빼고 신라에서 역사를 빼려거든 경주의 돌을 모두 없이 하여라.

3 돌의 문화는 하필 신라뿐이랴만

인류의 역사는 돌에서 시작되느니 신라의 문화만이 어찌 돌의 문화랴 하랴. 원시 석기 시대의 문화란 어느 나라에나 있던 것이요, 돌의 문명이란 어느 나라에나 있던 것이 하필 신라만의 문화가 돌의 문화라 하랴. 숙신도 말갈도 예맥도 부여도 고구려도 백제도 기타 그 어느 나라도 모두 돌의 문명을 가졌었다. 그러나 그들의 돌의 문화는 '쌓는 문명'이요 '새기는 문화'가 아니었으니, 돌은 새겨지는 곳에 문화적 발달의 극한을 본다. 그러나 이러한 문화를 남긴 것으로써 신라 문화의 특색으로 알지 마라. 만일 통삼(統一)의 주제가 신라가 아니었고 고구려였어도 또는 백제였어도 그들은 의당 돌을 새기는

그림 12-1 청운교 백운교의 새김 문화

Ⅰ. 경주에 가거든 227

문화를 남겼을 것이다. 고구려와 신라를 공간적으로 비교치 말라— 관념적으로만 대립시키지 말라. 신라에는 통일 이후라는 신세대가 연결되어 있고 고구려는 통삼 이전이란 구기에 속하여 있으니 세대 차를 무시하지 말라. 고구려와 동세대의 구기의 신라는 고구려와 같이 '새기는 문화'를 아직 갖지 못하였던 것을 사가야 잊지 말라. 백제도 또한 그러하니, 그러므로 삼국기의 조선의 문화는 돌을 쌓는 곳에 그친 문명 세대이었고, 통일 전후부터 새기는 문화가 발전되었으니 신라의 문화를 전체로 새기는 문화로만 알지 말라. 구기의 신라는 고구려 · 백제와 다름없는 축석의 문화이었나니라.

　'쌓는 문명'에서 '새기는 문화'로의 전개. 이것은 석기 문명 진전의 필연상이니 이것은 실로 신라 민족의 고유한 특징이 아니라 통일 이후의 조선 문명의 특색이었다. 돌을 쌓는 문명을 지양하고 치유하고 돌을 새기는 문화에로의 진전은 그러나 조선 문화만의 역사적 진전의 상이라 규정할 수 있으랴. 우리는 모름지기 이 '새기는' 단계의 문화를 세계 인류 문화사의 일계련(一係聯) 속에서 이해할 것이요, 결코 신비로운 민족성의 성격만으로 이해치 말자.

　돌을 '쌓는 문명'에서 돌을 '새기는 문화'로의 진전은 그 자체로서 돌의 문화를 부정할 모순적 계기를 내포하고 있는 것이니, 다음에 나설 문화가 철류의 문화임이 틀림없으나 철은 마침내 살벌의 이기로 악마화하고 동양에 있어서의 진정한 문화의 계단은 특히 조선에 있어서의 문화의 계급은 흙의 문화가 대신코 나섰으니, 이는 조선으로 하여금 현실적으로 불행케 한 가장 중요한 원인의 하나이었을 것이나 예술적으론 정서의 고양을 본다. 돌의 문화에서 흙의 문화로의 전환은 조선의 문화가 원심적 문화에서 구심적 문화로의 전환을 뜻한다. 경주를 보고 송도를 보라. 송도에는 깨어진 흙의 문화도자가 흩어져 있고 경주에는 새겨진 돌의 문화가 흩어져 있으니, 양조의 문화는 이로써 비교된다. 장정(裝幀)의 색채로써 비유한다면 경주의 문화 신라의 책자는 적지에 금자로써 표시하겠고, 송도의 문화 고려의 책자는 청지에 흑자로써 표시하리라.

4 경주에 가거든

경주에 가거든 문무왕의 위적을 찾으라. 구경거리의 경주로 쏘다니지 말고 문무왕의 정신을 길어 보아라. 태종 무열왕의 위업과 김유신이 훈공이 크지 아님이 아니나 이것은 문헌에서도 우리가 가릴 수 있지만 문무왕의 위대한 정신이야 말로 경주의 유적에서 찾아야 할 것이니, 경주에 가거들랑 모름지기 이 문무왕의 유적을 찾으라. 선천의 부산성(富山城)도 남산의 신성도 안강의 북형산성(北兄山城)도 모두 문무왕의 국방적 경영이요, 봉황대의 고대도 임해전의 안압지도 사천왕의 호굴찰도 모두 문무왕의 정경적(政經的) 치적이 아님이 아니나, 무엇보다도 경주에 가거든 동해의 대왕암을 찾으라.

들건대 대왕암은 동해에 있으니 경주서 약 육십 리. 가는 도중에 준령을 넘고 길은 또 소삽타 하며 장장 하일(夏日)의 하루가 장정으로도 역부족타 하기로 경성을 떠날 제 몹시도 걱정스럽더니 막상 당지에 당도코 보니 문명의 이기는 어느 새 이곳도 뚫어내어 11월 중순의 짧은 날도 꺼림없이 장도에 오르게 되었다. 덕택에 중간의 고적풍광은 문자 그대로 주마관산격이어서 이것은 분황탑, 저것은 황복탑, 돌고 있는 곳은 명활산성(明活山城)의 아래요, 저 건너 보이는 것은 표암(瓢岩)이로세. 저 속이 고선대(高仙臺)요, 그 안에 무장사(鍪藏寺)--언듯언듯 지나는 대로 설명이 귀를 스칠 제 차는 황룡상산(黃龍商山)을 넘어 멀리 동해에 바랄 듯—구곡양장의 험로를 멋쩍고 위태로이 흔들고 더듬는데 생사를 헤아리지 않는다 해도 나의 다리는 기계적으로 물리적으로 오그라졌다 퍼졌다—.

험관을 벗어난 차는 마음 놓고 다시 대지를 달린다. 이리 구불 저리 구불 구불구불 도는 길이 계곡의 북안을 놓치지 않고 구불구불 뻗고 있다. 계곡은 조선의 계곡이라 물이 흔할 수는 없지마는 넓은 폭원에 그 많은 자갈돌은 심상치 않은 이야기를 가진 듯이 그 사이로 계남의 산음에는 취송(翠松) 단풍이 한 경(景)을 지어 있고, 계북의 남창(南敞)에는 죽림이 어우러져 있다.

저 골은 기림사로 드는 골이요, 이 내는 석굴암으로 통하는 길이라 군데군데 설명을 귀담아 듣다가 일어서 차를 버리고 광탄한 수전대야(水田大野)를 남으로 내려가면서 산세와 수로를 따지고 살펴보니, 아하 이것이 틀림없이 동도 대해로 통하는 행주(行舟)의 대로이었구나 깨닫게 되고, 깨닫고 보니 다시 저 계곡이 궁한 곳에 석굴불암(石窟佛庵)이 동해를 굽어 뚫려 있고 이 계류가 흘러 퍼진 곳에 감은대사(感恩大寺)가 길목을 지켜 이룩됨이 결코 우연치 않음이 이해된다.

설에 문무왕이 승하 후 소신화룡(燒身化龍)하사 국가를 진호(鎭護)코자 이 감은대사의 금당체(金堂砌) 아래로 드나들어 동해를 보살폈다니, 지금은 사관의 장엄을 비록 찾을 곳이 없다 하더라도 퇴락된 왕시의 초체(礎砌) 하엔 심상치 않은 그 무엇이 숨어 있을 듯하다. 사문까지는 창파 해류가 밀들 듯하여 사역고대(寺域高臺)와 문전 평지가 엄청나게 그 수평을 달리하고 황폐된 금당 좌우에는 쌍기(基)의 삼층 석탑이 반공에 소스라쳐 있어 아직도 그 늠름한 자태와 호흡을 하고 있다. 사명(寺名)의 감은은 물론 문무 대왕의 우국성려(憂國聖慮)를 감축(感祝)키 위한 것일 것이요, 호국 용왕이 금당 대혈(大穴)에 은현코 있었다 하니 금당이 역(亦) 용당(龍堂)이라. 주산을 용당산이라 함이 또한 그럴듯하나 이견대는 찾지 못하였고, 해적이 감은사의 대종을 운수하다가 어장(魚藏)코 말았다는 대종천구(大鐘川口)에 어촌 부락이 제대로 오물조물히 엉켜져 있다. 탑두에서 동해는 지호간(指呼間)에 보이고 대왕이 성체(聖體)를 소산(燒散)한 대왕암 소도는 눈앞에 뜨나 파광(波光)의 반사가 도리어 현란하니 바닷가로 나아가자.

바닷가로 나아가자. 내 대해의 풍광에 굶주린 지 이미 오래니 바닷가로 나아가자. 백사장이 창해를 변도리치고 있는 곳에 청송은 해풍에 굽어 있고 현궁이 한없이 둥그러 있는 곳에 해면은 제멋대로 펼쳐져 있지 아니하냐. 백범(白帆)이 아니면 해천을 분간할 수 없고, 배파가 아니면 남벽(藍碧)을 가릴 수가 없다. 갈매기 소리는 파도 속에서

그림 12-2 고유섭 동상

I. 경주에 가거든 231

넘나 떠 있고 까막까치의 소리는 안두(岸頭)로 떠돌고 있다. 대종천구에서 해태가 끼인 기암에 올라 조풍을 들이마시고 부서지는 창파백조(滄波白潮) 속에 발을 담그며 대왕암 고도를 촬영도 하여 본다. 이미 시들은 지 오래인 나의 가슴에선 시정이 다시 떠오르고 안맹(眼盲)이 된지 오래인 나의 안저에는 오채가 떠오르고 이름 모를 율려(律呂)는 내 오관을 흔들어 댄다. 안내의 촌부(村夫), 나의 이 운(韻)을 깨달았던지 촌에 들어가 맥주 1병을 가져오니 냉주 일배는 진실로 의외의 향응이었고, 평생에 잊히지 못할 세속 탁진제(濯塵劑)였다.

> 대왕의 우국성령은
> 소신(燒身) 후 용왕 되사
> 저 바위 저 길목에
> 숨어들어 계셨다가
> 해천(海天)을 덮고 나는
> 적귀(敵鬼)를 조복(調伏)하시고.
>
> 우국지성이 중코 또 깊으심에
> 불당에도 들으시다
> 고대(高臺)에도 오르시다
> 후손은 사모하야
> 용당이요 이견대라더라.
>
> 영령이 환현(幻現)하사
> 주이야일(晝二夜一) 간죽세(竿竹勢)로
> 부왕부래(浮往浮來) 전해 주신
> 만파식적 어이하고
> 지금에 감은 고탑만이
> 남의 애를 끊나니.

대종천 복종해(覆鍾海)를
오작아 뉘지 마라
창천이 무심커늘
네 울어 속절없다
아무리 미물이라도
뜻 있어 운다 하더라(1940).

『전별의 병』 중에서

고유섭(1905~1944)은 한국의 대표적인 미술사학자이자 미학자이다. 인천에서 태어나 경성제대 법문학부 철학과를 졸업하고 개성박물관장(1933), 이화여전 강사, 연희전문 강사를 역임하였다. 대학 다닐 때에는 철학을 전공하였으나, 졸업 후 미학 및 미술사에 관심을 가지고 그 분야의 연구에 진력해 많은 업적을 남겼다.

그림 12-3 석굴암에서 고유섭(왼쪽 첫 번째 1941년)

초창기 한국 고미술사 연구의 기틀을 마련하였으며 열악한 환경 속에서도 민족 문화의 기초 해명에 몰두한 학자로서의 삶은 후학들의 귀감이 되었다.

특히 한국의 탑파의 연구에서 독보적인 경지를 개척했다고 평가받고 있다.

주요 저서로는 『한국 탑파의 연구』, 『조선 미술 문화사 논총』, 『전별의 병』(통문관, 1958), 『고유섭 전집』(전4권, 동방문화사, 1993) 등이 있다.

위의 글은 1938년 『이화(梨花)』 제8집에 수록되었고 나중에 다시 『고려시보』 1940년 7월 16일, 8월 1일자로 연재된 글이다.

고유섭은 한반도 전역을 직접 답사하며 유물, 유적과 미술작품을 연구해 한국미의 특징을 '무기교의 기교', '무계획성'으로 정의하고 전통미를 '구수한 큰맛'으로 표현했다. 이 짧은 글에도 고유섭 특유의 깊고 넓은 사고력, 예민한 감수성, 시적인 운치를 엿볼 수 있다.

그는 여행하려거든 아예 차도 타지 말고 두 발로 직접 땅을 밟아가면서 다니라고 권고한다. 두 발에 채이는 돌부리도 문화, 전설, 설화, 역사가 깃든 돌이라고 주장하며 경주를 '돌의 나라'라고 정의한다. 아울러 신라의 문화는 '새기는 문화'이며 다른 나라는 '쌓는 문명'이라 했다. '쌓는 문명'에서 '새기는 문화'로의 진전은 한국 문명의 특색이라 했다. 그리고 경주에 가거든 경주를 구경거리로 삼아 쏘다니지 말고 문무왕릉을 찾아 문무왕의 정신을 계승하라고 후학들에게 부탁했다. 현재 그의 시비 '나의 잊히지 못하는 바다'가 경주시 양북면 대본리 입구에 서있다. 이곳 봉길 해수욕장은 영화 『신라의 달밤』(김상진 감독, 2001년 개봉) 촬영지이기도 하다.

13 경주에 가거든

황수영(黃壽永)

서양의 유명한 음악가가 마련한 오페라 속에 마적(魔笛)이란 것이 있어 국내에서도 연주된 일이 있었다. 최근 수년 동안 필자는 신라의 국보라고 일컫던 만파식적(萬波息笛)이라고 부르는 신적(神笛)에 대하여 생각하여 본 일이 있다. 이 이야기는 오직 『삼국유사』에 보이고 있는데, 그 재료는 대(竹)통으로서 둥글고 속이 비었으며 또 마디(節)가 있다. 그런데 우리의 큰 자랑인 경주의 성덕대왕 신종의 정상부에는 한 마리의 용이 있어서 둥글고 속이 빈 통을 등에 업고 애써 두 발로 기어 나오려는 움직임을 보이고 있다. 그런데 우리나라의 종은 신라뿐 아니라 고려 시대에서 조선 시대의 것까지도 이 같은 모양의 꼭지를 종에 달고 있어서 중국이나 일본 종과 아주 다른 특색을 이루고 있다. 그러나 그 기원은 어디까지나 신라에 있기에 신라의 역사, 문화 그리고 신앙에서 이 조형 작품의 연원을 찾아야 함은 말할 것도 없다.

그런데 기왕에는 우리의 이 같은 외국 종과 다른 신라 종의 양식에 대하여 우리 자신의 연구나 관심은 하나도 찾아볼 수 없었고 주로 일본 사람이 쓴 것을 따라서 기꽂이(旗揷) 또는 음통(音筒)이나 음관(音管)이라 불러 왔다. 아무런 비판이나 근거 없이 외인이 발설을 따랐다고 하겠다. 다시 말하면 그들이 약탈하여 갈 때 내공(內

空)의 원공(圓孔)을 이용하여 아마도 군기(軍旗)를 꽂았던 유래에서 '기꽂이'라고 한 웃지 못할 명명은 그만두더라도 종소리와 유관한 듯이 들리는 '음통(音筒)' 또는 '음관(音管)'은 그 사이 상당한 설득력을 갖고 오늘도 우리 학계에서 사용되고 있다. 오늘 서울이나 경주의 박물관을 찾아서 그 해설문이나 종 세부명칭도를 보면 곧 알 수가 있을 것이다. 그러나 과연 우리의 선인들은 오늘 세계 제일이라 부르는 경주 대종(大鍾 : 에밀레종)을 만들면서 소리를 위하여 이 원통(圓筒)을 고안하였을 것인가, 또는 그보다도 다른 이유가 있어서 이 같은 원통을 종의 최정부(最頂部)에 세우고 한 마리의 용으로 하여금 등에 업는 형상을 하였던가. 이곳에 우리가 결코 소홀하게 지나쳐서는 안 될 크고 중요한 문제가 숨어 있는 것이 아닐까?

그림 13-1 봉덕사종 음관

또 용만 들어도 그러하다. 중국이나 일본의 종은 모두 두 마리의 용이 서로 반대 방향으로 머리를 두고 종을 달기 위하여 몸을 U자형으로 틀었다. 그런데 이 용은 단순한 고대인이 상상한 동물의 그 것인가. 또는 무슨 특별한 역할을 지니고 있는 신라와 깊은 인연을 맺고 있는 용일까. 나에게는 아무리 생각하여도 신라의 천재들이 아무 의미가 부여되지 않는 단순한 용형(龍形)으로 종을 달기 위한 장치로서 이 '신종(神鍾)' 최상부에 자리잡게 하였을 까닭이 없는 것 같다. 그런데 이 설화의 시대가 바로 삼국통일의 빛나는 역사가 신라의 손에서 이루어진 7세기 후반이요, 또 그 무대는 통일의 영주인 문무대왕이 사후 동해의 호국룡이 되기를 유언한 바로 신라 사람이 이름한 '동해구'(오늘의 경북 경주시 양북면 용당리)임을 우리는 잘 알고 있다. 그리고 이 동해구야말로 우리의 국보인 석굴암이 똑바로 그 방향을 잡은 그 곳임을 또 우리는 알게 되었다.

그림 13-2 석굴암의 본존대불(1913년 사진)

물론 석굴암은 8세기 중엽에 이르러 경덕왕 시대에 중시(中侍) 벼슬을 지낸 김대성(金大城 : 『삼국사기』는 金大正)의 감독으로 수십 년 만에 이룩된 김씨 왕가의 원당(願堂)이며 완성되기 앞서 김대성이 세상을 떠남에 국가에 의해 필성(畢成)된 석굴사원이다. 그렇다면 이 김씨 왕가의 원당과 그곳에서 똑바로 내다보이는 동해구의 신라 관계 유적과는 어떤 관계를 추정할 수는 없는 일일까. 하물며 옛 기록에 석굴암은 김대성의 '전세부모(前世父母)'를 위하여 만들어졌다고 전하고 있는데 이 기록은 어떻게 해석하여야 할 것인가. 김 재상의 선조들은 과연 누구이며 그들은 어디에 있기에 토함산에 국력을 기울여 세계 으뜸의 이 예술의 전당을 마련하였던가. 의문은 다시 의문을 부르며 이어진다.

해방 직후인 1947년 가을 필자는 은사 고유섭 선생의 가르침을 따라 경주에 이르러 하루 종일의 시간을 소요하면서 밤늦게 선생이 지적하신 오늘의 경북 경주시 양북면 용당리 감은사(感恩寺)터에 이르렀다. 그 때부터 만 40년을 두고 나는 기회 있을 때마다 이곳을 찾았다. 그러나 그 당시에 비하여 오늘은 길도 잘 포장되어서 경주시내에서 단 한 시간이면 그 곳에 당도할 수가 있으니 참으로 놀라운 변화라고 하겠다. 그때는 동해안 감포에서 생선을 싣고 경주에 들어오는 화물차가 정오쯤 시내에 와서 그 생선을 다 넘기고 오후가 한참 지나서 다시 감포 어항으로 돌아가던 그 차편 이외는 걸어서 동대봉산(東大峰山)의 준령을 넘을 수밖에 없었다. 오늘은 불과 한 시간 그것도 보문단지에서는 3, 40분에 이곳 해안선에 도착할 수가 있다. 필자가 해방 직후 먼저 이곳을 찾은 것은 선생의 다음과 같은 글을 주목하였기 때문이다.

이 글은 「경주기행의 일절」이란 제목으로 선생 별세 직전인 1941

년에 개성에서 간행되던 『고려시보』에 실렸다.

경주에 가거든 문무왕의 위적(偉蹟)을 찾아라. 구경거리의 경주로 쏘다니지 말고 문무왕의 정신을 길이 보아라. 태종무열왕의 위업과 김유신의 훈공이 크지 않음이 아니다. 이것은 문헌에서도 우리가 가릴 수 있지만 문무왕의 위대한 정신이야말로 경주의 유적에서 찾아야 할 것이다. 경주에 가거들랑 모름지기 이 문무왕의 유적을 찾으라 …… 무엇보다도 경주에 가거든 동해의 대왕암을 찾으라.

선생의 인도 이외에 또 하나 필자를 이곳으로 인도한 것은 우리 석굴암의 본존대불이다. 특히 필자는 1962년에서 만 3년간 석굴암 보수 공사에 참여하고 있었기 때문에 이 기간에 우리 석굴암에 대한 관심을 총 집중할 수가 있었다. 그런데 우리 석굴은 외국의 그것과 달리 인공으로 비단 짜듯 '직성(織成)'[41]되었기에 그 방향은 또한 석굴을 발원한 신라인에 의하여 석굴에게 주어진 것이다. 따라서 '동동남(東東南)'의 대불과 석굴의 일치하여야 할 그 방위는 자연에 따른 것이 결코 아니라는 사실이다. 지난날 침입자들은 이 방위는 단순하게 자연의 지세에 따른 것에 불과하다고 왜곡하였는데 이보다 더 큰 잘못이 없다고 생각한다. 이곳에 우리 석굴의 최대의 비밀과 그에 따르는 중대한 내실이 숨어 있는 것이다. 이같은 사실은 근세까지 전달되어서 1890년대에 작성된 「석굴암상동문(石窟庵上棟文)」이란 현판 속에도 뚜렷이 표현되어 있으니 '문무왕암, 옥녀봉공어구천(文武王岩, 玉女奉供於九天)'이라고 보이고 있다. 문무왕암(文武王岩)이란 곧 동해의 해중릉(海中陵)인 문무왕릉을 가리킴은 다

---

41) 『불국사사적기(佛國寺事蹟記)』

시 말할 것도 없다. 세계에 다시 유례가 없다는 동해의 해중릉이 1967년 5월 확인되어 국민을 놀라게 한 바 있었는데, 필자 또한 은사를 따라 경주에 가거든 한 번 이곳을 찾으라 하겠다.

『공무원 연금』1987년

초우(蕉雨) 황수영(黃壽永, 1918~)은 한국 미술사학계의 제1세대이자 불교미술사학의 '산 역사'이자 최고 원로이다. 그는 개성에서 태어나 일본으로 유학하여 동경제국대 경제학부를 졸업한 뒤 일본 굴지의 출판사인 이와나미에서 편집장을 지냈다. 그런 그가 귀국 후 불교미술을 전공하게 된 것은 스승인 우현(又玄) 고유섭(高裕燮) 선생의 영향 때문이었다. 인천 출신인 고유섭은 일제강점기에 민족정신이 유난히 높았던 개성 사람들의 초빙으로 초대 개성박물관장으로 부임했는데, 당시 한국인 박물관장으로는 그가 유일했다. 황수영은 고유섭에게 미술사를 배우게 되었고, 1944년 그의 임종 때 추모사를 읽으며 스승의 뒤를 잇겠다고 해 앞에 맹세한 것이다

고유섭에게 직접 배운 사람은 황수영 외에 고유섭에 이어 박물관장을 지냈고 이화여대에서 제자들을 길러낸 진홍섭(秦弘燮, 1918~), 그리고 개성박물관에 근무하던 최순우(崔淳雨, 1916~

그림 13-3 왼쪽에서 두 번째부터 고유섭, 진홍섭, 황수영 사진

1984) 전 국립박물관장이 있다. 이 세 사람은 한국 미술사학계에 큰 공을 세웠는데, 사람들은 고유섭의 3대 제자를 가리키는 의미로 그들의 성을 따서 '황·진·최'라고 부르기도 했다.

해방 뒤 황수영은 국립박물관에 들어가 본격적으로 불교미술사를 연구하였고, 이후 동국대 총장, 국립중앙박물관장, 문화재위원장 등을 지내며 열악했던 한국 불교미술사학계를 이끌어 나갔다. 당시는 일제강점기와 한국전쟁이라는 암울한 시절을 막 지나온 척박한 시기였다. 우리 문화재도 엄청난 피해를 입었고, 미술사라는 학문도 아직 제대로 정립되지 못한 시기였다.

황수영은 현장에서는 파헤쳐진 절터에서 숱한 문화재를 찾아내고 무너져가는 유적을 복원했으며, 교단에서는 제2세대 연구자들을 길러냈다. 또 저술을 통해 우리 불교문화를 대중에게 알리기 위한 일에도 게을리 하지 않았다. 석굴암 수리, 경주 대왕암과 서산 마애불상 발견, 익산 왕궁리 석탑 발굴 등 현대 문화재의 발견과 새로운 주목은 대부분 그의 손에서 이루어졌다고 해도 과언은 아니다.

저작으로 『황수영전집』(전6권, 혜안, 1997)이 있다.

이 글 제목「경주에 가거든」은 스승 고유섭의 글「경주기행의 일절」에서 그대로 따온 것으로, 이를 보면 황수영이 그 스승의 정신을 계승하고자 하는 의지를 엿볼 수 있다.

14 경주 수학여행의 감명
황수영(黃壽永)

　나의 중고교 재학 시절(1931~1936년)에는 3학년이 되어야 처음으로 먼 곳으로 수학여행을 떠났다. 3학년에 경주, 4학년에 금강산, 그리고 최종 학년인 5학년에 비로소 멀리 만주여행을 하였다. 그 중 나에게 가장 인상 깊었을 뿐 아니라 그 후 나의 생애의 길을 잡는데 큰 도움이 되어 준 것은 첫 번째 경주여행이었다. 지금 돌이켜 생각해 보면 그 때가 가장 감수성이 강할 때였던 듯하다.
　그 해가 1933년 봄이니 지금부터 49년 전의 일이다. 요즘도 나는 자주 경주를 가지만 그때와 비하면 참으로 격세의 느낌이 있다. 그 때 우리는 밤차로 서울을 떠나 새벽에 대구에 내려서 차를 바꿔 탔는데, 그때만 해도 기차는 좁은 협궤(狹軌)였고, 그 속도라는 것이 느려 터져서 심지어 고갯길에 차가 오를 때는 학생들이 차에서 뛰어내려 기차와 경주하는 장면이 벌어지기도 하였다. 봄날 화창한 일기에 신라 천년 고도를 찾으면서 이같은 광경이 벌어졌다.
　경주에서는 지금도 같은 자리지만 안동여관에 묵었다. 다음 날 인솔 교사를 따라 경주 고적을 돌았는데 물론 도보였다. 반월성·첨성대·안압지를 지나서 황룡사 터에 당도하였을 때의 일이다. 마침 우리가 오는 것을 멀리서 지켜보았던지 절터에 자리 잡은 부락 (수년 전 철거)의 어린아이들이 삼태기와 괭이를 들고 나오더니 우리 앞에서 땅을 파는 것이었다. 호기심에 지켜보았더니 그 자리에서 둥근 연꽃무늬 기와가 발굴되었다. 지금 생각하니 그 장소는 아마도 황룡사 금당의 남쪽 끝인 듯하다. 나는 이때 거의 완전한 둥근 기왓장을 10전을 주고 샀다. 10전은 그때 나의 주머니 돈으로 작은 것이 아니었다.

나는 돌아와 이 2장의 기와를 당시 학교 본관 2층에 있었던 지역교실(地域教室)에 기증(?)하였다. 물론 역사 참고품으로 자진하여 제출한 것이었다. 지금 생각하니 그때부터의 이같은 관심은 그 후 내가 국립박물관에서 우리나라 불교미술 연구에 종사하여 온 사실이나, 오늘도 바로 이 경주 황룡사 발굴에 관계하고 있는 그 까닭인지도 모르겠다. 오늘 그 2점의 황룡사 기와를 다시 찾지는 않았지만 나는 학문과 관련하여 모교에 대한 기억의 하나로 간직하고 있다.

이때 또 하나의 강렬한 인상이 나에게 있었다. 그것은 그 다음 날 우리가 다시 기차 편으로 불국사역에 내려서 다시 도보로 불국사를 찾았을 때였다. 바로 청운교를 올라 다보탑과 생전 처음 대면한 순간의 그것이었다. 그때 나는 이 석탑의 특이한 구조와 그 절묘한 기교에 그만 압도되었던지 두 손을 쥐면서 그 자리에서 껑충껑충 뛰고 싶은 충동을 느끼기도 하였다. 그것은 인공만이 결코 아니었다. 그것은 틀림없이 하늘에서 어느 옛날 조용한 아침에 내려와 바로 그 자리에 자리 잡은 것으로 착각되었기 때문이다. 이때 나의 안막(眼膜)에 비친 영상, 그리고 그때 나의 심장의 고동은 그대로 오늘 다시 재현되지는 못한다 하더라도 그것이 16세의 소년으로서 신라 미술의 걸작품을 처음 대한 첫인상이었던 것만은 틀림이 없다. 그 후 안 일이지만 신라 경덕왕(景德王)이 만불산(萬佛山)을 만들어 당나라에 보냈더니 그 임금이 신하를 모아 '신라 사람의 기교는 하늘의 조화이지 사람의 기교가 아니다(新羅之巧天造, 非人巧也)'42)라고 칭찬한 바로 그 형용사는 그대로 이 탑에도 적용될 것이다. 오늘 신라의 만불산을 찾을 길은 없으나 신라 국토에 돌로 만든 이 다보탑이 남아 있어 석굴암과 더불어 그 강렬하고 신선하던 감명의 뒷받침이 되었던 것이다.

나는 반세기가 지난 오늘 그때를 회상하면서 매우 중요한 시기였다고 새삼 느끼게 되었다. 그리고 그때의 나의 소망이 오늘에 이어질 수 있었다면 그보다 더 큰 다행이 다시 또 없을 것이다. 그 후 나는 신라 미술 연구에 종사하여 온 것을 한 번도 후회한 일이 없었다. 그것은 자기의 어렸을 때의 소질과 이상을 그런 대로 지니고 살아올 수 있었기 때문이다. 말할 것도 없이 내가 걸어 온 시대에서 고난과 방황이 거듭되기는 하였으나 나는 끝까지 '황고집'을 부릴 수 있었다고 생각하고 있다.

『경복고교(景福高校)』 1981년

황수영은 1931년 개성 제일보통학교, 1936년에 경성 제2고등보통학교(지금의 경복중학교), 1939년에 일본 마쓰야마(松山) 고등학교 문과를 졸업했다. 이 글은 황수영이 다녔던 경성 제2고보 3학년 때의 경주 수학여행을 떠났던 기억을 되살려 모교의 책자에 실은 글이다. 당시 수학여행은 3학년에 경주, 4학년에 금강산, 5학년에 만주나 일본으로 떠났다.

황수영은 1933년 봄 경성에서 밤차를 타고 새벽에 대구역에 내려 협궤열차를 타고 경주역에 내렸다. 당시 협궤열차는 흔히 '장난감 기차'라고도

---
42) 『삼국유사』

불렀는데 너무 느려서 고갯길을 오를 때에는 학생들이 아예 내려와서 기차와 경주하는 진풍경이 벌어지기도 했다. 숙소를 안동여관으로 잡고서 도보로 반월성, 첨성대, 안압지, 황룡사터를 인솔교사를 따라 유람했다. 황룡사지에서는 아이들이 땅에서 파낸 연꽃무늬 기와 두 장을 10전 주고 사서 모교의 지역교실에 기증했다.

15 경주 여행기
영생여고생(永生女高生) 이봉순(李鳳順)

 긴 역사를 가진 신라 시대를 보고 온 지금에 있어 내 머리 속에 깊이깊이 잠겨 있는 수많은 기억의 실마리에서 몇 오리만 뽑아 적어보련다. 신라 시대에 불교가 극성했다는 것을 더 말할 수도 없지만 그 시대의 미술이 얼마나 발달하였든가는 지금 세상에 태어난 나로써 놀라지 않을 수 없었다. 그렇다고 내가 지금 여기에 쓰려는 것은 미술이나 종교에 대한 것은 아니다. 다만 그 많은 고적과 여러 곳 중에 내 기억에서 사라지지 않은 영원히 잊지 못할 곳이 있다.

그림 15-1 안압지

하룻밤 꿈은 허공에서 새이고 그 날은 비오는 쓸쓸한 여름밤이었다. 나는 빗소리 요란한 어떤 못가에 맥없이 서서 눈감고 못 위에 떨어지는 빗소리를 귀에 담으며 입속으로 외여보였다. 안압지라고.

   사정없이 퍼붓는 여름비에
   놀래여 깨인 듯 머뭇거리는 안압지여
   천 년 전 옛 일이 이 못에 잠겼나니
   말없는 이 못엔 빗소리만 요란하다
   달뜨는 밤이면 이 못에 배 띄우고
   유흥과 취향(醉香)에 젖어서
   세상을 잊고 사는 옛님이야
   이 못이 이같이 거칠어질 줄 알기나 했으랴.

 빗소리는 이윽고 잔잔해진다. 나의 우산을 두드리던 그 요란한 빗소리도 그쳤다. 그 못에 담긴 물은 그다지 맑지도 못했다. 그렇다고 검은 것도 아니다. 나는 다시 옛날을 생각해보았다. 옛날 신라 시대 왕도 계실 때 이 집은 이궁(離宮)이었고 이 못은 왕이 하루에 정사와 모든 복잡한 머리를 어여쁜 궁녀들과 달빛을 따라 배를 저으며 쉬던 곳이었으리라고 그러한 이 못이……창공의 수많은 별들은 이 나라 오래기를 축복했고 맑은 달빛도 빌었으리라. 그러나 이 땅은 변한지도 오랬다. 한때는 어여쁜 궁녀들이 가는 허리에 길다란 치마를 감고 짧은 저고리에 기다란 고름 곱게 차리고 자랑하는 듯 맵씨를 부리던 푸르고 푸른 거울도 되었으리라. 오! 왕 계시던 이 집이 이같이 되고 그 맑은 못이 저같이 거칠어졌나니 원통한 이곳이여, 푸르른 녹음이 마음껏 우거지고 고요한 이 못물이 더욱 맑아지는 고요한 물결이 잠들려 할 때 궁녀들이 희고 가는 손을 올려 거문고의 줄을 당기면

은은하고 무거운 그 소리는 잠자는 물결을 밀면서 파문을 짓고 고요히 어둠에 저 무거운 공기를 흔들면서 멀리 성밖에까지 들렸으리라. 오! 그 영음(靈音)이 이 땅의 목숨이었을 것이다. 애끓는 듯한 거문고 소리 못속에 잠겼다가 내 귀에 들리는 듯 하였다. 못 위에 떨어지는 빗소리, 옛날 신라의 흥망을 이야기하는 듯 기쁘게 서럽게 들려오는 데 길가에 자란 창포잎은 비바람에 휘늘어져 춤추는 듯 맥없이 흔들거리고 있다. 안압지 이름 좇아 아름다워라. 푸른 창포잎이 누르러지고 못물이 더욱 맑아지는데 창백한 가을달이 이 못에 찾아와 물속에 고기와 함께 놀리라. 물결에 밀려 찢어지는 달빛, 아! 그 아름다움이여, 세상은 다 잠들고 물속에 고기까지 잠든 밤이면 달빛은 홀로 이 못을 방황하리라. 신비한 그 못 위에 살고 싶어라. 이 못에 깊은 물이 다 말라 없어질 때까지 그 속에 잠긴 옛 역사를 그대로 감추어 두려는고? 오! 흥하고 망함이 자연의 법이라면 숨죽여 말없이 기다리련만 그도 못 믿을 것이어늘 …… 아직도 나의 기억의 실마리에 잠겨 풀려지지 않은 그곳, 다시다시 서보고 싶은 그 못가, 내 기억을 애닯게 꾸미는 안압지여, 내 기억의 닻줄이 너를 따를 때마다 애끓는 내 혼을 내 혼을 네 속에서 자게 해다오.

석굴암

　석굴암 오를 때엔 안개가 푹 덮여서 어떻게 말하면 기막히다 할른지 안개가 푹 덮여서 몽롱한 세계가 되어버렸다. 나는 벌써 이 세상 사람이 아니다. 내 앞에 선 사람조차 찾아볼 수 없었다. 하얀 세계에서 새가 걷고 있는지, 날고 있는지, 춤추고 있는지, 세상이 그저 몽롱하기만 했다. 나도 날개가 돋혀 흐르는 안개와 춤추고 싶었다.

그때 흐르는 안개 속에서 자취도 안 보이고 우는 뻐꾸기 소리는 안개에 쌓여서 희미하게 연하게 구슬피 들렸다. 그 소리는 분명히 발 밑에서 들렸다. 나는 뻐꾸기 소리를 다리삼아 건너가며 걸었다. 차차 걸어가며 멀어질수록 그 소리는 내 뒤에서 나를 부르며 따르는 듯 가던 걸음을 멈추게 하였다. 아, 자연의 신비로움이여, 흐르는 안개를 마시며 세상을 잊고 살 수 있다면 ……. 오르고 쉬고 오르고 해서 석굴암에 다달았다. 나는 앞에서 덮었던 안개가 벗어지는 것을 내려다보며 "인공미 위대함에 자연 좇아 아름다워라" 외치고 싶었다. 안개는 간 곳 없고 세상은 뒤집혔다. 벌써 내가 또 딴 세상 사람이 되었다. 안개에 덮였던 푸른 녹음은 더욱 아름다웠다. 맑은 햇발은 안개가 남겨준 이슬을 비추며 진주같이 반짝인다. 몽롱한 세계, 갑자기 명랑한 세계로 변하였다. 말 못할 신의 조화여…….

푸른 녹음은 맑은 바람에 흔들려 방울방울 이슬이 구울러 떨어진

그림 15-2 석굴암

다. 안개에 쌓여 안 들리던 여러 가지 새들이 아름답게 여름 아침을 노래한다. 나의 마음은 기쁨이 넘쳐 발걸음은 자연이 가벼워졌다. 아침을 찬양하는 산새의 노래는 더욱 더욱 기꺼운 내 숨결에 반주를 해주는 듯 싶었다.

『신가정』 1936년 5월

일제강점기에도 수학여행이 있었다. 보통 3학년 때는 경주, 4학년은 금강산, 졸업반인 5학년은 만주나 일본으로 수학여행을 다녀왔다. 모두 근대화의 산물인 철도 덕분이었다. 이 글은 함흥의 영생여고에 재학 중이던 이봉순이 쓴 경주 여행기이다. 이 글을 보면 낭만적이고 감수성이 예민한 문학소녀였으나 누구인지는 알 수 없다.

영생여고의 전신은 1903년 캐나다교회에서 함흥 낙민정(지금의 신창리)의 한 사택에서 영생여학교란 이름으로 여학생 6명으로 그 발걸음을 디뎠다. 그 연혁을 추리면 다음과 같다.

  1903 캐나다 여성 선교사 맥래(한국명 마의대) 여사가 함흥 낙민정(樂民亭) 신사라의 집에서 학생 6명을 수용, 사립 여성 여학교로 시작.
  1910 사립 영생여학교 설립 인가.
  1911 고등과 신설.
  1916 선교사 맥애련 교장 취임.
  1929 영생여자고등보통학교 설립 인가.
  1943 일제 강압에 의해 교명을 히노데(日出) 고등여학교라 개칭.
  1945 일제 강압에 의해 공립으로 개편, 아사히(旭) 공립고등학교라 개칭.

1956 영생여고보 동창생들이 자금을 모금, 출연하여 모교 재건 위원회 발족.
1978 영생학원 설립.
1979 모교 재건을 조건으로 한신학원과 재단 합병.
1988 수원시 율전동 66번지에 학교부지 7,170평 매입.
1990 남녀공학으로 영생고등학교 인가.
1990 개교, 제1회 입학식.
2003 함흥영생여고 개교 100주년 기념식.

영생여고는 관북 지방 최초의 근대 여성교육 기관으로 수많은 여성 교육자와 문인을 배출하였다. 유명한 졸업생으로 기독교 사회운동가 신애균(1회 졸업), 소설가 임옥인(1915~1996, 방기환 부인), 손소희(1917~1986, 1936년 졸업), 작곡가 김순애(1920년생) 등이 있고 시인 백석(영어 담당), 한글학자 정태진(1903~1952) 등이 이 학교에서 교사를 역임한 바 있다.

16 경주기행

이화여고(梨花女高) 4년 정봉득(鄭鳳得)

때는 가을, 하늘 높고 물 맑은 가을, 불어오는 청풍은 둔해졌던 머리와 축 늘어졌는 사지로 하여금 새 정신과 새 기운을 소생시킨다. 그래서 백회(百懷)와 만감이 제각기 심정이 한 모퉁이를 돌고 일어난다.

이러한 시절에 현세의 뜬 생각을 버리고 고인의 유적을 상상하여 찬란한 역사와 불후의 문화를 감춘 신라의 고도 경주를 찾아감이 그 얼마나 의미 깊은 일인가.

우리는 그 문화의 유적, 예술의 여운의 만일이라도 찾아보기 위하여 느낌 많은 이 철에 수학여행의 길을 떠나게 된 것이다.

10월 6일 이른 아침 우리 일행 35명은 경성역두에 모여 김 선생님과 전 선생님의 인솔 하에 7시 30분발 경부선 열차에 몸을 실었다.

아침마다 생각하고 저녁마다 그리던 이 나들이, 아! 기쁘고 반가운 마음을 무슨 형용사로 어떻게 묘사할까. 기관차의 '푸파' 소리까지도 우리들의 기쁨을 말하는 듯하였다. 하모니카, 창가, 박수의 교향악에 흥이 겨워 시간 가는 줄도 모르고 놀았다. 그리하여 생동활약(生動活躍)하는 기분의 멜로디는 온 차실(車室) 안에 양양(洋洋)한 물결같이 출렁거렸다. 아침에 으슬으슬 춥던 것도 없어지고 이제는 긴장한 심신에 땀 흐르고 말았다. 정거장 수는 늘어간다. 우리들의 웃음의 꽃도 점점 만발하여 간다. 이렇게 떠들고 노는 가운데 어느덧 대구역에 도착하였다. 우리 일행은 기쁨의 막이 열리던 이 경부선 열차를 작별하고 4시 40분에 포항행 경편철도(輕便鐵道)의 객이 되어 경주로 향하였다. 목적지인 경주에 다다르니 때는 오후 8시 17분이더라. 처음에 눈이 뜨인 것은 경주정거장인데 건축 양식 이라든지 단청한 것이라든지 처음 보는 사람으로도 능히 이곳이 고 적지인 것을 알도록 명백히 표현되어 있다. 먼저 숙사를 월성여관 (月城旅館)으로 정하고 피곤한 몸을 쉬었다.

10월 7일 오전 6시 50분발 기차로 경주를 떠나 7시 28분에 불국사 역에 도착하여 보행으로 불국사로 향하다.

사(寺)는 경주 동편 4리 허(許)의 토함산 남록(南麓)에 있으니 거금(距今) 1396년 전 신라 제23세 법흥왕(法興王) 27년에 창조하고 그

그림 16-1 무너진 불국사(1914년 사진)

I. 경주에 가거든 253

뒤 경덕왕(景德王) 10년에 신라 재상인 호부(豪富) 김대성(金大城)이 다시 중수하여 크게 확장한 것인데 임진병화(壬辰兵火) 시에 본사(本寺)를 소실(燒失)하고 뒤 3차의 중수를 지내여 비로소 오늘의 현상을 이룬 것이라 한다. 그리고 2차 중수 당시에는 3만 명의 승려가 있었다 한다. 다보탑, 석가탑, 무궁탑, 청운교, 백운교, 칠보교, 연화교, 자하교, 범영루, 석사자 등 그 끝에 있는 석조물치고 모두 가치 있는 예술품 아님이 없지만 그중에도 다보탑 석사자는 가장 걸작이다. 이 다보탑은 신라탑 중 최수(最秀)의 것인 동시에 중국이나 인도에서도 이토록 기발수미(奇拔秀美)한 것은 얻어볼 수 없다고 한다. 탑 기단 네 귀에 각각 일개의 석사자가 있어 그것도 조각이 절호(絶好)한 것인데 한 개는 따로 보관하고 한 개는 대영박물관(大英博物館)에 가 있고 두 개는 부지거처(不知去處)라 한다. 참으로 놀랄만한 건축 조각들이다. 우리 조상이 만드신 이 불후의 예술을 기념하기 위하여 일행은 여기에서 기념 사진을 박았다. 그리고 발길을 석굴암으로 옮겨 놓았다.

　석굴암 가는 길이 어찌나 멀고 험하든지 석굴암이 아니었다면 그만 중간에서 주저앉고 말았을 것이다. 이 모퉁이를 지나면 저 모퉁이가 나오고 한 고개를 넘으면 또 한 고개가 나오고 다 왔나하면 아직도 멀어 마치 옛날 신화나 동요 같은 데서 듣는 미궁(迷宮)을 찾아 들어가는 것 같았다. 꼬불꼬불한 산길을 빙빙 돌아서 절정(絶頂)에 올라서니 눈 아래 깔린 바다 동해가 분명하다, 하늘과 맞닿은 푸른 물길, 아! 해발 1,800여 척의 토함의 준령을 올라오느라고 애쓴 그 괴로움은 이 푸른 바다를 바라봄으로써 다 잊어버리고 부지불식간에 신선이 된 듯하였다. 이 암자는 불국사와 함께 창설한 것인데 전부가 화강암으로 축조되어 내부는 궁륭형(穹窿形)으로 되었고 입구 양벽에는 수호신 인왕(仁王), 사천왕의 연화(蓮花) 신상(神像)이 있고 내부 양벽에는 십일면 관세음, 10대 제자, 4보살 등 25체(體)를 박육조(薄肉彫)로 하고 중앙에는 고(高) 5척의 연대(蓮臺) 위에 장(丈) 6척(尺)의 석가여래좌상을 우아하게 안치하였는데 그 구성의 기걸(奇傑)함과 조각의 우미함은 신라 미술의 정화를 극(極)하고 현시(現時) 동양 미술계의 대표적 작품으로 족히 세계에 자랑할 만하다. 여기서 "예술은 길고 인생은 짧다"는 말을 절실히 느꼈다. 신라의 옛사람들은 우리에게 석굴암과 다보탑과 황동종(黃銅鍾)과 그 밖에 많은 문화를 남기고 갔다. 우리는 무엇을 후생(後生)에게 주려는고? 감상 깊은 여기서 기념 사진을 또 하나 박고 떨어지기 싫은 발길을 돌려 석굴암을 작별하니 다시 불국사의 문전이다.

벌써 점심때가 되었다 우리 일행은 불국사 옆 여관에 들어가 점심을 먹고 괘릉(掛陵, 신라 제30대 文武王陵)을 참배하다. 능의 주위는 12지신상으로 두르고 앞에는 석사자로 이 웅장한 능을 호위하였다. 그곳에서 다시 영지(影池)로 향하였다.

햇님이 서산으로 기울어지고 황혼의 빛이 만상을 덮는다. 이 영지라는 이름은 불국사의 전각이 그대로 비치기 때문이라 한다. 지금으로부터 30년 전까지는 똑똑히 비치었드니 지금은 청명한 날 외에는 잘 안 보인다 한다. 이제는 날이 저물었으니 영지의 기이한 그림자는 볼 수 없으나 저녁 노을에 비치는 유유한 영지의 물만 바라보니 회고의 정은 경일층(更一層) 간절하다. 묵묵히 옛사람의 형적을 살피고 다시금 경주로 돌아왔다.

저녁밥을 먹고 김 선생님과 목사님을 따라 봉황대에 올라갔다. 팔월기망(八月旣望)의 달 밝은 밤! 고요히 잠들어 있는 경주읍을 내려다 보고 달을 우러러보며 천년 전의 동경(東京)을 추억하니 그 감개무량한 정회(情懷)는 무엇으로 그려 낼 수가 없다.

10월 8일(경주읍내)

조반을 먹고 경주박물관에 다달으니 신묘정교(神妙精巧)한 금관, 옥적(玉笛), 구옥(勾玉) 등은 무심한 우리로도 감탄의 정을 일으켜 준다. 그 밖에 석기, 철기, 도기, 와(瓦) 등에 나타난 미묘한 조각도 말할 수 없다. 이 금관, 구옥 등 보물이 다 근년 고분에서 나왔다고 한다. 최후로 신라 제36세 혜공왕(惠恭王) 6년에 주성(鑄成)한 12만 근의 중량을 가진 거대한 봉덕사종(奉德寺鍾)을 한번 울리니 웅웅(雄雄)하고도 은은한 음파(音波)는 수 분간을 계속하여 ○○한 계림(鷄林) 무대에서 인생극(人生劇)을 연출하든 수 만 수 천 배우의 울음소리를 한데 모아서 무심한 우리 후생에게 천추의 원한을 하소연하는 듯하다. 종은 그렇게 구성이 크면서도 또한 미묘한 감을 준다. 이 종은 체형으로나 중량으로나 가격으로나 세계 제일이라 한다.

안내자를 따라 굴불사지에서 사면석불을 보고 월성 이씨 시조 알평의 제상지(祭祥地) 표암(瓢岩), 석씨 시조 탈해왕릉을 거쳐 분황사에 이르렀다. 신라삼보(新羅三寶)의 일(一)로 이름 높은 분황사 구층탑이 지금에 황폐한 삼층탑으로만 남아있음을 볼 때 슬퍼하지 않을 수 없었다. 이 탑은 첨성대와 거진 동시에 된 것인데 안산암(安山岩)의 소석재(小石材)로 축조한 엄연미려(嚴然美麗)한 구층탑이었는데 임진(壬辰)의 역(役)에 불행히 삼층을 손실하고 그 후에 어떤 우승(愚僧)이 중수하려다가 다시 삼층을 무너뜨렸음으로 지금은 다만 삼층으로 우리에게 원형태(原形態)를 상상케 할 뿐이다. 왕년 수리할 때에 내부에서 발견된 석함에서 사리와 무수한 공예품이 나왔는데 그것으로도 당시 문화를 설명하는 귀중한 자료가 된다 한다.

청태(靑苔) 끼인 초석만 남아있는 황룡사 옛터를 지나 안압지에 저립(佇立)하였다. 삼국을 통일하고 승평안락(昇平安樂)의 생활을 하던 문무왕이 무산십이봉(巫山十二峰)을 만들고 진금기수(珍禽奇獸)와 기화요초(琦花瑤草)를 기르며 주유산보(舟遊散步)하시던 안압지, 주인 없는 고지(古池)에 화초가 어찌 남아있으랴마는 무산십이봉과 석교(石橋)조차 어데 가고 갈대만 우거져서 가을 바람에 흔들거리고 있나! 다만 못의 중앙부에 무덤 같은 소구(小丘) 하나가 있으니 이것이 아마 십이봉의 하나인가보다.

안압지의 동남쪽 쓸쓸한 언덕 여기가 안압지 옛터라 한다. 삼국의 최고 권위를 가지고 지배하시던 임금님이 금관옥대(金冠玉帶)의 반짝이는 그 속에서 문무조신(文武朝臣)의 조하(朝賀)를 받으시던 곳도 이곳이며 경순왕(敬順王)이 최후의 막을 닫히는 곳도 이곳이다 왜구의 ○척(○斥)을 경영하던 곳도 고구려아 접근하려던 계획도, 당나라를 끌어 고구려와 백제를 멸하려던 ○○도, 문무왕이 당나라의 ○○를 분개하여 백제, 고구려의 고지(故地)를 회복하려던 결심도 다 이 자리에서 하였었다. 그리고 경애왕(景哀王)을 포석정에서 습격하던 견훤이 보물을 찾으려고 덤비던 곳도 이 자리며 마의태자(麻衣太子)가 우리는 목숨 있는 때까지 싸울지언정 어찌 천년 사직을 일조에 경○(輕○)히 남에게 주려고 ○장(○壯)한 열변을 토하던 뜰이 저 논들인가.

아! 임해전 옛터, 거룩한 임해전! 원망스러운 임해전! 지나는 손이 옛 일을 생각하고 얼마나 울었으랴!

이곳서 점심을 먹고 반월성 내에 있는 석빙고를 찾아갔다. 치석(治石) 천 개의 정교웅대(精巧雄大)함이 비길 데 없다.

경주 김씨 시조 김알지의 발상지인 계림과 숭혜전(崇惠殿), 미추왕릉(味鄒王陵) 등을 보고 서편으로 스쳐오는 바람에 황모(黃茅)의 도파(稻波)를 양편에 끼고 발길을 재촉하여 신라 27세 선덕여왕 시에 축조한 첨성대에 이르렀다. 이는 30척의 석층으로 되었는데 지금으로부터 1300년 전의 건물이다. 동양 현존한 최대 천문대이다. 우리는 이곳에서 또 사진을 박고 여관으로 돌아왔다.

그림 16-2 오릉

10월 9일 아침밥을 일찍 먹고 또 다시 오릉을 찾아갔다. 이 능에 대하여 허다 기괴(許多奇怪)한 전설이 있지만 실상인즉 시조 혁거세(赫居世), 동 왕비(王妃), 2세 남해왕(南解王), 3세 유리왕(儒理王), 5세 파사왕(婆娑王)을 봉영(封塋)한 오릉이라 한다.

혁거세 탄강지(誕降地)인 나정(蘿井)을 거쳐 향교와 숭덕전(崇德殿)을 보고 포석정으로 갔다.

유상곡수(流觴曲水)의 연(宴)을 베풀던 곳인데 차역(此亦) 동양 유일의 현존물로써 정묘하기 짝이 없다. 신라 제55대 경애왕이 문무백관과 환락(歡樂)한 기악(妓樂)과 미주의 향기로 계림 일폭(一幅)을 휩싸고 있을 때 후백제왕 견훤에게 유린을 당하던 곳이다. 아! 옛날에 군신비빈(群臣妃嬪)으로 더불어 음주영시(飮酒詠詩)하여 악(樂)과 흥이 흐르던 이곳이 낙엽으로 덮였으니 이를 보는 사람으로 뉘라서 인세(人世)의 무상을 탄식치 아니하리오. 이곳서 한참 가서 삼체석불(三體石佛)을 보고 북으로 고구려를 병(倂)하고 서으로 백제를 멸하여 통일의 기초를 공고(鞏固)케 한 발췌(拔萃)의 영왕(英王) 신라 29대 태종 무열왕릉을 참배하게 되었다. 능의 전방에 비신(碑身) 잃은 이수(螭首)의 웅○(雄○)함과 귀부(龜趺)의 정교함은 당대 미술의 발달을 가장 잘 증명한다고 한다. 그러나 나는 아직 여기 대한 감상력이 적음으로 다만 말 못할 회고의 정만 일어날 뿐이다.

이곳서 점심을 먹고 서악서원, 김유신묘를 보러갈 터인데 나는 너무 다리가 아파서 아까운 것을 못보고 일찍 여관으로 돌아와서 쉬었다. 이것으로 뜻 깊은 금반(今般) 여행의 견학의 끝맺었다.

천 년 전 경주는 17만 호에 80만 인구가 열뇨(熱鬧)하던 대도성이다. 금일에 이렇게 적막한 소촌(小村)이 될 줄이야. 아, 무서운 변천이다. 10월 10일 이제 우리는 느낌 많은 이곳을 떠나지 않을 수 없었다. 아침 7시 35분 발 기차로 경주를 떠나니 아, 만고불후(萬古不朽)의 위대한 문화를 건설하였던 신라! 잘 있거라! 금성(金城) 천 년의 찬란한 역사를 남긴 경주.

『조선일보』1930년 12월 3일, 4일, 5일 연재

이 글도 경주 수학 여행기이다. 저자 정봉득에 대해서는 아는 바 없다. 일행 35명은 1930년 10월 6일 이른 아침에 경성역에 모여 김 선생님과 전 선생님의 인솔로 7시 30분발 경부선 열차를 탑승했다.

당시 이화여자고등보통학교 교장은 메리 E. 처치(Marie E. Church, 1885~1972; 1929~1938년 교장 역임)였으며 이 글에서 언급한 김 선생님은 누구인지 알 수 없다. 당시 김씨 성을 가진 교사는 김극배(1912~1939년 재직, 한문), 김봉희(1920~1944년 재직, 일어), 김은실(1920~1938년 재직, 음악), 김창제(1924~1938년 재직, 공민) 등이 있었고 전 선생님은 전수진(1939년까지 재직, 영어)을 가리키는 듯하다.

이들 일행은 기쁨에 들떠 기찻간에서 하모니카 반주에 노래를 부르며 박수 치는 사이 대구역에 도착하여 4시 40분 포항행 경편열차를 타고 목적지인 경주역에 8시 17분에 도착했다. 대구서 경주까지는 무려 3시간 23분이나 걸린 셈이니 격세지감을 느끼겠다. 월성여관에서 하룻밤을 투숙한 뒤 역시 울산행 경편열차를 타고 불국사역에 하차, 도보로 불국사, 석굴암을 관람하고 불국사 옆 여관에서 점심을 먹고 괘릉, 영지를 거쳐 다시

그림 16-3 이화여고의 경주 수학여행(1935년)

경주 여관으로 돌아와 저녁을 먹고 밤에는 봉황대에 올랐다.

  10월 8일 여정은 경주박물관, 굴불사지, 표암, 탈해왕릉, 분황사, 황룡사지를 거쳐 안압지에서 중식을 해결하고 반월성, 숭혜전, 미추왕릉, 첨성대를 끝으로 여정을 마쳤다. 10월 9일에는 오릉, 나정, 향교, 숭덕전, 포석정, 삼체 석불을 거쳐 태종무열왕릉에서 점심을 먹고 오후에 다른 일행은 서악서원, 김유신 묘를 탐방했지만 이 글의 저자는 다리가 너무 아파 포기하고 여관으로 돌아와 쉰 다음 10월 10일 아침 7시 35분 경성행 기차를 탑승함으로써 3박 4일의 경주 수학여행을 마쳤다.

  오늘날의 하루 중에 잠시 몇 시간 거쳐 가는 경주 수학여행과는 판이하게 달랐던 풍경이다.

17 경주기행
호고(好高) 임학수(林學洙)

　고려의 송도(松都)에서 신건(新建)의 경주로! 반도의 문호인 부산항을 잠깐 거쳐 해운대 보름달에 소매○○차림이 우리의 여정이었다. 일행은 105인. 정축년(丁丑年) 5월 스무나흘 밤 여덟시, 부두에는 우리의 무사식재(無事息災)를 소○(所○)하는 송객(送客)들이 행커치를 흔들고 모자를 휘둘렀다.
　기적과 함께 구르는 차 바퀴! 내 마음은 아무런 감개(感慨)도 없이 텅 비고 멀리 사천(四天)에는 별들이 반짝였다.
　나는 곧 색저고리에 중산모, 흰 바지에 흰 운동화, 바른 편 손에는 인조 벗나무 스틱이 무○(無○)히 쥐여 있고 왼손에는 자색 오리 가방 그 속에는 수십 매의 휴지와 면 손타올 한 장에 몇 켤레의 양말 진실로 십유여년(十有餘年)을 기회로 떠돌아 '○ 털그멍' 세상의 적은 정거장에서 오르고 내리고 이별하고 만나기에 길들은 나인지라 이번의 행구도 또한 빈약하였다.
　이윽고 새우등 잠을 깨니 새벽 세시 반. 누으매 베개 없고 웅크리매 옆구리가 결려 나는 차라리 뜬 눈으로 새우리 결심하였다. 아마 45분이나 눈을 붙였던지? 먼동은 터오고 차는 돌아돌아 긴 ○을 건너고 또 건넌다. 이, 이것이 작년 아니 재작년에도 그 수없는 생령(生靈)을 삼키고 수만의 동포로 하여금 집 잃고 옷 없어 떨게 한 ○

이런가?

  마(魔)의 낙동강(洛東江)! 그러나 이제 두어 마리의 참새가 와 방죽에 지저귀고 '도롯코'를 끌어 수인(數人)의 공부(工夫)가 모래 짐을 실어 나르는 낙동강은 ○히 평범하였다.

오륙도

  부산역에 이르니 아침 아홉시 10분. 조선일보 지국의 안내로 먼저 연락선을 구경하였다. 바로 이것이 현해탄 건너 짓궂은 풍랑에 시달린 승객들을 와르륵 메여치면서 시커먼 ○체를 허우적거리고 기어가는 괴물인 것이다. 그러나 오늘은 마침 떠나는 시간이 아님으로 밀치락닥치락 여권 없이 쫓겨 가는 노동자의 행렬도 사복의 경관도 폭 지고 '세다' 찍 끄는 아낙네들도 볼 수가 없있다.

그림 17-1 부산항 관부연락선(매일 2회 운행)

여관으로 돌아와 조반을 마치고 시가를 일별하였다. 한 말로 한다면 부산이란 아무 보잘 것 없는 도회였다. 만일 부산에서 바다와 오륙도만 빼어논다면 일고의 가치도 없을 것이다. 결국 그는 겉만 반질하고 내용은 공허한 한 '나리아가리 모노'43)다.

나는 부산항에서 보다 신선하고 보다 풍성스런 바나나 외에는 아무 것도 취(取)하려 하지 않는다. 그러나 건너편 물 가운데 흘립(屹立)한 오륙도와 아득히 망막(茫漠)한 수평선만은 잊을 수가 없다. 때는 정오. 몽환같이 말없는 수평선과 흰구름 두어 조각. 세계를 항행하는 대소 선박이 혹은 고동을 불며 혹은 움직이며 혹은 실날같은 연기를 나부낀다. 저 선 너머는, 저 거품 너머는-얼마나 아름다운 산호의 진주가 숨겼을 것인고? 녹슬은 창끝, 부러진 화살. 먹피를 흘리며 이를 갈던 옛사람의 혼이 얼마나 조을 것인고? 고향을 등지고 늙은 어머니를 남기고 운명을 시험하러 멀리 가는 사람의 고달픈 눈물인듯 얼마나 떠올렸을 것인고? 실로 영국의 도버 해협! 또는 영령(英領) 서반아(西班牙)의 지브랄타 해협! 만일 '로버트 브라우닝'44)이라면 케디스 만두(灣頭)에 혈홍색(血紅色)으로 흘러가는 낙일(落日)과 말없이 누은 트라팔가, 아프리카 대륙에 고요히 떠오르는 조-브의 별, 멀리 검푸른 바다 너머로 적군을 물리쳐 조국을 구한 영웅들을 읊조렸을 것이다.

---

43) 원어는 '成上がり者'로 '갑자기 뜬 졸부'라는 뜻이다.
44) 로버트 브라우닝(Robert Browning, 1812~1889)은 영국의 시인으로 바이런, 셀리의 영향을 받아 시인이 되었다. 테니슨과 더불어 빅토리아 왕조 시대를 대표하는 시인이다. 그의 시는 인간의 모든 강렬한 정열을 힘차게, 그리고 극적으로 노래한 것이 특징이다. 그러나 그의 시는 사고력이 깊고 또 어려웠기 때문에 그 가치는 그가 죽은 후에야 인정받게 되었다. 주요 작품으로는 『남과 여』, 『등장인물』, 『반지와 책』 등이 있다. 그의 아내 엘리자베스 브라우닝도 부부의 사랑을 노래한 아름다운 시를 써서 유명하다.

갈매기 흰 구름으로 더불어 나르고
타는 아지랑이 미끄러지는 바람
제국(諸國)을 기항하는 선박
나가며 들어오며
아득히 망막한 은선(銀線) 너머도
점되어 사라지는 곳
남해!

해운대

　해운대역(海雲臺驛)에서 내렸을 때는 거진 다섯 시였다. 숙사를 정하고 먼저 온천으로 들어갔다. 온양(溫陽) 물처럼 미끄러웁고 부드러웁지는 않았으나 조수의 향기가 섞여 풍기는 것이 좋았다. 땀을 씻고는 풀로 들어가 한바탕 헤엄을 쳤다. 이리하여 간밤의 피로도 저윽히 풀렸는지라 어둑컴컴할 즈음에 이 탕에서 나와 석반을 마치고 바로 해변으로 나갔다. 음력으로는 정(正)히 4월 16일 야(夜). 그러나 마침 얇은 구름이 하늘을 덮어 으스름 달밤이었다. 조그마한 소나무 그림자를 밟고 기슭에 이르렀다. 사위(四圍)는 적막하고 바람은 시원한데 멀리서는 어화(漁火)가 까풀거리고 연달아 밀려드는 물결의 성(城)이 와-찰싹 가슴을 쳤다. 모래는 쓸려가량 밀려오량 …… 물결은 기슭을 부시고 흰 구슬되어 스스로 깨진다. 탄식하는 듯 비웃는 듯. 인생은 짧고 변화가 많다. 그러나 몇 천 년 전으로부터 푸르른, 몇 만 년 후까지도 한결같은 그 오늘밤이 내 조부의 4주기(周忌)로다.

　나를 사랑하고 믿던 그, 그가 4년 전의 이 저녁 갑자기 뇌일혈(腦溢血)로 근 한 시간 이내에 드디어 깊이 잠들고 말지 않았는가? 한

그림 17-2 해운대 해안

장의 전신(電信)으로 달려갔을 때에는 벌써 병풍 뒤에 유명(幽明)을 달리한 그. 눈물도 없었다. 슬픔도 없었다. 불러도 대답 없고 엎드려도 어루만져 주지 않았다.

> 부셔라 깨지라
> 희롱하라 탄식하라
> 저곳 적도를 거쳐온 영원의 물결이
> 금모래 조약돌을 쓸어가고 내던지며
> 멀리 해갑(海岬)에는-어화(漁火) 구슬피 명멸하는 어스름 달밤.

나는 왼 한 밤을 거닐어 모래 위에서 새우고 싶었다. 범피중류(泛彼中流), 뱃전에 몸을 누이고 잠시 세사(世事)를 잊고 싶었다.

그러나 돌아가기를 재촉하는 동료. 나는 호올로 산수에 놀아 동(東)에 읊조리고 서(西)에 흥을 기울일 처지가 아님으로 초연(悄然)히 발길을 돌렸다.

깨어서 다섯시 반. 일제히 해안으로 나갔다. 역시 구름 낀 아침. 아득히 돛 버린 배가 그림 같고 조수는 출렁 기ㅇ을 저 발자국을 한번에 지워버린다. 모랫빛 헤치면 금조개, 은조개. 혹은 오색으로 영롱하고 혹은 희기 눈과 같으매 앞을 다투어 내닿는 소녀를 수건에 거두고 얼굴에 대이며 또는 나에게 뵈이고 준다.

『고려시보』 제68호, 1937년 6월 16일

불국사

아침 여덟시 지나 해운대역을 떠났다. 기차는 다시 기슭을 달리고 산을 돌았다. 이 숨박꼭질을 하는 듯 동편에 은현(隱顯)하는 포구에는 점점이 돛 버린 배가 뜨고 물결이 평온하기 거울같이 멀리 산 뒤로 가리우는 최후의 순간까지노 나는 그에서 차마 시선을 떼지 못하였다.

그러나 바다가 우리의 여정에서 영영 자취를 감추어 버렸을 때 그칠 듯하던 보슬비는 다시 차창을 어둡게 하고 서쪽 방죽에는 한 행상이 지나고 있었다. 그는 단층 상여(喪輿)로 꼭대기에 빨간 인조화 한 송이를 꽂았고 상제 두엇이 따르며 뒤에는 삼태기에 괭이 진 농부가 가는 고적한 행렬이었다. 처음 온 곳에서 처음으로 만난 행상!

그러나 '여기 행상은 이상하다.'

무심한 나그네들에게는 이 한 마디 외에 더 긴 조사(弔辭)가 어찌 필요하랴?

열한 시경 불국사역에 도착하니 비단결 같은 빗발이 이제는 머리털에 구르고 입술에 차가울 정도였다. 대합실에서 기다려 수대의 버스에 분승하니 7, 8분 후 바로 불국사 턱 앞 송림 사이에 내려놓는다. 글로 말로 듣고 그리던 불국사! 이제야 그는 내 손아귀에 들어있다.

눈을 쳐드니 높이 단벽(斷壁) 위에 솟은 자하문과 그 아래 구부러진 미려한 돌계단, 이 돌 층계에 늘어서 일동은 먼저 기념 사진을 찍고 사투리 쓰는 그곳 보승회장(保勝會長)의 이 절에 관한 유래와 전설을 들었다. 회장의 연설은 30분 남아 계속하였다. 그는 친절하였다. 그러나 시달린 우리에게는 지루하였다. 물론 고적을 탐승할 때 일일이 그의 역사와 평가와 전설까지도 알고 보는 것이 필요한 일이다. 그러나 수매(數枚)의 '고적안내'와 보승회의 설명과 약간의 사유를 기록한 '입간판'으로 도저히 만족할 수 없을 것이매 차라리 깨끗한 백지로서 예술품에 대하는 것이 좋지 않을까? 불완전한 남의 해설로서 자기의 선입견을 삼는 이보다 다만 자기의 즐겨 취하는 태도로서 관찰하고 생각하고 평가하고 자기의 주관으로서 비판하며 모두가 ○○하는 것일지라도 ○으면 가고 족히 취할 곳 없이 일반이 버리는 것이라도 즐거우면 막대를 멈출 것이다.

이는 '안내'와 '입간판'까지도 읽지 않는 연래(年來)의 내 타태(惰怠)한 성질의 소치인지도 모른다. 그러나 나는 이러한 버릇을 가졌음으로 이번 길에도 역시 이러한 태도로 많은 예술품에 대한 것이다.

불국사에서 먼저 자미(滋味)스러운 것은 대웅전이 전연 성질의 상반하는 두 탑으로 더불어 배치상 좌우 상칭(相稱)을 이룬 것이다. 이제 이 다보탑과 석가탑을 비교한다면 하나는 기교를 다한 호화로운 것이요, 하나는 순전히 수평선과 수선(垂線)인 직선으로 된 소박한 것이니, 즉 전자는 그 상부의 형상이 보통 석탑과 달라 사위(四圍)의 돌계단이 있고 그 위에 암판(岩板) 다섯 개로 중앙과 사우(四隅)의 기둥을 삼았으며 그 위 세 층에는 조각을 베풀은 정방형과 팔각형의 회랑이 돌려 있고 연꽃과 팔각형의 지붕, 그 위에 7층으로 싸엊은 꼭대기는 혹은 모지고 혹은 둥글고 혹은 연봉(蓮峰)으로 뾰족하게 하늘에 솟아 향상과 노력을 상징하고 사나운 비, 모진 바람에는 달려라도 갈듯 조각조각이 그들을 종합하고 통일한 전체의 색조가 실로 경묘(輕妙)하며, 후자는 다만 약간의 조각을 베풀은 암판으로 사위의 벽을 삼고 역시 정방형의 암판으로 수계(數階)의 지붕을 삼은 것으로서 종으로나 횡으로나 확연히 모진 네 귀와 각층에 있어서 지붕과 벽 높이와의 조화된 균형은 인내와 침착과 안정감을 주며, 탑 전체로 보아 높이와 넓이 상방(上方)과 하방(下方)의 균형이 조금도 무리가 없이 극히 자연스러웁고 경쾌한 기분을 준다. 더구나 전자에는 돌계단 위 기둥과 기둥 사이에 사자 네 마리가 각각 앉아 있었다 하니, ㄱ 하려한 이장(意匠)을 가히 짐작할 것이다. 나는 대웅전 뒤로 돌아가 몇 해 전 동경(東京)에서 찾아왔다는 사리탑을 보고 극락전 앞 돌사자(다보탑에 있던 것으로서 세 개는 소실되었음)의 목덜미에 폭신폭신한 얼굴을 어루만지다가 다시 범영루에 올라 잠깐 생각에 잠겼노라니 몇 생도가 와 기념 사진에 같이 들어가 달라고 한다. 응(應)하고 다보탑에 의지하여 ○○를 정돈(整頓)하려 하니 사진사 뒤에서 가슴에 종이꽃을 단 점잖은 ○○○ 군이 렌즈를 우리에게로 돌린다.

"모시모시 안되었지만 사진을 찍지 말아주세요."

"돗떼와 이께마생까?"

"네, 미안하지만 찍지 마세요."

"나쁜 데 쓸려는 게 아니라 이렇게 여학교에서 수학여행 온 것을 기념하기 위하여 찍으려는데요."

물론 그들의 외양으로 보아 현세적 지위와 부와 세(勢)와 연륜이상(上)에 속하는 신사들이요, 또한 조선에는 생소한 이들임을 알았다. 그러나 나는 처음부터 악용될 기회가 있음을 염려한 것 외에 한 마디의 허락도 청함 없이 함부로 남의 얼굴을 찍어갈려는 그 태도를 좋아하지 아니함이요, 또한 쓸데없는 사람의 손에 얼굴을 보존케 함이 싫은 까닭이었다.

"어떠한 이유로 못 찍게 하시는지요?"

역시 목에다 카메라를 건 그 단원의 한 사람인 듯한 이가 묻는다.

"네, 이유는 없소이다. 기분으로 그럴 뿐이외다. 찍지 마세요."

이렇게 물리치고 여관으로 들려 잠깐 쉰 후 일행은 다시 토함산으로 발길을 옮겼다.

양장(羊腸)의 산골길을 오르고 오르기 시여(時餘), 망부정(望夫亭)에 이르니 원산은 첩첩 구름밖에 푸르렀고 동해는 가없이 오고가는 범선도 보일락말락 시원한 바람이 와 옷깃을 나부끼고 머리털과 희롱한다. 그 옛날 고구려의 굳은 성을 위태히 살아나온 남편이 다시 군명(君命)에 의하여 풍토국정(風土國情)이 다른 무국(武國) 일본으로 기약 없는 출범을 할 때 다만 '가오', '가오' 손만 휘두르던 곳이 저기런가, 딸과 어머니 엎드려 땅에 울던 곳이 여기런가? 고요히 음미하여 볼 겨를도 없이 앞을 따르니 이윽고 멀리 돌벽 위에 석굴암(石窟庵)이 보인다(차호 계속).

『고려시보』 제69호, 1937년 7월 1일

석굴암

석굴암 수많은 조각 중에서도 가장 아름다운 것은 굴 내 좌우 입구에 있는 네 보살상과 십일면관음상이었다.

조춘(早春) 금잔디에 불어오는 미풍과도 같은 그 보살상의 온화한 얼굴과 단정한 자태가 보는 사람으로 하여금 짧고 굵은 골격과 두드러진 입술, 그로테스크한 선을 나타냄으로 일삼는 현대화를 반성케 하거니와, 건드리면 도르르 …… 말려버릴 듯이 불면 하늘하늘 땅에 떨어져버릴 듯이 어깨와 팔목에 걸린 얇고 가벼운 사(紗)와 손가락 특히 둘째 손가락과 가운데 손가락에 기여가는 듯한 도톰한 살은 그 바탕이 차고 싸늘한 돌이라는 것도 잊어버리고, 천년간 어두운 암벽에 유폐되어 동작을 잃은 일개 양각이라는 것도 잊어버리고 금새 내 앞으로 희미한 광선을 밟고 아장아장 걸어나오는 것 같았다. 아, 이보다 더 감각적인 어느 그림이 있

그림 17-3 석굴암 십일면관음상

는가? 어느 시가 있는가? 희랍엔들 있는가? 로마엔들 있는가? 하물며 그 바탕이 보드러운 종이가 아니요, 가는 붓이 아니며 화강암이요 쇠정(錠)임에 있어서랴?

그러나 이에 못지않게 내 눈을 끌고 발을 돌리지 못하게 하는 것은 왼편 맨가 보살상의 곡선이었다. 나는 일찍이 모든 자연미 중 꽃은 식물의 대표적 미요, 별과 금강석과 자개는 광물의 대표적 미이나 인체의 곡선은 동물의 대표적 미로서 생명이 있으므로 말미암아 가장 으뜸가는 '미'라는 것을 읽은 바 있었거니, 이제 이 보살상을

봄에 이르러 그 곡선이 얼마나 눈에 쾌락한 것인가를 알았다.

여래상의 정후면, 벽의 중앙에 있어 좌우 제상(諸像)을 지배하고 있는 십일면관음상은 전자의 네 보살상에서 감각적 미를 나타낸 부분이 우수함에 반하여 정신적 미의 극치라고 나는 생각한다. 넓은 이마와 가벼이 닫은 눈과 정돈된 콧날을 보라. 또 갸름한 얼굴 둥그러운 두 볼을 보라. 그 둥그러운 두 볼이야말로 관후(寬厚) 그것이요, 세상의 악(惡) 세상의 향락은 그림자의 그림자도 찾을 수 없는 눈과 코와 이마와 입술은 인자 그것이다. 참으로 전형적 동양미가 아닌가! 혹 심미학적으로 보아 신장에 비(比)한 그 얼굴의 길이와 입술이 옥에 흠이라고 할 사람이 있을는지도 모르겠으나---사실 나도 처음에 그렇게 생각하였지만---자세히 관찰한다면 이 얼굴의 길이, 이 입술의 수법(手法)이 오히려 가장 타당한 것이람을 깨달을 것이다. 만일 좀 더 적고 이쁘장스런 얼굴 얇은 입술이라면 다른 의미에서는 좋을지는 모르나 도저히 그 관후인자함이 이처럼 나타나지 않을 것임으로.

이 관음상에서 내가 또 한 가지 자미스러웁게 생각한 것은 바른손은 아래로 쭉 펴 긴 염주를 쥐고 있고, 왼손은 가슴 높이로 구부려 한 화병을 들고 있음이었다. 꽃을 사랑함은 일천 이백 년 전이나 지금이나 마찬가지인 것이다. 꽃은 계절을 따라 피고 하룻밤 비에 진다. 진실로 그는 제행무상(諸行無常), 성자필멸(盛者必滅)의 상징이다! 불상이 있는 곳 연꽃이 있고, 사찰이 있는 곳에 불도화가 있다.

본존여래불은 처음부터 어쩐지 내 눈을 그다지 끌지는 않았다. 아지 못겨라, 그 예술의 향기가 너무 고상하고 내 식견이 너무 비천한 까닭인지? 내금강(內金剛) 묘길상(妙吉祥)의 그 위압하는 듯한 웅장미와 웃는 듯 싫어하는 듯 또는 쓸쓸히 연민해 하는 듯 그 보면

볼수록 신비로웁고 불가사의하여 몇 시간을 몇 시간을 다리 멈추게 하는 입술과 같은 매력이 없는 것 같았다.

이제 수십 분을 굴 안에서 보낸 후에야 비로소 나는 밖으로 나와 전체의 구조를 살펴볼 기회를 가졌다. 천정은 암판으로 쌓은 '돔'으로서 외형이 앞 문을 뗀 능과 흡사하며 조각의 배치, 굴의 설계가 철두철미 좌우 상칭이었다. 그 속에 든 찬란한 예술은 그만 두더라도 이를 건조한 그 의도가 얼마나 아름다운 것이냐!

오르는 길은 어려웠으나 나리는 길은 쉬웠다. 우리들은 노래를 부르며 달음질을 치며 순식간에 숙사에 돌아왔다. 밤이 되자 달이 휘영청 밝고 시냇물 소리 더욱 단조로웠다.

이방 저방에서 왁자지껄하던 생도들도 이제는 고요히 잠들었다. 나는 조용히 창을 열고 뜰로 나왔다. 시냇가를 걸어 절 앞 송림에 이르렀다. 인적은 그치고 적은 벌레만이 운다.

경주

지금은 5월 27일 야(夜). 북천은 멀고 달이 밝다. 나는 안동여관(安東旅館) 마루 끝에 호올로 앉아 있다. 바람이 시원하고 졸음이 유혹한다. 귀를 기울이니 문득 들려오는 먼 소리. 옥적(玉笛)이다! 깃같이 가벼웁고 비단실같이 맑아 마디마디 장부의 간장을 녹이는 듯 저 그윽한 신라의 옥적이다. 옛날 장량(張良)이 구슬피 불어 항우(項羽)의 3군으로 하여금 옛 집을 생각하고 산산이 흩어지게 한 것도 이런 밤이런가? …… 아니다. 왕손은 가고 아니오며 저 피리 능히 불자 없으니 이는 분명 성덕(聖德) 신종(神鍾)이다.

들으라. 그쳤다가는 다시 잇고 얕어졌다가는 다시 울려 저 은은히 산을 넘고 들을 넘고 높이 허공으로 사라져가는 소리! …… 불국(佛國)의 시인 폴 끌로델45)이 "종(鍾) 짓는 노인은 그 깊은 종의 가슴에 만물을 낳고 기르는 대지의 영(靈)과 그 대지 안의 모든 영의 소리까지 넘쳐흐르는 음향을 얻으려 결심하였다. 그가 이 일을 시작한 최초의 날에 한 딸을 낳았다. 십 오년간 그는 제작에 열중하였다. 그는 모든 금속과 보리 이삭, 자신의 혈관에서 피까지 뽑아 넣어 온갖 미묘한 종을 만들었으나 그의 기대하는 음향은 얻지 못하였다. 그 소리에는 생명을 느낄 수가 없었다. 한편 딸은 아버지의 절망이 날로 더함에 따라 점점 성장하였다. 하룻날 그는 천신지기(天神地祇)에 기도한 다음 혼연(婚筵)의 성장(盛裝)을 하고 목에 지푸라기를 매고 끓는 도가니 속 금속 가운데로 뛰어들었다. 이리하여 한 영을 이바지받은 종은 그 우렁찬 소리에 섞여 처녀의 보드러움고 탄력 있는 여운을 가졌다. 늙은 주종사(鑄鐘師)는 아직 식지도 않은 청동에 입술을 대이고 당목(撞木)을 들어 힘껏 쳤다. 이 형언할 수 없는 여운을 들었을 때 비로소 환희의 정이 어찌할 줄 모르는 그는 그대로 무릎을 꿇고 길이 잠들어버렸다" 한 것은 실로 이 동방

---

45) 폴 끌로델(Paul Claudel, 1868~1955)은 한평생 외교관으로 일하면서 많은 시, 연극, 평론 등을 써낸 드문 외교관이자 작가이다. 그가 얻은 작가로서의 큰 영광은 대부분 그의 연극 작품에 의한 것이다. 그러나 그의 강렬하고 종교적인 시들도 우주적인 깊은 뜻과 신비로운 사상, 독창적인 시법으로 당대에도 시단의 거성이었으며 현대의 저명한 몇 시인들에게 지대한 영향을 끼치고 있다. 클로델은 샹파뉴 지방의 한 지방 공무원의 경건한 가톨릭 가정에서 태어났다. 14세 때 가족과 함께 파리로 이사했으며 유명한 루이 르 그랑 중고등학교에서 공부했다. 이때부터 이미 글을 쓰기 시작했다. 파리 대학에서는 법학 공부를, 정치학 대학에서는 정치학 공부를 했다. 1890년 그가 22세 때 프랑스 외무성 외교관 채용시험에 수석으로 합격하여 외교관이 되었다. 이 후 약 40년간 그는 미국, 중국, 일본, 유럽, 남미 등 거의 전 세계에 걸쳐 영사, 공사, 대사로 일하며 외교적으로도 활약한 바 적지 않았으나 도리어 문학계에 있어서 더 찬란한 작품들을 남겼다. 그의 명성은 프랑스 국내뿐만 아니라 세계적으로 떨쳤다.

의 신종과 통하는 곳이 있지 않으냐?

오늘 아침 경주에 도착한 우리는 신종과 옥적과 선덕여왕이 쓰던 금바늘, 은바늘 찬란한 신라 금관을 보고 이차돈(異次頓)의 비, 사면석불 백률(栢栗) 등, 탈해왕릉, 알천(閼川), 분황사탑, 안압지, 초석마저 없어진 반월성지(半月城址), 평야에 우뚝 솟은 첨성대, 김유신의 재매정(財買井), 계림, 오릉, 신라의 풍류가 이곳에서 절정에 달하고 신라의 빛나는 천년이 이곳에서 최후의 막을 닫은 포석정을 두루 보았다.

이 많은 유적과 유물 중에서도 가장 적은 물건이면서 보는 사람의 마음을 끄는 저 금바늘 은바늘. 바로 저들이 그 섬섬(纖纖)한 손가락 속에서 은현(隱顯)하고 헤엄쳤으며 바로 저들을 따라 그 그윽한 선덕주(善德主)의 단심(丹心)이 부침하였을 것이다. 그리워라, 소박한 그 시대! 여왕이 몸소 침선(針線)을 힘쓰고 육촌(六村) 치녀로 더불어 길쌈하며 귀족과 천민의 구별도 계급과 계급의 멸시 반목도 없던 그 시대.

그러나 우리들을 감탄케 하고 현혹케 한 것은 역시 금관이었다. 가장 적은 입김에도 바르르 떨어 그 찬연한 광채를 쏘는 수많은 금편(金片)과 보옥. 이제야 날아갈 듯이 쫑긋 하늘을 향하여 펼친 두 날개. 영국의 금관은 일개의 왕관이나 우리의 금관은 지상의 것이 아니요, 서조(瑞鳥) 창공에 날라 영원한 몽환국으로 이끌어가려는 한 예술품인 것이다.

비록 그러한들 내 어제 뉘로 더불어 이 향기를 들으며 뉘로 더불어 예술을 사랑할 줄 아는 옛 사람의 그 거룩한 마음을 말하여 새우리요!

희(噫)라! 광음은 사람을 위하여 걸음을 멈추지 아니하고 역사는 돌고 돈다. 재매정 솟는 물은 아직도 행인의 목을 축이거늘 반월성

그림 17-4 반월성 사진

옛 터전에는 전부(田夫) 겨울에 뿌리고 여름에 거두는 다만 보리 물결뿐이 아니냐!

  제군이여, 잠시 눈을 닫아 생각을 나와 함께 할지어다. 18만 민호(民戶)에는 처마마다 집집마다 붉은 등, 푸른 등, 하얀 등, 노랑 등이 하늘에 별처럼 조랑조랑 매달리고 오고가는 궁인의 허리띠 팔목에는 바람 현금(絃琴)을 건드리듯 흔들려 울리며 흔들려 반짝이는 가지각색의 금은 패물. 간곡한 음악 궁전으로부터 새어나오며, 화강암에 부딪치는 정(錠) 소리, 분황사 황룡사에 그칠 새 없이 멀리 자기를 굽노라 훨훨 일어나는 화덕의 불빛, 오곡의 풍성을 점치노라 밤마다 첨성대에 올라 성좌를 관측하는 나직한 목소리들. 이윽고 종이 울리면 저 뇨뇨(嫋嫋)한 억양을 가지고 가슴 한 가운데에 와 사무치며 사람으로 하여금 아득히 하늘가 닿은 곳으로 끌려가게 하는 저 종이 울리면 사문(四門)은 닫혀지고 불은 꺼지고 갑자기 들려오는 벌레 소리 ······. 여기저기 삼(麻) 삼다 돌아가는 처녀들의 마지막으로 부르는 노래 구절 ······.

금세의 전등은 이 어인 살풍경이냐? 금세의 사이렌은 이 어인 소음이냐? 아, 그리워라 생활이 요부하고 인심 순박하던 그 시절!

무열왕릉

이튿날 아침 밥을 빼고 남천을 건너 무열왕릉(武烈王陵)에 이르렀다. 그는 경주읍을 5리 허(許) 동남으로 떨어진 송림 사이에 있었다. 그 주위에는 아무런 석각도 신장(神將) 하나도 없는 극히 질소(質素)한 것으로 앞에 다만 제석(祭石) 하나가 놓여 있고 여기저기 풀에 쉬여 직은 초화(草花)들이 영웅의 지난날을 속삭이고 있을 뿐이었다. 여기서 수십 보 떨어진 곳에 고개를 번쩍 쳐들고 뒤뚱뒤뚱 기여나오는 것이 바로 저 유명한 무열왕비이다.

그림 17-5 경주 서악리 거북등 무늬

거북 발톱의 사실(寫實)과 여의주를 다투는 청룡 황룡의 꿈틀거리는 형상이며 비늘의 정밀함이 타(他)에 그 류(類)를 찾지 못할 것은 말할 필요도 없거니와, 이 비에 있어 무엇보다도 가장 우수한 것은 거북의 목덜미라고 나는 생각한다. 이는 경주에 내려 그림엽서를 보고 일견에 나의 생약경탄(省躍驚歎)한 바였다.

그림 17-6 경주 석가탑 그림엽서

보라, 가슴에서 머리로 이르는 목덜미의 굵기와 하늘로 향하여 머리 쳐들은 그 목덜미의 각도가 바로 '힘' 그것이 아니고 무엇이냐? 나는 이번에 경주의 예술을 보고 더구나 다보탑과 금관에서 정중유동(靜中有動)을 느낀 바 있거니와 근육보다도 프로펠라보다도 장미의 향기 뿜는 모양을 피어오르는 안개처럼 그려놓은 어느 회화보다도 이 목덜미야말로 동적 미의 권화(權化)이다.

이 귀부(龜趺)에 대하여는 그 입가에 불그스레한 석문(石紋)이 있는데, 그는 거북이 뭍으로 기어 나올 제 입가에 진흙이 묻어 있음을 표현한 것이라 하여 그 기술을 가장 신비로웁게 생각하는 사람이 있음을 보았다. 안내자도 나에게 일문(一問)을 시(試)하여

"이 귀부의 어느 부분에 제일 감탄하나이까?"

나의 대답에 그는 고개를 흔들고 득의연(得意然)하게 말하여 가로되 "아니외다. 입가의 돌문이외다. 적어도 저만한 거북을 새기려면 화강암의 크기가 수십 척의 길이와 높이에 달할 터인데 어떻게 하여 저 무늬가 꼭 입 주위에 있도록 하였을까 하는 것이 모든 박사들도 놀래는 바외다."

나는 고개를 끄덕거렸다. 그러나 그들의 어리석음에는 고소를 금할 수가 없었다. 아무리 큰 바위리 할지라도 처음 새길 제 꼬리나 등이나 발톱에서부터 시작하지 아니하고 그 입에서부터 새긴다면, 즉 석문(石紋)이 있는 쪽으로 입을 먼저 새기고 목 등의 순서로 한다면 극히 용이한 일일 것이다. 요컨대 기술 문제가 아니요, 그 시대에 거북이 뭍으로 나올 때의 진흙까지 관찰하고 조각에 나타낸 그 지혜를 찬미하여야 할 것이다.

오정이 가까움으로 다시 여관으로 들렸다가 뜰에 정렬하였다. 모두들 트렁크, 책보들을 끼고 이제는 남쪽의 푸른 하늘에 작별의 일별(一瞥)을 던진다. 그러나 나는 가방도 지팡이도 들 필요가 없었다. 오히려 빈 방안으로 잘 간직을 하였다.

사선(死線)에 있는 한 병든 생도를 데불고 많은 동행들과 떨어져 처음 온 곳에 처지게 되매 소년처럼 불안하고 고독하였다. 역에 이르니 차는 벌써 와 있었다. 모든 눈에는 걱정하는 빛과 출발을 쓸쓸해 하는 빛이 있었다. 이윽고 차가 움직였다. 나는 멀리 산 뒤로 흑

연이 사라지는 것을 보고 발을 돌렸다. 여관으로 돌아오니 수많은 방들이 주검처럼 고요하였다. 나는 의사를 청하여 치료를 가(加)케 한 다음 너무나 무료하여 엽서를 몇 장 쓰다가 피로로 인함인지 어느덧 잠이 들었다.

목침을 고쳐 벼매 어슴프레히 들려오는 노래 소리. 나는 문득 놀라 일어났다.

"괴이한 일이다. 분명히 아까 떠났는데 어찌 다시 돌아와서 저 노래를 부른다는 말인가?"

그러나 아니었다. 귀를 기울이나 그는 건너편 방에 벌써 유자(遊子)들이 들어 부르는 속가(俗歌)였다.

창을 여니 구름이 껴 하늘은 갑자기 충충하고 참새 두엇이 뜰에 내려 거닐며 바람이 불어 마음을 더욱 산란케 한다. 저녁을 재촉하여 먹고 앓는 생도의 어머니를 맞으러 정거장으로 나갔다.

임학수(林學洙, 1911~1982)는 시인이자 소설가이다. 호는 악이(岳伊), 전남 순천 출신이다. 1926년 경성 제일고등보통학교를 졸업했으며, 1936년 경성제국대학 법문학부 영문과를 8회로 졸업한 뒤 모교의 조교를 지냈다.

이후 호수돈여고보, 경신여고보, 한성상업고보, 배화여고보, 성신여학교 교원을 지냈으며, 1939년 김동인(金東仁)·박영희 (朴英熙)와 같이 황군(皇軍) 위문사로 북지전선(北支戰線)을 방문하여 이

그림 17-7 시인 임학수 사진

경험을 시로 쓴 시집 『전선시집』을 간행하였다.

광복 후에는 서울사범대학 교수, 숙명여대 강사, 이화여대 강사, 고려대학교 교수를 역임하였으며 한때 고려문화사 주간, 『민성』 편집장을 지냈다. 한국전쟁 때 월북하여 김일성대학 영문과 교수·외국어학장, 평양외국어대학 강좌장·교수를 지냈다.

그는 1931년 『동아일보』에 「우울」과 「여름의 일순(一瞬)」을 발표하면서 등단했으며 그 뒤 『신생』·『학등』·『문학』·『조광』·『조선일보』·『청색지』·『문장』·『인문평론』·『춘추』 등에 많은 시와 소설, 평론을 발표하였다. 특히 경성제국대학에서는 영국 낭만주의를 전공하였다. 일제강점기에 발표한 시들은 주로 낭만주의적이고 서정적인 시세계를 펼쳐 보이고 있다.

이 글은 작자가 개성의 호수돈여고 재직할 때(1936) 105명이나 되는 학생들을 데리고 경주로 수학여행을 왔다가 적은 경주 여행기이다.

1936년 5월 24일 밤 8시경 개성에서 호수돈여고생 105명은 인솔교사를 따라 수학여행을 떠났다. 당시 임학수는 색저고리에 중산모, 흰 바지에 흰 운동화 차림에 오른쪽 손에는 벚나무 지팡이를, 왼손에는 자색 오리가방을 들고 여행을 떠났다. 그는 영락없는 식민지 지식인의 '모던 보이'였다. 이튿날 아침 9시 10분에 부산역에 도착하여 먼저 부산항에서 관부연락선을 구경하고 오후 5시경에 해운대역에 도착하였다.

해운대에서

이광수

창파에 명월이요 청산엔 청풍이라
청풍명월이 고루에 가득 차니
홍진에 막혔던 흉금이 활짝 열리더라.
바다도 좋다하고 청산도 좋다거늘
바다와 청산이 한곳에 뫼단말인가
하물며 청풍명월이 있으니 선경인가 하노라
누우면 산월이요 앉으면 해월이라

가만히 눈감으면 흉중에도 명월 있다.
오륙도 스쳐가는 배도 명월 싣고 가더라.

춘원 이광수가 해운대 달맞이 고개에 왔다가 읊은 시이다. 해운대 주변에는 볼거리와 먹거리, 즐길 거리가 산재해 있는데 파리의 몽마르뜨에 버금갈 문화공간으로 탈바꿈하고 있다. 특히 이곳 해운대 온천의 역사는 유구하다. 전하는 말에는 신라 진덕여왕이 어릴 때 마마를 앓았는데 해운대에 와서 온천욕을 하고 완치되었다고 한다. 이밖에도 온천 폐탕 전설이 있다. 대마도 왜인이나 문둥병 환자, 좌수영 군사들이 이리로 온천욕을 하러 오는 바람에 아예 온천 물줄기를 막아버렸다고 전한다. 그래서 『동국여지승람』(1481), 『동래부지』(1740)에도 해운대 온천에 관한 기록이 전무하다.

해운대온천에 관한 기록은 부산 개항 후 1887년 일본인 의사 와다모노(和田野茂)가 해운대 온천 주변의 땅을 사들여 온천원을 발견하고 그 뒤 온천장을 개발했다. 이곳 온천이 알려진 뒤에는 구남(龜南)온천이라 부르기도 했는데 '구남'은 해운대의 다른 이름이다. 1905년경에는 몇몇 일본인들이 공동으로 시추해 15도의 온천을 발굴했다. 그리고 1923년경부터는 주변에 여관이 생기고, 남탕·여탕·노천 가족탕이 생겼으며 1937년 동해남부선 철도가 개통되자 욕객이 증가하고 부산의 경주 관광객들이 해운대 온천에서 일박하는 관례가 되었다.

여하튼 임학수는 해운대온천에서 온천욕을 하고 동해남부선 열차를 타고 세 시간 만에 불국사역에 도착했다. 이어 불국사, 토함산 석굴암을 관람하고 당시 유명한 숙소 안동여관에 짐을 풀었다.

5월 28일에는 박물관, 굴불사지, 백률사, 탈해왕릉, 알천, 분황사, 안압지, 반월성, 첨성대, 재매정, 계림, 오릉, 포석정을 다녔고 29일에는 일행이 무열왕릉을 마지막으로 귀로에 올랐지만 학생 중에 병든 여학생을 부모에게 인계하기 위해 임학수만 홀로 여관에 남게 되었다.

18 오도답파여행

이광수

제41신

 서라벌은 신라의 구도다. 대구서 자전차로 신라의 구도 경주로 향하였다. 일행은 4인이다. 동반자 2인, 경관 1인이었다. 4인의 장대한(壯大漢)이 자전차를 몰아 달리는 양은 꽤 용감해 보인다. 흐린 날이지만 무더위가 어지간해서 의복은 선제도 물에 짜낸 듯하다.
 하양에서 탁주와 국수로 점심하고 도착하였다. 너무 피곤하여 한 발 옮겨 놓을 맥도 없다. 머무느니 떠나느니 의론이 분분하다가 끝내 영천서 일박하기로 결정하였다. 영천은 이름과 같이 하반(河畔)의 소도시다. 뒤에는 산이요, 앞은 하천에 연한 절벽이었다. 전에 물이 도도히 흘렀을 때는 매우 경치가 훌륭했을 듯하다. 3천원이나 들여서 가설하였다는 교량이 작년 홍수에 떠나간 뒤에는 재가(再架)할 념(念)도 못 내는 듯.
 변소 곁 방에서 초라한 석반을 먹었다. 배가 고파서 밥을 먹긴 했으나 반찬은 참 먹지 못하겠다. 식후에 절벽 아래 흐르는 청류에 몸을 담그고 찬란한 성좌를 우러러보면서 마음껏 흉금을 터쳐 놓았다. 이럭저럭 한밤을 지내고 이튿날 새벽 동틀 무렵에 조반도 안 먹고 영천을 떠났다.
 아카시아 수풀이 우거진 그늘 사이로 배고픈 대로 한 시간 반을 달리다가 이름만 들어도 신라 냄새가 풍기는 아화참(阿火站)에 내려 조반을 먹었다. 작일 9리, 오늘 4리, 합 13리를 왔고 여기서 또 경주가 5리다. 이제부터 산용(山容)이 매우 수려하여 과연 천년의 찬란한 문물을 생육하던 서라벌에 가까운 줄 알겠다. 다시 3리정(里程)을 달려 노방에 산재한 원추형 토구(土丘)가 유명한 금척봉(金尺峰)에 이르렀다. 전설에 의하면 신라 왕실에 대대로 전하던 금척인데, 이것으로 병자를 재이면 병이 낫고, 사자를 재이면 다시 살아난다 하였다. 그러나 이것을 오래 세상에 두는 것은 조화를 도둑질하는 것이라, 이것을 땅 속에 파묻어 곧 그 소재를 숨기기 위하여 토구 이십유오(二十有五)를 작성하였다 한다. 분한 일이다. 그것만 있었더면 무열, 문무의 위세가 혁혁한 왕자(王者)가 청초가 우거진 고총(古冢) 아래 편토(片土)로 화하였을 리 없을 것이다. 이제 와서 아무리 한탄한들 무엇하랴마는, 이 토구들은 신라국 이전의 주민의 분묘인 듯, 수천 년의 풍우를 견디어 아직까지 산과 같이 우뚝 솟아 있어서 당시 주민의 기개를 말하는 듯하다.

이로부터 경주가 약 2리 노정. 그 사이에도 금척릉과 비슷한 고분이 많이 보인다. 고대의 문화를 처처에 보이고 있다. 효현(孝峴)이란 고개에 이른즉, 경주 평야가 눈앞에 전개된다. 1천여 년 전 백만의 인구와 40리에 뻗친 주란화각(朱欄畵閣)과 당시에 당과 찬란히 경쟁하던 문화를 비장(秘藏)한 신라의 구도 서라벌의 유적이다.

반월성과 48 왕릉만 연년세세 초상동(草相同)하나 주즙(舟楫)을 통하였다던 하천은 이미 말라 버렸다. 국파산하재(國破山河在)라 운하나, 이 또한 믿지 못할 일이다. 산천까지 변하여 내 이제 신라를 알 수 없구나. 이로부터 구적(舊跡)을 찾으리라.

8월 16일 경주에서

제42신

 천신만고로 급구배(急勾配)의 효현을 내리니 도로 좌측 서악 비탈에 산과 같이 진좌(鎭坐)한 것이 태종무열왕의 능이다. 왕은 실로 만리 해외로부터 수십 만의 당군을 불러다가 명장 김유신(金庾信)과 함께 백제를 멸하고, 신라의 국세로 하여금 전성에 달하게 한 영주(英主)다. 문명의 발달이 절정에 달하게 한 것도 왕의 시대요, 문명이 정치적 세력의 배경을 요한다는 진리를 더욱 확실하게 한 것도 왕의 시대다.

 그 자 문무왕에 이르러 고구려를 멸하고 여기에 비로소 삼국통일의 위업을 보여 주었으나, 이것은 무열왕의 여위여세(餘威餘勢)라 함이 좋겠다. 무엇으로 보나 무열왕은 신라의 절정이다. 그 뒤로부터 점점 내려서기 시작했다. 문화노 난숙할 뿐이었지 생기가 없었다. 그리하여 필경 경애, 경순 양왕(兩王)에 이르러선 멸망하게 되었던 것이다.

 원래 능 주위에 돌의 장식이 있을 듯하나 지금은 그것도 매몰되어 보이지 않고 오직 장대한 분상 하나가 서악과 대조하고 있다. 나는 모자를 벗고 절을 했다. 왕에게 대한 예배다. 생각하면 왕은 수적(讐敵)이다. 내가 백제인이매 천 이백 년 전의 우리 선조가 그를 원망하며 욕하던 정이 골수에 박혔을 것이 아닌가. 사비성(泗泌城) 성도(聖都)를 회신(灰燼)해 버린 것은 실로 그의 손이다.

 그러나 때는 만물을 짓고 또 만물을 파괴한다. 이래 일천유여년(千有餘年) 고려인이 되고 조선인이 되고 대한제국민이 되었다. 이제의 백의의 반도인으로 당시의 수적을 기억함은 가소로운 일이다. 인사의 변천은 정한 바 없다. 백제인의 후예인 내가 일천 년 후의 오늘 무열왕릉 전에 사배(四拜)함도 감개무량한 일이다.

그림 18-1 태종 무열왕릉비 이수

능은 동향이라, 능 앞 한 십 보 가량 해서 일귀부(一龜趺)가 있다. 규모굉대(規模宏大), 수법웅혼(手法雄渾), 동서고금 귀부의 으뜸이라 칭한다 한다. 무열왕의 제2자로 나당의 연락자인 김인문(金仁問)이 쓴 무열왕의 비도 있다 하나, 지금은 이수(螭首)를 남겼을 뿐으로 비신은 없어졌다. 석귀(石龜)의 배부(背部), 비신의 족부(足部)에 이르러 구멍이 있는데, 거기엔 항상 우수(雨水)가 늘 담겨 있다는데 이것을 안질의 영약(靈藥)으로 옛날 이 지방 사람들이 신기히 여기던 바라 하며, 한 노파가 와서 귀전(龜前)에 절하고 귀배(龜背)에 기어올라 자꾸 그 우수로 양안(兩眼)을 씻는다. 영웅 무열대왕이 돌아가셨으나 오히려 안질을 낫게 하는 권능이 있거던 어찌 사람은 능전(陵前)에 절할 것은 잊고 안질약에 절할 줄만 아는고. 가련한 일이다. 능 뒤에도 능과 똑같은 두서너 개의 왕릉이 있고, 또 건축의 유적인 듯 한 평지가 있다. 기와의 파편도 있다. 만고영웅---만승지군(萬乘之君)의 능전에 절함은 이것이 처음인즉 감개가 무량하여 차마 떠날 수가 없다. 그러나 바쁜 세상에 난 몸이라 하는 수 없이 다시 자전차를 달려서 서천의 긴 다리를 건너 봉황대의 노수(老樹)를 바라보면서 경주 성내로 들어갔다. 점심을 먹고 우선 유람도로 권내의 고적을 찾아야 하겠다.

8월 16일 경주에서

제43신

섬심을 먹은 뒤에 곧 구경을 나섰다. 고적도로 안내로는 경주경찰서 후루카와(古川) 순사부장이 수고해 주었다. 씨는 그곳에 거주한 지 10년으로 서내의 제일 경주통이라 한다. 유람도로의 동편으로 약 반리 쯤 걸어서 분황사에 이르니, 9층탑과 그 외의 건물이 임진란 때에 소진되어 버려서 지금은 가설한 가옥 같은 것이 수 동이 있을 뿐, 부근에 산란(散亂)한 초석이 번화하던 옛 일을 이야기하는 듯했다.

탑은 선덕여왕이 세운 것으로 세울 적엔 9층이었다 한다. 3층이 붕락(崩落)되고 그 뒤에 어느 우승(愚僧)이 있어 이것을 수선하고자 하다가 다시 3층을 무너뜨리고 지금 3층만 일천 여 년의 풍우에 견디며 꼭대기에 지엽(枝葉)이 무성한 고목까지 이고 있더니 전년 총독부에서 수선을 가하여 다시 무너질 염려는 없으나 만금을 주고도 살 수 없는 창연한 고색을 잃은 것은 유감이 아닐 수 없다. 그러나 다시 생각하면 앞으로 4, 5백년을 지나면 또한 고색을 띨 것이매 만사가 자손을 위해서라면 그만일 것 같기도 하다.

탑은 그 형이 단순하나 웅대하고 또한 조화되어서 제1층 4문에 새긴 불상은 그 기품 수법이 희유의 절품(絶品)이다. 더욱이 주목할 것은 그 석재가 일견에 연와(煉瓦)도 같고 점판암(粘板岩)도 같아서 질이 극히 치밀한 암석인데, 그 산지를 지금 알 수 없다 한다. 주지에게 물은즉 오금석(烏金石)이라 한다. 이름까지 세상에 희유하다.

남쪽으로 얼마를 가면 초석만 깔린 황룡사 터에 이른다. 원래 궁전으로 세운 것인데, 꿈에 황룡이 반거(蟠居)한 것을 본 뒤에 절간으로 변경하였다는 전설이 있다. 전설이라고 그저 웃어 버릴 것은 아니다. 이제 황룡사도 자취만 남았으니 전설이 되고 말지 않았는가.

서쪽으로 수 정보(數程步), 극히 복잡한 만곡(彎曲)을 지은 못 하나가 있는데, 이것이 안압지라 하는 것이다. 아버지 무열왕이 백제를 합병하고 아들은 북린(北隣)의 강국 고구려를 멸하여 삼국통일의 위업을 세워서 위세가 당당하던 땅의 궁전 원지(苑池)라, 못가의 축산(築山)과 섬으로 무산(巫山) 십이봉을 만들고 하해(河海)의 진어(珍魚)를 여기에 모으고 일엽(一葉)의 화방(畵舫)을 녹파(綠波) 위에 띄우고 연화가 아름답게 핀 속으로 옥배를 기울이며 옥적을 듣던 문무왕의 득의만만하던 흉중을 지금 가히 상상하겠다. 그러나 왕은 임해전 취흥이 깨지 못한 채 괘릉 일국(一掬)의 흙이 되고 임해전 가운데 옥지(玉墀)의 터는 청초가 우거진데, 무심한 명월이 주인 없는 안압지를 영원히 슬프게 비칠 것이니.

그 위로 한발(旱魃)로 물까지 말라서 명산(名産)이던 뱀장어도 지금은 다 잡고 무지한 아동들의 채취하는 광경만 남았을 뿐. 석양이 비꼈는데 그들의 부르는 구슬픈 노래는 나그네의 눈물을 자아내게 한다. 원컨대 이 못만이라도 옛날 형체대로 영원히 보존해 주었으면 …….

암두(岩頭)에 서서 임해전이 섰던 듯한 유허를 바라보다가 눈물 어린 눈을 드니, 분황사 탑에 석양이 비꼈더라. 분황사나 황룡사가 모두 궁성 내에 있었다 하니, 저 전포(田圃)는 궁인이 옥보(玉步)를 옮기던 곳일지라.

8월 17일 경주에서

제44신

안압지에서 또 하나 생각나는 것은 임해전 안에 동물원이 있었다는 것이다. 페르시아, 인도 등지의 진금괴수(珍禽怪獸)를 실어 왔다 힌다. 수 징보(數徎步)에 긍(亘)한 월성이며 안압지를 작(鑿)할 만한 형세를 보면, 이만한 일이 있었다 함도 용혹무괴(容或無怪)다. 더구나 불우(佛宇)와 왕릉에 있는 석사자를 보더라도 사생(寫生)이 아니고는 도저히 이대로 할 수 없다 함이 구안자(具眼者)의 일치한 평인 것을 보아서도 서역에서 상(象), 사자 등 소위 진금괴수를 실어 왔다는 것이 거짓말이 아닌 듯하다.

그렇다면 안압지는 수족관에나 비할까. 진금괴수를 실어 올 때 열대 지방의 기화요초(奇花瑤草)도 동시에 실어다가 극미극려(極美極麗)한 임해전 내 안압지 반(畔) 무산 십이봉에 사시 철철이 홍백(紅白)이 요란(繚爛)하였을는지도 모른다.

수백 일간 항해를 필하고 서역으로 돌아오는 배가 진금괴수와 기화요초와 화려한 서방 아세아의 채단(采緞)과 인도, 서역 등지의 불상을 만재(滿載)하고 포범(布帆)에 가득 바람을 안고 수십 척의 몽

그림 18-2 안압지(1950년대)

동(艨艟)이 일렬 종대로 작성하여 형산포(兄山浦)를 지나 형산강을 거슬러서 반월성 서쪽 교천의 일정교(日精橋)를 향하여 들어올 때 만승(萬乘)의 지존이며 만조백관은 말할 것도 없고 번화한 서라벌의 백만 인민은 쟁선(爭先)하여 교천 서안(西岸)에 모여서 '이것은 무엇인가, 저것은 신기도 하구나' 했을 것이다. 이역 강산에 고국을 그리워 우는 사자의 포효성을 저 산은 알리라. 저 강은 알리라. 저 9층탑도 알고 안압지도 알리라. 일천 년 후 석양을 배회하는 나그네의 귀에도 그 소리가 들리는 듯하건만 세월은 무정하여 온갖 것을 다 파괴하고 말았구나. 문무왕릉 앞에 쭈그리고 앉았는 네 마리의 사자가 당시 포효하던 주인의 기념이요, 안압지 가운데에 비친 무산 십이봉의 그림자가 문무왕의 유적이다.

　남으로 수정(數町)을 갱진(更進)하여 이름도 모를 잔초석(殘礎石) 사이를 걸어서 월성에 들어갔다. 완연히 수정에 궁한 토성이다. 토성이라기보다 연산(連山)이라는 편이 적당하겠다. 교천이 현(弦)이 되고 성이 호(弧)가 되어 반월성을 지었다. 이것은 파사왕의 소축(所築)이라 한다. 어쩌면 이렇게 웅장한 역사를 하였을까 하는 생각으로 한참 당약아연(瞠若啞然)했다.

성내에 들어가니 궁전의 유적인 듯한 평지가 있고 청초 망망한 가운데 수헌(數軒) 초옥이 말없이 누워 무심한 취연(炊煙)만 힘없이 날린다. 유명한 석빙고는 월성의 서단(西端)에 있으니 홍예형(虹霓形)의 석조요, 그 규모가 굉대하다. 안에 들어가니 지금도 오히려 냉랭한 바람이 얼굴을 스친다. 생각건대 교천의 얼음을 저장하였다가 반월성 내와 임해 궁중의 하염(夏炎)을 능(凌)하였을 것이다.

서으로 수 십보를 갱진하여 무성한 송림 사이의 석탈해왕묘에 참배하고 교촌변 수양 아래 곤한 몸을 쉬었다.

반월성 서단에서 동쪽까지는 수십 척 되는 절벽이고 비로 그 밑에 백사 청류의 교천이 흐르고 절벽 양단 석괴가 산재한 곳이 바로 월정교(月精橋)의 유적이다. 옛날엔 주즙(舟楫)을 통하였다 하건만 지금은 가끔 물 마르는 때까지 있는 개천이 되고 말았다. 그 광대한 하상과 웅혼한 굴곡만이 오직 옛날 대하의 형적을 보일 뿐이다.

더위가 심하건만 청풍이 매우 서늘하다. 주옥을 새긴 의자에 걸터앉아 달을 완상하던 옛 어른의 모습이 눈앞에 나타나는 듯하다.

8월 16일 경주에서

제45신

백제 구도 사비성도 반월성이더니 신라 서울에도 반월성이 있다. 고구려의 평양에도 반월성이 있고 토이기(土耳其)의 국기도 반월이요, 일본 내지에서도 초삼일 달을 상서의 표상으로 한다. 장차 만월이 되려 함을 사랑함이지, 그렇지 않으면 하천에 연한 성이 스스로 반월형을 이룬 까닭인지, 또는 지리상의 편리와 상상의 상서가 우합(偶合)함에선지, 어쨌든 반월은 동양인이 좋아하는 모양이다.

그림 18-3 터키 국기

서쪽으로 걸어 첨성대에 이르니 화강암으로 쌓은 화병형의 대가 있는데, 높이가 29척이라 한다. 남방 중앙부에 출입구가 있고 석조 뒤에는 목조 건물이 있었으리라고 일반 전문가들이 말한다. 이것 역시 선덕여왕 시대의 건물이다. 분황사와 동시대의 것이라 다소간 경사진 듯하나 옛날 원형 그대로다. 연수는 약 천 삼백 년 가량 되며 현존 천문대 중에서 가장 옛 것이라 한다. 첨성대를 이 지점에 세운 것도 의의 있는 일이라 하겠다. 이 지점은 꼭 모 항성의 궤적인 듯하다. 일찍 천문학 선생께 들은즉, 첨성대와 이조의 천문 기상에 관한 실록은 세계 천문학상에 자랑할 만한 것이라고 했다.

남으로 수십 보 다시 걸으면 하늘을 찌를 듯한 수십 주의 노수가 있는데, 이것이 곧 천하에 유명한 계림이다. 옛날엔 시림이라 했으나 어느 날 아침 '꼬꾜오' 하는 닭 소리의 전조가 있어 28대간 신라의 국토를 다스리신 김씨 왕의 시조 김알지 왕께서 금궤로부터 탄생하신 후엔 계림이라 이름하였다 한다. 중앙에 추악한 비각이 있어서 신성한 계림을 오독(汚瀆)함이 적지 않다. 여기서 잠시 노수를 어루만지다가 다시 자전차를 달리어 남쪽으로 향하였다.

얼마를 가지 않아서 신라의 고적인 양 크고 찬란한 집이 있으니, 이것이 경주에서도 유명한 최부자 댁이다. 13대 삼백 년간을 살아

온 부자라. 계림 팔도에 모르는 사람이 없을 이만하다. 중국 같으면 지엄지존(至嚴至尊)에 일단(一團)의 부를 가진 황실로도 삼백 년의 영화를 내려 누리기 쉽지 않았을 것인즉, 일개 서민으로 능히 삼백 년의 번영을 계속했다 함은 진실로 계림의 명물이라 않을 수 없다.

전하는 말에 의하면, 최씨 댁 내에는 삼백 년래로 한번도 불이 꺼져 본 적이 없는 한 개의 화로가 있다는데, 이것이 최씨 가의 유일한 숭배물이라 한다. 이것으로 그 가헌(家憲)의 일단을 역력히 알겠다.

이토(伊藤) 공이라든지 소네 아라스케(曾彌子), 전 데라우치(寺內) 총독, 이강(李堈) 공 등의 고귀한 여러분이 신라의 구도를 찾을 땐 으레 최씨 댁을 방문하였다 한다. 나는 미미한 서생에 지나지 못하나, 신라를 조상(吊喪)하는 마음은 누구만 못하지 않으므로 나도 최씨 댁을 방문하였다.

최씨 가에서 우리 일행은 맥주를 접대 받았다. 우리는 그 집의 젊은 주인 최준(崔浚) 군의 후의를 사례한 후 신라의 요석궁(瑤石宮)의 유적이라는 굉장한 허지(墟址)를 일순(一巡)하였다. 과연 궁전의 유물인 듯한 초석도 있고 연화(蓮華)의 송명대(松明臺)도 보인다. 이 근처 민가에서는 왕궁의 유물을 장(藏)치 않은 곳이 없으니 우물가, 심지어 변소 같은 데까지라도 1, 2개의 고궁의 유물이 군데군데 보이는 것은 실로 나그네의 눈물을 자아내기에 족하다.

시계가 오후 여섯 시가 되려 하나, 우리는 다시 자전차를 몰아 타고 왕릉으로 향하였다. 하루의 피로가 여간치 않았으나 신라 천년의 왕업을 창조하신 박혁거세의 능을 참배하지 않을 수 없었다.

8월 16일 경주에서

제46신

오릉 입구에서 한 노인을 만났다. 풍채는 영락(零落)하나 용모는 비범하다. 후루카와 씨의 소개에 의하면, 경주의 명물 오쿠다(奧田) 기인이란다. 일찍이 국회의원의 공인 후보자가 되고 구미 만유까지 한 한때의 명사더니, 어쩐 연고로 감가낙백(轗軻落魄)의 몸이 되어 경주에까지 불리워 오게 되었던고. 한때는 능도수호(陵都守護)가 되었으나 지금은 그것도 폐관(廢官)되고 한갓 고물을 수집하며 유람자의 안내인으로 적적한 세월을 보낸다고 한다. 일견에 기골이 있는 호한이요, 더욱 온화한 언행이 상대자로 하여금 정다움을 느끼게 한다. 서장에게 물은즉, 평상에는 극히 온화하다가도 뜻에 맞지 않는 일을 당하든지, 합리하지 못한 것을 보는 때엔 주저도 체면도 없이 매도하는 기벽이 있다는 것이다. 그것이 그를 불행하게 만든 미점(美點)인지도 모르겠다. 세상은 정직한 대로 살 수 없는 일이다.

그림 18-4 일제강점기 박혁거세 왕릉

나는 오쿠다 노인과 다시 만나기를 언약하고 송림이 울창한 사이에 귀뚜라미 소리를 들으며 석원(石垣)으로 둘리운 왕릉에 이르렀다. 박태봉(朴泰奉) 군의 선도로 공손히 능 앞에 절하고 머리를 든즉, 저녁 해는 노송 가지에 걸리고 집을 찾아가는 까치의 소리가 요란한 가운데에 신라의 시조 박혁거세의 능은 청초 속에 고요히 졸고 있다. 왕은 아직 정치도 문물도 없는 원시적 인민을 모아 비로소 조직체의 국가를 형성하고 찬란한 신라 천년의 문화와 부강의 기초를 세우고 그 덕과 그 공의 위대함을 보여 주었으니, 어찌 절하지 않고 지나리오.

나는 눈을 감아 고요히 2천 년 전의 영왕(英王)의 모습을 추상(追想)하였다. 안광이 불꽃 같고 근육이 수일(秀逸)한 거인이 금방 능을 헤치고 장검을 휘두르며 나와서 용마(龍馬)를 달리려는 듯하다. 나는 황겁히 눈을 떴다. 뜨고 보니 그것은 일장의 환영이다. 그렇지 않을 수 없는 것이 2천 년 전에 흙으로 화한 혁거세왕이 이제 출현할 리 있으랴.

시조왕릉 후방엔 알영정이라는 우물에서 습득하였다는 알영 왕후, 제2세 남해왕, 제3세 유리왕, 제4세 월성을 쌓은 파사왕의 능 등이 있다. 이럼으로써 이것을 오릉이라 한다. 혁거세는 나정반(蘿井畔) 대란(大卵)에서 출생하여 돌산(突山) 고허촌(高墟村)의 수장 소벌공(蘇伐公)에게 길리웠다는 전설이 있으며 김, 이, 최, 손, 설, 배 제씨의 선조 되는 육촌의 선조는 모두 하늘에서 하강한 듯이 『삼국유사』에 가리켰다. 혹은 하늘에서 내려오고 혹은 우물에서 솟고 혹은 계란에서 나왔다고 하나, 호랑이 담배 먹던 옛날 일이라, 허언이라면 허언일 것이다.

왼쪽 나정의 삼림을 일별하고 남으로 5리쯤 가서 다시 동쪽으로 꺾어지기를 수십 보 하면 돌로 포형(鮑形)의 구(溝)를 지은 것이 있는데, 이것 역시 신라 최종막의 제1장을 연출한 포석정의 유상곡수다. 55대의 경애왕이 조왕(祖王)의 위업을 자기가 이을 것도 망각하고 야이계일(夜以繼日)하여 주색 연악(宴樂)에 묻혀서 지내다가 만웅(蠻雄) 견훤에게 안전에서 왕후에게 욕을 뵈우고 그 다음 그의 칼에 맞아서 왕은 검두(劍頭)의 혼이 되었다. 맡아 보라! 청초 황토에서 상금(尙今) 선혈의 냄새가 나지 않는가.

8월 16일 경주에서

제47신

견훤이 경애왕을 죽이고 경순왕을 세운 후 유유히 북으로 향하였다. 일찍이 무열, 문무 양왕을 좇아 백제, 고구려 양국을 유린하던 신라인이 겨우 3백 년을 지나지 못해서 제 국왕이 피살당하는 것을 보고도 가만히 있었으니, 왕이 무도하였음인가, 혹은 인민이 무정함이던가.

그러나 오래지 않아서 고려의 태조 왕건이가 수병(手兵) 50기(騎)를 인솔하고 경순왕과 싸워서 문무가 함께 천하에 울리던 신라를 왕건의 손에 넣어 버렸다. 이리하여 신라 인민은 왕건의 덕을 좇기 시작하고 경순왕을 생각하는 자가 없게 되었

그림 18-5 신라 제56대 경순왕 영정 사진

다. 오직 왕자 하나가 철천의 원한을 품고 심산에 숨었다니, 그 원한이 어디까지 뻗쳤을꼬.

이로부터 남쪽으로 경순, 경애 양 왕릉과 아달라왕(阿達羅王) 등이 있다 하나, 해가 이미 모자라는지라 일후(日後)로 미루고 귀도에 섰다. 교촌(校村)과 월남리(月南里) 간에 김유신의 유적과 천관사 적(跡)이 있다. 유신이 소시에 애주호색하여 창가(娼家)에 놀기를 자주 하던 곳이다. 어느날 그 어머니가 유신을 앞에 세우고 엄책하기를,

"남자가 세상에 나서 문을 배우고 무를 닦아서 국가의 동량이 될 것이어늘, 어찌 비천한 창녀와 희롱하나뇨."

하고 눈물을 흘리매 유신도 자모의 훈계에 자못 감동되어서 눈물을 흘리고 창가에 다시 투족(投足)하지 않기로 맹세하였다. 그 뒤 어느날 유신이 취할새, 말이 낯익은 길을 걸어 창가에 들어가거늘 창부 차흔차원(且欣且怨)하며 수루출영(垂淚出迎)하자, 유신이 비로소 깨닫고 참마기안이귀(斬馬棄鞍而歸)한즉, 그녀가 「원사(怨詞)」 1곡을 지어 세상에 전하였는데, 사(寺)는 그 집이요, 천관은 그 창부의 호라 한다.

이 밖에도 880사(寺)라 하는 신라도(新羅都)의 여러 사가 각각 뜻있는 전설을 가지고 있다. 호원사(虎願寺)의 전설과 같은 것은 가장 그럴 듯하나, 여기에 기록할 여가가 없음을 유감으로 생각한다. 저녁 무렵에야 여관에 돌아와서 냉수에 목욕하고 한숨 쉬고 나서야 비로소 심신의 피로를 느끼게 된다. 공간으로는 50리 가량 걸었다고 할 것이나 시간으로는 상하 2천 년 간을 방황한 셈이다. 내가 옛사람으로 현세를 보았다 할는지, 또는 현세인으로 옛날로 돌아갔다고 할는지, 다만 열병에 걸린 사람처럼 머리가 어지러워서 수유(睡遊) 상태에 이른 듯하다. 잠깐 환영회에 참석하여 사교에 민활하다

는 양(梁) 군수의 고견을 청취하고 돌아왔다.

옛날 같으면 봉덕사의 인경(人磬)이 정히 삼경을 아뢸 때련만 잠은 오지 않는다. 명일은 불국사에 가리라. 석굴암의 불상을 배(拜)하리라.

8월 16일 경주에서

제48신

아침에 군청에 가서 양 군수를 방문하고 경찰서에 사사(笹) 서장을 찾았다. 양 군수는 이전 외교관 출신이라는데 영어도 잘하고 교제도 숙달하며, 또 그 위에 인물도 썩 잘난 장년 호신사(好紳士)다. 예가 신라의 고도인 까닭에 총독부에서 고관들이며 내외 지명지사(知名之士)들의 내유(來遊)가 빈번하므로 이들 내객의 송영이 군수 사무의 태반을 점령한다는 것이다. 그런데 나와 같은 한 서생까지 폐를 끼치는 것은 매우 미안한 일이어서 경주 안내서 한 장을 얻어 가지고 나왔다.

경찰서에 오니 인망 좋은 사사 서장이 친절히 맞아 준다. 경주의 고적이며 당지 청년의 나태, 부패한 것이며 불량 권유원(勸諭員)의 폐해 등에 관하여 수십 분 간이나 이야기하였다. 오늘은 후루카와 부장의 선도로 일행 7인이 불국사 원정의 길을 떠났다. 자전차에 각각 맥주 3, 4병씩 실었다. 이것은 불국사에서 한 밤을 유쾌하게 지낼 준비였다.

울산 가도를 지나 낭산 비탈길을 돌아가니 사천왕사의 유적이 있다. 밭 가운데에 초석 와편이 누누(累累)하다. 거금(距今) 천 이백 삼십 여 년 전 문무왕이 고구려를 합병하고 국세, 문물이 함께 그 절정에 달하였을 때 당 고종이 그 융성을 시기하여 대군을 거느리고 와서 치고자 하였으나, 그 때에 당에 가 있던 김인문이 이것을 본국에 고하매, 왕은 또 이것을 조정에 말하여 명랑(明朗) 법사라는 고승에게 일임하기로 조의(朝議)가 결정되었다. 법사는 용궁에 들어가서 비법을 통해서 자유자재의 신통력을 가진 자라, 낭산 남쪽에 사천왕사를 세우면 당군이 자멸할 것이라고 고하였다.

그러나 이미 정주(貞州)로부터 당군이 습래(襲來)한다는 급보가 있는지라 사천왕사를 세울 틈이 없다. 하는 수 없어 금백(錦帛)으로 가사(假寺)를 짓고 풀로 사천왕을 지은 뒤에 명랑 법사가 주문을 왼즉 홀연 폭풍이 일어 당군의 선함(船艦)을 모조리 침몰하게 하였다는 것이 사천왕사의 연기다.

백제, 고구려의 양국을 유린하던 병사가 아직 늙지 않고 사비성, 평양에 섬섬(閃閃)하던 칼날이 아직 녹슬지 아니하여 패기를 잃고 일국의 운명을 한 요승에게 위탁했으니 얼마나 기막히는 일이랴. 실로 신라의 멸망은 순간에 달렸던 것이다. 성쇠흥망이 제 손아귀에 있지 않고 신불(神佛)에 운명을 맡긴다는 것이 벌써 멸망의 장본이 아니고 무엇이랴. 성채를 쌓는 대신 불탑을 쌓고 강병을 양(養)하는 대신 요승을 양하였으니 신라 멸망의 원인이 어디 있음을 알 수 있지 않는가.

도중 수 개소에서 왕릉을 참배하고 불국사 아래 순사주재소에서 잠깐 쉬려 하는데, 순사가 밭에 들어가 잘 익은 수박 몇 개를 따 가지고 와서 우리 일행에게 권한다. 순사의 성의도 고맙거니와 새빨간 수박이 맛도 있어서 한숨에 서너 쪽을 집어 먹고는 불국사로 향하였다.

토함산이 험하다. 불국사 경내 여인숙에 들어가니, 주인 노파가 냉수를 길어다 주며 세수하라고 권한다. 마당에서 잠깐 불국사를 바라보았다. 그 훌륭한 것을 알 수 있다. 피로를 회복한 후에 구경가리라 생각하고 우선 바람 시원한 곳에 누워서 불국사의 역사를 읽었다. 일행 중엔 바둑을 두는 사람, 맥주 먹는 사람, 코 고는 사람, 후루카와 부장은 아무것도 하지 않고 오직 불국사의 경치를 상찬(賞讚)할 뿐이다. 오래지 않아 저녁밥이 들어왔다. 저녁을 먹은 후에 잡담이 벌어졌다. 그러나 그것도 오래지 않아서 하나 둘씩 꿈의 세상을 찾아간다.

8월 16일 경주에서

제49신

토함령상(吐含嶺上)에 서서 동해에서 솟는 아침 해를 보려던 것도 그만 어그러지고 말았다. 베개에서 머리를 드니 벌써 다섯 시. 일행은 깨어서 자리 옷바람으로 조도(鳥島)에 올라갔다. 그동안 길을 여러 번 고쳤다곤 하나, 아직 구배(勾配)가 심해서 올라가기가 퍽 곤란하다. 1정(町) 가량 올라가선 쉬고 쉬고 했다. 새벽 공기가 어찌 싸늘한지 마치 늦은 가을과 같은 감촉을 피부에 준다.

한 정(町)씩 가서 세워 놓은 '종시지석굴암기정(從是至石窟庵幾町)'이라는 표목도 좀체로 닥쳐오기가 힘든다. 천신만고로 산령에 올라서니 눈앞에 바다가 안개처럼 뿌옇다. 구름도 없고 섬도 없고 거리가 먼 까닭에 파도도 보이지 않고, 오직 바다와 하늘이 상접한 수평선까지도 눈부시는 햇볕에 한 색으로 보일 뿐이다. 나는 가슴이 꽉 찬다. 그저 무궁무변을 환미(歡美)하는 수밖에 없다. 웅대하구나! 금강산 비로봉에서 동해를 바라보는 때의 웅장함이 설마 이 이상이야 되랴. 김대성은 아마 아침 일찍 영상(嶺上)에서 이 장엄함과 이 웅대함에 감동되어 석굴암을 지을 생각이 났나 보다.

사람이 세상에 나서 위인을 접하기도 어려우려니와 위대한 풍경 접하기는 더욱 어렵다 한다. 위인은 움직이는 탓으로 앉아서도 만날 수 있는 것이나, 위경(偉景)은 내가 찾지 않으면 접할 기회가 없는 까닭이리라.

토함령상에서 동해의 해 뜨는 광경을 바라보았다는 것은 내 역사에 특필할 기록이라 생각한다. 내 가슴은 허공과 같고 내 머리는 냉수로 씻어낸 듯하다. 이것은 희열도 아니며 경이도 아니다. 이런 때의 사람의 감정을 무엇이라 할런고. 가장 맑고 가장 깨끗한 정서를 법열이라 한다면, 이것이야말로 법열이 아니고 무엇이랴. 나와 같은 속물도 오히려 이러하거늘, 성(聖) 김대성의 감동이 어떠했으랴. 인생이 한껏 살아 70년이니 이런 위경을 접하면 몇 번 접했을 것이랴. 대성이 돌을 깎아 불상을 새겨 신고정진(辛苦精進)하기가 1년 또 1년, 10년, 20년에 불상 하나를 완성하자 그는 곧 죽었으니, 그러나 그의 영은 화강암이 되고 그 화강암이 닦이워 불상이 되어 고요히 토함산 상에서 천년, 만년 영겁에서 영겁에로 아침마다 동해의 솟는 해를 바라보고 앉았으리라.

여기까지 쓰고 보니 쓸데없는 소리를 늘어놓은 것 같다. 그러나 지하의 김대성도 이 내 마음을 안다면 천년 뒤에 지기를 얻은 것을 기뻐할 것이다.

영상의 바람을 실컷 쐬며 발 아래 물결을 이룬 연산을 바라보다가 한 1정(町) 가량 되는 석굴암에 내려오니 일행은 거기 와서 궐련을 제가끔 피워들 물고 승경을 상찬한다. 이어 안내인의 뒤를 따라 '철커덕' 소리와 함께 열리는 문 앞에 이르러 신라의 전(全) 문명을 대표하며 불교국의 미술적 절품이라 이르는 석굴암 제(諸) 보살을 대하였다.

8월 16일 경주에서

제50신

석굴암은 화강암으로 미려하게 건축한 굴이다. 천정은 궁륭형으로 되었는데, 주위의 석벽은 제 보살, 사천왕, 불제자 등을 박육각(薄肉刻)으로 새기고 그 중앙에 석가불의 좌상을 안치하고 문 좌우에 인왕상을 새기고, 그 곁에 각 4위의 제 보살과 수호신들을 가지런히 새겼다.

내부 석벽의 조상은 가장 걸출의 작품이라 한다. 용장(勇壯)한 것은 힘껏 용장하고 우미한 것은 아주 우미하다. 그 상상의 풍부성과 수법의 정련함은 실로 탄상불이(嘆賞不已)할 일품(逸品)이다. 그중

그림 18-6 석굴암(1913년)

에도 그 본존 석가불의 좌상은 실로 신라 예술의 결정품이다. 이것이 없었더면 신라 문화의 존재가 의문되었을지도 모른다고 동경제국대학 도리이(鳥居) 씨가 격찬하였다 한다. 이제 여기 씨의 평가 운데 1문을 게(揭)하건대,

"이 불상은 대지원만(大智圓滿)한 불상(佛相)은 갖추었으나 숭고·존엄한 감정은 주지 않는다. 오히려 현세적이요, 또 사람으로서의 육체미를 발휘하고 있다. …… 이 불상은 남성적이 아니요 여성적이다. 다정스럽고 온화하고 또 얌전한 성격을 가졌다. …… 이것을 남성이라 친다면 퍽 미남에 가까울 것이다."

과연 적평(適評)이다. 더구나 불상을 옆으로 보면 그 몸에 매어달리고 싶도록 아름답다. 또 도리이 씨는 이렇게 말했다.

"이 불상은 원래 어떤 모델을 보고 제작한 것이지, 결코 상상으로서 제작한 것은 아닌 듯하다. 그리고 모델은 당시 왕궁의 미인이거나 그렇지 않으면 미남자일 것이다. 이러한 이유로 보아서 불상은 분명히 신라인의 체질, 특히 신라의 여성을 모델로 한 것인 듯싶다. 과연 그렇다 할진데, 이 불상을 신라인의 미적 대표라 할 것이고 또 그 체질은 신라를 대표한 것이라 할 것이니, 이것은 실로 인종학상, 민족적 예술사상에까지 가장 중요한 재료라 하겠다."

지금도 경주 방면은 물론이어니와 경북 일대의 부인의 체질 중엔 이 불상의 특징의 가까운 점을 가진 자가 많다고 한다. 나와 같이 예술적 심미안도 없고 또 인종학적 지식도 없는 자는 씨의 설을 믿을 수밖에 없다. 만약 씨의 말과 같다면 석굴암의 석불은 더욱 의미가 깊어진다. 이 석불은 한갓 신라 예술을 대표할 뿐 아니라 신라인의 정신과 육체를, 다시 말하면 신라 부인 전체를 대표하였다 할 수 있다. 연대로 따지면 경덕왕 때라니까 지금으로부터 약 천 육백 년 전으로,

삼국을 통일해서부터 멸망하던 때의 중간이다. 말하자면 신라의 혼이 빠져서 석불로 화하고 석불이 자라남에 따라 신라가 죽었다고도 할 수 있다. 한 마디 첨부할 것은 석불의 미간에 수정주(水晶珠)가 있었다는 것이다. 수정주 밑엔 황금이었다. 동해로 솟는 아침 햇발이 뻗치는 때면 석불의 미간에선 황금색 광선을 발사한다고. 한번 보고 싶건만 연전 석굴암을 수리할 때 사중(沙中)에 묻혔던 그 수정주를 어떤 못된 자가 훔쳐 갔다고 한다. 석굴암에서 나오니 해는 높이 떠 있었다.

8월 16일 경주에서

제51신

조반 뒤 불국사를 보았다. 세키노(關野) 박사의 증명에 의하면 사는 거금 약 천 사백 년 전 법흥왕 때에 창립되었다고 하나, 고사(古史)에는 눌지왕 때의 승 아도(阿道)의 창립으로 법흥왕 때에 다시 지었다고 씌어 있다. 그 사이가 약 백년 간 차이다. 하나 불국사가 삼천 여 칸의 대찰로 된 것은 석굴암과 같이 김대성 손으로 된 것이다.

현재한 실물인 청운, 백운의 양 석교와 다보, 석가의 양 석탑과 석굴암의 석불은 신라 예술의 대표적인 작품이라 칭하는 노사나불과 춘일등롱(春日燈籠)과 석사자와 함께 다 동시의 작품이다. 김대성은 당시 명문 귀공자로 30여 년을 불국사와 석굴암을 경영하였으니, 그는 실로 이 사업을 하려고 세상에 난 것 같기도 한다. 그가 성불을 원한 일념이 조국에 유일한 기념이 되게 된 것은 감사도 하려니와 또한 슬프기도 하다.

청운, 백운의 양교는 다리라곤 하지만, 하천에 놓은 것이 아니고 각각 동서 양문 입구의 계단이다. 당시에는 그 아래에 하천이 있었는지 모르겠으나, 그 의장과 기교가 함께 실로 경탄하겠고 특히 범영루 석기(石基)의 아름다움은 실로 말할 수가 없다.

석가탑은 극히 단순하나 그 전체 체형의 정미(整美)한 점이 평범한 가운데에 평범한 것을 보여주고 다보탑은 변화가 심하고 조화가 정연하고 기술이 영묘해서 보는 사람으로 하여금 아연하게 한다. 어찌하면 이렇게 웅혼·미려한 상(想)을 지을 수 있었고, 어찌하면 이렇게 그 굳은 돌로 자유자재로 자기의 상을 실현시켰던고. 그의 얼굴이 보고 싶고 그의 손이 보고 싶다.

그림 18-7 불국사 범영루 석축

양탑은 다 5층이다. 다보탑은 동에, 석가탑은 서에 이렇게 서서 대웅전 앞을 장식하고 있다. 석가탑은 일명 무영탑이라고도 한다. 대웅전은 다행히 임진병란을 면하였으나 누차 속악(俗惡)한 수선을 가하여 왔다. 그러나 주(柱), 동(棟), 양(樑) 등 대재(大材)와 전체의 구조는 천 오백 년 전과 조금도 변함이 없다고 한다. 유명한 노사나동불은 자기의 전(殿)을 잃고 아미타불전 내 일우(一隅)에 우거하였으므로 속악승(俗惡僧)들은 여기에 백회 칠을 처덕처덕 했다는 것이다. 극락전 문전에도 역시 어디서 주워 온 석사자가 어떤 분의 손에 다친 듯 턱이 떨어져서 서 있다. 턱은 떨어졌을망정 신라 석사자의 백미로 국보의 '하나'이로라고 의기양양해서 고개를 비스듬히 들고 서 있다.

사찰 뒤로 가나 앞으로 가나 청초 속에, --- 아니 청초라기보다 차라리 형극이라 함이 낫겠다. --- 연화형의 초석들이 정연히 늘어서 서 있다.

이것이 수백 동, 삼천 여 칸의 신라 불국사의 유적이다. '가아도(假我途)', '가도난(假途難)'의 비극이 없었더면 하고 원망도 해보나 하는 수 없는 일이다.

8월 17일 불국사에서

제52신

오르기에 한 시간을 요한 18, 9정(町) 넘는 고개길을 한숨에 내리달려 1리 여의 괘릉으로 향하였다. 역시 울산 가도다. 산에 나무가 도무지 없고 빨갛게 벗어진 데는 놀라지 않을 수 없다. 꼭 껍질을 벗겨서 피를 철철 흘리는 무슨 짐승과도 같다. 바른쪽은 남산이고 왼쪽은 금산(金山)이다. 어느 쪽이나 똑같다. 한낮의 태양이 붉은 산 위에 지글지글 내려 쬘 뿐, 볼 만한 경치라곤 하나도 없다.

남산에선 석기 시대의 유물 등이 발견되어 여러 고물 횡재자도 있었다고 후루카와 부장은 말한다. 산에 나무가 없는 것만 흠이지, 실로 남산은 묘한 산 같기도 하다. 원래 다수의 사원이 있었고 특히 남산사는 가장 우수하던 것이라 한다. 상금(尙今) 잔초(殘礎)와 석불이 엄존(儼存)해 있다. 본래는 삼림도 없은 것 같지 않았지만 지금은 남산이라면 적산(赤山)을 연상할 지경이니 …….

자전차를 버리고 밭 두덩길을 걸어서 괘릉에 이르니 우선 눈앞에 보이는 것은 2대(對)의 무인석이다. 그 위엄 있는 상모와 자세는 곧 뛰어나서 존엄한 왕릉 앞에 네가 누구냐고 호령이라도 할 듯하며, 1대의 문인석과 2대의 석사자도 다 생명 있는 것 같이 부동(浮動)하며 이제라도 포효성을 발할 듯. 자식처럼 사랑을 받던 백성은 모두 은의(恩誼)가 깊은 문무왕의 능을 잊어버리지만, 이들은 천년을 하루같이 왕의 능을 충실히 지킴에 감개무량하다.

괘릉은 신라 왕릉 가운데 가장 완비되고 옛것대로 유전(遺傳)된 것이라는데, 과연 석난간, 석상과 주위의 12지주 등이 대체로 구용(舊容)을 보존하고 있는 듯싶다. 더구나 12지를 상징한 조각은 자못 가치 있는 예술적 작품이라 한다. 무열왕릉보다 크진 못하나 장엄함과 장식이 완비된 것으로 보아서는 모든 왕릉에서 으뜸이다. 천하 태평할 때라 당의 문화를 들여다가 완전히 소화시킨 증거를 가히 엿볼 수 있으며, 동시에 외래 문화에 취하여 신라의 무용(武勇) 소박한 기상을 잃은 듯한 형적도 보인다. 신라인은 어찌하여 이같이 늠름하였을까 하는 것을 감탄하면서 무인석 앞에서 남아 있는 맥주와 참외를 먹었다. 마침 통행하는 일(一) 농부가 있기에 왕릉을 가리켜,

"이것이 누구의 능이요?"

하고 물은즉 그는,

"이것은 임금님의 묘입니다."

하고 지나간다. 나도 농부도 필시 신라의 자손인 것이라고 짐작하고 눈을 한번 흘겼다마는 농부는 아무것도 모른다는 듯이 노래를 부르며 저쪽 길로 사라진다.

여기서 1리만 더 가면 치술령이란 고개에 이를 수 있다 한다. 옛날 박제상이 신라의 사절로 일본에 왕(往)하였다가 돌아오지 못하매, 그 처가 이 치술령에 이르러 부군이 돌아오기를 기다렸으나 부군은 드디어 돌아오지 못하고 처는 죽어 망부석이 되고 혼은 원조

(怨鳥)가 되었다는데, 과연 망부석은 바람이 불면 한숨을 쉬고 비가 오면 혈루를 흘리며 아직도 동해를 바라보고 서 있다. 고개는 그의 혼의 숙소라 한다. 바람이 몹시 불고 신체가 너무 피곤하므로 그의 영을 조(吊)치 못하고 멀리서 망부석만 바라보았다.

8월 17일 불국사에서

제53신

 괘릉으로부터 경주로 돌아오는 사이에 불국사 남방에 영지라 하는 작은 못이 있는데, 모래가 아주 희고 물이 맑다. 옛날 김대성이가 불국사 건축에 몰두하던 때 아사(阿斯)라는 한 소녀가 그를 사모하여 한번이라도 만나기를 바랐다. 그러나 대성은 소녀의 간원(懇願)을 듣지 않고 소녀에게 마음이 끌릴까 염려해서 합장하고 염불만 외었다. 그래도 소녀는 대성을 만나고자 간청하였다. 대성도 사람인지라 다시 거절은 못하고 무영탑이 성공되는 날 만나기로 언약했다. 그러나 원래 대공사라 1, 2년으로 끝날 일이 아니매, 소녀는 울면서 기다리기를 1년 또 1년, 이렇게 10년은 지났을 때 어느날 밤 한 보살이 현몽하여 말하기를,

 "가련한 소녀야! 너는 너의 연인을 만나려거던 못을 파라. 그리하면 그가 지금 쌓는 탑이 네가 판 못 속에 비칠 것이며, 네가 생각하는 그 사람도 만나게 될지 모를 것이다."

 소녀는 일어나서 곧 못을 파기 시작하였다 하나, 여자의 연약한 힘으로 한 해 두 해에 파낼 수 없지 않은가. 드디어 10년의 성상을 들여서 못을 파고 소녀는 아침, 저녁으로 못을 들여다보았다. 그리하노라니 어느날은 홀연히 불국사의 그림자가 못 속에 비치며 석가

탑상 최후의 일수(一手)를 내리워 성공의 미소를 띠우는 대성의 자태도 함께 소녀의 눈에 띄었다. 그러나 대성은 옛날 소녀가 사모하던 때의 대성이 아니었으며 소녀 또한 자기도 대성을 사모하는 사이에 백발이 되었음을 알게 되매, 한 곡조의 슬픈 노래를 부르고 자기가 판 못 속에 몸을 던졌다 한다. 천 오백 년 후의 오늘까지도 영지는 토함령에서 부는 바람에 흐느껴 운다는 전설을 가지고 있다. 불국사의 범영루는 이 못에 그림자를 범(泛)한다는 의미라 하며, 기상의 관계인지는 알 수 없으나 영지에 불국사가 비친다 함은 예나 이제나 다르지 않다고 하나, 본 자 없으니 기이한 일이다.

여관에 돌아와 세 시간쯤 쉬고 자전차로 일행은 다시 고적 탐방의 길을 떠났다. 명활성, 남산성, 석탈해왕릉, 백률사, 김유신 묘와 경주박물관을 보려 함이다. 우선 길을 북쪽 포항 가도로 취하여 금강산, 백률사에 이르렀다. 조선에서는 산이 아름다우면 금강산이라 이름짓는 버릇이 있는 모양이라고 생각했다. 백률사는 지금 아주 작은 절이다. 본래는 금강산 비탈 사면석불의 가숙소(假宿所)가 되었던 굴불사와 함께 명찰이었다. 그러나 지금은 기초석까지도 반이나 무너졌다.

명활성, 남산성도 함께 역사상 중요한 고적임은 틀림없으나 해가 지고 신체의 피로도 못 참고 백률사로부터 동방 반리 가량 되는 석탈해왕릉에도 참배할 기운이 없다. 그러므로 옥녀봉 아래 김유신 묘도 못 갔다. 그 묘와 문무왕릉과 비슷하다 함을 듣고 구경한 거나 마찬가지로 만족한다. 이것으로 경주 관광기는 끝을 맺고 자세한 것은 후기로 미루려고 한다. 역사적으로나 아직 안식이 없는 나로는 이 글을 썼다는 것은 부끄러운 일이다. 그러나 수년 후이면 아주 잘 쓸 것 같은 자신을 가진다.

끝으로 나를 위해서 여러 가지로 편의를 보아주신 경주 관민 제

씨에게 깊이 사례의 의(意)를 표하며 붓을 놓는다.

8월 18일 경주에서

 이 글은 원래 「오도답파여행(五道踏破旅行)이란 이름으로 이광수(李光洙)가 1917년 6월부터 8월까지 충남, 전북, 전남, 경남, 경북 등 5도를 두루 다니면서 『매일신보(每日申報)』에 연재했던 기행문이다.
그리고 1939년 영창서관(永昌書館)에서 간행된 기행문집 『반도강산(半島江山)』에는 「금강산유기(金剛山遊記)」와 더불어 「오도답파기(五道踏破記)」라는 제목으로 수록되었다.

그림 18-8 춘원 이광수 사진

전부 53편의 통신문 형식을 띤 이 기행문에서 작자는 5도의 각 지방, 곧 조치원, 공주, 부여, 군산, 전주, 이리, 목포, 삼천포, 통영, 다도해, 부산, 마산, 진주, 대구를 거쳐 마지막으로 경주를 여행하면서 그곳의 명승 고적, 인물, 자연 환경, 문물, 산업, 풍속 세태를 관찰하고 이를 사실적으로 기록했다.
여기서는 그중 경주 관광기에 해당하는 제41신부터 마지막인 제53신까지 발췌하여 실었다.

문학의 장,
경주의 빛과 그림자

19. 경주의 달밤(이병기)
20. 여명(이태준)
21. 불국사 돌층계(이태준)
22. 안압지의 모색(이원조)
23. 옥룡암에서(이육사)
24. 초하의 반월성(김동환)
25. 추억의 불국사(성갈맥)
26. 무녀도(김동리 소설)
27. 가실(이광수 소설)
28. 석굴암(박종화 시)
29. 불국사(박목월 시)
30. 계림애창(조지훈 시)
31. 이 동굴 안을 거니는 자여(조영출 시)
32. 경주시(서정주 시)
33. 석굴암(임학수 시)
34. 석굴암 관음상의 노래(임학수시)
35. 경주 길(모윤숙 시)
36. 경주를 보고(이병기 시조)
37. 석굴암(이병기 시조)
38. 다보탑(김상옥 시조)
39. 신라문학 논의(문일평, 모윤숙 양씨 일문일답기)

19 경주의 달밤
이병기

나는 여관을 나섰다, 저녁을 먹고.

이 경주는 벌써 두어 번이나 본 곳이건만 지금도 처음 보는 것같이 모든 것이 새롭고 이상하게스리 생각난다. 딴은 온종일 차에 시달려 온 몸이 아니 피곤한 건 아니나 방 안에 누워 있기는 싫고 자꾸 밖으로 밖으로 나가고만 싶다.

여관 옆에는 새로 난 요릿집이 있어 장고 소리와 노래 소리가 난다. 가만히 귀를 기울이고 들어 보았다. 경주다운 노래나 아닌가 하고. 그러나 나의 요구와는 아주 다르다. 어디서든지 들을 수 있는

그림 19-1 경주의 중심가(1930년대)

이 근래 유행하는 노래 그것이다. 실패다. 다른 데로 나가 볼 수밖에 없다.

침침한 좁은 골목을 나서 제법 전등 깨나 켜 있는 큰 길로 걸어갔다. 좌우에 있는 상점, 포목점, 잡화점, 사기점, 철물점, 과자점 따위가 역시 일인(日人)이 아니면 지나인(支那人)의 것이고 물러터진 감, 능금, 배나 그 옆에 몇 개 놓고 파는 것 만은 그들이 아니다. 하나 어느 것이든지 거기에는 먼지 하나 움직이지 않고 전등은 가물가물하고 상인은 졸고 있고 이따금 어디서 쿨룩쿨룩 기침 소리만 날 뿐이다.

나는 봉황대로나 올라갈까 하고 발을 멈추고 망설이다가 다시 그 반대의 방향으로 나아갔다. 점점 전과 같은 가로(街路)도 아니고, 상점도 없고, 부조화하여 보이는 일본집 또는 고옥과 공지가 보이고, 흰 저고리 검정 치마 입은 젊은 여자 오륙 인이 길에 서서 가는 웃음을 치며 소곤소곤하고, 머리 땋은 총각, 상투 꼽은 늙은이 몇 사람은 앞으로 어슬렁어슬렁 걸어간다. 나도 그 뒤를 따라간다. 이제는 인가도 드물고 볏논, 콩밭, 수수밭 가운데 커다란 신작로만 고요히 누워 있는 곳이다. 나는 이곳에 서서 사면을 둘러보았다. 멀리 둘러 있는 산과 산이며 전등이 가물거리는 시가며 둥긋둥긋한 봉화대들이며 또는 계림이며 첨성대며 반월성이며 안압지며 그 한 편의 빈 들판들을, 그리고 동천에 떠오르는 저녁 달을 바라보았다.

이때 이 달은 다만 나를 위하여 비쳐 주는 것 같다. 어찌나 그리도 고마운지 모르겠다. 이때까지 보던 달에는 이때 이곳에서 본 달처럼 귀엽고 사랑스러운 달이 없었다. 다만 밝다, 아름답다는 간단한 말로는 도저히 형용할 수 없다. 아무리 표정을 잘하는 미인이라도 이때 이 달과 같은 얼굴을 할 수 없으리라고 했다.

생각하면 육부(六部)의 여자가 한가위 놀이를 하던 달도 저 달이요, 태종 무열대왕과 문명 황후의 사랑이 열매를 맺게 하던 달도 저 달이요, 천 삼백 육십 방(坊), 십팔 만 호(戶)에 비치던 달도 저 달이요, 임해전 놀음에 밤 가는 줄을 모르게 하던 달도 저 달이요, "동경 밝은 달에 ……" 하고 처용이로 하여 노래를 부르게 하던 달도 또한 저 달이 아닌가.

그림 19-2 『악학궤범』에 실린 처용도

과연 저 달을 어디에다 비할까. 심양강(潯陽江) 상(上)이나 회수(淮水) 동변(東邊)에 비치던 달로도 비할 수 없는 저 달이다.

과거의 경주에 비친 달도 그렇고 장래의 경주에 비칠 달도 이러하다면 지금 나를 중심으로 한 저 달이 그 얼마나 무한한가. 저 달을 보는 이때에 그 무한한 느낌을 아니 가질 수 없으며 백년의 인생이나 천년의 신라도 한 찰나에 지나지 못함을 알게 한다.……

이렇게 생각을 하고 고개를 숙이고 있을 때 저편에서 남자와 소곤거리는 소리가 점점 가까이 나더니,

"…… 이것이 인생이 아니고 무언가?"

하는 여자의 말만 분명히 들리며 어떤 청년 하나 이 여자의 손목을 잡고 내 옆으로 살짝이 비껴서 지나간다. 그러고는 다시는 오고 가는 이도 보이지 않고 달만 달만 한 모양으로 보인다.

나는 처음 오는 이 길이 아무 굴곡도 없고 고하도 없고 가도록 한 모양으로 평탄하여 가기가 싫으나 그것이 얼마나 연장이 되었나, 그 그치는 곳까지 가서 보리라 하는 희망에 끌려 앞으로 다시 발길을 내디뎠다. 또 콩밭, 수수밭, 볏논을 몇을 지났는지 알 수 없고 수 없는 벌레 소리는 요란히 들린다.

가보니 딴은 머잖은 길이다. 바로 넓은 백사장 하나가 보이고 그 건너는 거뭇한 숲과 조그마한 산이 가로막혀 있고 백사장 한편에서는 불빛이 반짝이고 여러 사람의 떠드는 소리며 북장고, 노래 소리가 난다. 아하, 이것이 북천(北川) 내인가, 씨름판이 아닌가. 올해는 풍년이라 풍년을 축하하기 위하여 이 근처 농민들이 모여 북천 내에 씨름판을 열었다 함은 이 경주를 찾아올 때 차 속에서 누구에겐가 들은 법하다. 옳지, 이것이 그것이다. 나는 일종 새로운 흥미를 일으켜 우선 그 씨름판을 향해 간다.

백사장으로 보이던 곳은 사뭇 조약돌 판이다. 한편에 물이 좀 흐르는 듯 마는 듯하고는 반들반들한 조약돌 뿐이다. 한참 밟아 가니 발이 아프다. 거의 숲이 있는 데까지 가서야 씨름판이 나선다.

씨름판은 한가운데에는 모래를 듬뿍 깔아 놓고 그 가장자리로는 뼁 둘러앉은 이, 선 이, 수가 없으며, 기다란 횃불을 잡은 두 사람이 양쪽에 하나씩 서서 그 테두리 안으로 들어서는 이가 있으면 횃불을 내둘러 쫓아내기도 하며, 한쪽에는 높이 시렁을 매어 놓고 그 중 특수한 이가 그 위에 앉은 모양이며, 씨름은 아무나 자원대로 나와서 하며, 이긴대야 나중 결승하는 날이 아니면 상품은 아니 준다 하는데 씨름꾼은 대개 상투쟁이가 아니면 머리 땋은 총각들이다. 구경하러 온 이도 또한 그런 이들이고 간혹 기생을 데리고 온 양복쟁이 몇 사람이 있을 뿐이다. 순 경주 사투리를 써 가지고 함부로 덤부로 떠드는 소리는 귀에 설기는 하지만 토속 연구의 재료로는 이 밖에 다시 없을 것 같다.

그리고 또 한 옆으로는 좌우로 나가며 가갯막을 벌여 놓고 음식도 팔고 잡화도 팔고 가지가지 오락도 한다. 이렇게 하여 밤을 새우고 낮을 이어 삼사 일 동안을 보내는 것이다.

씨름법도 여러 가지가 있다 하나 보기에는 퍽 단순하다. 원시적 유희라, 향촌의 농민들이 오월 단오, 팔월 추(秋) 같은 명절을 당하여 일반적으로 하던 유희라, 아무 설비도 없이 간단히 되는 유희라, 이 유희야말로 농민에게는 가장 합리적으로 된 것 아닌가. 나는 이 씨름을 단원(檀園)의 풍속화에서 보았고 그 실물은 지금 여기서야 보

그림 19-3 단원 김홍도 풍속화 씨름

게 된다. 다른 경기장에 가서 얻은 감상으로는 여기에 비길 수 없다. 씨름, 단순한 그것이 좋아 보인다. 천진스러워 보인다. 순박한 농민의 성격이 그대로 잘 드러나 보인다.

나는 다시 조약돌 판으로 나와 이리저리 어정이었다. 달은 중천에 떠있다. 나를 따르는 이는 다만 나의 그림자만이다.

『신생』 1930년 12월

 이병기는 20여 년 동안 휘문고보 교원(1922~1942)을 역임했다. 따라서 생도들을 인솔하여 평양, 금강산, 부여, 수원, 부산, 경주 등 명승지를 탐방할 기회가 많았다.

이병기는 경주를 "벌써 두어 번이나 본 곳"이기 때문에 경주의 유적을 따라 소개하는 내용을 지양하고 당시 경주의 생활상을 소개하고 있어 흥미롭다. 상허 이태준의 기행문 「해촌일지」나 「만주기행」에서 보여주는 것처럼. 위의 글에서는 장고 소리와 최신 유행가가 울려퍼지는 새로난 요릿집, 각종 상점들, 가로등도 졸고 있는 대로가, 북천 냇가에서 벌어지는 씨름판, 당시의 경주 시가의 전경이 눈앞에 들어오는 듯하다.

위의 글은 이병기가 1930년 10월 8일 3학년 생도 100여 명, 인솔교사 윤병섭, 이일, 박술음, 타카하시와 동행한 경주 수학여행의 체험담이다. 이병기는 1919년 4월 14일부터 1968년 사망할 때까지 50여 년 가량 일기를 써왔다. 즉 그의 일기는 그 창작의 초고인 셈이다. 참고로 이 글의 모태가 된 일기를 부기한다.

   10/8(수) 맑다. 오전 7시 반 발. 3학년생 백여 인, 윤병섭(尹丙燮), 이일(李一), 박술음(朴術音), 타카하시(高橋鐺四郞)와 동행, 오후 4시 대구 착. 동 4시 40분 발 8시 17분 경주 착, 안동여관에 들었다. 북천 냇가에 씨름판이 섰다 하여 생도들이 많이 구경을 갔다. 우리도 여관 아이를 앞세우고 북천 내를 찾아가다. 집경전(集慶殿)과 낡은 집들을 지나 밭 가운데 뚫려 있는 큰길로 나서 북으로 꺾여 간다. 멀리 사면에 둘러 있는 산과 산들은 나직이 보이고, 지금 우리를 중심으로 한 헤너른 들판은 두두룩하게 솟아있는 것 같으며, 고요히 비치는 달빛은 파광터 같은 옛 도회의 아늑한 모든 시름을 견딜 수 없이 자아내게 한다. '동경 밝은 달에 ……'하고 「처용가」 1절을 나는 갑자기 불렀다. 마침 저편에서는 웬 청년이 여자와 손목을 잡고 다정스레 속살거리며 지나간

다. '…… 이것이 인생이 아니고 무엇인고' 하는 여자의 강한 소리가 들리고는 만다. 우리는 그 길로 얼마를 더 나가서 물이 좀 보이다 마는 북천 냇바닥을 밟아갔다. 온통 조약돌 뿐 저편 숲이 선 강변으로 가서 씨름판이 있다. 씨름판 옆으로는 음식점, 잡화점, 오락장이 임시로 설비되어 있다. 상투장이 머리 땋은 이가 많다. 씨름은 순 그 지방식으로 한다. 한참 보다가 생도들을 돌려보내고 우리도 돌아왔다.

10/9(목) 맑다. 오전 8시에 일동이 여관을 나섰다. 봉황대, 금관총, 박물관을 보고 11시 40분 경주역을 떠 12시 20분 불국사역 착. 도보로 33분 불국사. 점심. 석굴암을 가 보고 오후 6시 25분 발로 돌아오니 7시 5분.

10/10(금) 맑다. 오전 8시 반 여관에서 나와 군청에서 온 안내자 최남주(崔南柱) 군과 북천 독산을 지나 사면석불, 백률사, 표암, 석탈해왕릉, 알천, 분황사, 황룡사, 안압지, 반월성, 인왕리, 석빙고, 첨성대, 계림, 향교, 재매정, 문천, 오릉을 보고 점심. 알영정, 숭덕전, 천관사, 나정, 창림사, 포석정, 서천, 김양 묘, 태종무열왕릉, 서악서원, 김유신 묘, 금산재, 서천(형산강 상류)에서 목욕하고 여관으로 들다. 저녁은 2병(丙) 배기식(裵基式)의 형 배기달(裵基達) 군이 여관 옆 무열각(茂悅閣) 요리집에서 준다. 최남주 군에게 『경주향토사』 1책을 얻었다. 밤에 생도들이 씨름판에 나가서 2시에야 왔다. 여관 안이 퍽 시끄러워 잠은 잘 못잤다.

10/11(토) 맑다. 오전 5시 기침. 7시 35분 발로 떠나서 11시 10분 대구 착, 조용해(趙龍海) 군이 나왔다. 끌리어 도청 위생과 분실에 가서 다시 대구탕반(大邱湯飯) 집에 가서 점심을 얻어먹었다. 오후 7시 경성역 착.

20 여명(黎明)
이태준(李泰俊)

우리는 불국사에서 긴긴 여름날이 어서 지기를 기다렸다. 더웁기도 하려니와 처음 뵈입는 석불을, 낮에도 밤에도 말고 여명 속에 떠오르심을 뵈이려 함이었다. 밤길 토함산을 올라 석굴암에 닿았을 때는 자정이 가까웠다. 암자에서 석굴은 지척이지만 우리는 굳이 궁금한 채 목침을 베었다.

산의 고요함은 엄숙한 경지였고 잠이 깊이 들지 못함은 소리 없는 여명을 놓칠가 함이었다. 우리들

그림 20-1 토함산 석불

은 보송보송한 채 중보다도 먼저 일어나 하늘이 트기를 기다렸다.

하늘이 튼다는 것은 끔찍한 일이었다. 사람으로는 모래알만큼 작아서 기다리고나 있어야 할 거대한 탄생이었다. 몇 만 리 긴 성에 화광(火光)이 뜨듯 동해 언저리가 벙긋이 금이 도는 듯 하더니 은하색 광채가 번져 오르기 시작하는 것이다. 우리는 중을 앞세우고 조심조심 석굴로 올라 왔다. 석굴은 아직 어두웠다. 무시무시하여 우

리는 도리어 주춤거려 물러섰다. 아무도 무어라고 지껄이지 못하였다. 이윽고 공단 같은 짙은 어둠 위에 뿌연 환영의 드러나심, 그 부드러운 돌 빛, 그 부드러우면서도 육중하신 어깨와 팔과 손길 놓으심, 쳐다보는 순간마다 분명히 알리시는 미소, 전신이 여명에 쬐여지실 때는 이제 마악 하강하신 듯, 자리 잡는 옷자락 소리 아직 풍기시는 듯.

어둠은 둘레둘레 빠져 나간다. 보살들의 드리운 옷주름이 그어지고 도틈도틈 뺨과 손등들이 드러나고 멀리 앞산 기슭에서는 산새들이 둥지를 떠나 날라 나간다. 산등성이들이 생선가시 같다. 동해는 아직 첩첩한 구름갈피 속이다. 그 속에서 한 송이 연꽃처럼 여명의 영주(領主)가 떠오르는 것이었다.

이태준은 1904년 11월 4일 강원도 철원군 무장면 산명리에서 태어나 러시아 블라디보스톡(부친 사망), 함북 배기미(梨津, 모친 사망), 철원 용담, 안협, 원산 등지를 전전하다가 1921년 휘문고보에 입학, 습작 활동을 시작했다. 당시 휘문고보에는 스승으로 가람 이병기, 학예부원으로 상급반에 정지용, 김영랑, 박종화 등이, 하급반에 박노갑이 있었다. 1925년 「오몽녀」가 『조선문단』에 입선되면서 본격적인 작품 활동을 시작한 그는 『조선중앙일보』 학예부장으로 재직하면서 정지용, 김기림, 이상, 이효석, 유치진, 김유정, 이무영 등과 구인회를 결성하여 한국문학을 주도했다. 또한 『문장』지의 소설 부문 추천인으로 많은 후진을 배출하기도 했다.

언어의 마술사답게 '말의 기품'을 충분히 느낄 수 있는 이태준 특유의 정갈한 글이다. 이 글에서도 입체적 풍경 묘사가 엿보인다. 최재서는 '시에 정지용, 산문에 이태준'이라 칭했는데 근원 김용준과 함께 한국 수필문학의 모델을 보여준 쌍벽이다. 오죽하면 근원 김용준이 상허 따라 성북동 골짜기로 들어갔는지 짐작이 간다. 김용준은 1928년 '이태준'상을 그리면서 눈물과 두려움과 고뇌를 거친 상허의 내면 풍경을 고스란히 화폭에다 담았다. 더우기 환쟁이 문장파로써 운치와 품격의 명문 수필은 전아한 상허의 문장 속에 순장(殉葬)하기를 주저하지 않았다. 그 무렵 이태준이 성북동에 수연산방(壽硯山房)으로 문방구우(文房九友)를 틀자 근원은 상허 따라 집을 짓고 그 택호 '노시산방(老柿山房)'을 그로부터 받았다.

21 불국사 돌층계

이태준

 그렇게 벼르던 경주 구경을 나는 제일 나쁜 때에 갔었다.
 그해 여름도 어찌 더웠든지 대구에 가니까 백도가 넘었는데 이왕 나선 김이니 가본다고 경주까지 가기는 갔으나 땀을 주체할 수가 없어서 불국사와 석굴암만 대강 둘러보고는 '인제 언제든지 가을에 한번 다시 와야겠군' 하고 거기 가가지고 다시 벼르고 돌아오고 말았다.

그림 21-1 현재의 불국사 돌층계

그때 나는 불국사에서 그 여러 층 돌층계를 일부러 여러 차례나 오르고 내리고 하였다.

'신라 사람들이 밟던 층계로구나!' 생각하니 그 댓돌마다 '쿵' 울리면 예전 사람들의 발자취 소리가 어느 틈에서고 풍겨 나올 것 같았다. 그들은 어떤 모양의 신발을 신었던 것일까? 그때 부인들 치맛자락은 얼마나 고은 것이, 또 얼마나 긴 것이 이 층계를 쓰다듬으며 오르고 내린 것일까? 나는 아득한 환상에 잠기며 그 말없는 돌층계를 폭양(暴陽) 아래에 수없이 오르고 내리고 하였다.

지나간 사람들의 발자취, 우리는 어디서 그것을 만져볼 것인가? 바람에 쓸리고 빗물에 닳았으되 그들의 밟던 돌층계만이 그래도 어루만지면 무슨 촉감을 줄 수 있는 것이다.

어서 가을에 한번 다시 가서 그 돌층계를 만져도 보고 밟아도 보고 싶다.

8월 15일

『조광(朝光)』제1권 제1호, 1935년 10월

 그의 기행문 창작은 휘문고보 시절부터 거슬러 올라간다. 그는 1924년부터 휘문고보에서 학예부장으로 활동하는데 학예부에서 펴낸 『휘문』제2호에 기행문 일등작인 「부여행」이 실렸다. 그 해 6월 13일 동맹 휴교의 주모자로 몰려 4학년 1학기에 퇴학당하고 일본으로 건너가 고학(상지대학 예과)했지만 궁핍한 생활을 견디지 못하고 귀국하였다. 몇 군데 신문사와 잡지사도 다녀보고 학교에도 출강하면서 지내다가 1933년에 구인회를 결성하고 떠돌이 생활을 청산하고 성북정 248번지로 이사 오면서 생활은 어느덧 안정이 되었고 1935년에는

『조선중앙일보』를 퇴사하고 오로지 창작에만 몰두하였다. 위의 글은 바로 퇴사 전후에 경주를 기행하고 『조광』지에 발표한 글이다. 이후 1938년에는 만주 지역을 여행하고 「만주기행」을 남겼으며, 월북 후 1946년 10월에는 방소문화사절단의 일원으로 소련을 방문하고 『소련기행』(백양당, 1947)을 남겼다.

22 안압지의 모색(暮色)
이원조(李源朝)

경주의 잊히지 않는 한 곳을 쓰라 하였으나 경주를 아주 잊어버린다면 몰라도 경주를 잊지 못하는 곳으로 다시 생각한다면 잊히지 않는 곳이 어찌 한 곳 뿐일까? 석굴암도 못 잊히는 곳이요, 불국사도 못 잊히는 곳이다. 아니 한번 경주를 다녀온 사람이 있다면 경주의 일초일목(一草一木)까지도 오히려 잊혀지지 않을 것이다.

그러나 경주의 풍물 가운데서도 오직 잊히지 않는 한 곳을 쓰라면 나는 다른 것은 다 두고래도 안압지만은 들지 않을 수가 없다.

물론 경주 일원에 흩어져 있는 명승고적을 헤아린다면 별로 안압지에 밑갈 것이 없을 것이다. 그러나 그중에서도 특히 안압지가 아직도 나에게는 잊히지 않는 곳으로 되어 있다는 것은 첨성대와 같이 당시의 문화적 척도를 우러러서 헐어진 잔해로서도 오늘날에 오히려 경탄하는 의미의 못 잊힘도 아니요, 석굴암의 조각과 같이 웅위섬세(雄偉纖細)를 구현한 위대한 예술품으로서의 못 잊히는 인상도 아니다.

그러면 내가 안압지를 못 잊어하는 심정은 무엇일까?

내가 안압지 가에 발길을 멈춘 것은 불과 30분도 채 못 되었다. 아침에 경주읍을 떠나 불국사까지 자동차로 가서 얼마를 두류(逗遛)한46) 나머지 해가 정오를 훨씬 지난 뒤에 단장(短杖) 하나만 집고 석굴암에 오른 것이 벌써 황혼에 가까운 때였다. 거기에서 나는 비로소 위대한 예술에 대한 감격과 황홀을 느꼈다. 그래서 동행한 사람들이 몇 번이나 그만 내려가자는 것을 나는 짐짓 발꿈치가 돌아서지 않아서 굴 밖에 나왔다가는 되돌아 들어가고 들어갔다가는 나오기를 몇 차례나 하였던지 불국사까지 내려오니 미리 말해두었던 자동차가 벌써 나와 기다리고 있음으로 다시 불불이47) 경주읍으로 들어오는데 때는 4월 초순 풋나무 가지에도 꽃 소식은 아직 멀었고 잎 떨어진 회초리 끝에는 세찬 연기도 엉클릴 데가 없어 천년 고도이던 광막한 들판에는 자우룩한 저문 빛만 짙어갈 때이었다.

그림 22-1 일제강점기 경주 택시 회사

자동차가 경주읍을 거진 다 들어왔을 때 옆에 앉았던 사람이 안압지 보고 갈까 하기에 우리는 도중에서 곧 내렸다. 논둑길 같은 데

---

46) 머무르다. 체류하다.
47) 매우 급하게. 갑자기.

로 마른 풀을 헤쳐서 몇 걸음을 가니 만형(彎形)으로 굴곡(屈曲)된 못이 있고 못가에 텅 비인 누각이 하나 섰는데 이것이 '안압지이고 임해전(臨海殿)'이란다.

말을 들으면, 안압지는 본래 궁지(宮池)이였으며 동정호(洞庭湖)를 모형해서 못 가운데는 무산(巫山) 12봉을 축조하고 못가에는 누사전각(樓榭殿閣)과 곡교구란(曲橋句欄)이 벌어졌더라 한다. 지금에 와서 이러한 영화의 옛 꿈을 찾아선들 무엇하리마는 아무리 '국파산하재(國波山河在)'라고 한들 능이곡환(陵移谷還)할 때 어째서 이 안압지만은 메여지지 않았으며 임해전만은 헐리지 않았던가? 무산 12봉의 허물어진 자취는 모색(暮色)에 젖은 검푸른 물속에 마치 괴물과 같이 숨어 있는 몇 개의 불긋불긋한 돌무덤으로 짐작할 수 있으나 안압지 수면에는 바람도 불러가지 않는지 실오래기만한 물결도 일지 않고 정익(靜謐)과 침묵만이 잠겨있을 따름이다. 만약 유상곡수(流觴曲水)의 포석정이 신라 멸망의 비극적 최종막(最終幕)을 닫힌 무대이라면 메여지지도 않고 움직이지도 않는 안압지야말로 죽어진 대신라의 '데스 마스크'[48]일 것이다.

흙속에서 파내인 금관옥패(金冠玉佩)일지라도 오늘날에도 흔드면 오히려 소리는 나겠지마는 이지러진 벽상(壁像)일지라도 오히려 나의예상(羅衣霓裳)의 옷 주름조차 분명하거든 당시에 옥배(玉盃)를 씻던 안압지가 어찌 밭 갈다 목마른 소 먹이는 물이 되면서도 차라리 자취도 없이 흙 속에 메여지지도 않는가? 자동차의 재촉하는 소리가 하도 요란하기에 총총히 돌아서 왔으나 다 같은 폐허잔괴(廢墟殘塊)일지라도 저문 날 안압지의 황량한 풍경은 길이길이

---

48) deathmask : 사람이 죽은 직후에 그 얼굴을 본떠서 만든 안면상.

나는 괴롭게 할만치 잊히지 않을 것이다.

『조광(朝光)』 1권 1호, 1935년 10월

　　위의 글은 박화성의 「계림의 고목 등걸」, 이태준의 「불국사 돌층계」와 마찬가지로 청탁을 받아 『조광』 1권 1호에 실린 글이다.

그는 신라 문화의 찬란한 빛이었던 불국사, 첨성대, 석굴암보다도 황량한 안압지의 풍경을 잊지 못하며 이를 '대신라의 데스마크'로 인식하였다.

23 옥룡암(玉龍菴)에서
이육사(李陸史)

　석초(石艸) 형! 내가 모든 의례와 형식을 떠나 먼저 붓을 들어 투병의 일단을 호소함은 얼마나 나의 생활이 고독한가를 형이 짐작하여 줄줄 생각한다.

　석초 형! 나는 지금 이 너르다는 천지에 진실로 나 하나만이 남아 있는 외로운 넋인 듯하다는 것도 형은 짐작하리라. 석초 형, 내가 지금 있는 곳은 경주읍에서 불국사로 가는 도중의 십리 허(許)에 있는 옛날 신라가 번성할 때 신인사(神印寺)의 고지(古趾)에 있는 조그마한 암자이다. 마침 접동새가 울고 가면 내 생활도 한층 화려해질 수도 있다. 그래서 군이 먼저 편지라도 한 장 하여 주리라고 바래기는 하면서도 형의 게으름(?)에 가망이 없어 내 먼저 주제넘게 호소치 않는가?

　석초 형, 혹 여름에 피서라도 가서 복약(服藥)이라도 하려면 이곳을 오려무나. 생활비가 저렴하고 사람들이 순박한 것이 천 년 전이나 같은 듯하다. 그리고 답하여라. 나는 3개월이나 이곳에 있겠고, 또 웬만하면 영영 이 산 밖을 나지 않고 승(僧)이 될지도 모른다. 그것이 곧 부럽고 편한 듯하다. 서울은 언제 갔던가? 아무튼 경주 구경을 한 번 더 하여 보려무나. 몇 번이나 시를 써 보려고 애를 썼으나 아직 머리 정리되지 않아 못하였다. 시편(詩篇)이 있거든 보내

주기 바라면서 일체의 문후(問候)는 궐(厥)하며 이만 끝.

1942년 7월 10일

이육사(李陸史, 1904~1944)는 안동에서 태어나 대구, 영천 등지에서 생활하다가 일본, 중국을 넘나들면서 '장진홍 의거', '대구격문 사건'으로 구속되었다. 1936년 7월에는 동해 송도원(포항)에서 휴양하였고 1938년에는 신석초·최용·이명룡 등과 경주를 여행했으며 그해 가을에는 신석초와 부여를 관람하였다. 그리고 1942년 2월 성모병원에서 퇴원한 후 7월부터 경주 신인사 옥룡암에서 요양하였다. 이 글은 요양할 때 1935년 정인보 댁에서 우연히 알게 된 신석초를 경주로 불러들이려는 편지글이다. 이육사는 이곳에서 3개월 예정으로 요양하는 동안 창작을 구상하면서 자신의 미래를 설계한 듯하다.

그림 23-1 이육사 가족 사진(앞줄 오른쪽)

24 초하(初夏)의 반월성(半月城)

김동환(金東煥)

반월성이 어드메냐
반월성을 가자꾸나
이 성터 그리워서
천 리 먼 길 찾아가네.

갔다가 슬프거든
사굉금(四紘琴) 줄 끊고 오고
갔다가 기쁘거든
북을 치고 돌아오리.

반월성이 어드메냐
반월성을 가자꾸나
옛 사람이 두고 간 성
새 사람이 찾아가네.

찾아가면 성터 밑에
왕관 아직 구을런가
왕관은 없더래도
천 년 전 달 보일런가.

이런 노래를 불러가며 초립에 황화49) 감발50) 친 일 방랑객이 신라 장안(長安)을 향하여 헤! 헤 걸어가는 양을 보셨습니까. 그것이 이 몸이로소이다. 이 몸은 어젯밤을 '반야월(半夜月)'이란 두보(杜甫)나 지은 듯한 멋진 소촌(小村)에서 자는 듯 마는 듯 팔벼개로 풋잠을 지내고 이른 아침 석마(石馬) 방아 찧는 노희(老姬)에게 경주 가는 길 물어 이렇게 북으로 북으로 향하여 반월성 있다는 데로 길을 떠난 터이로소이다.

지금 내 어깨에는 보따리 한 개가 짊어져 있습니다. 그 속에는 서울서 떠날 때 메고 내려온 관(冠) 한 개와 도홍(桃紅) 띠 두른 하얀 모시 도포 한 벌과 행건에 갓신 한 쌍이 꽁꽁 뭉쳐 있나이다.

내 발이 경주산성 첫 문턱에 다다를 때 나는 그 앞 버들 강변에서 이 몸을 깨끗히 씻고 머리도 정하게 빗질하고 그리고는 왕조에 근행(覲行)하러 가는 5천 년 전 옛 선비들 모양으로 사모관대 한 뒤 북향삼읍(北向三揖)하고 이 도성으로 들어서려 하나이다.

필연 그러면 장안의 거리에는 때마침 첨성대로 성좌 보러 오르던 천문 박사가 나를 먼저 알아

그림 24-1 첨성대

---

49) '황아'의 잘못. 여러 가지 자질구레한 일용 잡화. 끈목, 담배쌈지, 바늘, 실 따위를 이른다.
50) 발감개.

보고 먼 길 행객 찾아온다고 도포 자락 흔들어 반기지 않으리. 그 서슬에 성문 지키던 신라 병정이 북을 '둥둥' 울리며 남대문을 열어 맞아주지 않을까. 그때에 내 눈앞에 처음으로 비치는 백만 장안의 그 광경-육조(六曹) 앞 큰길에는 수색(水色)빛 버들이 좌우에 허리끈 모양으로 길게 뻗어져 5월 남풍에 시름없이 너울거리는데 그 아래로 경서(經書) 낀 한림원(翰林院) 소년 선비들이 말소리 나직하게 노장(老莊)의 철학과 이두(李杜)의 시서(詩書)를 이야기하며 지나고, 한쪽 옆으론 능라(綾羅)로 몸을 감은 소녀들이 꽃송이 머리에 꽂고 소동(少童)들이 보내는 추파를 반남아 흘리면서 연보(蓮步)를 옮겨 놓고 있지 않을까. 왕궁 앞으로는 안압지 시연(詩筵)에서 돌아오는 승상들인가, 사인교(四人轎) 탄 노인이 학우선(鶴羽扇) 저으며 지내고, 느티나무 아래엔 청노새가 기정(旗亭)에 오른 호협(豪俠) 화랑을 기다리고 있음인지 혼자 매여 있으며, 이러한 사이에도 근왕당(勤王黨) 병정과 군관학교 학도들이 씩씩하게 열을 지어 연병장으로 장충단(獎忠壇)으로, 내닫는 모양이 보이리라.

아아, 그리운 나대(羅代) 장안이여. 여기엔 이 나라 왕궁과 이 나라 병정과 이 나라 백성이 가득 차 있지 않을까? 여기에는 이웃 백제보다 이웃 고구려보다 이웃 당나라보다도 더 뛰어난 정치 제도와 문화와 예술과 학문과 부와 환락이 쌓여 있지 않을까. 모든 사람이 제 뜻을 펴서 명장도 되고 명재상도 되고 천재 시인도 되어, 저마다 말 타고 싶으면 말 타고 저마다 시조 읽고 싶으면 시조 읊고 앉았지 않을까. 저마다 젊은 여자는 애인을 가지고 있고 젊은 사내는 지위를 가지고 있지 않을까. 저마다 고래등 같은 집에 저마다 깨끗한 의관을 하고 저마다 일대 영화를 누리고 있지 않을까

아아, 그리운 신라 장안이여. 천하의 길이 여기 한번 모였다가 예

서 다시 만방으로 퍼지지 않던가. 바로 서쪽으로 고구려로 가는 신작로와 당나라로 가는 긴 수로가 뻗어 있지 않던가. 또 바로 남쪽으로는 3백 리를 채 못 가서 백제 서울 부여가 놓여 있어 마치 오늘의 백림(伯林)51), 나마(羅馬)52), 동경(東京)의 기축(機軸)과 같이 경주, 부여, 평양이 3대 강국의 기축을 이루고 있지 않을까. 그리하여 안압지 앞으로 흐르는 강물은 그가 곧 백마강의 수류에 연달아 수십 척 병선이 세 나라 서울로 서로 금은과 문화를 싣고 드나들지 않던가.

또 국내로부터는 한다 하는 재자(才子)와 무사와 화랑들이 세상에 큰 이름 한번 띄워보겠다고 서울로 서울로 하여 경주로 찾아들고 있지 않던가. 이리하여 신라에서 얻은 이름은 그가 곧 만국에서 얻은 이름이 되고, 경주에서 얻은 명성은 그가 곧 신라 팔도에서 얻는 명성이 되지 않던가. 이리하여 경주는 놀기 좋고, 출세하기 쉽고, 화려하고, 미인 많고 금은이 가득 쌓인 대도성(大都城)이 아니 되었던가.

이러한 생각을 하매 내 걸음은 제비 날음 할 것 없이 빨라지고, 내 눈 위론 비할 수 없이 찬란한 오색 무지개가 지나간다. 어서 이 꿈의 도성, 이 꽃의 도성에 가자꾸나. 아아, 이 정열이 채 식기 전에 이 동경이 채 끊기기 전에 …….

이 몸을 어서 천 년 고도에 이끄자꾸나.

2

그렇더라도 신라 서울이란 어떻게 생긴 저자일까. 저 고구려의 평양 같을까. 대야동두(大野東頭) 점점 산이 와락 헤쳐진 곳에 양양

---

51) 독일 베를린.
52) 이탈리아 로마.

한 대동강 물이 흐르고 부벽루(浮碧樓)53), 능라도(綾羅島), 영명사
(永明寺)를 벼개 삼고서 만수대(萬壽臺), 선교리(船橋里)에 길게 가
로 누운 대 평양성같이, 경주도 반월성과 안압지 사이에 여러 십만
가호가 가로 걸터 누웠던가. 그렇다면 연광정(練光亭)54) 다락에서
푸른 강물을 향하여 가는 청춘아 말 들으라고 노래 부르던 그 모양
으로 나도 목이 쉬도록 목이 쉬도록 싫도록 노래나 부르고 돌아설
수 있잖을까. 그러나 신라로 말하면 요동 7백 리를 움켜잡던 고구려
같은 상무(尙武)의 나라라기보다도 건국한 영걸(英傑)들이 모두 가
신 뒤로는 오히려 문치의 나라, 문화의 나라였으리니 그 서울도 좀
더 유아화려(流雅華麗)하지 않았을까. 그래서 미술 공예와 음악과
문학이 몹시 발달된 곳이 아니었을까. 그렇다면 차라리 저 후고려
의 송도 같지 않았을까. 벽혈(碧血) 묻은 선죽교(善竹橋) 같은 데도
있고, 부조현(不朝峴) 같은 데도 있으며, 더구나 칡넝쿨에 얽힌 만월
대55) 같은 궁궐터가 예저기 있어 천년 뒤 사람을 시켜 눈물짓고 돌
아서게 하는 그런 애수의 도읍 이 반월성이 아닐런가. 그도 저도 아

---

53) 부벽루(浮碧樓)는 평양시 중구역 금수산 모란봉 동쪽 깎아지른 청류벽 위에 서
있는 정자이다. 본래 393년에 창건한 영명사의 부속 건물로서 그 때는 이름도
영명루라고 불렀는데, 그 뒤 12세기에 이르러 '대동강의 맑고 푸른 물 위에 떠
있는 듯한 정자'라는 뜻에서 부벽루라고 고쳐 부르게 되었다. 청류벽 밑을 흐르
는 맑고 푸른 대동강 물과 녹음이 비단결처럼 출렁이는 능라도가 신비하리만치
아름답다.
54) 평양의 대동강(大同江) 가에 있는 누각. 관서 팔경의 하나로 대동강을 내려다볼
수 있는 덕암(德巖)이라는 바위 위에 있다. 조선 중종 때 허굉이 건립하였다.
55) 만월대(滿月臺)는 개성시 송악동 송악산 남쪽 기슭에 있는 고려 시대의 왕궁터
로 919년에 창건되었다. 왕궁은 황성 부분과 궁성 부분으로 이루어졌다. 만월대
라고 할 때에는 왕궁 전체를 가리키기도 하고 궁성 부분, 그 가운데서도 관료들
이 조회를 하던 회경전을 중심으로 한 중심부의 주 건축군만을 가리키기도 한
다. 왕궁 안에 있던 궁성 성벽 자리는 현재 동·서·북쪽 벽이 비교적 잘 남아
있다. 성벽은 석비례와 진흙을 엇바꾸어 여러 겹으로 다져 쌓았다.

니라면 넓은 평야에 기왓장이 두서너 개 흩어져 있고, 가담가담56) 허공에 석주(石柱)가 놓여 있는 저 고대 로마 폐허 같은 곳이 아닐런가. 옛 바빌론 사람이 버들 방축에 쌓인 빈 에호바성을 찾아 느끼듯이 반월성도 집도 성도 아무것도 없는 끝없는 넓은 벌판에 가을 귀뚜라미 외로이 울고 있는 곳이나 아니던가.

아아, 그렇게도 천재와 협객들이 모여 살던 곳, 그렇게도 화강석과 황동으로 건축이 되어 있던 곳이 그 반월성이란 대체 어떤 곳일런고.

무열왕, 선덕여왕 같은 명군이 다스리던 곳, 김유신 같은 명장이 지키던 곳, 아침엔 무예로 저녁엔 가현(歌絃)으로 즐기던 옛 선민이 사시던 곳, 그곳이 대체 어떻더란 말이냐.

설사 그때는 그렇게 찬란하였더라도, 천 년 후 오늘날끼지 그 지취를 찾아볼 길이 있을런고, 진대(晋代) 의관(衣冠)이 능성구(能成丘)라더니 일편의 능성구 된 나대 의관이라도 예서 찾아 볼 수 있을런가. 십만 저자가 놓였다 하나 지금은 줄고 줄어서 단 두 가호라도 남아 있을런가.

아아, 어서 이 서울로 달아들어 옛같은 만 호의 집이 없으면 그 터전에 난 잔디 위에 엎디어 열 손가락으로 이 산천의 이 초목을 움켜잡아 냄새라도 맡아 보고 싶으거니, 왕성도 성터도 다 없더라도 그 성 앉았던 자리에 귀떨어진 기왓장이라도 한 개 얻어 쥐고 그를 품에 품고 뛰어 보고 싶거니, 진실로 그리운 것이 반월성일레라. 어서 반월성으로 가자꾸나.

---

56) '이따금'의 북한어.

3

　벌써 바람결에 어디선가 '뎅그렁 뎅그렁' 풍경 소리 들리는 듯 아마 경주가 가까워 온 듯하다. 산도 태백산 본 줄거리로 잡아선 듯 차츰 모질어지고, 들도 두부모같이 네 귀 번듯하게 희고 살지며 더구나 청렬(淸冽)한 시냇물이 소리치며 넓은 평야 위로 흘러간다.

　이 언저리가 모두 서라벌의 땅으로서 나는 벌써 신라 산하의 한 귀퉁이를 밟았거니 하면 수줍기도 기쁘기도 하다. 그리고 이 근방의 산은 모두 왕릉이라더니, 또 밭 가운데 돌은 모두 천 년 전의 기왓장이고 비석이라더니 하는 생각을 하매 눈에 저절로 정열이 돌아 이모저모 분주히 줄달음침을 깨달았다.

　마침 밭에는 보리가 한창이다. 누런 보리가 살진 옥토 위에 질퍽하게 덮인 것이 내 집 곳간에 벼 천 섬 들어 쌓인 것같이 마음이 그득하여 끝없이 든든하여진다. 내가 이럴 제는 이 땅을 갈아 먹는 백대(百代) 후예의 심중이야 오직 기뻤으랴.

　나는 이렇게 경주성읍에 차츰 가까이 들어서오자 마음 속으로 한 가지 결심을 하였다. 이번 걸음에는 될수록 왕릉과 궁터와 왕관 놓인 곳으로는 가까이 가지 말자고, 그저 흔히 팔도 어디에든지 있는 불사(佛寺)나 산천이나 둘러보고 곧 오리라 하였다. 혹은 전설이나 민담이나 들춰보고 오리라 하였다. 좀 더 장안 옛 거리의 가구(街區)나 상상하고 초립 쓴 선민들이나 생각다가 돌아오리라 하였다. 뒷산에 우뚝 선 그 소나무 한 가지 그 풀 한 폭에 무슨 뜻이야 있으랴만은 다만 천 년 전에 씨를 뿌려 된 것이리니 그렇게 유심히 보고 오면 좋지 않으랴. 행여 어정수 한 모금을, 왕관 끝에 달린 은방울 하나라도 만질 생각은 말고 그저 곱게 돌아오리라 하였다.

만일 그러잖는다면 그 흙과 성터 그리운 심정에 그냥 주저앉아 한양 돌아갈 회로를 잊고 말지 않을까. 또 떠나기를 원치 않아서 그대로 경주를 고향 삼지 않을까. 나만이 아니고 나의 아들도 손자도 이리하여 나는 육신까지 저 성터 밑에 묻히기를 원하게 되지 않을까.

이런 생각으로 서악리(西岳里) 고분묘(古墳墓)가 보이자 경주 가까운 줄 알고 나는 곧 방향을 옮겨 읍을 버리고서 불국사 있다는 동으로 동으로 걸음을 옮겼다. 경주읍이 행여 보일까 머리 한번 돌릴 생각을 아니하고 일로(一路) 동으로 동으로 구불어 들었다. 한참 가노라니 마동리(馬洞里) 석탑을 지나 꾸부정한 산등성이를 돌자 깊숙한 골짜기 한 모퉁이 산맥자락에 쌓여 고래등 같은 거찰(巨刹)이 보인다. 저기가 아마 늘 들어오던 불국사인 듯.

이름은 전간이나 멀리서 보기에는 꼭 무슨 성곽 같았다. 돌로 서너 길 올려 쌓은 축석(築石) 위에 여러 백 평 당우(堂宇)가 즐펀히 놓인 것이 보이니 어느 것이 범영루고 청운교고, 어느 것이 석가탑이요 다보탑들인가. 창건 초에는 3천 여 칸의 큰 절이라 하니 서울 안동별궁(安洞別宮)을 아는 나의 계산으로 치면 참으로 굉장히 큰 건물이었음을 직각하였다. 서울 여염집이 대개 13~4칸이니 3천 칸이면 이 안에 서울 가호 2백 여 채가 들어 앉았을 것이 아니던고. 아무리 불교 문명이 이 나라 정치와 문화에 결정적 기축을 짓고 있었다 할지라도 이만큼 큰 거찰을 가졌을 적에는 제정 일치의 옛 정사(政司) 모양이 꼭 보이는 듯하다. 여기 앉아 불국사 대법사가 로마 법왕같이 신라 조정을 쥐고 흔들던 그 모양이, 나는 이날 불국사 주회(周廻)를 배회하면서 무엇을 보았던고. 남들이 하는 양으로 청동으로 주(鑄)한 그 노사나불좌상(盧舍那佛坐像)이 앉은 대웅전도, 아미타여래의 극락전도 32칸의 5백 성상전(聖像殿)도 칠보연화교

(七寶蓮華橋)도 모두 보았다.

절간 뒤의 창울한 이깔나무도, 그 아래 지난 밤 사슴 놀다간 듯한 풀 잔디도 모두 보았다. 장하고 미하고 화려하였다. 기둥에 선 금, 연영으로 인 기왓장, 어느 것인들 향기와 색채가 나 풍기지 않으랴. 그러나 이런 것은 해인사에도 석왕사에도 흔히 있을 것들이 아니던가. 연대가 좀 더 오랬을까, 결구(結構)가 좀 더 크고 아름다웠을까, 그러나 딴 곳에도 있는 흔한 것들이 아니던가?

그 금이 선 기둥 퇴색한 당우 옆에 풍경 소리 들리며 참선하는 수도승의 무리, 백일홍이 피고, 찔레꽃 열매가 달린 원정(苑庭)의 유수(幽邃), 그도 또한 어디든지 있던 것들이 아니던가.

그러나 나는 이 절간에 와서 단 두 가지 소중한 것을 보았노라. 그것은 다보탑과 석가탑의 두 탑이 그것이다. 신라 통일 시대라면 가장 이 나라에 생기가 돌고 윤기 흐르던 철이라, 명장(名匠) 김대성(金大城)이 천재를 기울여 도안을 설계하고 창의를 내어 만든 이 두 기(基)의 탑, 이것이 대웅전 앞 넓은 마당에 좌우로 갈라 앉아 천 년 나대 문명을 길이 살게 하고 있다. 그 다보탑의 석계(石階)는 10층, 맨 윗층에 세련된 솜씨로 '석합'을 만들어 놓았는데 아마 이 합 속에서 송진불이 타 밤에도 이 일대를 환하게 밝혔으리라. 아침에는 고승이, 저녁에는 부처님께 원을 드리던 각시들이 날마다 저녁마다 송유를 부어넣어 천 년을 하루같이 붙이어 올린 듯.

이런 생각을 하매 이 불국사야말로 이 나라 최고의 신전으로서 저 끼리시아[57] 아테네 신전에 5천 년래로 신화(神火)가 붙어 오듯이, 그래서 연전 백림 올림픽 대회 때에도 이 신전불을 나누어 오듯

---

[57] 길리기아(Cilicia)의 당시 표현으로 소아시아 동남쪽에 있는 로마의 한 마을. 사도 바울의 고향인 다소 성(Tarseus城)이 있다.

이 저 다보탑 신화야말로 신라 온 절간에 경사 있을 때마다 연연이 게서 분화(分火)하여 신라 전국에 영겁히 붙어 내려오던 것이 아니던가. 이렇게 생각하매 지금 내 눈앞에는 불국사의 남쪽 저 바다같이 넓은 평원에 신라 여러 고을 건아들이 북치고 나팔 불며 수만 명이 모여들어 장쾌하게 온갖 경기를 하는 양이 보인다. 그 중엔 무술에 뛰어난 화랑도 있고 말 잘 타는 사관학교 학생도 있고, 소리 잘 하는 명창과 무동(舞童) 잘 서는 연예단도 모여서 경기장 안에는 천하 장사를 고르는 큰 경기가 벌어졌고 경기장 밖에는 단오 추석 날 같이 수십 만 시민이 몰려나와 명창 대회와 연예단을 둘러싸고서 웃고 즐기며 그 하루를 보내는 것이 보이는 듯.

3년에 한 번 혹은 10년에 한 번씩 국가적 경사로 연면부절(連綿不絶)이 하여 내려왔을 신라 올림픽 대회임을 생각하매 예전이 이 나라 전통과 열렬한 민중의 정열이 느껴진다. 이것이 고대 정신에의 복귀를 염하는 로마에서만 생각됨이 아닐 것이다. 영혼의 고향을 찾아왔던 이 몸의 향수만으로 그리함도 아닐 것이다.

그때는 이 지역의 주회에는 대리석으로 만든 원구장(圓丘場)도 있었겠고 노송도 참치(參差)하여서 삼엄하고도 장려하였을 것이다. 그래서 당에서 온 선수와 고구려, 백제에서 온 외국 선수들까지 숙연히 옷깃을 바로 잡고 감격하면서 환희에 넘친 눈으로 청공에 올려 솟는 이 나라 국기를 황홀하게 바라보면서 제 나라 국가들을 합창하여 경축하였으리라.

4

불국사 호텔에 하룻밤을 묵은 나는 이튿날 석굴암을 보러 토함산

높은 고개를 향하여 올라갔다. 마침 동경제국대학 강사라 하는 독일 박사와 동행이 되었음은 이 문물을 외국과 비교 비평하여 줌에 큰 도움이 되어질 듯.

석굴암도 불국사와 같이 천재 김대성이 만들어 놓은 것이다. 암(庵)은 전혀 나무와 흙을 섞지 않고 하얀 암석으로만 되었는데 그 모양은 꼭 석감(石龕)이다. 굴은 경상도 바다를 바라보며 동향하여 앉았는데 천개(天蓋)도 돌, 밑바닥도 돌, 원형으로 두른 사벽도 돌, 안에 들어서니 돌에서만 오는 묵직한 내음새가 가슴을 누르는데 귀와 입이 몹시 어여쁘게 생기신 부처님이 눈을 반쯤 뜨고 가만히 앉아 계시고 그 배후에는 공부자(孔夫子)의 72제자 모양으로 여러 고제(高弟)의 불상이 쭉 늘어 입각(立刻)되어 있는데 그 중에도 곡선미가 드러나게 엷은 옷을 걸치고 팔목과 가슴에는 어느 여왕같이 보옥을 두른 구면관음(九面觀音)의 얼굴이 어떻게 어여쁜지 모르겠다. 그 가슴에 손을 대이면 금시에 뚝뚝하고 혈맥 뛰는 소리가 들릴 것 같고 연꽃같이 방싯 열린 입술에서도 자는 어린아이의 숨소리 같은 평화한 입김이 맡아질 것만 같다. 부처님은 불타의 서른 서너 살 가장 남성미를 발하던 때를 모델한 것 같고, 관음은 신라 어느 왕족의 17~8 나는 따님을 모델로 한 것같이 순결미에 빛난다. 더구나 삭발한 10제자의 모양은 어떻게나 여기 비해서 소박한 대조를 보이는고. 한 벌의 헝겊을 어깨로부터 걸쳤을 뿐, 스승을 모시는 도리에 그럴 듯도 하다.

이리하여 물환성이(物換星移), 그동안 인자(人子)는 났다가 죽고, 나라도 생겼다가 없어지고 그러는 사이에 오직 이 석굴암 불가의 세계에서는 부처님도 관세음보살도 10대 제자도 늙는 일 없이 배고픈 일 없이 아침이면 토함산정의 아침 해를 맞고 저녁이면 암전(庵

前) 고찰의 풍경 소리 들으면서 천여 년을 지내오던 터이다. 나는 깊은 감명에 잠긴 채 굴을 벗어져 나오니 지켜섰던 주지가 벼루와 붓을 들고 와 기념 휘필을 청한다. 독일 박사는 '끼리시아를 본 듯하다'고 쓰고, 나는 '모든 것 버리고 예 와 목탁 치는 세월을 일생 중 단 3년 만 가져봤으면' 하고 써놓았다.

5

아까는 경주읍엔 결코 들지 말자 하였으나 석굴암으로 내려오던 발길이 첨성대 있는 곳으로 줄달음침을 막을 길이 없었다. 이것은 영혼이 시키는 것이요, 먼 조상의 피가 시키는 걸음일진저.

첨성대는 월성(月城)의 북방에 있는데 아무렇게나 돌로 쌓아 30여 척이나 솟은 석탑이었다. 선덕여왕 적 명신 김춘추(金春秋)가 쌓아 놓은 것으로 일월성신의 이행(移行)을 점치던 천문대 자취다. 경주 고성에서 폐허의 감을 절실히 주는 것이 실로 이 대(臺)로서 이끼 끼고, 바위에 먼지 붙어 황량한 벌판과 대조되어 창연한 감을 일으키게 한다. 어느새 해는 기울기 시작하매 그리로 석빙고(石氷庫)의 화강암 저빙고(貯氷庫)를 보고 계림(鷄林)의 숲속을 지나 나는 얼른 안압지로 발길을 옮겼다.

안압지, 어떻게나 그리움던 이름이던고. 나는 진실로 경주 경주 하였으나, 정작 보자던 곳이 이 안압지가 아니던고. 지리학자면 옛 시가와 산성 터를 자로 재듯이 보고 가리라. 고고학자였다면 석등 하나 석비 하나 당우 하나에서 연대기와 만든 사람과 놓인 위치를 상고하다가 가리라. 그러나 나는 사가도 학자도 아닌 일 석양(一夕陽) 과객이 아니던가. 여수를 느껴 한 구절의 시정(詩情)이라도 느끼고 돌아가면 족할 바이다. 천 년 왕업을 들어엎던 포석정지(鮑石亭地)나 무열왕비(武烈王碑), 김유신 묘가 어찌 그리웁지 않으랴마는 거기에는 스스로 뵈고 느끼고 할 사람이 따로 있지 않을까.

'짓는다 짓는다 을축, 갑자 병인일에 에야라차 경복궁을 짓는다' 하고 북악 아래 몰려들던 백성의 토역(土役) 소리를 천 년 전 이 땅에서도 들은 듯하여 나는 귀를 기울이며 임해전 터전을 찾았다. 이 찬란턴 궁궐을 지을 적에 신라 팔도에서 수십 만 부역(夫役)도 왔으려니와, 무열왕이 백제를 정복할 적에 얻은 수 만의 백제 포로병도, 또 문무왕이 고구려를 멸할 적에 종으로 붙잡아 온 평안도 백성들 수십 만도 여기서 흙을 나르고 기둥을 다루고 석재를 심산에서 운반해 왔으리라.

그리하여 서태후(西太后)의 만수산(萬壽山) 모양으로 여기에도 제실(帝室)의 역에 씌우던 민역의 괴롬의 사(史)가 있었으리니 이런 점으로 보면 지금 무한히 동경으로 추모하는 이 화려한 선왕의 터도 그 역사가 한낱 제국주의의 발전사의 연속이 아니 될까. 그렇더라도 어떻게나 기쁜 일이던고. 일면으로 그것은 국가의 발전사요, 제왕의 패업기(覇業記)의 연속이 아니었던가. 백제도 6백 년 만에 고구려도 기껏 간대야 5백 년 만에 더구나 마한, 변한의 삼한에 이르

그림 24-2 서태후상

러는 2~3백 년 만에 모두 거꾸러졌건만 그 짧은 패업 속에서 오직 신라만이 삼국통일을 이루었고 그 빛나는 역사가 천여 년을 계속하여 왔던 것이니 이것이 모두 이 왕과 국가의 패기 때문이다. 얼마나 장하고 얼마나 믿음직한 이 터전이던고.

이 왕성 자리에 선 나의 감회는 무엇으로 표할런고. 영주의 설계이니만치 임해전의 구도는 훨씬 넓었다. 지금에 발굴되어 남아 있는 그 초석으로 보아 옥좌 앉았던 자리를 중심으로 사면에 즐펀히 퍼진 당우의 모양이 5보(步)에 1각(閣)이요, 10보(步)에 1궁(宮)이라 하리만치 이도 저도 건물이 들어앉았을 것이다. 그 궁터 앞 연못가에 한 정지(庭池)로 되어 있는 것이 이 안압지려니 서울 경회루(慶會樓) 연못만치나 되나 풀이 줄고 토사가 묻겨 오늘은 이밖에 남지 않았는 듯 못 가운데 축산(築山)하여 12봉을 이루었고 옛날에 묻은 대로 피고는 지고 지고는 핀 듯한 늙은 연꽃 줄거리가 석산(石山) 한 옆에 보인다. 교각도 남았을 제는 예전에는 여기 가로 세로 단청 칠한 다리가 구름같이 놓여 있었을 듯.

여기에서 만승(萬乘)의 왕후는 개선하는 북벌군령관(北伐軍令官)을 맞이하여 유연(遊宴)하였겠고, 어떤 때는 당(唐) 귀비(貴妃)에 사욕(賜浴)하듯 궁녀들을 목욕케 하지 않았을까.

그러다가 최후의 경순왕(敬順王) 5년, 춘 2월 고려의 태조

그림 24-3 화청지 양귀비 상

가 왔다. 그 뒤 4년을 넘지 못하며 고려에 귀복(歸服)키로 대세가 기울어지자 왕이 최후로 이 임해전에 왕공(王公)과 정신(廷臣)을 모아 놓고 통곡하여 마지막 회의를 하였으리라. 마의태자는 금강산으로 갔고 왕과 귀비는 송도로 향하여 떠난 후 이 왕성에는 빈 가을 바람이 잔디밭을 울며 지냈을 것이다.

그 많던 화랑과 무사는 칼 뺄 생각도 못 하고 이 성안에는 불 한 번 나지 않고 일병이 상하는 일이 없이 무혈의 항복을 하였던 터가 바로 여기일 것이다.

모를레라 이제 그 흥망을 캐면 무얼 할느뇨. 석양에 어지러이 나는 참새떼 흩어지는 것이나 보며 나는 혼자 망연히 저무는 이 산천을 바라볼 뿐.

돌아서며 이러한 구음(口吟) 한 수(首)하여 보았다.

객수(客愁)

눈썹 그리시나, 연지 찍으시나, 수줍어 거울 덮고 옷매무시 하시나, 더디게도 나오는 시악씨 기다려 느티나무 아래서 주적거리던 젊은 화랑의 그 봄날 아침도 오늘같이 종달새 한가히 4월 하늘에 떠돌던가.

×

초면인 이는 만나려는 심사에, 구면인 이는 떠나지 말잔 심사에 얼마나 많은 젊은 남녀가 봄, 가을 저녁에 예와 절하며 빌었던고. 그제는 그 원을 다 들어주셨길래 이 서울 그 넓은 바닥에 사랑 못 이뤄 울었단 처자가 없데. 그리던 돌부처도 지금은 불 꺼진 석등롱을 안고 밭 가운데 우두커니 혼자 섰네그려.

×

이 길이 분명 공주 지나시던 지름길일걸, 황송하여 신 벗어들고 맨 보선바닥으로 걸으옵네, 금시에 연지 내음새 풍기옵는 듯 금차(金釵) 떨어지는 소리도 들리옵는 듯 그리워라 임해전 앞 쑥 밭길이여.

×

왕릉에 뿌리 둔 박 넝쿨 한 가닥이 뻗어 뻗어서 여염집 초가 지붕에 십육야월(十六夜月)인 양 비스듬히 누워 있데. 그렇게라도 기대 계신 것을, 이 뒤는 눈여겨 박 넝쿨 헤며 헤며 지나리다.

×

허전한 저 벌판에 청동 구리기둥 예저기 세워 보고저, 단청 칠한 높은 다락도 이모저모 앉혀 보고저 너무 많은 꿈에 석양과객(夕陽過客)이 일어날 줄 모르옵네.

×

모르는 이 모두 반갑고 처음의 거리 눈 익으니 성문 없더라도 사인교 타고 그 아래 지나가 보올까. 궐터야 비었더래도 사모관대 하고 읍하며 그 앞을 지나가 보올까. 이 하루만 소년 선비 되어 이 낡은 거리서 파루(罷漏) 칠 때까지 싫도록 놀다 가옵고저.

『반도산하(半島山河)』 삼천리사, 1944

이 글은 한국전쟁 당시 납북당한 김동환(金東煥, 1901~?)이 엮은 기행문집 『반도산하』에 실렸다. 『반도산하』는 「승경(勝景) 중심의 팔경」, 「사적(史的) 중심의 팔경」 두 부분으로 나누고 각각 여덟 편의 기행문을 싣고 있다.

승경 중심의 팔경

춘원 이광수 「영봉 금강산(靈峰金剛山)」
안서 김억 「약산동대(藥山東臺)」

횡보 염상섭 「수원 화홍문(水原華虹門)」
노천명 「선경 묘향산(仙境妙香山)」
만해 한용운 「명사십리(明沙十里)」
영운 모윤숙 「부전고원(赴戰高原)」
춘성 노자영 「천안 삼거리(天安三巨里)」
일보 함대훈 「남원 광한루(南原廣寒樓)」

사적 중심의 팔경

가람 이병기 「부여 낙화암(夫餘落花岩)」
무애 양주동 「패성 모란봉(浿城牡丹峰)」
월탄 박종화 「남한산성(南漢山城)」
추호 전영택 「의주 통군정(義州統軍亭)」
민촌 이기영 「합천 해인사(陜川海印寺)」
최정희 「개성 만월대(開城滿月臺)」
노산 이은상 「탐라 한라산(耽羅漢拏山)」
파인 김동환 「경주 반월성(慶州半月城)」

그림 24-4 이광수와 김동환 사진

글쓴이들은 누구나 알 수 있는 당대를 풍미했던 문인들이다. 월북 혹은 납북된 문인들 그리고 모두가 다 유명을 달리한 시인과 소설가 혹은 학자들이다.

김동환의 경주 기행문은 모두 5부로 되어 있다. 처음부터 끝까지 신라의 천년 수도 경주의 유적과 자연에 대한 찬탄과 감탄으로 일관되어 있다. 마지막 부분에는 「객수」라고 제목한 시 한편을 써 기행문 속에 삽입하고 있는데, 시인이 쓴 기행문이다.

「무영탑」의 작가 현진건의 경주 기행문과는 사뭇 다른 자리에 김동환의 기행문을 놓아야 할 것 같다. 소설가 현진건의 객관적인 유적 유물의 서술은 주관성을 벗어나는 엄정한 사실주의 작가로서의 시각이다. 온갖 미사여구를 동원하여 감탄, 찬탄하면서 신라 시대를 가상하여 상상으로 화랑이며 마지막 왕의 처절한 모습 등을 서술하는 김동환의 기행문은 「산너머 남촌에는」, 「북청 물장수」 그리고 서사시 「국경의 밤」을 쓴 시인의 상상적 세계에서 나오는 것이다.

김동환은 기행문의 앞부분에서 이렇게 쓰고 있다.

"이 몸은 어젯밤을 반야월이란 두보(杜甫)나 지은 듯한 멋진 소촌(小村)에서 자는 듯 마는 듯 팔벼개로 풋잠을 지내고……"

'반야월'이란 지명은 대구와 경주 사이에 있는 조그만 마을 이름이며 경주에서 대구로 가는 철로에 있는 조그마한 간이역의 이름이기도 하다.

고려 태조 왕건(王建, 877~943)은 후백제 견훤(甄萱)과의 대구 팔공산(八公山) 전투에서 참패하여 포위된다. 왕건은 모습이 흡사한 장수 신숭겸(申崇謙, ?~927)에게 그의 옷을 입히고 왕건의 행세를 하게 한다. 때는 어두운 밤, 견훤의 군대는 여기에 속아 넘어가 신숭겸을 왕건으로 알고 추격하는 반대편으로 왕건은 필사적인 탈출을 감행했다. 남동쪽으로 한참을 달아나던 왕건이 이제는 탈출에 성공한 듯하여 하늘을 우르러 보았을 때 거기 반달이 걸려 있었다.

그래서 그곳의 지명이 '반야월'이 되었다는 설화를 김동환은 몰랐던 것 같다. 다만 그 지명이 주는 이미지의 아름다움에 시성(詩聖) 두보가 지었음직한 이름이라고 말하고 있다.

그러나 시인의 상상력과 황량한 역사적 고도에 즐비한 유적 유물과의 만남이 찬탄과 감동으로 이어지는 서술을 김동환의 기행문 「초하의 반월성」에서 확인시켜 준다.

25 추억의 불국사
성갈맥(成葛麥)

아스팔트 문명의 껍질을 뒤집어 쓴 낙양(洛陽)을 뒤에 두고 대자연의 가경(佳境)에서 부질없는 폐허 속에서!

흥망의 기나긴 역사를 부르짖는 소연(蕭然) 속에 불국사를 찾은 것은 몇 해 전 여름날이었다. 긴 동안 동경하여 오던 사찰이 이날에야 십년 연인을 다시 만남과도 같이 반갑게 맞았다.

불국사야! 네가 불국사였더냐?

다보탑아! 너의 조그마한 몸둥아리를 이 세상에 비집어 내놓은 김대성(金大成)이는 지금 어디서 아사녀(阿斯女)와 포옹을 하고 있다더냐?

천년의 천추. 수우풍상(愁雨風霜)이 네 몸에 자태(紫苔)를 몇 껍질 입혀주고 적셔주던고.

아사녀의 고독한 혼백이 네 몸을 싸고 돌며 원망의 실마리를 얼마나 풀었겠니.

사랑이 무엇이었니?

사랑하는 사람을 찾아서 가냘픈 발을 옮겨가며 당나라를 벗어나와 강산 틈틈이 방황하는 젊은 아사녀가 일도백배(一刀百拜)의 성심으로 네 몸 짓든 그 애인 대성(大成)이를 만났을 때 부정하다는 것으로 만남을 허락지 않아!

저 아래 보이는 영지금파(影地錦波)에 긴 옷자락을 휘어잡고 옥루(玉淚)지어 사라져버린 것이지?

예술이 위대하더냐, 사랑이 위대하더냐?

너무도 애달픈 전설이 내 머리에 빙빙 돌아 만 리 이역에 홀로 떨어진 카라반의 심경과 같은 감이 난다.

농록(濃綠)의 수엽(樹葉)에 넘쳐흐르는 엽록소!

여름의 열풍에 알음(軋音)은 폐허의 울음 소리로구나.

○○한 송뢰(松籟), 여객의 마음을 애끊어주는 구슬픈 하소연이로구나!

청운교, 백운교 드나들던 수 천의 승려의 간 곳이 어디메냐, 한 걸음 한 걸음 청운교에 옮겨 오르는 이 맘 승의(僧衣)의 환영이 더욱 짙더라.

흥망과 성쇠한 이 없는 무궁무진한 역사가 남기고 사라진 한 폭의 유물이여.

대웅전 천정에 남아있는 만색찬연(萬色燦然)한 조각이 고대 미술 기교의 금(琴)을 뜯는구나.

동양 안젤루스의 솜씨!

절망(落望)! 성륭(盛隆)의 정토 극락이 어데 가고 광활한 경내 구석구석에 잡초만이 무상한 인류를 조소하는 듯이 폭양(曝陽) 아래 하늘거리느냐?

안내하여 주는 젊은 승려의 평활(平滑)한 음성 가운데도 눈물이 먹어지는 것 같다.

대웅전 세밀한 장식을 차린 문을 열었을 때 전내에 떠돌던 취기(臭氣)!

이 취기는 천 년 전 이 전내에 안좌(安座)하여 염불하며 자신을

그림 25-1 허물어진 불국사

정화하던 승려의 불결을 쓸어버리던 그 냄새였지.

불국사야, 인제는 범패(梵唄)조차 그 소리가 가늘어진다.

주객(酒客) 난봉들이 계집과 술 놀이하며 한인(閑人)의 도락장(道樂場)으로 변하다니?

변천이 무상하기로 네 거룩된 가람이!

세기말적 문명의 가면이 머리를 복잡히 할 때면 석왕사(釋王寺), 불국사, 해인사(海印寺), 고란사(皐蘭寺)의 추억 속에 정서의 테프를 던져 명상한다.

그리고 미몽의 길에 방랑하는 자를 조소한다.

네온사인, 재즈 음(音)에 귀를 쏠리지만 말고 천연에 피크닉하여 청정을 알음이 어떤고?

가람의 신비한 정서를!

부진건곤(不盡乾坤)의 도성(濤聲)을!

그리고 낙양적 번뇌(洛陽的煩惱)의 일절(一切)은 트로이카에 실려서 북국에 버리라!

창공에 반짝이는 녹성(綠星)의 긴 역사 응시(凝視)의 과정을 더 들으면서(채규삼(蔡奎三) 씨 「학생」 시대를 아십니까?).

『조선』 제18권 제3호, 1934년 3월

작자인 성갈맥에 대해서는 아는 바 없다. 마지막에 출현하는 채규삼은 잘 알려지지 않는 시인이었다. 『조선일보』 1930년 1월 12일자 학예란에 「여명의 빛」이란 시가 보인다.

여명을 재촉하는
무리 닭소리에
희망의 새봄은
밝았다.
무거이 늘어졌던 어둠의 장막은
여명의 빛에 쫓겨
숨어버린다.
동무여! 환희에 넘치는 이 새벽에
굳세인 '리듬'을
맞추어가지고
생명의 깃발을 높이 날리자!
몽롱한 꿈에 취하였던
모든
'생명'들은
애정에 찬 무마에 활력을 얻어
어지러운 보조로
약동한다.
오! 위대한 여명의 빛이여.

채규삼은 『조선』, 『문예광』 등에 작품을 발표하였는데 그중 『문예광』은 1930년 2월 10일 충남 예산에서 창간된 문예 동인지다. 편집 겸 발행인은 성진호(成瑨鎬)로 국판 57면, 통권 1호로 종간되었다. 주로 지방 문학 지망생들의 습작품이 발표되었는데, 소설에 김시훈(金時勳)의 「팔바위」와 허문일(許文日)의 「그 일광 비취는 곳」, 희곡에 임상호(林尙浩)의 「바다를 건너서」, 그밖에 승응순(昇應順)의 평론 「산성주인(山城主人)」, 채규삼의 수필 「S생」 등과 김기주(金基柱)의 「농촌의 황혼」을 비롯한 26명의 시 32편이 실렸다. 『조선』에 채규삼의 시 16편과 동요 3편이 실렸으며 『실생활』에도 시 한 편이 수록되었다. 『조선』에 서정소곡을 발표한 갈맥생(生)이란 필명이 보이는데, 혹 이 글의 저자 '성갈맥'이 아닐까?

26 무녀도
김동리

'

　뒤에 물러 누운 어둑어둑한 산, 앞으로 폭이 넓게 흐르는 검은 강물, 산마루로 들판으로 검은 강물 위로 모두 쏟아져 내릴 듯한 파아란 별들, 바야흐로 숨이 고비에 찬, 이슥한 밤중이다. 강가 모랫벌에 큰 차일을 치고, 차일 속엔 마을 여인들이 자욱이 앉아 무당의 시나위 가락에 취해 있다. 그녀들의 얼굴들은 분명히 슬픈 흥분과 새벽이 가까워 온 듯한 피곤에 젖어 있다. 무당은 바야흐로 청승에 자지러져 뼈도 살도 없는 혼령으로 화한 듯 가벼이 쾌자58) 자락을 날리며 돌아간다 …….

　이 그림이 그려진 것은 아버지가 장가를 들던 해라 하니, 나는 아직 세상에 태어나기도 이전의 일이다. 우리 집은 옛날의 소위 유서 있는 가문으로, 재산과 문벌로도 떨쳤지만, 글 하는 선비란 것도 우글거렸고, 특히 진귀한 서화와 골동품으로서는 나라 안에서 손꼽힐 만큼 높이 일컬어졌었다. 그리고 이 서화와 골동품을 즐기는 취미는 아버지에서 다시 손자로 대대 가산과 함께 물려져 내려오는 가풍이기도 했다.

---

58) 쾌자(快子) : 소매가 없고 등솔기가 허리까지 트인 옛 전투복. 근래에는 복건과 함께 명절이나 돌에 어린아이가 입는다.

우리 집 살림이 탁방난59) 것은 아버지 때였으나, 그 즈음만 해도 아직 옛날과 다름없이 할아버지께서는 사랑에서 나그네를 겪으셨고, 그러자니 시인 묵객(詩人墨客)들이 끊일 새 없이 찾아들곤 하였다. 그 무렵이라 한다. 온종일 흙바람이 불어 뜰 앞엔 살구꽃이 터져 나오는 어느 봄날 어스름 때였다. 색다른 나그네가 대문 앞에 닿았다. 동저고리 바람에 패랭이를 쓰고 그 위에 명주 수건을 잘라맨, 나이 한 쉰 가까이 되어 뵈는, 체수60)도 조그만 사내가 나귀 고삐를 잡고서고, 나귀에는 열예닐곱쯤 나 뵈는, 낯빛이 몹시 파리한 소녀 하나가 안장 위에 앉아 있었다. 남자 하인과 그 상전의 따님 같아도 보였다.

그러나 이튿날 그 사내는,

"이 여아는 소인의 여식이옵는데, 그림 솜씨가 놀랍다 하기에 대감의 문전을 찾았삽내다."

소녀는 흰 옷을 입었었고, 옷빛보다 더 새하얀 그녀의 얼굴엔 깊이 모를 슬픔이 서리어 있었다.

"아기의 이름은?"

" ...... "

"나이는?"

" ...... "

주인이 소녀에게 말을 건네 보았었으나, 소녀는 굵은 두 눈으로 한 번 그를 바라보았을 뿐 입을 떼려고 하지는 않았다.

아비가 대신 입을 열어,

---

59) 탁방(坼榜)나다 : 과거에 급제하거나 어떤 시험에 합격한 사람의 성명이 발표되다. (비유적으로) 일이 되고 안되는 것이 드러나 끝나다.
60) 몸의 크기.

"여식의 이름은 낭이(琅伊), 나이는 열일곱 살이옵고 ……" 하더니, 목소리를 더 낮추며,

"여식은 가는귀가 좀 먹었습니다" 했다.

주인도 이번에는 고개를 끄덕였다. 그리고는 사내를 보고, 며칠이든지 묵으며 소녀의 그림 솜씨를 보여 달라고 했다. 그들 아비 딸은 달포 동안이나 머물러 있으며, 그림도 그리고 자기네의 지난 이야기도 자세히 하소연했다고 한다. 할아버지께서는 그들이 떠나는 날에, 이 불행한 아비 딸을 위하여 값진 비단과 충분한 노자를 아끼지 않았으나, 나귀 위에 앉은 가련한 소녀의 얼굴에는 올 때나 조금도 다름없는 처절한 슬픔이 서려 있었을 뿐이라고 한다.

…… 소녀가 남기고 간 그림—이것을 할아버지께서는 '무녀도'라 불렀지만—과 함께 내가 할아버지로부터 전해 들은 이야기는 다음과 같다.

2

경주읍에서 성 밖으로 오 리쯤 나가서 조그만 마을이 있었다. 여민촌 혹은 잡성촌이라 불리는 마을이었다.

이 마을 한 구석에 모화(毛火)라는 무당이 살고 있었다. 모화서 들어온 사람이라 하여 모화라 부르는 것이었다. 그것은 한 머리 찌그러져 가는 묵은 기와집으로, 지붕 위에는 기와 버섯이 퍼렇게 뻗어 올라 역한 흙 냄새를 풍기고, 집 주위는 앙상한 돌담이 군데군데 헐리인 채 옛성처럼 꼬불꼬불 에워싸고 있었다. 이 돌담이 에워싼 안의 공지같이 넓은 마당에는 수채가 막힌 채, 빗물이 괴는 대로 일 년 내 시퍼런 물이끼가 뒤덮여 늘쟁이, 명아주, 강아지풀, 그리고 이

름 모를 여러 가지 잡풀들이 사람의 키도 묻힐 만큼 거멓게 엉키어 있었다. 그 아래로 뱀같이 길게 늘어진 지렁이와 두꺼비같이 늙은 개구리들이 구물거리며 움칠거리며, 항시 밤이 들기만 기다릴 뿐으로, 이미 수십 년 혹은 수백 년 전에 벌써 사람의 자취와는 인연이 끊어진 도깨비굴 같기만 했다.

이 도깨비굴같이 낡고 헐리인 집 속에 무녀 모화와 그 딸 낭이는 살고 있었다. 낭이의 아버지 되는 사람은 경주읍에서 칠십 리 가량 떨어져 있는 동해변 어느 길목에서 해물 가게를 보고 있는데, 풍문에 의하면 그는 낭이를 세상에 없이 끔찍이 생각하는 터이므로, 봄·가을철이면 분 잘 핀 다시마와 조촐한 꼭지 미역61) 같은 것을 가지고 다녀가곤 한다는 것이었다. 나중 욱이(昱伊)가 돌연히 나타나지 않았다면, 이 도깨비굴 속에 그녀들을 찾는 사람이리야 모화에게 굿을 청하러 오는 사람들과 봄 가을에 한 번씩 낭이를 찾아 주는 그녀의 아버지 정도로, 세상 사람들과는 별로 왕래도 없이 살아가는 쓸쓸한 어미, 딸이었을 것이다.

간혹 원근 동네에서 모화에게 굿을 청하러 오는 사람이 있어도 아주 방문 앞까지 들어서며,

"여보게, 모화네 있는가?"

"여보게, 모화네."

하고, 두세 번 부르도록 대답이 없다가, 아주 사람이 없는 모양이라고 툇마루에 손을 짚고 방문을 열려고 하면 그 때서야 안에서 방문을 먼저 열고 말없이 내다보는 계집애 하나— 그녀의 이름이 낭이었다. 그럴 때마다 낭이는 대개 혼자서 그림을 그리고 있다가 놀라

---

61) 한 줌 안에 들어올 만큼을 모아서 잡아맨 미역.

붓을 던지며 얼굴이 파랗게 질린 채 와들와들 떨곤 하는 것이었다.
 이와 같이 모화는 어느 하루를 집구석에서 살림이라고 살고 있는 날이 없었다. 날이 새기가 무섭게 성 안으로 들어가면 언제나 해가 서쪽 산마루에 걸릴 무렵에야 돌아오곤 했다. 술이 얼근해서 수건엔 복숭아를 싸들고 춤을 추며,
 "따님아, 따님아, 김씨 따님아,
 수국 꽃님 낭이 따님아,
 용궁이라 들어가니,
 열두 대문이 다 잠겼다.
 문 열으소, 문 열으소,
 열두 대문 열어 주소."
 청승 가락을 뽑으며 동구로 들어오는 것이었다.
 "모화네, 오늘도 한 잔 했구나."
 마을 사람들이 인사를 하면 모화는 수줍은 듯이 어깨를 비틀며,
 "예에, 장에 갔다가요." 하고, 공손스레 절을 하곤 하였다.
 모화는 굿을 할 때 이외에는 대개 주막에 가 있었다.
 그만큼 모화는 술을 즐기었고 낭이는 또한 복숭아를 좋아하며 어미가 술이 취해 돌아올 때마다 여름 한철은 언제나 그녀의 손에 복숭아가 들려 있었다.
 "따님 따님, 우리 따님."
 모화는 집 안에 들어서면서도 이렇게 가락을 붙여 낭이를 불렀다.
 낭이는 어릴 때 나들이에서 돌아오는 어미의 품에 뛰어들어 젖을 빨듯, 어미의 수건에 쌓인 복숭아를 받아 먹는 것이었다.
 모화의 말을 들으면 낭이는 수국 꽃님의 화신(化神)으로, 그녀(모화)가 꿈에 용신(龍神)님을 만나 복숭아 하나를 얻어먹고 꿈꾼 지

이레 만에 낭이를 낳은 것이라 했다. 그녀의 말에 의하면 수국 용신님은 따님이 열두 형제였다. 첫째는 달님이요, 둘째는 물님이요, 셋째는 구름님이요 …… 이렇게 열두째는 꽃님이었는데, 산신님의 열두 아드님과 혼인을 시키게 되어 달님은 햇님에게, 물님은 나무님에게, 구름님은 바람님에게, 각각 차례대로 배혼을 정해 나가려니까 막내따님인 꽃님은 본시 연애를 좋아하시는 성미라, 자기 차례가 돌아오기를 미처 기다릴 수 없어, 열한째 형인 열매님의 낭군님이 되실 새님을 가로채어 버렸더니 배필을 잃은 열매님과 나비님은 슬피 울며, 제작기 용신님과 산신님께 호소한 결과 용신님이 먼저 크게 노하고 벌을 내려 꽃님의 귀를 먹게 하시고, 수국을 추방하시니, 꽃님에서 그만 복사꽃이 되어 봄마다 강가로 산기슭으로 붉게 피지만 새님이 가지에 와 아무리 재잘거려도 지금까지 귀가 먹은 채 말 없는 벙어리가 되어 있는 것이라 한다.

 모화는 주막에서 술을 먹다 말고, 화랑이(박수)들과 어울려서 춤을 추다 말고, 별안간 미친 것처럼 일어나 달아나곤 했다. 물으면 집에서 따님이 자기를 부르노라고 했다.

 그녀는 수국 용신님께서 낭이 따님을 잠깐 자기에게 맡겼으므로 자기는 그 동안 맡아 있는 것뿐이라 했다.

 그러므로 자기가 만약 이 따님을 정성껏 섬기지 않으면 큰어머님 되시는 용신님의 노염을 살까 두렵노라 하였다.

 낭이뿐 아니라, 모화는 보는 사람마다 너는 나무 귀신의 화신이다, 너는 돌 귀신의 화신이다 하여, 결핏하면 칠성에 가 빌라는 둥 용왕에 가 빌라는 둥 했다.

 모화는 사람을 볼 때마다 늘 수줍은 듯, 어깨를 비틀며 절을 했다. 어린애를 보고도 부들부들 떨며 두려워했다. 때로는 개나 돼지에게도 아양을 부렸다.

그녀의 눈에는 때때로 모든 것이 귀신으로만 비친다는 것이었다. 그것은 사람뿐 아니라 돼지, 고양이, 개구리, 지렁이, 고기, 나비, 감나무, 살구나무, 부지깽이, 항아리, 섬돌, 짚신, 대추 나뭇가지, 제비, 구름, 바람, 불, 밥, 연, 바가지, 다래끼, 솥, 숟가락, 호롱불 …… 이러한 모든 것이 그녀와 서로 보고, 부르고, 말하고, 미워하고, 시기하고, 성내고 할 수 있는 이웃 사람같이 보여지곤 했다. 그리하여 그 모든 것을 '님'이라 불렀다.

3

욱이가 돌아온 뒤부터 이 도깨비굴 속에는 조금씩 사람 냄새가 나기 시작했다. 부엌에 들어서기를 그렇게 싫어하던 낭이도 욱이를 위하여는 가끔 밥을 짓는 것이었다. 그리고 밤이면 오직 컴컴한 어둠과 별빛만이 차 있던 이 허물어져 가는 기와집 처마 끝에도 희부연 종이 등불이 고요히 걸려지곤 했다.

욱이는 모화가 아직 모화 마을에 살 때, 귀신이 지피기 전 어떤 남자와의 사이에서 생긴 사생아였다. 그는 어릴 적부터 무척 총명하여 신동이란 소문까지 났으나, 근본이 워낙 미천하여 마을에서는 순조롭게 공부를 시킬 수가 없어, 그가 아홉 살 되었을 때 아는 사람의 주선으로 어느 절간에 보낸 뒤, 그 동안 한 십 년 간 까맣게 소식조차 묘연하다가 얼마 전 표연히 이 집에 나타난 것이었다. 낭이와는 말하자면 어미를 같이하는 오뉘뻘이었다. 낭이가 대여섯 살 되었을 때 그 때만 해도 아직 병으로 귀가 멀기 전이라 '욱이', '욱이' 하고 몹시 그를 따르곤 했었다. 그러던 것이 욱이가 절간으로 떠난

지 얼마 되지 않아 낭이는 자리에 눕게 되어 꼭 삼 년 동안을 시름시름 앓고 나더니, 그 길로 귀가 멀어 버렸던 것이다. 그러나 귀가 어느 정도로 먹은지는 아무도 아는 사람이 없었다. 한 두 번 그의 어미를 향해 어눌하나마,

"우, 욱이 어디 가아서?"

이렇게 물은 적이 있었다.

"절에 공부하러 갔다."

"어어디, 절에?"

"지림사, 큰 절에 ……"

그러나 이것은 거짓말이었다. 모화 자신도 사실인즉 욱이가 어느 절에 가 있는지 통 모르고 있었고, 다만 모른다고 하기가 싫어서 이렇게 머리에 떠오르는 대로 대답했을 뿐이었다.

모화는 장에서 돌아와 처음 욱이를 보았을 때, 그 푸른 얼굴에 난데없는 공포의 빛이 서리며, 곧 어디로 달아날 것같이 한참 동안 어깨를 뒤틀고 허둥거리다가 말고 별안간 그 후리후리한 키에 긴 두 팔을 벌려, 흡사 무슨 큰 새가 저희 새끼를 품듯 달려들어 욱이를 안았다.

"이게 누고, 이게 누고? 아이고 …… 내 아들아, 내 아들아!"

모화는 갑자기 목을 놓고 울었다.

"내 아들아, 내 아들아! 늬가 왔나, 늬가 왔나?"

모화는 앞뒤도 살피지 않고 온 얼굴을 눈물로 씻었다.

"오마니, 오마니."

욱이도 어미의 한 쪽 어깨에 볼을 대고 오래도록 울었다. 어미를 닮아 허리가 날씬하고 목이 가는 이 열아홉 살 난 청년은 그 동안 절간으로 어디로 외롭게 유랑해 다닌 사람 같지도 않게, 품위가 있

고 아름다운 얼굴이었다.

낭이도 그 때에야 이 청년이 욱이인 것을 진정으로 깨닫는 모양이었다. 처음 혼자 방에 있는데, 어떤 낯선 청년이 와서 방문을 열기에 너무도 놀라고 간이 뛰어 말―표정으로도―한 마디도 못 하고 방구석에 서서 오들오들 떨고만 있었던 것이다. 이제 낭이는 그 어머니가 욱이를 얼싸안고 내 아들아, 내 아들아 하며 우는 것을 보고 어쩌면 저도 눈물이 날 것 같았다.

- 낭이는 그 어머니에게도 이렇게 인정이 있다는 것을 보자 형언할 수 없는 즐거움을 깨달았다.

그러나 욱이는 며칠을 가지 않아 모화와 낭이에게 알 수 없는 이상한 수수께끼와 같은 것이 되었다.

그는 음식을 받아 놓고나, 밤에 잠을 자려고 할 때나, 또 아침에 자리에서 일어났을 때 반드시 한참 동안씩 주문 같은 것을 외는 것이었다. 그러고는 틈틈이 품속에서 조그만 책 한 권을 꺼내어 읽곤 하는 것이었다. 낭이가 그것을 수상스레 보고 있으려니까 욱이는 그 아름다운 얼굴에 미소를 지으며,

"너도 이 책을 읽어라."

하고 그 조그만 책을 낭이 앞에 펴 보이곤 했다. 낭이는 지금까지 『심청전』이란 책을 여러 차례 두고 읽어서 국문쯤은 간신히 읽을 수 있었으므로, 욱이가 내놓은 그 조그만 책을 들여다보니, 맨 처음 껍데기에 큰 글자로 『신약전서』란 넉자가 똑똑히 씌어져 있었다. 『신약전서』란 생전 처음 보는 이름이다.

낭이가 알 수 없다는 듯이 욱이를 바라보자, 욱이는 또 만면에 미소를 띠며,

"너 사람을 누가 만들어냈는지 아니?"

하였다. 그러나 낭이에게는 이 말이 들리지도 않았을 뿐더러, 욱이의 손짓과 얼굴 표정을 통해 대강 짐작할 수 있었다 하더라도 이건 지금까지 생각도 해 보지 못한 어려운 말이었다.

"그럼 너 사람이 죽어서 어떻게 되는 줄은 아니?"

" …… "

"이 책에는 그런 것들이 모두 씌어져 있다."

그러고는 손으로 몇 번이나 하늘을 가리켰다. 그리하여 낭이가 알아 들은 말이라고는 겨우 한 마디 '하나님'이었다.

"우리 사람을 만든 것은 하나님이다. 하나님은 우리 사람뿐 아니라 천지 만물을 다 만들어내셨다. 우리가 죽어서 돌아가는 곳도 하나님 전이다."

이러한 욱이의 '하나님'은 며칠 지나지 않아 곧 모화의 의혹과 반발을 불러 일으켰다. 욱이가 온 지 사흘째 되던 날, 아침밥을 받아 놓고 그가 기도를 드리려니까 모화는,

"너 불도에도 그런 법이 있나?"

이렇게 물었다. 모화는 욱이가 그 동안 절간에 가 있다 온 줄만 믿고 있었으므로, 그가 하는 짓은 모두 불도(佛道)에 관한 일인 줄로만 생각하는 모양이었다.

"아니오 오마니, 난 불도가 아닙내다."

"불도가 아니고, 그럼 무슨 도가 있어?"

"오마니, 절간에서 불도가 보기 싫어 달아났댔쇠다."

"불도가 보기 싫다니, 불도야 큰 도지 ……. 그럼 넌 뭐 신선도야?"

"아니오 오마니, 난 예수도올시다."

"예수도?"

"북선 지방에서는 예수교라고 합데다. 새로 난 교지요."

"그럼, 너 동학당이로군!"

"아니오 오마니, 나는 동학당이 아닙내다. 나는 예수도올시다."

"그래. 예수도온가 하는 데서는 밥 먹을 때마다 눈을 감고 주문을 외이나?"

"오마니, 그건 주문이 아니외다. 하나님 앞에 기도 드리는 것이외다."

"하나님 앞에?"

모화는 눈을 둥그렇게 떴다.

"네, 하나님께서 우리 사람을 내셨으니깐요."

"야아, 너 잡귀가 들렸구나!"

모화의 얼굴빛은 순간 퍼렇게 질렸다. 그리고는 더 묻지 않았다.

다음날, 모화가 그 마을에 객귀 들린 사람이 있어 '물밥'을 내주고 돌아오려니까 욱이가,

"오마니, 어디 갔다 오시나요?"

하고 물었다.

"저 박 급창댁에 객귀를 물려 주고 온다."

욱이는 한참 동안 무엇을 생각하는 모양이더니,

"그럼 오마니가 물리면 귀신이 물러나갑데까?"

한다.

"물러나갔기 사람이 살아났지."

모화는 별소리를 다 듣는다는 듯이 대답했다. 그는 지금까지 이 경주 고을 일원을 중심으로 수백 번의 푸닥거리와 굿을 하고 수 백 수 천 명의 병을 고쳐 왔지만, 아직 한 번도 자기의 하는 굿이나 푸닥거리에 신령님의 감응을 의심한다든가 걱정해 본 적은 없었다. 더구나 누구의 객귀에 물밥을 내 주는 것쯤은 목마른 사람에게 물 한 그릇을 떠 주는 것만큼이나 당연하고 손쉬운 일로만 여겨왔다.

모화 자신만이 그렇게 생각할 뿐 아니라 굿을 청하는 사람, 객귀가 들린 사람 쪽에서도 그와 같이 믿고 있는 편이기도 했다. 그들은 무슨 병이 나면 먼저 의원에게 보이려는 생각보다 으레 모화에게 찾아갈 것으로 생각하는 것이었다. 그들의 생각에는 모화의 푸닥거리나 푸념이 의원의 침이나 약보다 훨씬 반응이 빠르고 효험이 확실하고 준비가 손쉬웠던 것이다. …… 한참 동안 고개를 수그리고 무엇을 생각하고 있던 욱이는 고개를 들어 그 어머니의 얼굴을 똑바로 바라보며,

 "오마니, 이것 보시오. 「마태복음」 제9장 35절이올시다. 저희가 나갈 때에 사귀들려 벙어리 된 자를 예수께 다려오매, 사귀가 쫓겨나니 벙어리가 말하거늘 ……."

 그러나 이 때 벌써 모화는 자리에서 일어나, 방구석에 언제니 치려 놓은 '신주상' 앞에 가서,

 "신령님네, 신령님네, 동서남북 상하 천지,
 날것은 날아가고, 길것은 기어 가고
 머리검하 초로 인생 실낱 같안 이 목숨이,
 신령님네 품이길래 품속에 품았길래,
 대로같이 가옵내다, 대로같이 가옵내다.
 부정한 손 물리치고, 조콜한 손 받으실새,
 터주님이 터 주시고 조왕님이 요 주시고,
 삼신님이 명 주시고 칠성님이 들르시고,
 미륵님이 돌보셔서 실낱 같안 이 목숨이,
 대로같이 가옵내다. 탄탄대로같이 가옵내다."

그림 26-1 영화 「무녀도」의 한 장면

모화의 두 눈을 보석같이 빛나고, 강렬한 발작과도 같이 등허리를 떨며 두 손을 비벼댔다. 푸념이 끝나자 신주상 위의 냉수 그릇을 들어 물을 머금더니 욱이의 낯과 온몸에 확 뿜으며,

"엇쇠 귀신아, 물러서라,
여기는 영주 비루봉 상상봉헤,
깎아 질린 돌 베랑헤, 쉰 길 청수헤,
너희 올 곳이 아니니라.
바른손헤 칼을 들고 왼손헤 불을 들고,
엇쇠 잡귀신아, 썩 물러서라. 툇툇!"
이렇게 외쳤다.

욱이는 처음 어리둥절해서 모화의 푸념하는 양을 바라보고 있다가, 이윽고 고개를 수그려 잠깐 기도를 올리고 나서 일어나 잠자코 밖으로 나가 버렸다.

　모화는 욱이가 나간 뒤에도 한참 동안 푸념을 계속하며 방구석마다 물을 뿜고 주문을 외었다.

4

　욱이는 그 길로 이 지방의 예수교인들을 찾아보기로 했다. 그 날 곧 돌아올 줄 알았던 욱이는 해가 지고 밤이 깊어도 돌아오지 않았다. 모화와 낭이, 어미 딸은 방구석에 음울하게 웅크리고 앉아 욱이가 돌아오기만 기다리는 것이었다.

　"예수 귀신 책 거 없나?"

　모화는 얼마 뒤에 낭이더러 이렇게 물었다. 낭이는 고개를 저었다. 그러자 갑자기 낭이노 욱이의 그 『신약전서』란 책을 제가 맡아 두지 않았음을 후회했다. 모화는 분명히 욱이가 무슨 몹쓸 잡귀에 들린 것으로만 간주하는 모양이었다. 그것은 마치 욱이가 모화와 낭이를 으레 사귀들린 사람들로 생각하는 것과도 같았다. 그는 모화뿐만 아니라 낭이까지도 어미의 사귀가 들어가서 벙어리가 된 것이라고 믿는 것이었다.

　"예수 당시에도 사귀들려 벙어리 된 자를 예수께서 몇 번이나 고쳐 주시지 않았나."

　욱이는 이렇게 생각하는 것이었다. 그리고 그는 자기의 힘으로 자기가 하나님께 열심히 기도를 드림으로써, 그 어미와 누이동생의 병을 고쳐야 한다고 마음속으로 굳게 결심하는 것이었다.

　'예수께서 무리들이 달려와서 모이는 것을 보시고 그 더러운 귀신을 꾸짖어 가라사대 벙어리와 귀머거리 귀신아, 내가 네게 명하노니 그 아이에게서 나오고 다시 들어가지 마라 하시니 사귀가 소리지르며 아이를 심히 오그러뜨리고 나가니, 그 아이가 죽은 것같이 되매 여러 사람이 말하기를 죽었다 하거늘, 오직 예수 그 손을 잡아 일으키시니 드디어 일어서더라. 집에 들어가시매 제자들이 조용히 묻자와 가로되 우리는 어찌하여 능히 그 귀신을 쫓아내지 못하였나이까. 예수 가라사대 기도 아니 하여서는 이런 유를 나가게 할 수 없나니라.'(「마가복음」 9장 25절-29절)

그리하여 욱이는 자기도 하나님께 기도만 간절히 드리면 그 어미와 누이동생에게 들어 있는 사귀도 내어쫓을 수 있으리라 믿었다. 일방 그는 그가 지금까지 배우고 있던 평양 현 목사와 이 장로에게도 편지를 띄웠다.

'목사님, 저는 하나님의 은혜로 무사히 오마니를 찾아왔습내다. 그러하오나 이 지방에는 오직 우리 주님의 복음이 전파되지 않아서 사귀들린 자와 우상 섬기는 자가 매우 많은 것을 볼 때, 하루 바뻬 주님의 복음을 이 지방에 전파하도록 교회를 지어야 하겠삽내다. 목사님께 말씀드리기는 매우 부끄러운 일이나 저의 오마니는 무당 사귀가 들려 있고, 저의 누이동생은 귀머거리와 벙어리 귀신이 들려 있습내다. 저는 「마가복음」 제9장 제29절에 있는 우리 주님 예수 그리스도의 말씀대로 이 사귀들을 내어 쫓기 위하여 열심히 기도를 드립니다마는 교회가 없으므로 기도 드릴 장소가 매우 힘드옵내다. 하루 바뻬 이 지방에 교회 되기를 하나님께 기도 올려 주소서.'

이 현 목사는 미국 선교사로서, 욱이가 지금까지 먹고 입고 공부를 하게 된 것이 모두 그의 도움이었다. 욱이가 열다섯 살까지 절간에서 중의 상좌 노릇을 하고 있다가, 그 해 여름에 혼자서 서울 구경을 간다고 나선 것이 이리저리 유랑하여 열여섯 되던 해 가을엔 평양까지 가게 되었고, 거기서 그 해 겨울 이 장로의 소개로 현 목사의 도움을 받게 되었던 것이었다.

이번엔 욱이가 평양서 어머니를 보러 간다고 하니까, 현 목사는 욱이를 불러 놓고 이렇게 말했다.

"지금부터 삼 년 동안 이 사람 고국 갈 것이오. 그 때 만일 욱이가 함께 가기 원하면 이 사람 같이 미국 가게 될 것이오."

"목사님, 고맙습니다. 저는 목사님을 따라 미국 가기가 원입니다."

"그러면 속히 모친 만나 보고 오시오."

그러나 욱이가 어머니의 집이라고 찾아온 곳은 지금까지 그가 살고 있는 현 목사나 이 장로의 집보다 너무나 딴 세상이었다. 그 명랑한 찬송가 소리와 풍금 소리와 성경 읽는 소리와 모여 앉아 기도를 올리고 맛난 음식을 향해 즐겁게 웃음 웃는 얼굴들 대신 고데고데 헐어져 가는 돌담과 기와 버섯이 퍼렇게 뻗어 오른 묵은 기와집과 엉킨 잡초 속에 꾸물거리는 개구리, 지렁이들과 그 속에서 무당 귀신과 귀머거리 귀신이 각각 들린 어미 딸 두 여인을 보았을 때, 그는 흡사 자기 자신이 무서운 도깨비굴에 홀려든 것이 아닌가 하고 새삼 의심이 들 지경이었다.

욱이가 이 지방 예수교인들을 두루 만나 보고 집으로 돌아온 뒤부터 야릇하게 변해진 것은 낭이의 태도였다. 그 호리호리한 몸매와 종잇장같이 희고 매끄러운 얼굴에 빛나는 굵은 두 눈으로 온종일 말 한 마디, 웃음 한 번 웃는 일 없이 방구석에 틀어박혀 앉은 채 욱이의 하는 양만 바라보고 있다가, 밤이 되어 처마 끝에 희부연 종이 등불이 걸리고 하면, 피에 주린 싸늘한 손과 입술로 욱이의 목덜미나 가슴팍으로 뛰어들곤 했다. 욱이는 문득문득 목덜미로 가슴팍으로 낭이의 차디찬 손과 입술을 느낄 적마다 깜짝깜짝 놀라곤

하였으나, 그녀가 까무러칠 듯이 사지를 떨며 다시 뛰어들 제면 그도 당황히 낭이의 손을 쥐어 주며, 그 희부연 종이 등불이 걸려 있는 처마 밑으로 이끌곤 했다.

낭이의 태도가 미묘해진 뒤부터 욱이의 얼굴빛은 날로 창백해 갔다. 그렇게 한 보름 지난 뒤 그는 또 한 번 표연히 집을 나가고 말았다.

모화는 욱이가 집을 나간 지 이틀째 되던 날 밤, 문득 자리에서 일어나 앉으며 긴 한숨을 내쉬었다. 그러고는 곁에 누워 있는 낭이를 흔들어 깨우더니 듣기에도 음울한 목소리로,

"욱이가 언제 온다더누?"

물었다. 낭이가 잠자코 있으려니까,

그림 26-2 청대 양류청(楊柳靑)에서 간행한 연화 조왕신[부뚜막 귀신]

"왜 욱이 저녁 밥상은 보아 두라고 했는데 없노."

하고 낭이더러 화를 내었다. 모화는 날이 갈수록 점점 더 초조한 빛으로 밤중마다 부엌에다 들기름 불을 켜고 부뚜막 위에 욱이의 밥상을 차려 놓고는 기도를 드리는 것이었다.

"성주는 우리 성주, 칠성은 우리 칠성, 조왕은 우리 조왕,
비나이다 비나이다 신주님께 비나이다.
하늘에는 별, 바다에는 진주,
금은 같안 이내 장손, 관옥 같안 이내 방성,
산신혜 명을 빌하 삼신혜 수를 빌하,
칠성혜 복을 빌하 삼신혜 덕을 빌하,
조왕님전 요오를 타고 터주님전 재주 타니
하늘에는 별, 바다에는 진주,
삼신 조왕 마다하고 아니 오지 못하리라.
예수 귀신하, 서역 십만 리 굶주리던 불귀신하,
탄다, 훨훨 불이 탄다. 불귀신이 훨훨 탄다.
타고 나니 이내 방성 금은같이 앉았다가,
삼신 찾아오는구나, 조왕 찾아오는구나."

모화는 혼자서 손을 비비고 절을 하고 일어나 춤을 추고, 갖은 교태를 다 부리며 완연히 미친 것같이 날뛰었다. 낭이는 방에서 부엌으로 난 봉창 구멍에 눈을 대고 숨소리를 죽여 오랫동안 어미의 날뛰는 양을 지켜보고 있다가, 별안간 몸에 한기가 들며 아래턱이 달달달 떨리기 시작하였다. 그는 미친 것처럼 뛰어 일어나며 저고리를 벗었다. 치마를 벗었다. 그리하여 어미는 부엌에서, 딸은 방안에서 한 장단 한 가락에 놀 듯 어우러져 춤을 추곤 했다. 그러한 어느 새벽, 낭이는 정신을 차리고 보니 발가벗은 알몸뚱이로 방바닥에

쓰러져 있는 그녀 자신을 발견한 일도 있었다.

두 번째 집을 나갔던 욱이는 다시 얼굴에 미소를 띠며 그녀들 어미 딸 앞에 나타났다.

모화는 그 때 마침 굿 나갈 때 신을 새 신발을 신어 보고 있었는데 욱이가 오는 것을 보자, 그 후리후리한 허리에 긴 팔을 벌려 새가 알을 품듯, 그의 상반신을 얼싸안고 울기 시작했다.

이번엔 아무런 푸념도 없이 오랫동안 욱이의 목을 안은 채 잠자코 울기만 하는 것이었다. 언제나 퍼런 그 얼굴에도 이 때만은 붉은 기운이 돌며, 그 천연스런 몸짓은 조금도 귀신들린 사람 같지 않았다.

"오마니, 나 방에 들어가 좀 쉬겠쉬다."

욱이는 어미의 포옹을 끄르고 일어나 방에 들어가 누웠다.

모화는 웬일인지 욱이가 방에 들어간 뒤에도 혼자 툇마루에 앉아 고개를 수그린 채 몹시 쓸쓸한 얼굴이었다. 그러더니 무슨 생각엔지 일어나 방에 들어가 낭이의 그림을 이것저것 뒤져보는 것이었다.

그 날 밤이었다.

밤중이나 되어 욱이가 잠결에 그의 품속에 언제나 품고 있는 성경책을 더듬어보았을 때 품속에 허전함을 느꼈다. 그와 동시에 웅얼웅얼하며 주문을 외는 소리도 들려왔다. 자리에서 일어나 보았으나 품속에서 성경을 찾을 수는 없었다. 그리고 낭이와 욱이 사이에 누워 있을 그의 어머니는 보이지 않았다. 그는 어떤 불길하고 무서운 예감에 몸이 부르르 떨렸다. 바로 그 때였다. 그의 귀에는 땅속에서 귀신이 우는 듯한, 웅얼웅얼하는 주문을 외는 듯한 소리가 좀 더 또렷이 들려왔다. 다음 순간, 그는 거의 무의식적으로 방에서 부엌으로 난 봉창 구멍에 눈을 갖다 대었다.

"서역 십만 리 굶주린 불귀신하,

한쪽 손에 불을 들고 한쪽 손에 칼을 들고,
이리 가니 산신님이 예 기신다.
저리 가니 용신님이 예 기신다.
칠성이라 돌아가니 칠성님이 예 기신다.
구름 속에 쌔어 간다, 바람 속에 묻혀 간다.
구름님이 예 기신다. 바람님이 제 기신다.
용궁이라 당도하니 열두 대문 잠겨 있다.
첫째 대문 두드리니 사천왕이 뛰어나와
종발눈 부릅뜨고, 주석 철퇴 높이 든다.
둘째 대문 두드리니 불개 두 쌍 뛰어나와
꽃불은 수놈이 낼룽, 불씨는 암놈이 낼룽,
셋째 대문 두드리니 물개 두 쌍 뛰어나와
수놈이 공공 꽃불이 죽고
암놈이 공공 불씨가 죽고 …….″

모화는 소복 단장에 쾌자까지 두르고 온갖 몸짓, 갖은 교태를 다 부려 가며 손을 비비다, 절을 하다, 덩싯거리며 춤을 추다 하고 있다. 부뚜막 위에는 깨끗한 접시불(들기름의)이 켜져 있고, 접시불 아래 놓인 소반 위에는 냉수 한 그릇과 흰 소금 한 접시가 놓여 있을 따름이다. 그리고 그 곁에는 지금 막 그 마지막 불꽃이 나불거리고 난 새빨간 파란 연기 한 오리가 오르는 『신약전서』의 두꺼운 표지는 한머리 이미 파리한 재가 되어 가고 있었다.

모화는 무엇에 도전이나 하는 것처럼 입가에 야릇한 냉소까지 띠며, 소반에 얹힌 접시의 소금을 집어 연기마저 사라진 새까만 재 위에 뿌렸다.

"서역 십만 리 예수 귀신이 돌아간다.

당산에 가 노자 얻고, 관묘에 가 신발 신고,
두 귀에 방울 달고 방울소리 발 맞추어
재 넘고 개 건너 잘도 간다.
인제 가면 언제 볼꼬, 발이 아파 못 오겠다.
춘 삼월에 다시 오랴, 배가 고파 못 오겠다 ……."

모화의 음성은 마주(魔酒) 같은 향기를 풍기며 온 피부에 스며들었다. 그 보석 같은 두 눈의 교태와 쾌잣자락과 함께 나부끼는 손짓은 이제 차마 더 엿볼 수 없게 욱이의 심장을 쥐어짜는 것이었다. 욱이는 가위눌린 사람처럼 간신히 긴 숨을 내쉬며 뛰어 일어났다. 다음 순간 자기 자신도 모르게 방문을 뛰어나온 그는 부엌문을 박차고 들어가 소반 위에 차려 놓은 냉수 그릇을 집어들려 하였다. 그러나 그가 냉수 그릇을 집어들기 전에 모화의 손에는 식칼이 번득이고 있었고, 모화는 욱이와 물그릇 사이에 식칼을 두르며 조용히 춤을 추고 있는 것이었다.

"엇쇠 귀신하, 물러서라.
너 이제 보아하니 서역 십만 리 굶주리던 잡귀신하,
여기는 영주 비루봉 상상봉혜
깎아지른 돌 벼랑혜, 쉰 길 청수혜, 엄나무 발에
너희 올 곳이 아니다.
바른손혜 칼을 들고 왼손혜 불을 들고,
엇쇠 서역 잡귀신하, 썩 물러서라."

이 때 모화는 분명히 식칼로 욱이의 면상을 겨누어 치려 하였다. 순간 욱이는 모화의 칼날을 왼쪽 귓전에 느끼며 그의 겨드랑이 밑을 돌아 소반 위에 차려 놓은 냉수 그릇을 들어서 모화의 낯에다 그릇채 끼얹었다. 이 서슬에 불이 기울어져 봉창에 붙었다. 욱이는 봉창에서 방안으로 붙어 들어가는 불길을 잡으려고 부뚜막 위로 뛰어올랐다. 그러자 물그릇을 뒤집어쓰고 분노에 타는 모화는 욱이의 뒤를 쫓아 칼을 두르며 부뚜막으로 뛰어올랐다. 봉창에서 방안으로 붙어 들어가는 불길을 덮쳐 끄는 순간, 뒷등허리가 찌르르하여 획 몸을 돌이키려 할 때 이미 피투성이가 된 그의 몸은 허옇게 이를 악물고 웃음 웃는 모화의 품속에 안겨져 있었다.

5

욱이의 몸은 머리와 목덜미와 등허리에 세 군데 상처를 입었다.
그러나 욱이의 병은 이 세 군데 칼로 맞은 상처만이 아니었다. 그는 날이 갈수록 갈비뼈가 앙상하게 드러나고 두 눈자위가 패어 들기 시작했다.

모화는 욱이의 병 간호에 남은 힘을 다하여 그가 원하는 것이 있으면 낮과 밤을 헤아리지 않고 뛰어갔다. 가끔 욱이를 일으켜 앉히어서 자기의 품에 안아도 주었다. 물론 약도 쓰고 굿도 하고 주문도 외웠다. 그러나 욱이의 병은 낫지 않았다.

모화는 욱이의 병 간호에 열중한 뒤부터 굿에는 그만큼 신명이 풀린 듯하였다. 누가 굿을 청하러 와도 아들의 병을 핑계로 대개 거절을 했다. 그러자 모화의 굿이나 푸념의 반응이 이전과 같이 신령하지 않다고들 하는 사람이 하나둘씩 생기기도 했다.

이러할 즈음 이 고을에도 조그만 교회당이 서고 선교사가 들어왔다. 그리하여 그것은 바람에 불처럼 온 고을에 뻗쳤다. 읍내의 교회에서는 마을마다 전도대를 내보냈다. 그리하여 이 모화의 마을에까지 '복음'이 전파되었다.

"여러 부모 형제 자매, 우리 서로 보게 된 것 하나님 앞에 감사드릴 것이오. 하나님 우리 만들었소. 매우 사랑했소. 우리 모두 죄인이올시다. 우리 마음속 매우 흉악한 것뿐이오. 그러나 예수 우리 위해 십자가에 못 박혔소. 그러므로 예수 그리스도 믿음으로 우리 구원받을 것이오. 우리 매우 반가운 뜻으로 찬송할 것이오. 하나님 앞에 기도드릴 것이오."

두 눈이 파랗고 콧대가 칼날 같은 미국 선교사를 보는 것은 원숭이 구경보다도 재미나다고들 하였다.

"돈은 한 푼도 안 받는다. 가자."

마을 사람들은 떼를 지어 모여들었다.

이 마을 방 영감네 이종 사촌 손자 사위요, 선교사와 함께 온 양조사(楊助事) 부인은 집집마다 심방하여 가로되,

"무당과 판수를 믿는 것은 거룩거룩하시고 절대적 하나밖에 없는 우리 하나님 아버지께 죄가 됩니다. 무당이 무슨 능력이 있습니까. 보십시오, 무당은 썩어 빠진 고목나무, 듣도보도 못하는 돌미륵한테도 빌고 절을 하지 않습니까. 판수가 무슨 능력이 있습니까. 보십시오, 제 앞도 못 보아 지팽이로 더듬거리는 그가 어떻게 눈 밝은 사람을 구원할 수 있겠습니까. 우리 인생을 만든 것은 절대적 하나밖에 없는 하나님 아버지올시다. 그러므로 아버지께서는 말씀하셨습니다. 내 앞에 다른 신을 두지 말라 ……."

이리하여 하나님 아버지의 외아들 예수 그리스도가 온갖 사귀들린 사람, 문둥병 든 사람, 앉은뱅이, 벙어리, 귀머거리 고친 이야기가 한정 없이 쏟아진다.

모화는 픽 웃곤 했다.

"그까짓 잡귀신들."

그러나 그들의 비방과 저주는 뼛골에 사무치는 듯 그녀는 징을 울리고 꽹과리를 치며 외쳤다.

"엇쇠 귀신아, 물러서라.

당대 고축년에 얻어 먹던 잡귀신아,

늬 어이 모화를 모르나냐. 아니 가고 봐 하면 쉰 길 청수에 엄나무 발에, 무쇠 가마에, 백말 가죽에 늬 자자손손을 가두어 못 얻어 먹게 하고 다시는 세상 밖에 내주지 아니하여 햇빛도 못 보게 할란다. 엇쇠 귀신아, 썩 물러가거라.

서역 십만 리로 꽁무니에 불을 달고,

두 귀에 방울 달고 왈강달강 왈강달강

벼락같이 떠나거라."

그러나 '예수 귀신'들은 결코 물러나지 않았을 뿐 아니라 점점 늘어만 갔다. 게다가 옛날 모화에게 굿과 푸념을 빌러 다니던 사람들까지 하나둘씩 모두 예수 귀신이 들기 시작하였다.

이러는 동안 서울서 또 부흥 목사가 내려왔다. 그는 기도를 드려서 병을 고치는 능력이 있다 하여 온 고을 사람들이 모여들기 시작하였다. 그가 병자의 머리 위에 손을 얹고,

"이 죄인은 저의 죄로 말미암아 심히 괴로워하고 있사옵니다."

하고 기도를 올리면, 여자들이 월수병, 대하증쯤은 대개 '죄씻음'을 받을 수 있었다. 그 밖에도 소경이 눈을 뜨고 앉은뱅이가 걷고, 귀머거리가 듣고, 벙어리가 말하고, 반신 불수와 지랄병까지 저희 믿음 여하에 따라 모두 죄씻음을 여자들의 은가락지 금반지가 나날이 수를 다투어 강단 위에 내걸리게 된다, 기부금이 쏟아진다, 이리 되면 모화의 굿 구경에 견줄 나위가 아니라고들 하였다.

"양국놈들이 요술단을 꾸며 왔어."

모화는 픽 웃고 이렇게 말했다. 굿과 푸념으로 사람 속에 든 사귀 잡귀신을 쫓는 것은 지금까지 신령님께서 자기에게만 허락하신 자기의 특수한 권능이었다. 그리고 그의 신령님은 오늘날 예수꾼들이 그렇게도 미워하고 시기하는 고목이기도 했고, 미륵돌이기도 했고, 산이기도 했고, 물이기도 했다.

"무당과 판수를 믿는 것은 절대적 한 분밖에 안 계시는 거룩거룩하신 하나님 아버지께 죄가 됩니다."

예수 귀신들이 나발을 불고 북을 치며 비방을 하면 모화는 혼자서 징을 울리고 꽹과리를 치며,

"꽁무니에 불을 달고, 두 귀에 방울 달고, 왈강달강 왈강달강, 서역 십만 리로 물러서라, 잡귀신아."

이렇게 응수하곤 했다.

6

욱이가 병은 그 해 가을 지나 겨울철에 들면서부터 표나게 악화되어 갔다. 모화가 가끔 간장이 녹듯 떨리는 음성으로,

"이것아 이것아, 늬가 이게 웬일이고? 머나먼 길에 에미라고 찾아와서 늬가 이게 무슨 꼴고?"

손을 잡고 눈물 흘리면,

"오마니, 너무 걱정하지 마시오. 나는 죽어서 우리 아버지께로 갈 것이오."

욱이는 조용히 이렇게 말했다. 그리고 무어 생각나는 게 없느냐고 물으면 그는 조용히 고개를 돌렸다. 그러나 어미가 밖에 나가고 낭이가 혼자 있을 때엔 이따금 낭이의 손을 잡고,

"나 성경 한 권 가졌으면 ……."
하는 것이었다.
이듬해 봄 그가 세상을 떠나기 사흘 전에 그가 그렇게도 그리워하고 기다리던 현 목사가 평양에서 찾아왔다. 현 목사는 박 영감네 이종 사촌 손자 사위인 양 조사의 인도로 뜰안에 들어서자, 그 황폐한 광경과 역한 흙냄새가 미간을 찌푸리며,
"이런 가운데서 욱이가 살고 있소?"
양 조사에게 이렇게 물었다.
욱이는 양 조사가 들어오는 것을 보자 두 눈에 광채를 띠며,
"목사님, 목사님."
이렇게 두 번 불렀다.
현 목사는 잠자코 욱이의 여윈 손을 쥐었다. 별안간 그의 온 얼굴은 물든 것처럼 붉어지며 무수한 주름살이 미간과 눈꼬리에 잡혔다. 그는 솟아오르는 감정을 누르려는 듯이 한참 동안 눈을 감고 있었다.
양 조사는 긴장된 침묵을 깨뜨리려는 듯이 입을 열었다.
"경주에 교회가 이렇게 속히 서게 된 것은 이 분의 공로올시다."
그리하여 그의 말을 들으면, 욱이는 평양 현 목사에게 진정을 했고 현 목사께서는 욱이의 편지에 의하여 대구 노회에 간청을 했고, 일방 경주 교인들은 욱이의 힘으로 서로 합심하여 대구 노회와 연락한 결과, 의외로 속히 교회 공사가 진척되었던 것이라 하였다.
현 목사가 의사와 함께 다시 오기를 약속하고 일어나려 할 때, 욱이는,
"목사님, 나 성경 한 권만 사 주시오."
했다.

현 목사는 손가방 속에서 자기의 성경책을 내 주었다. 성경책을 받아 쥔 욱이는 그것을 가슴에 안고 눈을 감았다. 그의 감은 눈에서는 이슬 방울이 맺히었다.

7

모화 집 마당에는 예년과 다름없이 잡풀이 엉기고 늙은 개구리와 지렁이들이 그 속에 웅크리고 있었다. 그녀는 그 동안 거의 굿을 나가지 않고, 매일 그 찌그러져 가는 묵은 기와집, 잡초 속에서 혼자서 징, 꽹과리만 울리고 있었다. 사람들은 모화가 인제 아주 미친 것이라 하였다. 모화는 부엌에다 오색 헝겊을 걸고, 낭이의 그림으로 기를 만들어 달고는, 사뭇 먹기조차 잊어버린 채 입술은 믹같이 검어지고 두 눈엔 날로 이상한 광채가 짙어갔다.

"서역 십만 리 예수 귀신 돌아간다.

꽁무니에 불을 달고, 두 귀에 방울 달고 왈강달강 왈강달강,

엇쇠 귀신아 썩 물러거가라.

자늬 아니 가고 봐 하면, 쉰 길 청수에, 엄나무 바알에, 무쇠 가마에, 흰말 가죽에, 너이 자자손손을 다 가두어 죽일란다. 엇쇠! 귀신아!"

그녀는 날마다 같은 푸념으로 징, 꽹과리를 울렸다. 혹 술잔이나 가지고 이웃 사람이 찾아가,

"모화네, 아들 죽고 섭섭해서 어쩌나?"

하면 그녀는 다만,

"우리 아들은 예수 귀신이 잡아갔소."

하고 한숨을 내쉬곤 했다.

"아까운 모화 굿을 언제 또 볼꼬?"

사람들은 모화를 아주 실신한 사람으로 치고 이렇게 아까워하곤 했다. 이러할 즈음에 모화의 마지막 굿이 열린다는 소문이 났다. 읍내 어느 부잣집 며느리가 '예기소'에 몸을 던진 것이었다. 그래 모화는 비단 옷 두 벌을 받고 특별히 굿을 응낙했다는 말도 났다. 그리고 이와 동시에 모화가 이번 굿에서 딸 낭이의 입을 열게 할 계획이라는 소문이 났다.
 "흥, 예수 귀신이 진짠가 신령님이 진짠가 두고 보지."
 이렇게 장담했다는 것이다. 사람들은 기대와 호기심에 들끓었다. 그들은 놀랍고 아쉬운 마음으로 산을 넘고 물을 건너 모여 들었다.
 굿이 열린 백사장 서북쪽으로는 검푸른 소 물이 깊은 비밀과 원한을 품은 채 조용히 굽이 돌아 흘러내리고 있었다. (명주구리 하나 들어간다는 이 깊은 소에는 해마다 사람이 하나씩 빠져 죽기 마련이라는 전설이 있다.)
 백사장 위에는 수많은 엿장수, 떡장수, 술가게, 밥가게들이 포장을 치고, 혹은 거적을 두르고 득실거렸고, 그 한복판 큰 차일 속에서 굿은 벌어져 있었다. 청사, 홍사, 녹사, 백사, 황사의 오색사 초롱이 꽃송이같이 여기저기 차일 아래 달리고 그 초롱불 밑에서 떡시루, 탁주 동이, 돼지 통새미들이 온 시루, 온 동이, 온 마리째 놓인 대감상, 무더기 쌀과 타래 실과 곶감 꼬치, 두부를 놓은 제석상과, 삼색 실과에 백설기와 소채 소탕에 자반, 유과들을 차려 놓은 미륵상과, 열두 가지 산채로 된 산신상과, 열두 가지 해물을 차린 용신상과, 음식이란 음식마다 한 접시씩 놓은 골목상과, 냉수 한 그릇만 놓은 모화상과 이 밖에도 여러 가지 크고 작은 전물상들이 쭉 늘어 놓아져 있었다.
 이 날 밤 모화의 얼굴에는 평소에 볼 수 없던 정숙하고 침착한 빛이 서려 있었다. 어제같이 아들을 잃고 또 새로 들어온 예수교도들로부터 가지각색 비방과 구박을 받아 오던 그녀로서는 의아스러우리만큼 새침하게 가라앉아 있어, 전날 달밤으로 산에 기도를 다닐 적의 얼굴을 연상케 했다. 그녀는 전날과 같이 여러 사람 앞에서 아양을 부리거나 수선을 떨지도 않았다. 그러나 그녀는 그 호화스러운 전물상들을 둘러보고도 만족한 빛 한번 띠지 않고 도리어 비웃듯이 입을 비쭉거렸다.

"더러운 년들, 전물상만 차리면 그만인가."

입 밖에 내어 놓고 빈정거리기까지 하였다. 그러자 자리에서는 모화가 오늘밤 새로운 귀신이 지핀다고들 수군거리기 시작했다. 그 가운데 한 여자가 돌연히,

"아 죽은 김씨 혼신이 덮였군."

하자 다른 여자들도,

"바로 그 김씨가 들렸다. 저 청승맞도록 정숙하고 새침한 얼굴 좀 봐라. 그리고 모화네가 본디 어디 저렇게 이뻤나, 아주 김씨를 덮어 썼구먼."

이렇게들 수군댔다. 이와 동시 한쪽에서는 오늘 밤 굿으로 어쩌면 정말 낭이가 말을 하게 될 게라는 얘기도 퍼졌고, 또 한쪽에서는 낭이가 누구 아이인지는 모르지만 배가 불러 있다는 풍설도 돌았다. …… 하여간 이 여러 가지 소문들이 오늘 밤 굿으로 해결이 날 것이라고 막연히 그녀들은 믿고 있는 것이었다.

모화는 김씨 부인이 처음 태어났을 때부터 물에 빠져 죽을 때까지의 사연을 한참씩 넋두리하다가는 전악들의 젓대, 피리, 해금에 맞추어 춤을 덩실거렸다. 그녀의 음성은 언제보다도 더 구슬펐고 몸뚱이는 뼈도 살도 없는 율동(律動)으로 화한 듯 너울거렸고 ……

취한 양, 얼이 빠진 양 구경하는 여인들의 숨결은 모화의 쾌잣자락만 따라 오르내렸다. 모화의 쾌자 자락은 모화의 숨결을 따라 나부끼는 듯했고, 모화의 숨결은 한 많은 김씨 부인의 혼령을 받아 청승에 자지러진 채, 비밀을 품고 조용히 굽이 돌아 흐르는 강물(예기소의)과 함께 자리를 옮겨 가는 하늘의 별들을 삼킨 듯했다.

밤중이나 되어서였다.

혼백이 건져지지 않는다는 것이었다. 화랑이들과 작은 무당들이 몇 번이나 초망자(招亡者) 줄에 밥그릇을 달아 물 속에 던져도 밥그릇 속에 죽은 사람의 머리카락이 들어오지 않는 것으로 보아 김씨가 초혼에 응하질 않는 모양이라 하였다.

작은 무당 하나가 초조한 낯빛으로 모화의 귀에 입을 바짝 대며,

"여태 혼백을 못 건져서 어떠해?"

하였다.

모화는 조금도 서둘지 않고 오히려 당연하다는 듯이 손수 넋대를 잡고 물가로 들어섰다.

초망자 줄을 잡은 화랑이는 넋대가 가리키는 방향으로 이리저리 초혼 그릇을 물속에 굴렸다.

"일어나소 일어나소,

서른세 살 월성 김씨 대주 부인,

방성으로 태어날 때 칠성에 복을 빌어."

모화는 넋대로 물을 휘저으며 진정 목이 멘 소리로 혼백을 불렀다.

"꽃같이 피난 몸이 옥같이 자란 몸이,

양친 부모도 생존이요, 어린 자식 뉘어 두고,

검은 물에 뛰어들 제 용신님도 외면이라,

치마폭이 봉긋 떠서 연화대를 타단 말가,

삼단머리 흐트러져 물귀신이 되단 말가."

모화는 넋대를 따라 점점 깊은 물 속으로 들어갔다. 옷이 물에 젖어 한 자락 몸에 휘감기고, 한 자락 물에 떠서 나부꼈다. 검은 물은 그녀의 허리를 잠그고, 가슴을 잠그고, 점점 부풀어 오른다 …….

그녀는 차츰 목소리가 멀어지며 넋두리도 허황해지기 시작했다.

"가자시라 가자시라 이수중분 백로주로,

불러 주소 불러 주소 우리 성님 불러 주소,

봄철이라 이 강변에 복숭아 꽃이 피그덜랑,

소복 단장 낭이 따님 이내 소식 물어 주소,

첫 가지에 안부 묻고, 둘째 가 ……."

할 즈음 모화의 몸은 그 넋두리와 함께 물 속에 아주 잠겨 버렸다. 처음엔 쾌자 자락이 보이더니 그것마저 잠겨 버리고 넋대만 물 위에 빙빙 돌다가 흘러내렸다.

열흘쯤 지난 뒤다.

동해변 어느 길목에서 해물 가게를 보고 있다던 체수 조그만 사내가 나귀 한 마리를 몰고 왔을 때, 그 때까지 아직 몸이 완쾌하지 못한 낭이가 퀭한 눈으로 자리에 누워 있었다.

사내는 낭이에게 흰죽을 먹이기 시작했다.

"아버으이."

낭이는 그 아버지를 보자 이렇게 소리를 내어 불렀다. 모화의 마지막 굿이(떠돌던 예언대로) 영검을 나타냈는지 그녀의 말소리는 전에 없이 알아들을 만도 했다.

다시 열흘이 지났다.

"여기 타라."

사내는 손으로 나귀를 가리켰다.

" …… "

낭이는 잠자코 그 아버지가 시키는 대로 나귀 위에 올라 앉았다. 그네들이 떠난 뒤엔 아무도 그 집을 찾아오는 사람이 없었고, 밤이면 그 무성한 잡풀 속에서 모기들만이 떼를 지어 울었다.

『중앙』1936년 5월호 원재

김동리(金東里, 1913~1995)는 경북 경주시 성건동에서 5남매 중 막내로 태어나 1928년 열여섯 살의 나이로 서울로 유학을 떠나기 전까지 그곳에서 살았다. 대표작 「무녀도」(1936)와 『을화』(1978)에서도 성건동 지방의 무당 이야기를 소재로 삼았다. 그리고 만년의 자전적 소설 「만자동경(曼字銅鏡)」(1979), 「우물 속의 풍경」(1979) 등도 모두 유년기 고향 체험을 형상화한 자전 소설이다. 「우물 속의 풍경」에서 젖이 부족해서 늘 암죽이나 먹어야 했던 창수는 첫돌 무렵부터 아버지를 따라 먹걸리를 마시게 된다. 창수는 자신이 술 취한 모습을 보려고 구경 오던 마을 아이들 중에 선이라는 아이와 친하게 지낸다. 하지만 선이가 홍역으로 죽고 나자, 창수는 우물 속에 떠오르는 선이의 모습을 보려고 자꾸 우물 속을 들여다본다. 이 작품은 어린 시절부터 그를 강하게 끌어당긴 죽음의 세계를 '우물'이

그림 26-3 경주시에서 발행한 동리 목월 문학관 안내책자

II. 문학의 장, 경주의 빛과 그림자 387

라는 소재를 통해 그려냈다. 이러한 죽음에 대한 김동리의 의식은 「무녀도」에서부터 시작된다.

「무녀도」는 우리의 전래 토속 신앙인 무속과 서양에서 들어온 기독교 신앙의 충돌로 인한 모자간의 대립, 갈등을 다루고 있다. 즉 기독교로 대표되는 외래 문화와 무속으로 대표되는 토속 신앙 간의 대립을 기본 축으로 하여 결국은 토속 신앙이 패배하는 과정을 그리고 있다. 욱이의 죽음은 교회의 설립이라는 미래 제시적인 죽음이며 상대적으로 모화의 죽음은 외래 신앙인 기독교 사상이 퇴조할 수밖에 없다는 시대 조류를 나타내는 비극적 죽음이다. 한쪽은 승리의 죽음이요, 한쪽은 패배의 죽음이다.

한편 이 작품은 탐미주의적 에로티시즘이 깔려 있다. 모화의 장단에 맞추어 저고리와 치마를 벗고 나체 춤을 추는 낭이의 모습이 그러하다. 이는 작가가 샤머니즘의 세계를 미화하기 위해 사용한 효과적인 무기로 보인다.

「무녀도」는 원래 『중앙』에 발표된 이래 1947년판 단편집 『무녀도』에서, 1967년판 『김동리 대표작 선집』에서 각각 개작되었고 1978년 장편 『을화(乙火)』로 완전 개작되었다. 원작 「무녀도」에서는 욱이는 살인범이며 기독교도가 아니었다.

결론적으로 이 소설은 외래 문화와 토속 문화의 갈등에 의한 혈육간의 비극, 소멸하는 것을 지키려는 인간의 비극적인 운명을 그린 신비 소설이다.

27 가실(嘉實)

이광수

때는 김유신이 한창 들날리던 신라 말단이다. 가을 볕이 쨰듯이 비치인 마당에는 벼 낟갈이, 콩 낟갈이, 모밀 낟갈이들이 우뚝우뚝 섰다. 마당 한쪽에는 겨우내 때일 통나무 더미가 있다. 그 나무더미 밑에 어떤 열예닐곱 살 된 예쁘고도 튼튼한 처녀가 통나무에 걸터 앉아서 남쪽 한길을 바라보고 울고 있다 이때에 어떤 젊은 농군 차 나이 큰 도끼를 메고 마당으로 들어오다가, 처녀가 앉아 우는 것을 보고 우뚝 서며,

"아기, 왜 울어요."

하고 은근한 목소리로 묻는다. 처녀는 깜짝 놀라는 듯이 한길을 바라보던 눈물 괸 눈으로 젊은 농군을 쳐다보고 가만히 일어나며,

"나라에서 아버지를 부르신 게야요."

하고 치마 고름으로 눈물을 씻으며 우는 양을 감추려는 듯이 외면을 하고 돌아서니, 길게 땋아 늘인 검은 머리가 보인다.

"나라에서 부르셔요?"

"네, 내일 아침에 고을로 모이라고, 아까 관인이 와서 이르고 갔어요."

젊은 농군은 무엇을 생각하는 것 같더니,

"고구려 군사가 북한산성을 쳐 들어온다더니, 그래 부르남."

하고 도끼를 거기 놓고 다른 집에를 갔다 오더니,

"여러 사람 불렀다는데요. 제길 하루나 편안할 날이 있어야지. 젊은 사람은 다 죽고, 이제는 늙은이까지 내다 죽이려나. 언제나 쌈을 아니하고 사는 세상이 온담."

하고 처녀의 느껴 우는 어깨를 바라본다. 처녀는 고개도 아니 돌리고,

"가실 씨는 안 뽑혔어요?"

하고 묻는다. 가실은 그 젊은 농군의 이름이다.

"명년 봄에야 나도 부르겠지요. 아직은 나이 한 살이 부족하니까 남겨 놓은 게지요."

하고 팔짱을 끼고 한참 생각하더니,

"아버지는 어디 가셨소?"

한다.

"고을에 들어가셨어요. 원님한테 말이나 해본다고. 늙기도 하고 몸에 병도 있고, 또 어린 딸자식밖에 없으니 안 가게 해달라고 발괄이나 한다고, 그리고 아까 가셨어요. 이제는 오실 때가 되었는데······."

하고 또 한길을 바라본다.

"말하면 되나요! 나라에서 사정을 볼 줄 아나요!"

하고 도끼를 들고 나무더미에서 통나무를 내려 장작 패기를 시작한다. 처녀는 놀란 듯이 눈물에 젖은 눈을 동그랗게 뜨면서,

"장작은 왜 패세요?"

하고 가실의 곁으로 한 걸음 가까이 간다.

"우리 장작을 막 다 패고 왔어요. 영감님이 힘이 드시겠기에 좀 패 드릴 양으로."

하고 뚝 부르걷은 싯뻘건 두 팔을 머리 위에 잔뜩 높이 들었다가 '췌' 소리를 치며 내리치니, '쩍쩍' 소리가 나며 통나무가 쪼개어져서 장작개비가 가로 세로 뛴다. 처녀는 우두커니 서서 가실의 곁에 그을은 허리가 굽혔다 폈다 하는 양과 싯뻘건 두 팔뚝이 오르락내리락하는 것과 순식간에 자기 앞에 허연 장작더미가 쌓이는 것을 보고, 무슨 생각이 난 듯이 섰더니, 사립문으로 뛰어 들어간다. 처녀는 큰 사발에 뿌연 막걸리를 걸러가지고 나와서 가실이가 패던 토막을 다 패기를 기다려,

"술 한 잔 잡수셔요."

하고 사발을 두 손으로 받들어 가실에게 준다. 가실은 도끼를 나무통에 턱 박아 놓고, 한편 팔굽이로 이마에 맺힌 구슬땀을 씻으면서 한편 팔로 사발을 받아 든다.

"웬 술이 있어요?"

하고 그 힘 있고도 유순한 눈으로 술을 물끄러미 들여다본다.

"콩 걷는 날 했던 술이 항아리 밑에 좀 남았기에 새로 물을 길어다가 걸렀어요. 아버지 잡수실 것 좀 남겨 놓고 ……."

하고 치맛자락에 젖은 두 손을 씻으며 처녀는 만족한 듯이 빙그레 웃는다.

가실은 사발을 입에 대고 꿀꺽꿀꺽 단숨에 들이키더니 주먹으로 입을 씻으며 사발을 처녀에게 준다. 처녀는 사발을 받아 들고 가실을 물끄러미 보더니, 사립문으로 뛰어 들어가 부엌으로 들어간다. 가실은 처녀의 뛰어가는 양을 보고 들어간 부엌 문을 이윽히 보더니, 다시 도끼를 들어 장작을 팬다. 얼마만에 처녀가 치맛자락에 무엇을 싸가지고 뛰어 나와서 가실의 곁에 선다. 가실이 자기를 돌아보는 기회를 타서 처녀는,

"밤 잡수셔요. 내가 아람 주어다가 묻어 두었던 것이야요."

하고 작은 손으로 줌이 버읕게 한 줌 집어 가실을 주며,

"왕밤이야요!"

한다. 가실은 도끼를 자기 다리에 기대어 세워 놓고, 이빨로 밤 껍데기를 벗긴다. 처녀도 입으로 껍데기를 벗겨 먹는다.

"아버지 오시네!"

하고 처녀가 치마에 쌌던 밤을 땅에 내버리고 한길로 마중 나간다. 가실은 고개를 돌려 한길을 내다보았다. 늙은 수양버들 그늘로 수염이 허옇게 세인 설 영감이 기운 없이 걸어온다. 영감은 마당에 들어와 가실을 보고,

"징직 패 주었나?"

하고 감사한 낯빛을 보인다.

"네. 우리 것 다 패고 ……."

하고 수줍은 듯하면서도 만족한 웃음을 띠운다. 영감은 장작개비 하나를 깔고 앉아서 휘유 긴 한숨을 쉰다. 처녀는 어느새 부엌에 들어가서 술 사발을 들고 나와서,

"아버지, 술 잡수."

하고 아버지를 준다.

"응, 술이 남았든?"

하고 딸에게 술 사발을 받으며,

"이 사람 한 잔 주지."

"한 사발 드렸어요. 아버지 잡술 것 남겨 놓고."

하면서 처녀는 가실을 본다. 가실은,

"저는 잘 먹었습니다. 어서 잡수시우. 아직도 무엇을 하려면 더운 데요."

하고 영감의 피곤한 듯한 얼굴을 본다. 영감은 쉬엄쉬엄 한 사발을 들이키고, 아랫입술로 윗수염 끝에 묻은 술을 빨아 들이면서 마당에 떨어진 밤을 집어 벗긴다. 처녀는 아버지가 오늘 고을 갔던 결과를 듣고 싶으나, 남의 앞이 되어서 묻지는 못하고 가실이가 물어 주었으면 하고 기다린다. 가실도 그 눈치를 알고 자기도 영감 곁에 쭈그리고 앉으며,

"그래, 고을 갔었던 일은 잘 되었어요?"

하고 묻는다.

"안 된대. 내일 아침에는 떠나야 하겠네."

한참 말이 없다. 처녀는 그만 울음을 참지 못하여 치맛자락으로 얼굴을 싸고 돌아선다. 가실도 고개를 푹 수그린다. 영감도 고개를 수그렸다가 번쩍 들어 울고 돌아섰는 딸을 보며 기실더러,

"그렇지 않아도 내가 자네를 찾아보려고 했네."

하고 물끄러미 가실을 보더니,

"자네도 알거니와 내가 떠나면 저 어린 것 혼자 남네그려. 저것이 불쌍해! 제 어멈은 어려서 죽고, 오라범들 다 전장에 나가 죽고 ······. 내가 이제 나가면 어떻게 살아 돌아오기를 바라나. 싸워 죽지 않으면 병들어 죽겠고, 병들어 죽지 아니하면 늙어 죽지 않겠나. 나도 스무 살에 군사에 뽑혀서 서른 살에야 집에 돌아오니, 부모 다 돌아가시고 ······ 그런 말은 해서 무엇하나. 아무려나 내가 이번 가면 살아 돌아올 리는 만무하고 ······. 저것이, 내 혈육이라고는 저것 하나밖에 안 남았네그려. 저것을 두고 가니, 내 마음이 어떻겠나."

하고 노인은 억지로 울음을 참는다. 처녀는 그만 장작더미에 쓰러져 운다. 가실도 운다.

노인은 코를 풀다가 소리를 가다듬어,

"그러나 다 팔짜니 어쩌나. …… 내가 보니 자네가 사람이 좋아! 그러니 내 딸을 자네 아내를 삼게. 그리고 이 집 가지고 벌어 먹고 살게. 논허구 밭허구 나무판허구 자네 두 식구가 잘 벌면 먹고 살 걱정은 없을 것이니 그러게."

하고 일어나 장작더미에 쓰러져 우는 딸의 팔을 잡아 일으키며,

"아가, 들어가 저녁 지어라. 닭 한 마리 잡고 반찬도 좀 많이 하고 술도 걸러라. 가실이도 함께 저녁 먹고 마지막으로 이야기나 하게."

한다. 처녀는 일어나 두 손으로 눈물을 씻어 가며 안으로 들어간 다. 노인은 딸의 들어가는 양을 보고 돌아서서 다시 가실의 곁에 앉으며,

"가실이! 내 말대로 허러나?"

하고 손으로 가실의 땀에 젖은 등을 두드린다. 가실은 고개를 들어 노인을 쳐다보며 말하기 어려운 듯이 머뭇머뭇하더니 간단하고도 힘 있게,

"너무 황송합니다!"

할 뿐이다.

노인은 일어나 가실의 곁에 놓인 도끼를 들어 통나무 한 토막을 패기 시작한다. 가실이가,

"제가 패겠습니다."

하는 것을,

"가만 있게. 이게 다 마지막 해 보는 것일세."

하고,

"쒸, 쒸!"

하면서 팬다. 비록 늙었으나 이전 하던 솜씨가 남았다. 가실이만큼 힘 있게는 못 하여도 그보다 더 익숙하게 한다. 그 토막을 다 패

어 놓고 도끼를 가실에게 주면서,

"에, 한참 장작을 팼더니 기운이 나네."

하고 땀을 씻으면서,

"저 고개 넘어 논 두 마지기 안 있나. 그게 다 내 손으로 만든 겔세. 내가 이 가을에는 거기 새 흙을 좀 들여 펴고, 또 그 곁에 한 마지기 더 풀려고 했더니 못하게 되었으니, 자네가 내일부터라도 하게. 그리고 저 소 외양간은 접쪽으로 옮기게."

하고 아무 근심 없는 듯이 벙글벙글 웃더니, 문득 무슨 근심이 생기는 모양으로,

"내가 혼인하는 것을 못 보고 가서 안되었네마는, 이 벼나 다 타작을 하거든 동네 사람들이나 청해서 좋은 날 받아서 잔치나 잘 하게."

하고는 퍽 언짢아하는 빛을 보인다. 가실은 디만 들을 따름이요, 아무 대답이 없다.

이튿날 새벽 첫닭울이에 일어나서 처녀는 절구에 쌀을 쓿고 물을 길어오고 닭을 잡아 밥을 지었다. 지난 밤에는 아버지의 솜옷 한 벌을 짓느라고 늦도록 바느질을 하다가 아버지 곁에 누워서 잠깐 잠이 들었다가 첫닭의 소리에 깬 것이다. 아버지는 여러 번 곁에 누워 자는 딸을 만지면서 거의 한잠도 이루지 못하였다.

늙은 아버지와 어린 딸이 마주 앉아서 닭국에 밥을 말아 먹을 때에는 벌써 훤하게 동이 텄다. 해뜨기 전에 말 탄 관인이 활을 메고 칼을 번쩍거리며 '군사들 나라'고 외치고 돌아갔다. 처녀는 밥상도 안 치우고 아버지의 옷 보퉁이를 싸고 해진 버선 구멍을 막았다. 길 치장하기에 울 새도 없었다. 아버지는 딸이 짐 싸는 동안에 소물을 먹인다, 마당을 치운다, 아침마다 하는 일을 하고 농사하던 연장과 소와 닭장과 곡식가리를 다 돌아보고, 딸이 늘 물 길러 다니는 우물

길에 풀까지 베어 버렸다.

해가 떴다. 지붕에는 은가루 같은 서리가 왔다. 동네에서 우는 소리가 난다. 닭들은 아침 햇볕을 맞느라고 사방에서 울고, 개들이 쿵쿵 짖는다. 마침내 떠날 때가 되어서 아버지는 봇짐을 지고 마당에 내려서면서 우는 딸의 머리를 쓰다듬고 뺨을 만져 주었다. 그리고,

"아무 걱정 말아라. 가실이가 좋은 사람이니 그 사람한테 시집가서 아들 딸 많이 낳고 잘 살아라. 남편 말 잘 듣고 일 잘하고, 그래야 내 딸이다."

하고 대문을 나선다. 딸은 아버지의 소매에 매어달려 운다.

이때에 앞 고개로 금빛 같은 햇볕을 등에 지고 어떤 커다란 사람이 뛰어 넘어온다. 기실이다. 가실은 짚신 감발에 바지를 홀쭉하게 추켜 입고 조그마한 봇짐을 졌다. 대문 앞에 와서 노인께 절을 하면서,

"제가 대신 가겠습니다. 일 년이면 돌아온답니다."

한다. 그 얼굴에서는 김이 오른다.

"자네가 어떻게 가나?"

하고 노인은 놀래어 묻는다.

"이제 늙으신 이가 어떻게 전장에를 가십니까. 그래 어저께부터 내가 대신 가리라고 작정을 했습니다."

하고는 또 절을 하고 뛰어 가려 한다. 처녀는 가실의 손을 잡으며,

"아버지 대신 전장에 가셔요?"

한다.

"네."

하고 가실은 처녀의 쳐든 얼굴을 내려다본다. 처녀는 눈물 묻은 얼굴을 가실의 가슴에 묻으며,

"그러면 가 줍시오. 그 은혜는 내 몸이 죽기까지 갚겠습니다. 그

러면 가줍시오."

하고 한 번 더 가실의 얼굴을 본다.

노인은 가실의 결심을 휘지 못할 줄을 알고, 자기가 졌던 옷짐을 가실에게 주며,

"자네 은혜는 내가 죽어도 못 잊겠네. 그러면 갔다가 속히 돌아오게. 나를 자네의 장인으로 믿게. 부디부디 잘 다녀오게."

이리하여 가실은 전장으로 나가게 되었다.

고을에 들어가서 여러 백명 군사로 뽑힌 사람들과 함께 마병 수십 명에 끌리어 서울로 갔다. 가는 길에 여러 고을로서 군사로 뽑혀 오는 사람들을 만나 치술령을 넘어올 때는 천 명이나 넘었다. 산 비탈에는 늙은이, 부인네, 아이들이 하얗게 늘어섰다가 자기네 아버지나 아들이 지나가는 것을 보고는 손으로 기리기고 빌을 구르고 우짖는다.

가실이가 서울 동문을 들어설 때에는 벌써 해가 서형산 마루에 올라 앉고 팔백 여덟이나 된다는 여러 절에서는 저녁 쇠북 소리가 둥둥 울려 나온다. 군사로 뽑혀 가는 사람들이 들어오는 것을 보려고 장안 사람들은 모두 길가에 나섰다. 먼데 사람이 안 보일 만할 때에야 겨우 분황사 앞 영문에 다다랐다.

가실은 장관의 점고를 맞고 방에 들어갔다. 열 간통이나 되는 큰 방안에 백 명이 넘는 사람들이 콩나물 모양으로 앉아서 혹은 같은 고향에서 온 아는 사람들끼리, 혹은 모르는 사람들끼리 이야기들을 한다. 가실은 방 한편 구석에 앉아서 전장에 나아가는 것이 무서운 듯한 생각과 그러나 명년 이때에 돌아오면 오래 그리워하던 사람을 아내로 삼아 재미있게 살 것을 생각하고는 혼자 기뻐한다.

이윽고 어디서 풍류 소리가 울려 온다. 사람들은 일어서서 창으

로 내다본다. 서남편으로 환한 불빛이 보인다. 창에 붙어서 바라보던 사람 하나이,

"저게 대궐이야, 상감님 계신 데야."

하는 소리를 듣고, '대궐 대궐'하는 말만 듣고 보지는 못한 사람들은 일제히 그리로 밀려,

"응, 어느 게 대궐이야?"

하고 사람들 틈으로 고개를 내어밀고 발을 벗디딘다.

"저기 저 등불 많이 켜 놓은 데가 대궐이야, 임해궁이야."

하고 누가 잘 아는 듯이 설명한다. 가실도 사람들 틈에 끼어서 내다보았다. 몇 천인지 모를 등불이 반딧불 모양으로 공중에 걸리고, 그 한가운데쯤해서 기딘 횃불 빛 같은 것도 보인다.

"등불도 많이도 켜 놓았다."

하는 이도 있고,

"저렇게 환하게 불을 켜 놓고 타작을 했으면 좋겠네."

하는 이도 있고,

"거기다가 씨름을 한 판 차려 놓았으면 좋겠네."

하는 이도 있다.

그중에 서울서 오래 병정 노릇하던 사람 하나이 이 사람들의 무식한 소리를 비웃는 듯이,

"이 사람들, 그가 무슨 소린가. 지금 상감님이 만조 백관을 모으시고 연락을 배설한 것이야. 내일 용춘 장군, 유신 장군이 우리들을 거느리고 낭비성으로 간다고, 가서 승전해가지고 오라고 잔치하는 것이라네."

한다.

북 소리, 피리 소리, 저 소리, 쇠 소리가 간간이 들려 온다.

밝디밝은 구월 보름달이 둥그런 얼음짱 모양으로 남산 위에 걸리고, 반월성과 황룡사가 달빛 속에 큰 그림자 모양으로 보인다.

사람들은 하나씩 둘씩 창에서 떨어져서 구석구석에 목침을 베고 쓰러진다. 어떤 이는 벌써 종일 걸어 온 노독에 코를 드렁드렁 곤다. 집을 버리고 처자를 버리고 논과 밭과 소를 떠나서 전장에 죽으러 나가는 어린 아이같은 백성들이 팔 다리를 탕탕 둘러치며 코를 드렁드렁 골고 어제 떠난 집을 꿈꿀 때까지 가늘었다 끊겼다 이었다 하는 임해궁 대궐 풍악 소리는 달빛에 떠와서 창 틈으로 스며 들어왔다. 가실도 처음에는 한참 잠이 안 들었으나 어제 종일 장작을 패고 오늘 종일 길을 걷던 노독에 동여가도 모르게 잠이 들었다.

달이 거의 서산에 걸린 때 사방 절에서 일제히 종 소리가 울려 오고, 그중에 바로 영문 곁에서 치는 분황사 종 소리는 곤해 지던 군사의 꿈을 모두 깨뜨려 놓고 말았다.

나발 소리, 주라 소리가 영문 안에 일어난다. 자던 군사들은 둥지를 흔들린 벌 모양으로 여러 방에서부터 쏟아져나와 마당에 모여 선다. 마당 한가운데는 활과 화살통이 산더미같이 쌓이고 울긋불긋한 깃발이 등불 빛에 나부낀다.

해뜨자 천여 명 군사가 제 일대로 남대문을 나서서 서를 향하고 떠났다. 말 탄 군사도 있고 짐 실은 수레도 있다. 군사들은 모두 활과 살통을 메고 어떤 군사는 큰 창을 메었다. 가실도 큰 활과 살통을 메고 물들인 군복을 입었다. 어제까지 호미와 낫과 장작 패는 도끼를 들고 화평하게 살던 농부들은 하루 아침에 활을 메고 칼을 차고 사람을 죽이러 가는 군사로 변하였다.

"어디로 가는 모양이야?"

하고 가실의 뒤에 오는 한 사람이 누구더런지 모르게 묻는다.

"누가 아냐. 끌고 가는 데로 따라가지."
하고 누군지 모르는 사람이 대답한다.
"백제 놈들이 또 쳐들어왔나?"
"이번에는 고구려 놈이라든가."
"그 망할 놈들은 농사나 해먹고 자빠졌지 왜 가만히 있는 사람들을 들쑤석거려서 못 견디게 굴어."
"글쎄나 말이지. 또 그놈들은 우리네 신라 사람들이 들쑤석거린다고 그러겠지."
이러한 말도 나오고, 또 어떤 때에는,
"글세, 우리는 무얼 먹겠다고 터덜거리고 가?"
"먹긴 뭘 먹어, 싸우러 가지."
"글세, 무엇 먹겠다고 싸워!"
한참 대답이 없더니 누가,
"누구든 갈 일이 있어서 가나. 가라고 그러니까 가지."
하고 성난 듯이 픽 웃는다. 이 말이 대단히 재미나는 모양으로 누가,
"우리더러 싸우러 가라는 사람은 누구야? 아버지 말도 잘 안 들으려고 드는 우리더러?"
하고 더 크게 웃는다.
"참 누가 가라기에 가는 길이야?"
하고 누가 또 웃는다.
"안 가면 잡아다가 죽인다니 가지!"
이 말에 모두 '참 그렇다' 하는 듯이 아무 말들이 없다. 가실은,
'나는 늙은 장인 대신 나가는 길이야.'
하고 생각하고 혼자 기뻤다.
이 모양으로 밤이면 한둔하고 낮이면 낯선 강을 건너 낯선 벌을

지나 어마어마한 큰 영을 넘어 이렁구렁 서울을 떠난 지 십여 일에 바다같이 넓은 노돌나루를 건너 한양에 다다랐다. 그 동안에 도망한 사람, 도망하다가 붙들려 목을 잘려 죽은 사람, 강을 건너다가 물에 빠져 죽은 사람, 이럭저럭 다 줄어 버리고 서울서 함께 떠난 천 명 군사 중에 노돌나루를 건넌 이는 육백 명이 다 차지 못하였다.

가실과 같이 온 군사가 노돌을 건너는 날은 삼각산으로서 하늬바람이 냅다 불고 좁쌀 같은 싸락눈이 펄펄 날렸다. 본래 한양에 있던 군사들은 모두 노닥노닥한 옷에 얼굴에 핏기 하나 없다. 그네들은 집에서 올 때에 가지고 온 옷도 다 입어 헤어지고 까맣게 때 묻은 군복을 입고 덜덜 떨고 섰다. 새로 가실과 같이 온 군사들은 이 광경을 보고 모두 소름이 끼쳤다.

"왜 다들 저 꼴이야, 해골만 남았으니?"

"우리도 저 꼴이 될 모양인가."

"죽지 않아야 저 꼴이라도 되지."

이런 말들을 하며 모두 풀이 죽어서 섬거적 편 영문에 들어갔다. 이 날은 서울 군사들이 이십 여 일이나 먼 길에 새로 왔다 하여 소를 여러 마리 잡고 술을 많이 내어 큰 잔치를 베풀었다. 가끔 고구려 마병이 기웃기웃 모악재로 엿보고 서울서 구원병은 오지 아니하고, 그래서 이곳서 수자리 사는 군사들은 하루도 마음을 놓지 못하고 밤잠도 잘 자지 못하다가, 이번에 새 군사 오는 것을 보고 다들 기뻐하였다. 그 판에 오래 굶주렸던 창자에 쇠고기를 실컷 먹고 술을 마시니, 추운 것과 고향 그리운 것도 잊어버리고 모두 신이 나서 떠들고 논다. 가실도 술이 취하였다. 자기와 한 방에 있게 된 늙은 군사가 자기를 퍽 귀애해서 술도 많이 얻어주고 고기도 많이 얻어주었다. 그 늙은 군사는 이십 년이나 병정으로 있었고, 서울도 오래 있었으므로 영문 일도 잘 알고 퉁소도 불고 소리도 하고 춤도 출 줄 알며, 또 여러 번 전장에 나갔으므로 싸움도 우습게 여긴다. 한참 떠들다가 이 늙은 군사가 무릎 장단을 치며 소리 한 마디를 부른다. 그 사설은 이러하다.

"에헤야 --- 산도 설고 물도 선데, 누구를 따라 예 왔는가?"
이런 소리가 끝이 나니 그중에 오륙인 늙은 군사가 역시 무릎 장단을 치며,

"에헤야 ---요 --- 임 따라 온 것도 아니로세, 구경 온 것도 아니로세, 용천검 드는 칼로 고구려 놈 사냥을 온 길일세, 에헤야 --- 요."
하고 화답을 한다.

늙은 군사는 더 신이 나서 얼씬얼씬 어깨춤을 추어가며,

"에헤야 --- 요 --- 새로 온 군사야, 말 물어 보자. 고향 산천은 어찌 되고, 부모 양친은 어찌 되고, 두고 온 처자도 잘 있더냐. 에헤야요."
하면, 다른 늙은 군사들도 또 어깨춤을 얼씬얼씬 추며,

"임 따라 온 것도 아니로세."
하고 아까 하던 후렴을 부른다.

다른 방에서 얼굴 붉은 군사들이 소리를 듣고 모여든다. 방이 터지게 모이고도 남아 싸락눈을 맞으면서 문 밖에 섰다. 소리하던 군사들은 더욱 흥이 나서 일어나 춤을 추는 이도 있고, 손으로 부르거든 다리를 쳐서 장단을 맞추는 이도 있다. 늙은 군사가 한 마디를 먹일 때마다 받는 사람이 늘어 간다. 가실도 가만가만히 흉내 내다가, 나중에 곡조를 배워 후렴하는 패에 참여하게 되었다.

늙은 군사는 일단 소리를 높여,

"에헤야요, 사냥을 가자, 사냥을 가, 날이 새거든 사냥을 가자. 모

악재 넘어 임진강 건너 고구려 군사 사냥을 가자."

"에헤야요 ---, 임 따라 온 것도 아니로세, 구경 온 것도 아니로세, 용천검 잘 드는 칼로 고구려 왕의 머리를 베어 유리 대왕께 바치러 온 길일세."

"에헤야요, 인생 백년이 꿈이로다. 어디서 와서 어디로 가. 오늘은 살아서 놀더라도 내일 일은 뉘라 아나. 아마도 북한산 석비레 판에 살 맞아 죽은 혼이로다. 에헤야요."

하고 모두 슬픈 듯한 목소리로 후렴을 부른다. 후렴이 끝나면 일동은 꼼짝 아니하고 늙은 군사의 입만 바라본다. 늙은 군사의 주름 잡힌 얼굴에 흐트러진 백발이 천 줄기 만 줄기 함부로 늘어졌다. 여전히 얼씬얼씬 춤을 추며,

"에헤야요. 북한산 서비레 까지를 마라. 흩어진 백골을 건드릴리. 어즈버, 우리네도 한번 아차 죽어지면 흩어진 백골이 되리로구나."

할 때에 볕에 그을은 늙은 군사의 눈에서는 눈물이 번쩍번쩍한다. 후렴 받던 군사들은 후렴을 부르려다가 모두 목이 메어 울었다. 가실은 북받쳐 오르는 울음을 참다 못하여 목을 놓아 울었다.

이때에 갑자기 영문 마당으로서 취군 나발 소리가 울려 온다. 군사들은 모두 깜짝 놀랐다. 그러나 누구나 다 알았다. 고구려 군사가 밤을 타서 한양성으로 쳐들어오는 것이다.

가실도 남들이 하는 모양으로 활과 살통을 메고 칼 하나를 들고 나섰다. 영문 마당에는 수천 명 군사가 길게길게 열을 지어 늘어섰는데, 앞에는 어떤 말 타고 기 든 장수가 기를 둘러가며 군사들에게 호령을 한다.

"지금 고구려 군사가 모악재로 쳐 넘어오니 너희는 마중 나가 싸우되 만일 고구려 군사가 쫓기거든 북한산 끝까지 따라 가라."

고 한다. 이때에 난데없는 화살 하나이 그 장수의 탄 말 귀를 스치고 날아온다. 수천 명 군사는 일제히 고함을 치고 인왕산 모퉁이를 돌아 모악재를 향하고 달려 갔다.

새벽이 되어 촌가에 닭이 울 때에 군사들은 북한산 끝에 다다랐다. 고구려 군사는 죽은 사람과 말과 살 맞아 엎드러진 군사를 내버리고 낭비성으로 달아나고 말았다. 신라 군사 중에서도 이백 여 명이 죽었고, 소리 메기던 늙은 군사도 어디 간지 보이지를 아니하였다. 가실은 그 이튿날 여기저기 찾아도 보고 물어도 보았으나 아는 사람이 없었다.

이곳에 진 치고 있는 지 십 여 일 후에 용춘 장군과 유신 장군이 거느린 8천 대군이 들어오기를 시작하였다. 신라 군사들은 모두 기운이 나서 이번 길에는 평양까지 들이치고야 만다고 팔을 뽐내었다.

그러나 그렇게 마음대로 되지 아니하였다. 한 삼십 리 나가다는 한 오십 리 쫓겨 들어오기도 하고, 다시 한 칠십 리 나가기도 하여 한강과 임진강 사이로 오르락내리락하기에 봄이 오고 여름이 오고 가을이 오고 겨울이 오고, 또 봄이 왔다 가고 여름이 왔다 가기를 여러 번 하였다. 그러는 동안에 늙어 죽고 병나서 죽고 활 맞아 칼 맞아 죽고, 도망하고 도망하다가 붙들려 죽어, 군사는 점점 줄고 군사가 줄면 몇 십리 물러가서 새 군사 오기를 기다리고, 새 군사가 오면 또 평양까지 짓쳐 들어가고야 만다고 한 백리나 가다가 또 군사가 줄면 물러 오고, 밤낮 이 모양으로 오르락내리락 되풀이를 하여 언제 싸움이 끝날 것 같지도 아니하다.

일 년만에 돌아간다고 떠나온 가실은 벌써 삼년을 지내어도 돌아갈 길이 막연하였다. 새로 오는 군사들 편에 혹 고향 소식을 듣기는 하건마는 고향으로 소식을 전할 길은 없었다. 오는 사람은 있으되 가는 사람이 없으니 어찌 소식을 전하랴.

　설 씨 집 소식을 듣기는 삼 년째 되던 해 봄이었다. 노인은 여전히 건강하다는 말과 그 딸은 아직도 시집을 아니 가고 자기를 기다린다는 말을 들었다. 그러나 얼마 후에 새로 온 군사의 전하는 말을 듣건대, 그곳 어느 양반과 혼인을 하게 되어 가을에 성례를 한다는 말이 있다고 한다. 가실은 이 말을 들을 때에 몹시 섧었다. 그러나 돌아갈 길이 막연하니 어찌하랴. 삼년 전에 서울서 같이 떠난 군사 중에 하나씩 둘씩 다 없어지고 이제는 옛 얼굴을 볼 수가 없으니, 자기 생명도 풀잎에 이슬이 언제 스러질는지 믿을 수가 없다. 더욱이 이 가을에는 신라에서도 있는 힘을 다하고 고구려에서도 있는 힘을 다하여 싸운다는데, 그때 통에는 암만해도 살아남을 것 같지도 아니하다. 군사들의 말이 고구려에는 나는 장수가 있어 눈에 보이지 아니하게 다닌다 하며, 이번에는 그 장수가 나온다 하니 더욱 명년 봄은 살아서 구경할 것 같지도 아니하다.

　삼 년째 되는 9월 보름께 낭비성을 쳐 들어가라는 군령이 내렸다. 군사들은 모두 지리하고 집 생각이 나서 싸울 생각이 없었으나, 이번만 싸우고는 집으로 돌려보낸다는 바람에 죽으나 사나 마지막으로 싸워보자 하고, 술과 고기를 잔뜩 먹고 나발을 불고 북을 치고 먼지를 날리며 낭비성을 향하고 달려 들어갔다. 가실은 정신없이 일변 활을 쏘며 일변 칼을 두르며 앞으로 앞으로 나갔다. 낭비성에서는 화살이 빗발같이 쏟아져 달려가던 군사들이 하나씩 둘씩 나가자빠진다. 가실은 여러 번 죽어 넘어진 군사, 아직 채 죽지는 아니하고 피를 푹푹 뿜는 군사를 타고 넘어 그저 앞으로 달려갔다. 천지가 모두 티끌이니 지척을 분별할 수도 없고 천지가 모두 고각 함성이니 무슨 소리를 들을 수도 없다. 그저 가던 길이니 앞으로 앞으로 나갈 뿐이다.

"씩."

하는 소리가 나며 화살 하나이 가실의 왼팔에 박힌다. 가실은 우뚝 서며 얼른 뽑아 버렸다. 낭비성이 차차 가까와질수록 곁으로 날아 지나가는 화살이 점점 많아진다. 얼마 아니하여 언제 박히는 줄 모르게 살 하나가 가실의 오른편 다리에 박히어 가실은,

"아이고."

소리를 치고 자빠졌다. 가실은 죽을 힘을 다하여 다리에 박힌 살을 뽑았으나, 팔 다리에서 피는 콸콸 쏟고 아프기는 하고 기운은 빠져서 몸을 꼼짝할 수도 없었다. 가실은 옷으로 가까스로 상처를 막고 죽은 듯이 쓰러졌다. 신라 군사가 으악으악하며 자기 곁으로 뛰어 지나가는 것이 어렴풋이 보인다. 한참 있다가 무엇이 자기 다리를 잡아 쳐들기에 눈을 떠 본즉, 어떤 고구려 군사 둘이 칼을 들고 서서 자기를 본다. 그중에 한 군사가,

"이놈아, 안 죽었니?"

하고 발로 옆구리를 찬다.

"안 죽었다."

하고 가실은 그 군사들을 쳐다보며 대답한다. 다른 군사가 손에 들었던 칼로 가실의 가슴을 겨누면서,

"이놈, 이 신라 놈! 벌써 네 군사는 다 우리 손에 죽고 몇 놈만 살아서 달아났다. 요놈 너도 이렇게 폭 찔러 죽일 테야."

하고 가실의 가슴을 찌르려 한다. 가실은 잠깐 기다리라 하는 듯이 손짓을 하며,

"애, 너와 나와 무슨 원수 있니? 내가 네 애비를 때렸단 말이냐. 네 소를 훔쳤단 말이냐. 피차에 초면에 무슨 원수로 나를 죽이려 드

니? 나도 늙은 부모와 젊은 아내가 있다. 내가 죽으면 그것들을 어찌잔 말이냐."

하는 말에, 군사 하나이 칼 든 군사의 팔을 붙들어 잠깐 참으라는 뜻을 보이며,

"이놈아, 그럼 왜 활을 메고 우리나라에 들어왔어? 맨 몸으로 왔으면 닭 잡고 밥이라도 해 먹이지! 이놈아, 와 활을 메고 와서 우리 사람들을 죽여! 너희 신라 놈들은 죄다 죽일 놈들이야. 괜히 가만히 있는 고구려를 들쑤석거려서 우리도 이렇게 전장에 나오게 만들고 …….

가실은 의심스러운 듯이,

"고구려 놈들이 괜히 가만히 있는 신라를 들쑤석거린다는데!"

하였다.

"누가 그러든?"

하고 칼 든 군사가 성을 내며,

"우리 상감님 말씀이 신라 놈들이 먼저 흔단을 일으킨다는데."

가실은,

"우리 상감님 말씀에는 고구려 놈들이 가만히 안 있고 괜히 남을 들쑤석거린다는데."

한다. 세 사람은 말없이 물끄러미 보고 섰다. 가실은 힘을 써서 일어나 앉았다. 목이 몹시 마르다. 그래 칼 든 군사더러,

"내가 목이 말라 죽겠으니 물을 한 잔 다오."

한즉, 그 군사는 어쩔 줄 모르고 한참 어릿어릿하더니 칼을 칼집에 꽂고 가서 개천 물을 떠다 준다. 가실은 꿀꺽꿀꺽 다 들이켰다. 그리고는 두 군사더러,

"너희들 나를 죽이지 말아라. 나도 오늘 종일 활을 쏘았으니, 너

희 사람도 몇 명 맞아 죽었겠다마는 내가 죽일 마음이 있어서 죽였니? 활을 주면서 쏘라니 쏘았지. 너희도 그렇지, 너흰들 무슨 까닭으로 괜히 사람을 푹푹 찔러 죽여."

하고 곁에 놓인 활을 당기어 꺾어 버리며,

"자, 이러면 활 없이 맨 몸으로 너희 나라에 들어온 사람이 아니냐."

하였다.

두 군사는 말없이 서로 마주 보더니,

"어떻게, 이 놈을 살려?"

"글세, 죄다 죽이라고 그러는데……."

"살려주자 …… 이놈의 말이 옳구나."

"글세, 사로잡아 왔다고 그럴까."

"응, 우리 이놈을 잡아다가 영문에 바치자. 죽이지 말고."

이리하여 두 군사는 가실을 부축하여 영문으로 잡아 들여다가 장수에게 바쳤다.

장수는 가실의 손과 얼굴이 무식한 농군인 것과 미미한 졸병에 지나지 못하는 것을 보고 구태 죽일 필요도 없다 하여 장에 내다가 종으로 팔았다.

마침 어떤 늙은 농부가 가실을 사서 소 등에 올려 앉혀 어떤 시골 촌으로 데려 갔다.

얼마만에 살 맞은 자리도 나아 가실은 도끼를 메고 나무도 찍으러 다니고 장작도 패고, 밤에는 새끼를 꼬고 신을 삼았다. 처음에는 신라 놈 잡아왔다고 모두 구경을 오고 아이들도 따라 다니며 '신라 놈!', '당나라 개!' 하고 놀려먹더니 차차 가실도 자기네와 꼭같은 사람인 것을 알게 되어, 일군들끼리도 서로 친구가 되고 말았다.

봄이 오면 거름을 져 내고 밭을 갈았다. 가실은 신라 사람이라 논 농사를 잘하므로 주인집 밭으로 논을 만들어 둘째 해에는 벼를 많이 거두어 맛난 쌀밥을 먹게 하였다 하여, 주인 노인은 가실을 종으로 대접하지 아니하고 가족같이 대우하게 되고, 동네 사람들도 모두 가실을 청하여다가 논 농사하는 법을 배웠다. 고구려에서는 거의 전쟁이 끊일 날이 없어 농사에 힘쓰지 아니하므로 논밭이 다 황무하고 또 그때까지는 논 농사하는 이는 평양 근방밖에는 없었다.

이리하여 가실은 이 동네에만 이름이 날 뿐 아니라 이웃 동네에까지 이름이 났다. 사람 좋고 힘써 일 잘하고 그중에도 논을 만드는 데는 선생이라 하여 칭찬이 드리웠다.

이렁구렁 또 삼년이 지났다. 가실은 해마다 가을이 되면 주인 노인더러 놓아 보내 주기를 청하였으나 주인은 본국에 돌아가면 도리어 생명이 위태하리라는 것을 핑계로 놓아 주지를 아니하고, 또 지금 열 여섯 살 되는 딸의 사위를 삼으려는 뜻을 가졌다. 원래 이 노인은 아들 형제를 다 전장에 보내고 농사할 사람이 없어 가실을 종으로 사 온 것인데, 가실이 있기 때문에 농사를 잘하여 집이 부유해졌고, 또 가실의 사람됨이 극히 진실하고 부지런하여 족히 자기의 만년의 일생을 부탁할 만하다고 믿으므로, 아무리 하여서라도 사위를 삼아 본국에 돌아갈 생각을 끊게 하려 한 것이었다. 또 이 노인의 딸도 가실을 사모하였다. 그가 큰 도끼를 둘러메어 젖은 통나무를 패는 것과 소에게 한 바리나 될 만한 나뭇짐이나 곡식짐을 지는 것을 볼 때에 처녀는 가실을 사모하지 않을 수가 없었다.

가실은 다만 힘만 쓰는 사람이 아니요, 여러 가지 지혜와 재주도 있었다. 톱과 먹줄과 대패를 만들어다 두고 여러 가지 기구도 만들고 자기가 유숙할 사랑채도 짓고, 노인과 처녀의 나막신도 파 주었다. 그 나막신이 아주 모양이 좋고 발이 편하다 하여 노인은 처녀를 시켜서 들기름을 발라 터지지 않게 하였다. 또 농사하는 여가에는 쑥대로 발을 만들고 먹통을 만들어 붕어와 잔고기와 게를 잡아오면, 처녀가 앞 개천에 나가 말끔히 세말을 하여다가 풋고추를 두고 조려 먹었다. 노인은 이것을 썩 좋아하였다.

가실은 잠시도 가만히 있지를 아니하고 무엇이나 일을 하였다. 그래서 그 집은 늘 깨끗하고 없는 것이 없었다. 눈이 오기 전에 벌써 산더미같이 나무가 쌓이고 짚신과 미투리도 항상 쌓아두고 신었다. 지난 겨울에는 처녀가 처음 길쌈을 한다 하여 가실이가 종일 산으로 돌아다니면서 좋은 재목을 구하여다가 물레 같은 것과 베틀을 만들었다. 이것은 길쌈 많이 하는 신라 본이라, 고구려 것보다 훨씬 보기도 좋고 편리하였다. 이밖에도 가실이가 한 일이 많거니와 그의 지혜와 재주는 동네 사람들도 다 탄복하였다. 그래서 가실은 온 동네에 없을 수 없는 사람이 되어 무슨 어려운 일이 있으면 부인네나 아이들까지도 '가실이더러 좀 해달래야' 하게 되었다.

가실이가 하는 것을 보고 동네 사람들도 새 잡는 기계와 고기 잡는 기계도 만드는 것이 한 재미가 되었다. 또 가실이가 부지런한 것이 동네 사람의 모범이 되었고, 말이 적으나 한번 말하면 그것은 꼭 참말이요, 꼭 그 말대로 하는 것을 볼 때에 동네 사람들은 가실을 믿고 두려워하였다.

그러나 가실에게는 슬픔이 있다. 백년을 약속한 사람의 소식을 알 수 없고, 또 만날 기약이 망연하다. 그래서 주인더러 보내 달라고만 졸랐다. 하나, 일년 일이 다 끝난 가을이 아니면 결코 보내달란 말을 하지 아니하였다. 그러나 봄이 되어 농사를 시작할 때가 되면 다시는 결코 간단 말을 하지 아니하였다. 그러나 금년---고향을 떠난 지 육년이 되는 금년---열 아홉 살에 떠나서 스물 다섯 살이

된 금년에는 아무리 하여서라도 돌아가리라 하였다. 그래서 하루는 저녁을 먹고 나서 노인을 대하여,

"저를 금년에는 보내 줍시오."

하였다. 노인은 깜짝 놀라는 듯이 돌아 앉으며,

"왜 또 간다고 그러나? 내가 지금 자네를 믿고 사네. 내 나이 벌써 칠십이야. 자네가 가면 내가 어떻게 사나."

하는 노인의 말소리는 간절하고 떨린다. 곁에서 노파가 역시 떨리는 소리로,

"그렇고 말고. 영감이나 내나 장성한 아들 다 전장에 나가 죽고, 자네를 우연히 만나서 아들같이 믿고 사는데, 자네가 가면 늙은 것들이 어떻게 산단 말인가. 아예 그런 소리 말아요. 우리 양주가 죽거든 다 묻어 놓고 ……."

하고 곁에 앉은 딸의 머리를 쓸면서,

"이 애 데리고 아무데나 자네 마음대로 가게그려. 이 딸 자식도 자네게만 맡기면 자네가 하늘 붙은 데를 데리고 가더라도 마음이 놓여!"

한다. 처녀는 부끄러운 듯이 슬며시 빠져 부엌으로 나가더니 큰 바가지에 삶은 밤을 퍼가지고 들어와서 방 한가운데 놓고 어머니 등 뒤에 가 앉는다. 노파는,

"자, 가실이, 밤이나 먹게. 이게 안 좋은가. 자네도 부모도 없다니, 우리를 부모로 알고 가속도 없다니 이 애를 아내로 삼고, 그리고 벌어먹고 지내면 안 좋은가."

하고 밤을 집어 가실을 주며,

"자, 어서어서 먹어요. 이 애가 자네 준다고 삶은 것일세."

하고 딸을 등 뒤에서 끌어낸다.

"아니야요, 어머니도."

하고 딸은 고개를 숙인다. 가실은 밤을 벗겨 우선 노인 양주를 드리고 자기도 먹었다. 밤 껍질을 벗기는 가실의 손은 떨렸다. 진실로 가실은 어쩔 줄을 몰랐다. 만일 주인이 강제로 자기를 못 가게 한다 하면, 벌써 빠져나가고 말았을 것이다. 그러나 이 불쌍한 세 식구가 자기를 믿고 사랑으로 매어달릴 때에 그것은 차마 뿌리치기가 어려웠다. 가실은 힘이 센 것과 같이 정도 세다. 그러나 정이 센 것과 같이 의리도 세다. 정이 센지라 주인을 차마 뿌리치지도 못하거니와, 의리도 센지라 설씨의 딸에게 한 번 맺은 약속을 깨뜨리지 못한다. 가실은 연해 밤만 벗기고 대답이 없는 것을 보고 노인은,

"가실이, 우리 두 늙은이의 소원을 이루어 주게. 다시는 늙은 것의 가슴을 좋이게 하지 말게."

하고 노인은 손으로 가실의 등을 어루만진다. 노파와 딸은 근심스러운 눈으로 가실만 바라보고 있다.

가실은 굳은 결심을 얻은 듯이 고개를 번쩍 들어 노인을 보며,

"저도 두 어른을 부모로 알고 있습니다. 부모처럼 저를 사랑해주시니 부모가 아닙니까."

하는 가실의 말소리는 깊은 감동으로 떨린다. 가실은 눈물 머금은 어조로,

"그러나 저는 육 년 전에 고향을 떠날 때에 ……."

하고 말을 뚝 끊더니 다시 말을 이어,

"제 자랑 같아서 아직 말씀을 아니했습니다마는."

하고 자기가 설 영감이라는 노인 대신으로 전장에 나왔다는 말과 일 년 후에 전장에서 돌아오면 그의 딸과 혼인하기를 약속하였다는 말을 다 하고 나중에,

"제가 무엇이 그리워 고향에를 가고 싶겠습니까. 백년을 맹세한 사람이 밤낮으로 나를 기다리고 있으니, 그러는 것이올시다."

하고 말을 끊을 때에 가실의 눈에서는 굵은 눈물이 뚝뚝 떨어진다. 노인 양주는 가실이 하는 말을 들을 때에 더욱 가실의 심정이 착하고 아름다운 것을 찬탄하고, 가실의 눈물을 볼 때에는 노인 양주도 같이 울었다. 딸도 어머니의 등에 이마를 대고 울었다. 노인은 한 번 더 가실의 등을 어루만지며,

"자네는 하늘이 낸 사람일세. 과연 큰 사람일세. 어쩌면 남을 대신하여 죽을 자리에를 나간단 말인가. 옛말로는 우리 조상적에 그런 사람이 있었단 말도 들었지마는, 자네 같은 큰 사람은 칠십 평생에 처음 보네."

하고 칭찬하기를 말지 아니하다가,

"내 어찌 자네가 웃는 낯이 없고 늘 수심기가 있어 보이기에 그저 고향이 그리워 그러나 했더니, 자네 말을 듣고야 알겠네."

하고 혀를 찬다. 노파도 눈물을 씻고 목이 메인 소리로,

"내 어째 자네가 수척해 가기에 웬일인가 했더니 그래서 그랬네 그려."

하고 역시 혀를 찬다. 딸은 슬며시 일어나 나가더니 건넌방에서 흑흑 느껴 우는 소리가 들린다.

이튿날 아침을 일찍 지어 먹고 가실은 고국을 향하여 떠나기로 하였다.

노인 양주에게 세 번 절하여 하직하고 삼 년 동안 정들인 동네의 동구로 나올 때에 노인은 손수 노자할 돈을 가실의 짐에 넣어 주고 노파는 의복과 삶은 닭을 싸서 들어다 주며, 동네 사람들도 여러 가지 물건과 먹을 것을 싸다가 가실의 짐에 넣어 주며 '부디 잘 가라'

고, '죽기 전 한 번 만나자'고, 언짢은 얼굴로 작별하는 인사를 하며 동구 밖 강가까지 나온다. 가실은 '동네 어른들께 신세 많이 졌노라'고, '그러나 천여 리 먼 나라에 다시 올 길이 망연하다'고 손을 잡고는 석별의 인사를 하고, 손을 잡고는 또 석별의 인사를 하였다.

나룻배에 오를 때에 노인은 뱃머리에 서서 가실의 손을 잡고,

"부디 잘 가게. 잘 가서 잘 살게. 이 늙은 것이 다시 보기야 어찌 바라겠나마는 가 보아서 설씨의 딸이 다른 집에 시집을 갔거든 내게로 돌아오게. 이제로부터 이태 동안은 딸을 시집보내지 아니하고 날마다 자네 돌아오기만 기다리겠네."

하며 눈물을 떨군다.

가실도 눈물을 흘리며 다만,

"네 …… 아버지!"

할 따름이었다.

차마 손을 놓지 못하여 한참 서로 잡고 울다가 마침내 배가 떠났다. 사공이 '어야, 어야' 하고 젓는 서슬에 파랗게 맑은 가을 강물에 잔 물결이 일며 배가 저쪽 언덕을 향하고 비스듬히 건너간다. 가실은 뒤를 돌아보며 떠나온 언덕에 모여선 수십 명 남녀를 향하고 손질을 하였다. 그 사람들도 잘 가라고 하면서 손을 두른다. 노인은 아직도 배 떠나던 자리에 서서 멀거니 가실을 바라보고 이따금 한 마디씩 무슨 소리를 친다.

가실은 배를 내려 한 번 더 저편에 선 사람들을 향하여 손질을 하고 짐을 짊어져 지팡이를 끌면서, 서리 맞아 마른 풀 사이로 길을 찾아 동으로 동으로 향하고 간다. 가끔 뒤를 돌아보며 손을 둘렀다. 저쪽에서도 손을 두른다. 가실은 조그마한 산굽이를 돌아설 때에 마지막으로 두 팔을 높이 들며 소리 높혀,

"잘 있으오!"

를 서너 번이나 외쳤다. 저편에서도 팔을 들고,

"잘 가오!"

하는 소리가 모기 소리처럼 들린다. 가실은 마음으로 그 노인을 생각하면서 동으로 동으로 고국을 향하여 걸었다.

 이 단편소설은 이광수가 중국에서 귀국한 후 발표한 첫 소설로, 'Y생'이란 필명으로 『동아일보』 1923년 2월 12일부터 23일까지 12회 동안 연재했던 것이다.

28 석굴암(石窟庵)

월탄(月灘) 박종화

대불(大佛) I

천년을 지키신 침묵
만겁도 무양(無恙)쿠나
태연히 앉으신 자세
배움직함 많사이다.

동해바다 물결이 드높아
허옇게 부서져 사나우니
미소하시여 누르시다.
천년 긴 세월을
두 어깨로 막으시다.
신라의 큰 공덕이
님 때문 이시느라.

아침 해 붉게 바다에
　　소용돌이쳐 솟으니
서기(瑞氣) 굴속에 서리우고
달빛 휘영청이 떠오르니

그림 28-1 석굴암 대불

향연(香煙) 님 앞에 조요하다
일대(一代) 명공(名工)의 크나큰 솜씨에
고개 숙여 눈물겨워지옵네.

대불 II

동해 말렀다오
무엇을 지키시오
산적적(山寂寂) 으스름달에
두견새를 지키시오?
토함산(吐含山) 벋은 다랑이62)
어희 늘어져 휘덮은 낙락장송 지키시오.
숲바람 새소리에
또다시 천년이 갔네.
몸부림쳐 임의 무릎에
통곡하고 싶구나.

대불 III

함추룩한 두 팔엔
정령(精靈)이 아직도 서리우시고
날렵하게 짚으신 왼손
손구락63)엔 바드라운 생기(生氣) 팔락하셨네
감중년하신 부드러운 바른편 손바닥

---

62) 산골짜기의 비탈진 곳 따위에 있는 계단식으로 된 좁고 긴 논배미.
63) '손가락'의 방언.

함빡 거룩한 슬기의 샘물이시라
눈감고 고즈넉이 이르는 말씀
바다 마르거니 물이야 없을거냐
고요히 침묵을 지키라 하시다.

『문장』 제1권 제1호, 1939년 2월

박종화(朴鍾和, 1901~1981)는 시인, 소설가, 문학 평론가이다. 호는 월탄(月灘). 1920년에 휘문의숙을 졸업하고 1921년에 최초의 시 동인지 『장미촌』에 「오뇌의 청춘」, 「우윳빛 거리」 두 편을 발표하여 등단했고 『백조』 동인의 주축을 이루었다. 1930년 이후부터는 한국 역사와 고전 연구에 몰두하며 역사소설 창작에 종사했다. 해방 후에는 서울신문 사장, 예술원 원장, 한국문인협회 이사장, 성균관대학교 교수 등직을 역임했다. 시집에 『흑방비곡』, 『청자부』, 『월

그림 28-2 「대춘부(待春賦)」 집필 무렵의 박종화(1935년)

탄시선』, 수필집에 『청태집』, 단편 소설에 「목메는 여자」, 장편 소설에 『다정불심』, 『금삼의 피』, 『대춘부(待春賦)』, 『임진왜란』, 『세종대왕』 따위가 있다. 그중 『세종대왕』은 1997년 KBS에서 대하드라마 『용의 눈물』로 방영되어 인기를 모았다.

위의 시 밖에도 석굴암과 관련된 박종화의 시 「십일면관음상」을 감상하도록 하자.

천년대불을
성처녀로 모시우다.
호로 한병으로
동해 물을 불리시다.
웃는 듯 자브름하신가 하면
조는 듯이 웃으셨네
담은 듯 열으신 듯 어여쁜 입술
귀 기울여 들으면
향기로운 말씀
도란도란 구으는 듯 하구나.

원광보관이 모두 다 거룩하다.
부드러운 두 볼
날씬한 두 어깨
춘산아미가 의젓이 열리셨네
결곡하게 드리우신 코
어여쁘다 방울조차 없구나.

고운지고 보살의 손
돌이면서 백어같다.
신라 옛 미인이
저렇듯이 거룩하오?
무릎 꿇어 우러러 만지면
훈향 내 높은 나릿한 살 기운
당장 곧 따스할 듯 하구나.

29 불국사(佛國寺)

박목월

흰달빛
자하문(紫霞門)

달안개
물소리

대웅전(大雄殿)
큰보살

바람소리
솔소리

범영루(泛影樓)
뜬그림자

흐는히
젖는데

흰달빛
자하문

그림 29-1 불국사 범영루

바람소리
물소리

『산도화』 1955년 수록

　　박목월(朴木月, 1916~1978)의 본명은 박영종(朴泳鍾)으로 1916년 1월 6일 경북 경주 서면 모량리 571번지에서 태어났다. 건천보통학교를 거쳐 1935년 계성중학교를 졸업하고 동부금융조합에 입사하였다. 1940년 정지용의 추천을 받아 『문장』에 시 「길처럼」을 발표해 등단하였다. 1946년 김동리, 서정주 등과 함께 조선청년문학가협회 결성했고, 조지훈, 박두진과 함께 『청록집』을 간행하여 청록파로 불린다. 1953년 첫시집 『산도화』를 간행하고, 1962년 한양대학교 국문과 교수도 무임하였다. 이후 활발한 문학 활동과 함께 1974년 한국시인협회 회장직을 맡는 등 문학 단체에서도 활약했고, 1976년에는 한양대 문리대 학장에 취임하기도 하였다.

　이 시에서 박목월은 달, 달빛, 안개, 바람, 그림자 등의 자연 이미지와 바람 소리, 물소리 등 청각 이미지를 결합하였다. 그리고 이 시는 술어를 모두 없애고 체언만으로 짜여진 시로서 리드미컬하다. 달빛을 받고 있는 불국사 자하문, 어둠 속에 아련히 보이는 대웅전 본존불, 범영루의 그림자 등의 이미지는 물소리, 바람소리, 솔소리 등 청각 이미지와 결합하여 사물의 정적과 그 정적 속에서 느끼는 화자의 외로움이 잔잔히 울리는 청각 이미지로 인해서 풀려나가고 있다.

　참고로 박목월의 향토색이 물씬 풍기는 경주 관련 시를 부기한다.

선도산하(仙桃山下)

선도산
수정그늘
어려 보랏빛

청주냄새
바람을
우는 여울을

주막집
뒷뜰에
산그늘이 앉는다.

『산도화』 1955년

사향가(思鄕歌)

밤차를 타면
아침에 내린다.
경주역.

이처럼
막막한 지역에서
하룻밤을 가면
그 안존하고 잔잔한
영혼의 나라에 이르는 것을.

천년을
한가락 미소로 풀어버리고
이슬 자욱한 풀밭으로
맨발로 다니는

그 나라
백성. 고향사람들.

땅위와 땅 아래를 분간하지 않고
연꽃하늘 햇살 속에
그렁저렁 사는
그들의 항렬을. 성(姓)받이를.

이제라도
갈까부다.
무거운 머리를
차창에 기대이고
이승과
저승의 강을 건느듯
하룻밤
새까만 밤을 달릴가부다.

무슨 소리를
발에는 족가(足枷)
손에는 쇠고랑이
귀양온 영혼의
무서운 형벌을.
이자리에 앉아서
돌로 화하는
돌결마다
구릿빛 싯벌건 그 무늬를.

『난(蘭)·기타』 1959년

춘일(春日)

아아 노고지리
노고지리의 울음을
은은한 하늘 하늘꼭지로
등솔기가 길고 가는 외로운 혼령의 읊조림을

바위속 잔잔한 은드레박소리 ……
(원주) 경주군 외동면 녹동리 달밭마을에는 맑은 날이면 선녀들이 물을 깃는 은드레박소리가 들린다는 바위가 지금도 있다.

『난(蘭)·기타』 1959년

청운교

층층다리를
층층이 밟고오르면
청운교 돌층계가
뒤로 물러가고

구름과 탑과 산이
나란히 내려오는데
대웅전 육중한 처마가
내려오는데

내려오는
서라벌의 빛나는 궁창(穹蒼).
그 하늘위로
하얗게 솟아오르는
칠색(七色)가람의 우람한 광망(光芒).

수리수리 마하수리

수수리
사바하
아아 저것은 바람소리

그리고 오늘은
나를 실어가는 구름의 채배(彩輩).

『난(蘭)・기타』 1959년

토함산

밤골짜기의 물소리.

구름이 밝혀든 초롱을.

아아 동해 너머로 둥둥 떠가는 진보라빛 환한 봉우리 하나.

『난(蘭)・기타』 1959년

왕릉

왕릉길에는 길 한가닥 뿐.

이른 새벽을
아무도 없다.

참나무가지로 이슬을 떨며 오는, 어둠에 떠오른 하얀 당혜(唐鞋)

『난(蘭)・기타』 1959년

보랑(步廊)

임해전은 터만 남았다.

안압지는
가을바람에 갈잎.

무너진 보랑을
거닐으면

동동 떠가는 채운일편(彩雲一片). 아아 낙랑공주.

『난(蘭)·기타』1959년

무제

구름과 함께
무영탑을 본다.
우러러보는 눈에
탑신은 하늘까지 닿고
흰 층계를 오르면
도라지빛으로
아득한 하늘꼭지에
서라벌의 가람
구름에 따라
순간마다
모습을 달리하는 탑신
우러러보는 눈에
탑신은 하늘까지 닿고
푸른 층층계를 오르면
도라지빛
아득한
하늘 꼭지에
바람과 구름의 가람
무너지고 있었다.
세번 다시
구름과 함께

무영탑을 본다.
햇볕에 바랜 정결한 돌결
탑신은 하늘까지 닿고
빙빙 도는 구름
흰 층층계를 오르면
도라지빛
아득한 하늘꼭지로
날아가는 새
가물거리며.

『심상』 1977년 7월호

30. 계림애창(鷄林哀唱)

조지훈

임오년 이른 봄
내 불현듯 서라벌이 그리워
표연히 경주에 오니
복사꽃 대숲에 철 아닌 봄눈이 뿌리는 4월일레라.
보름 동안을 옛터에 두루 놀 제
계림에서 이 한 수를 얻으니
대개 마의태자의 혼으로 더불어
같은 운(韻)을 밟음이라.
조고상금(弔古傷今)의 하염없는 탄식일진저!

보리 이랑 우거진 골 구르는 조각돌에
서라벌 즈믄 해의 수정 하늘이 걸리었다

무너진 석탑 위에 흰구름이 걸리었다
새 소리 바람 소리도 찬 돌에 감기었다.

잔 띄우던 굽이물에 떨어지는 복사꽃잎

옥적(玉笛) 소리 끊인 골에 흐느끼는 저 풀피리

비가 오나 눈이 오나 첨성대 위에 서서
하늘을 우러르는 나의 넋이여!

2

사람 가고 대(臺)는 비어 봄풀만 푸르른데
풀밭 속 주추조차 비바람에 스러졌다

돌도 가는구나 구름과 같으온가
사람도 가는구나 풀잎과 같으온가

저녁놀 곱게 타는 이 들녘에
끊쳤다 이어지는 여울물 소리

무성한 찔레숲에 피를 흘리며
울어라 울어라 새여 내 설움에 울어라 새여!

위의 시에서 말한 임오년은 1942년에 해당한다. 조지훈은 그해 4월에 경주를 찾았다. 1941년 12월 8일 일본군이 하와이 진주만을 기습 공격하면서 태평양전쟁이 일어난 지 5개월 뒤에 경주를 찾은 것이다. 조지훈은 『조지훈시선』(정음사, 1956)에서 그의 생애와 시 세계관의 변모 과정을 1) 습작 시기, 2) 『문장』 추천 시기, 3) 오대산 월정사 시기, 4) 경주 순례·방랑 시기, 5) 해방을 맞기까지와 해방의 격동기를 지낸 시기로 구분되어 있다. 따라서 조지훈의 경주 관련 시는 거의 대부분 경주 순례·방랑 시기에 지어졌을 것이다.

한국의 '보편적 지성'으로 불리우는 조지훈(趙芝薰, 1920~1968)은 일제 강점기 이후 활동한 시인으로, 청록파 시인 중 한 사람이다. 본관은 한양, 본명은 조동탁(趙東卓)이며 경북 영양에서 출생하였다. 독학으로 중학 과정을 마친 뒤 혜화전문학교에 입학하여 불교를 배웠다. 1939년『문장』지에 정지용에 의해「고풍의상」과「승무」,「봉황수」를 추천받아 문단에 등장하였다. 광복 후 경기여자고등학교 교사와 서울여자대학교·고려대학교 교수 등을 지냈다. 1961년 벨기에에서 열린 국제 시인 회의에 한국 대표로 참석하였다. 이듬해 고려대학교 부설 민족문화 연구소장에 취임하면서부터 민족문화 개발에 주력하였다.

그는 청록파의 한 사람으로 명시를 많이 남겼다. 그의 시는 주로 자연, 무속, 선 등을 소재로 한 민족적인 색채가 짙은 것이며, 불교 세계에 대한 관심은 종교의식을 일깨워 주어 작품에 반영되었다. 박목월, 박두진 등 다른 청록파 시인들이 후에 시 세계의 근본적 변혁을 가져온 데 반하여, 그는 초기의 자연 친화의 시 세계를 비교적 많이 유지하였다. 1956년 자유문학상을 수상하였다. 시집으로『청록집』(1946),『풀잎단장』(1952),『조지훈 시선』(1956),『역사 앞에서』(1959),『여운』(1964) 등이 있으며, 시론『시의 원리』(1953), 수필집『창에 기대어』(1958),『시와 인생』(1959),『지조론』(1962),『돌의 미학』(1964), 번역서『채근담』(1959), 평론집『한국문화사서설』(1964), 논문집『한국 민족운동사』(1964) 등이 있다. 그가 작고한 뒤『조지훈전집』(1973)이 간행되었다.

아래에 그의 경주 관련 시를 부기한다.

고사(古寺) 1

목어(木魚)를 두드리다
졸음에 겨워

고오운 상좌 아이도

잠이 들었다.

부처님은 말이 없이
웃으시는데

서역 만리(西域萬里) 길

눈부신 노을 아래
모란이 진다.

고사 2

목련꽃 향기로운 그늘 아래
물로 씻은 듯이 조약돌 빛나고

흰 옷깃 매무새의 구층탑 위로
파르라니 돌아가는 신라 천년의 꽃구름이여

한나절 조찰히 구르던
여울 물소리 그치고
비인 골에 은은히 울려오는 낮종소리.

바람도 잠자는 언덕에서 복사꽃잎은
종소리에 새삼 놀라 떨어지노니

무지개꽃 햇살 속에
의희한 단청은 말이 없고 ……

3인 공동 시집 『청록집』, 1946

31 이 동굴 안을 거니는 지여 경주 석굴암

조영출

이 석굴 안을 들어가는 이여
오뇌를 잊으려는 자는 이 동굴 안을 거닐어라
자기를 잊고 드문 진락(眞樂)에 웃으려는 자는
이 동굴 안을 거닐어라
질식된 현실에서 새로운 우려를 사려는 자는
또한 이 동굴 안을 거닐어라
토함산 너머 산기슭에 고이 잠들어진 석굴
산언덕에 바야흐로 무르녹는 단풍
아, 옛 광휘를 잊지 못하는 역사의 피눈물이여

곰팡내 나는 과거의 기식(氣息)이 흐르는
영원의 침묵에 눈감아버린
이 동굴 안을 들어가는 이여
그 침묵에서 위대한 맥박을 들으려는 자는
이 동굴 안을 거닐어라
신라의 큰 호흡을 마시려는 자는
이 동굴 안을 거닐어라
과거는 죽었느니라
휘황하던 문화의 넋도
한 조각 와편(瓦片)에

찬 피 흐르는 곡선에 숨어있을 따름이다
현재도 죽은 상 싶으니
아, 아득한 미래여

낡은 공기에 오직 예술만이 빙긋이 웃는
이 동굴 안을 들어가는 이여
무덤에 피는 꽃과 같이
다시 향그러워 지려는 자는
이 동굴을 주먹 쥐고 거닐어라
곱다란 그 곡선에 구원의 진리의 동맥이 푸들거리고
우두머니 앉은 석불의 차디찬 시선은
참다운 삶의 순례자의 코스를 가리키나니
이 동굴 안을 들어가는 이여
지기를 불사르고 새로운 자기를 알려는 자는
이 동굴 안을 감히 거닐어라

『신동아』 1932년 12월

　　　이 시는 그의 「경주순례기」에도 들어있으나 원래는 『신동아』지에 발표한 것이다. 이 시는 다시 『조명암 시전집』(이동순 편, 도서출판 선, 2003)에 수록되었다.
　전반적으로 시어를 보면 무겁고 음침하다. 오뇌, 우려, 피눈물, 침묵, 피, 아득한 미래, 낡은 공기, 무덤, 차디찬 시선 등. 아울러 시적 화자는 산언덕에 흐드러진 자연의 단풍을 '옛 광휘를 잊지 못하는 역사의 피눈물'로 간주하고 있다. 그러나 마지막 연에서는 '석불의 차디찬 시선'을 통해 참다운 삶의 순례 코스를 알려주고, 자기부정을 통한 새로운 자아탐색을 모색하고 있다.

32 경주시(慶州詩)
서정주(徐廷柱)

1 안압지(雁鴨池)

　연당(蓮塘) 맑은 물에 뱃줄은 매놓고 홀로 서서 우르시던 달밤이 ○○겼네.
　가슴에 한 아름 사랑을 안고
　신라 가시내 연주시(聯珠詩) 읽던 자리
　상기도 푸르른 안압지 하늘이어!
　자주(紫朱) 붉은 댕기 안씨답구라.
　가슴이 질려 미어지는 양
　옥녀봉 봉우리 피는 대추꽃
　대추꽃 대추꽃만 잘라 가오리.

2 시림

　계림(鷄林) 옛 수풀에 누어서 우러러보는
　별 하늘이사 왼통 자랑이로구나
　언제 흰 숫닭이 홰쳐 울것이라
　또 다시 동방에 새벽을 눈여길까?
　에구 잡풀 속에 개구리 울음 우네

신라도 이제는 모두 눈물이야!
고인이 살던 수풀 혼이 다만 조촐하이
차라리 버러지 되어 청신이나 뽑을 것가

3 석빙고

수줍은 듯 내가 고개 수그리고
석빙고 아가리로 기어 들어가면
남녘 하늘 한아금 물고
석빙고 아가리는 길게 하품한다.
늙은 괴물이여, 내게 말하라
너는 오늘도 기다렸는지―
차거운 얼음보담도 화랑(花郞)이를 좋아하는
키 크신 공주, 기다렸는지……
석빙고 굴 속에 잊은 듯 눈 감으면
옷 속 스며드는 천 년 전 로맨스여
오란이도 가란이도 나는 없노라
밑으로 흘러가는 코스모폴리탄
무안한 휘파람이나 날리며 가리

4 첨성대(1)

안압지 못가에서 꺾은 갈피리
첨성대 올라가 불자 하였드니
소녀처럼 울어버리는 별은 경주 사람
심상건(沈相健)[64])이 키워내인 전라도 멋 모르는 벗은 경주 사람.

첨성대(2)

적삼 벗어놓고 앞발로 기어올라간
첨성대 다락 위에 경주는 로맨티스트
오, 하늘보담 아름다운 낭만의 왕국이여!
경주 사람은 로맨티스트라야 하오
천년 별하늘에 센 머리 흩날리는
늙은 점성사(占星師)의 아들
경주 사람은 로맨티스트라야 하오.

『사해공론』 제3권 제4호

서정주(徐廷柱, 1915~2000)는 1915년 전북 고창군 부안면 선운리에서 태어났다. 보통학교에 들어가기 전 3년간 한학을 배웠으며, 중앙고등보통학교를 중퇴한 뒤 석전(石顚) 박한영(朴

---

64) 심상건(沈相健, 1889~1965)은 가야금 산조 명인이다. 충남 서산 출신으로 가야금 이외에 병창으로도 명성을 떨쳤고, 양금과 거문고 풍류 및 해금도 능하였다. 흔히 아버지 심창래(沈昌來)에게 음악을 배운 것으로 전해지고 있으나, 본인이 말한 바에 의하면 열세 살부터 음악을 하였는데 제대로 배운 것은 양금 풍류밖에 없고, 그밖에는 모두 스스로 터득하였다고 한다. 특히 가야금 산조의 조율법과 가락은 모두 독자적으로 창안한 것이다. 그의 가야금 조율법은 제1현이 일반적인 조율법보다 완전4도 낮고, 제2현에서 제12현까지는 일반적인 조율법의 제1현에서 제11현까지와 같다. 그는 산조를 연주할 때마다 새로운 가락으로 즉흥 연주를 하는 유일한 명인이었다. 저음역에서 시작하여 차츰 고음역으로 고조되는 형식을 즐겨 사용하고, 평조 및 경조의 우람하고 화평한 가락으로 산조에 일대 변풍을 일으켰다. 1950년대 후반부터는 산조의 본청(本淸), 즉 주음을 종전의 '징'(제7현)에서 '당'(제5현)으로 완전4도 낮게 내려서 연주하였다. 광복 전 일본에서 6회의 레코드 취입을 하였고, 1948년 조택원(趙澤元) 무용단과 함께 3년간 미국 공연을 하였으며, 1960년 국악진흥회로부터 국악 공로상을 받고, 1962년 정부로부터 문화포장을 받았다. 한때 국립국악원 국악사도 지냈다. 가수 심수봉의 큰아버지이기도 하다.

漢永, 1870~1948)의 권유로 중앙불교전문학교에 입학했다. 1936년 『동아일보』 신춘문예에 시 「벽」을 발표하며 등단했으며, 같은 해 김동리, 이용희, 오장환 등과 함께 동인지 『시인부락』을 창간하여 동인지 활동을 했다.

1941년 발표한 첫 시집 『화사집』 이후, 『귀촉도』, 『서정주 시선』, 『신라초』, 『동천』, 『질마재 신화』, 『떠돌이의 시』, 『서으로 가는 달처럼』, 『학이 울고 간 날들의 시』, 『안 잊히는 일들』, 『노래』, 『팔할이 바람』, 『산시』, 『미당 서정주 전집』(전2권), 『늙은 떠돌이의 시』를 출간했다.

이 밖의 작품으로 『흑산호』, 『국화 옆에서』, 『미당 서정주 시전집』, 『시문학원론』, 『시창작교실』, 『시창작법』, 『미당의 세계유랑기』, 『안 끝나는 노래』, 『나의 문학 나의 인생』, 『내 영혼의 물빛 라일락』, 『문학을 공부하는 친구들에게』, 『박사 장이소의 산책』, 『김좌진장군전』, 『한국의 현대시』, 『세계 민화집』, 어린이를 위한 『서정주 세계민화집』(전5권) 등이 있다.

1948년 『동아일보』 사회부장 문화부장, 문교부 예술국상을 서져 1954년 대한민국예술원 문학분과 위원장을 지냈다. 서라벌예술대 교수(1954~1960), 동국대 교수(1960~1979)를 지낸 뒤 동국대 대학원 명예교수가 되었다. 1971년 현대시인협회 회장, 1972년 불교문학가협회 회장, 1977년 한국문인협회 이사장, 1984년 범세계 한국예술인회의 이사장, 1986년 『문학정신』 발행인 겸 편집인을 지냈다. 2000년 85세 나이에 생을 마쳤다.

위의 경주시 이외에도 해방 후 「석굴암 관세음의 노래」를 썼다. 참고로 서정주 시인의 「선덕여왕찬」을 부기한다.

> 뭇 벌과 나비들이 어우러져 날라드는
> 신라 산야의 자욱한 꽃밭 위에
> 언제나 이를 구버보고 계시던 크낙한
> 꽃 한송이가 피어있다고 생각하는 것은
> 얼마나 큰 기쁨인가.
> 그 지닌 향기는 너무도 높아, 어느

벌 나비도 닿을 수 없는 곳에
으젓한 꽃 한송이가 호올로 피어 있었다고 생각하는것은
얼마나 큰 기쁨인가.
자신의 사랑을 위하여서는
그 서러운 영혼의 위치에
다만 별 바래기 첨성대를 이룩했을 뿐이면서도……
한낱 풀꽃같은 계집애의 외오침에도
늘 귀 기우려 구원의 손을 뻗치시고,
나라 안의 홀어미와 홀애비들에게는
그들의 외로움을 달래여 시량(柴糧)도 보내시고
당신은 그가 누군줄도 모르면서도
당신이 그리워 미쳤다는 지귀(志鬼)와 같은 사내에게는
당신의 수레 뒤를 뒤따르라고도 하시고,
또 그가 석탑 아래 잠이 들어 누웠으면 그 혼탁한 가슴 위에
그 존엄한 성골 왕자의 팔찌도 벗어 놓으시고
항시 빙그레 웃으시고,
유-모러스 하시고,
맨 뒤에 이승을 하직하실 날도, 묻히실 하늘도,
미리미리 유리속처럼 환하게 아시던 님!
오- 천 삼백 년은 오히려 가까웁네.
선덕녀왕같은 이가 이 나라에 살고 있었다고 생각하는 것은
얼마나 큰 기쁨인가.

33 석굴암
임학수

I

황혼이 왔네 황혼이 왔네
겹겹의 얼킨 그늘 굳이 닫친 석문에
임은 아니 오고 오늘도 해가 졌네.

너 고요히 끄는 옷자락에는
저 가지 가지 불멸의 성
찬란한 촛불이 수놓였구나!

너 고요히 간주린 머리단에는
저 옛 옛궁전 그 어느 찬 손가락의
촉감 아른거리는 금관이 빛나는구나!

II

천년 암벽에 유폐되어
불 꺼지고 미소는 얼어
동해 새벽 안개에 슷기고 깍일 제,
너 이마는 파리해
꽃다발 모두 시들었도다 …….

이제 실비 그윽히 속삭이고
외-ㄴ 산골작에
두견성 낭자한 밤,
…… 아득히 들 밖에
저 발굽소리는 들려오나니!
저 방울소리는 들려오나니!

키여라 횃불을.
열어라 석문을.
이제야 올려는 사랑의 달가움에
오, 저 얇은 사(紗) 헤치고 반 나타나
사르르 …… 떠는 어깨와 함께,
와드득 깨미러
너 입살을 빨갛게 물디려라.

『팔도풍물시집(八道風物詩集)』에서

 이 시는 황혼 무렵의 석문에 굳게 닫힌 석굴암을 묘사했다. 대신 촛불로 수놓은 빛 위로는 금관이 찬란하게 빛나고 있다. 그리고 촛불이 꺼지자 은은하게 미소 짓던 부처님의 미소도 얼어붙는다. 밖에는 가랑비가 내리고 온 산골짜기에는 두견새 소리가 낭자한 가운데 발굽 소리와 방울 소리가 들린다. 이제야 올려는 '사랑의 달가움'을 감지한 시적 화자는 횃불을 밝히고 석문을 열라고 외친다.

그림 33-1 임학수 약혼 사진 (1935년경)

34 석굴암 관음상의 노래
임학수

실비 나리고
야 삼경
두견아 우짖으라
동해야 퍼덕이라

이 초가 지르륵 타버리기 전에
당홍 채찍 초록 고삐
기다렸던 임이 다시 돌아오면

오, 향로에 불 사르고
소복 단장
내 최후의 핏방울까지
가득 부어 디리리라.

『팔도풍물시집(八道風物詩集)』에서

 이 시도 석굴암 관음상을 묘사했다. 한밤중에 밖에는 실비가 내리고 동해에는 파도가 퍼득이고 산골에는 두견새가 울부짖는다. 석굴암 관음상을 비추던 촛불이 다 타버리기 전에 기다렸던 임이 오기를 기대한다.

35 경주 길
모윤숙

고운 사람들이 살던
옛나라 길엔 꿈이 그대로 이슬에 핀다
화랑이 넘나들던 산과 들이며
동백꽃 저고리 산호빛 나삼에
우리 여왕 노을 안고 거니시던
그 왕궁 뜰도
여기 세월을 덮고 이끼 속에 누웠다

재앙의 땅을 피해 오고가는 사람들
남루한 옷자락에 석양은 다정히
그 맘의 비인 자리 고이 만져주나니
옛 서울 꽃등 놀이에 흥겹던 밤이
다시 한번 찬란해지는 이 길은 복되어라.

1950년 12월 16일

 모윤숙(毛允淑, 1910~1990)은 1910년 3월 5일 함남 원산에서 출생하였다. 호는 영운(嶺雲). 함흥 영생여학교, 호수돈여학교 등을 거쳐 1931년에 이화여전 문과를 졸업하였다. 간도

용정 명신여고 교원, 배화여고 교사, 삼천리사 기자, 중앙방송 기자로 활동하였다. 1935년 『시원』 동인으로 참가하면서 본격적인 시작 활동을 했다. 1940년에는 시 「조선의 딸」, 「이 생명」을 써 경기도 경찰서에 구류되기도 했으나 1940년대에 들어와 전쟁이 확산되고 전국이 비상체제로 들어가자 친일인사들이 주로 참여하는 『매일신보』, 『삼천리』, 『신시대』 등에 친일적인 글을 발표했다. 아울러 1941년에는 '조선임전보국단'에 들어가 반미(反美)에 관한 내용과 학병을 격려하는 내용의 연설을 했으며 이후에는 친일적인 글을 발표하기도 하였다.

해방 후에는 문학뿐만 아니라 다양한 영역에서 왕성한 활동을 펼쳤다. 1948년 유엔총회에 한국대표로 참석하였고, 1949년에는 순수문예지 『문예』를 창간했다. 한국전쟁 기간인 1950년에는 대한여자청년단 단장을 맡았고, 1954년에는 국제펜클럽 한국본부 창립에 참여하여 부회장을 맡았으며, 1976년에는 이화여대로부터 명예문학박사학위를 받았다. 한국자유문학가협회 시분과위원장, 문총 최고위원, 국제펜클럽 한국본부 위원장, 국제펜클럽 부위원장, 한국현대시협회 회장 등을 역임했다.

이 시는 모윤숙이 한국전쟁 기간에 대한여자청년단의 단장을 맡았을 때 부산 내려가는 길에 경주를 둘러보고 지은 것이다.

그림 35-1 모윤숙 사진(가운데 안경)

36 경주를 보고
이병기

반야월 1

서울가나 시골오나 쓸쓸하다 초라하다
무너지는 쓰러지는 초가집 기와집이
새로이 새로운 꿈이나 꾸어보려 하려나

반야월 2

풍성한 가을이라 들마다 황금이다
주리든 무리들도 살이 진다 하련마는
새 곡식 쌓아 둘 집이 그 얼마나 될거나

반야월 3

서리나 눈인들 저같이 하이하랴
반야월 가는 길에 군데군데 메밀꽃이
맑안한 가을 향내를 피울대로 피우누나

봉황대

산같은 무덤마다 우거진 쎄후에기(억새)

그림 36-1 일제강점기 반월성 엽서

으늑히 울고우는 벌레야 벌레들아
빗나라 그리운 맘이야 네나내나 다르랴

월성 1

볏논 콩밭머리 이 아니 용궁터랴
봉덕사 쇠북소리 뎅뎅 울며 굴러올제
깨우든 꿈의 자취를 이제 또한 보누나

월성 2

김 장군 쓰든 칼은 녹이 슬어 없어져도
기와쪽 그린 그림 고대로 흙에 묻혀
밭 매는 호미끝에도 다시 패어 나더라

안압지

동정호 칠백리 무산 십이봉이 좋은 줄만 아느냐
다도해 한 모퉁이 안압지를 지어내어
니르든 봉래선궁도 임해전이 아니랴

문천

이제도 문천수는 흐르고 흐르는구나
지나는 물결마다 씻기나니 님의 자취
하이한 모래만 남어 이리저리 밀리어라

불국사

백운교 청운교로 밟어드니 자하문을

그림 36-2 일제강점기 석굴암 엽서

다보탑 석가탑이 범영루와 높이 솟아
이 몸의 그림자와도 영지 안에 비치려나

석굴암 1

이밤에 이런 집이 어데에 또있으랴
동해를 나려보고 뚜렷히 솟아나며
아침의 뜨는 햇빛이 더욱 환히 보였을

석굴암 2

꽃으로 보자하니 어느 꽃이 조러하랴
미인이라 하기로니 이리도 아름다우랴
엄전한 부처님들이 말만 아니 하시누나

석굴암 3

싸움으로 일을 삼아 날래기만 아니오라
아로새긴 고운마음 돌과같이 남었어라
천년이 오래다하랴 몇 천만년 까지라도

석굴암 4

아마도 아니로다 한사람의 솜씨만이
헛되이 김대성의 이름만 전하거든
그뒤에 끝이다하여 뉘 이름을 사겼느냐

토함산 1

이듬듬 바위서리 늘어진 단풍가지
오고가는 사람들의 머리위로 춤을추고
골마다 맑은 시내는 졸졸잘잘 울어가네

토함산 2

반월성 저 어름이 호공의 댁이든가
바라보든 그날에 님이 여기 서셨든가
쓸쓸한 빈터를 웃고 다시 보노라

태종무열왕릉 1

당천자(唐天子) 손목잡어 백제·구려(句麗) 들붓이고
왕좌에 높이앉어 만민을 호령하실제야
동햇가 어느 도적이 발드들여 보았으리

태종무열왕릉 2

꿈이라 웃스우랴 깊은사랑 받었나니
인연이 없다하랴 서형산(西兄山) 저기슭에
다시와 묻히실줄을 뉘라미리 알았으리

태종무열왕릉 3

도막비(碑) 들에실은 커드란 돌거북이
엉금엉금 기어갈듯 차마도 못가는가

풀섶의 낡은 무덤만 고개들어 보더라

『조선일보』 1927년 10월 7~11일 연재

위의 연작 시조는 경주를 보고 읊은 시조이다. 이병기는 1927년 9월 27일부터 9월 30일까지 휘문고보 3학년 생도 110명, 교직원 5명과 더불어 경주 수학여행을 다녀왔다. 그때의 일기를 부기한다.

9/27(화) 맑다. 밤에는 구름 끼고 빗낱이 듣다. 오전 7시 10분, 일행 115인(직원 5, 3학년생 110)이 부산행 열차를 타고 경성역을 떠나다. 부여 가는 2학년생 일행, 대구 가는 배화여고 학생 일행도 같이 탔다. 오후 4시 대구역에 내려 경주 갈 경편열차를 바꿔 타고 7시 26분 경주역에 내리다. 마중 나온 군청 사람, 여관 사람을 따라 병조(丙組)는 경동(慶東), 을조(乙組)는 김해(金海), 갑조(甲組)는 월성여관에 들다. 나는 유길상(劉吉相) 군과 김해여관에 있었다. 종일 기차에서 피곤한 몸이라, 조용히들 잤다. 대구에서는 이종서(李鍾緖) 군, 경주에서는 최범수(崔範壽) 군, 최순봉(崔順鳳) 군이 마중을 나오다. 찻길 연변으로 보이는 곳마다 좋은 경(景)이다. 논마다 누렇게 익은 벼, 누릇푸릇한 콩밭, 팥밭, 수수밭, 희뜩희뜩한 목화밭, 군데군데 하얗게 핀 메밀꽃, 그리고 드문드문 수두룩이 서 있는 나무들은 아직도 검푸른 빛을 가지고 있으며, 여기저기 거뭇거뭇한 마을집들이며, 구불구불한 마을길로서 어슬렁어슬렁 나오는 흰옷 입은 이, 그 뒤에 따라오는 아이와 개 따위, 어느 것이 경으로 아니 보이는 게 없다.

9/28(수) 구름 끼다 맑았다. 조반 후 고적진열관을 보고 10시 반 경편열차로 불국사역으로 가서 거기서는 걸어 불국사를 가다

지나가는 비를 만났다. 절에 이르러 백운교, 청운교, 연화교, 칠보교, 자하문, 다보탑, 석가탑, 범영루, 춘일등롱(春日燈籠), 대웅전, 비로자나불, 아미타불, 석사자들을 구경하고 점심도 먹고 사진도 박고, 토함산 비탈로 다섯 굽이를 돌아 마루턱에 오르니 동해가 보인다. 상쾌 상쾌, 또 세 굽이를 돌아 내려 석굴암을 찾아가 그 밑의 약수를 마시고 암(庵)에 들어 보다. 입구 좌우의 신중상, 금강역사상, 사천왕상, 내부 중앙의 석가좌상, 주위의 십일면관음상, 나한상, 그 보살상, 그 벽상(壁上) 주위 불감의 보살상, 지장보살, 유마거사상, 궁륭형의 천장. 석굴암 입구 우측 앞에 광연화형(廣蓮花形) 새긴 데에 김재전(金在田), 김우현(金羽鉉), 이원팔(李元八), 이교직(李敎直), 이교방(李敎方), 이교대(李敎大)라 새긴 것과 불국사 청운교 우란(右欄)에 이기영(李基永)이라 새긴 것이 있다. 불국사 주지 정효운(鄭曉雲)더러 물으니, 옛날 어느 때 중수할 적에 돈을 낸 이가 새긴 것이라 한다. 야비한 자의 일이다. 대예술품을 더럽혔다. 퍽이나 보기가 싫다. 석굴암을 연전에 총독부에서 중수할 제 입구의 천장은 없애고 내부만 그대로 천장을 두었으며, 어찌 된 일인지 물이 스며들어 파란 이끼가 꼈으며, 벽상 전부 좌우의 불감에는 불상이 없어졌다 한다. 석굴암 입구 우초(右初)의 신중상은 좌족(左足)이 떨어지고, 제5번 금강역사는 우수(右手)가 떨어지고 입구 좌초(左初)의 신중상은 안부(顔部)가 이지러지고, 제7번 천왕상은 두부(頭部)를 다른 돌로 삽입하였고 석가상의 엉덩이도 떨어진 것을 양회로 붙였고 그 좌대도 좀 이지러졌다. 불국사나 석굴암을 보고야 우리 조선에서도 고대에는 이와 같이 남에게 자랑할 만한 대예술품이 있는 줄을 알 뿐 아니라, 예술이란 어떻다는 것과 또한 조각이로되 예술미를 느끼게 된다. 종교를 예술화하여 표현하니만큼 우미하고 장미하고, 연미(姸美)하다. 참 보배다. 조선의 보배만 아니다. 세계의 보배다.

    석굴암을 떠나다. 해는 저물어 간다. 내려오다 초군(樵軍)에게 영지를 물어 바라보고 다시 불국사 와 좁은 길로 산비탈 마을 논 틀밭들로 해 괘릉을 보다. 당식(唐式)으로 신상을 새긴 위석(圍石)을 둔 그다지 크지도 못한 무덤이고, 무덤 한 모퉁이는 지질지질하니 물이 나 괴어 있다. 다만 그 앞의 수법(手法)이 웅위괴려(雄偉瑰麗)하다. 석사자 한 쌍, 문무석 각 한 쌍이 있어 볼 만하다. 그러나 수호(守護)를 잘못하여 혹은 반토막이나 묻히고, 혹은 쓰러지려 한다. 어두워서야 불국사역에 와 차를 탔다. 오늘 보행이 5리는 된다. 저녁에 월성여관으로 경동여관으로 돌아보았다. 우미노(海野弘) 군과 봉황대까지 갔다 오다. 안동여관에서 전화가 왔다고 이승규(李昇圭), 장발(張勃) 군은 학생들을 붙들고 조사를 한다. 안동여관에는 배화 여학생이 와 있는데, 이 학생들이 그 문 밖에 가서 떠들었다고. 암만 조사를 해도 갔다는 학생은 없다.

9/29(목) 맑다. 아침밥은 일찍 재촉하여 먹었으나 군청에서 안내하여 준다는 이가 아니 와 40분이나 기다려 8시 반 출발. 동으로 죽 나아가니 분황사다. 삼층만 남은 분황사탑, 용정(龍井), 원효대사비의 좌대를 보다. 여기서 꺾여 남으로 가면 황룡사 터인데 콩밭 가운데에 초석 좌대들과 수없는 기와쪽만 여기저기 남아 있다. 기와는 퍽 발달된 것이다. 그 구조며 모양 화(畫)가 변화가 많아 신라 미술품의 독특한 것이다. 경주고적진열관에도 가장 많이 진열하여 놓고 거기 있는 봉덕사종과 같이 자랑을 한다. 마을 아이들도 벌써 귀한 것인 줄 알고 그림 있는 기와쪽을 주워 가지고 1전, 2전씩 판다. 다시 서로 꺾여 콩밭 사이 벼논 사이로 하여 안압지에 이르니 근대 새로 지은 임해정이 있다. 이 정자에 오르면 다도해 한 모퉁이 같은 못과 반월성이 보인다. 혹은 동정호 혹은 무산십이봉을 모델한 것이라 하지마는 바다, 바다에도 다도해 같은 바다를 모방하여 만든 것일 것이다. 안압지가를 돌아 반월성, 석빙고, 호공택지며 더 나와서 첨성대를 쳐다보고 재매정(財買井 : 김유신 장군 집터)을 들여다보고 문천교를 지나 다

시 남으로 남으로 가며 오릉, 알영정, 숭덕전, 나정, 포석정까지 보고는 돌아와 여관에서 장국밥을 먹었다. 오후 2시 반 다시 나서 서천교를 지나 서악서원과 태종무열왕릉과 김양 묘와 비신 없고 이수, 귀부만 남은 태종무열왕의 석비를 보다. 이 석비의 이수와 귀부의 조각이 석굴암 불상의 그것과 같은 극치한 수법이라 일컫는다. 과연 산 거북이다. 엉금엉금 기어갈 듯하다. 해가 서형산(선도산) 머리에 넘어간다. 일행은 돌아오다. 본교 학생과 경주 청년과의 축구시합이 있어 3대 0으로 이겼다. 대구 신명여학교 학생단이 와 한 여관에 들어 잔다. 학생들을 단속하다가 12시에야 잠이 들었다.

  9/30(금) 맑다. 오전 7시 35분 경주를 떠나 대구에 이르렀다. 조용해(趙龍海) 군은 능금 한 망태를 사가지고 정거장까지 나왔다. 일행을 데리고 가 두 음식점에 들러 점심을 시켜 먹이고 나는 경북 도청에 가서 조용해 군을 보고 점심을 얻어먹고 돈 30원을 꾸어다 회계 맡은 이승규(李昇圭) 군을 주었다. 여비가 부족해서 큰 곤란을 받더니, 다행히 조 군의 주머니 속을 뒤져 이 돈이 나온 것이다. 이종서(李鍾緖) 군을 만나다. 맥주 2병을 사준다. 오후 2시 8분 대구 발, 10시 반 경성 착.

37 석굴암
이병기

한고개 또 한고개 고개를 헤어오다
토함산 넘어 서서 동해바다 바라보고
저믄날 돌아갈 길이 바쁜 줄을 모르네.

보고 보고지어 이곳에 석굴암이
험궂은 고개 넘어 굽이굽이 도는 길을
잦은 숨 잰걸음 치며 오고오고 하누나.

 수많은 시인이 불국사와 석굴암을 제재로 삼아 작품을 발표하였는데, 이병기도 경주에 관한 다수의 현대 시조를 남긴 바 있다. 시조의 주된 표현 기법은 주로 회고적 정서나 영탄조라서 다른 시인들의 내용과 크게 다른 바가 없다. 그리하여 이병기가 다시 쓴 시조가 이「석굴암」이다.

이 시조는 불국사에서 석굴암으로 넘어오는 굽이진 고개를 넘어서서 안전에 전개된 동해 바다를 바라보는 시적 화자를 묘사했다. 그러나 그것도 잠시 해가 뉘엿뉘엿 지기 시작한다. 하산길이 바쁜데 신라문화의 꽃이라고 할 수 있는 석굴암을 보기 위해 잰걸음으로 숨을 몰아쉬며 올라오는 행객을 묘사했다.

그리고 이 작품에는 다른 시인이 묘사했던 것처럼 토함산의 풍경이나 동해바다의 장쾌한 모습, 그리고 석굴암의 조각미에 대한 찬사는 어디에도 찾아볼 수 없고 회고의 정서나 영탄조도 나타나지 않는다. 이 시조에서는 석굴암의 예술성과 가치를 함축시키고 생략하여 그것을 객관화시켰다. 따라서 석굴임을 평가하는 사람은 역시 독자일 수밖에 없다.

38 다보탑
김상옥

불꽃이 이리 튀고 돌조각이 저리 튀고
밤을 낮을 삼아 정 소리가 요란터니
불국사 백운교 위에 탑이 솟아오르다.

꽃쟁반 팔모 난간 층층이 고운 모양!
그의 손 간 데마다 돌옷은 새로 피고
머리엔 푸른 하늘을 받쳐 이고 있도다.

『초적(草笛)』 수향서원, 1947

해방 후에 김상옥이 지은 시조이다. 김상옥(金相沃, 1920~)의 호는 초정(草汀·艸汀·草丁)이며 1927년에 통영보통학교에 입학하였는데 재미작가 김용익과는 같은 반, 음악가 윤이상(尹伊桑, 1917~1995)은 한 학년 위, 시인 김춘수(金春洙, 1922~2004)는 두 학년 아래로 같은 학교를 다녔다. 그는 독학으로 문학을 공부하여 1938년 김용호·함윤수 등과 동인지 『맥』을 펴내면서 시 「모래알」 등을 발표했다. 1939년 시조 「봉선화」가 『문장』에 추천받아 본격적으로 글을 쓰기 시작했다. 항일운동에 관계하여 몇 차례 투옥된 적이 있으며, 해방된 후 부산·마산·삼천포 등에서 교원 생활을 했다.

그림 38-1 김상옥 시비

　1947년 펴낸 첫 시조집 『초적』에는 시 「청자부」, 「백자부」, 「십일면관음」 등 문화유산에 관심을 갖고 민족 정서를 노래한 시들을 실었다. 1949년 시집 『고원(故園)의 곡』, 『이단의 시』를 펴냈는데 대부분 인생에 대한 관조적 명상을 노래했다. 『의상』(1953), 『목석의 노래』(1956) 등의 시집과 동시집 『꽃 속에 묻힌 집』(1958)을 펴냈고 1972년까지 골동품 가게인 아자방을 경영했다. 『목석의 노래』는 현실에 대한 반성과 영혼의 순수성, 영원한 생명에 대한 탐구가 중심 주제를 이루고 있다. 1973년 시조집 『삼행시』를 펴냈는데 3행시란 시조의 3장 형식을 현대식으로 풀어 쓴 말이다. 그의 시조는 어구에 얽매이지 않고 사설시조의 리듬을 살리면서 자유로운 시형을 찾은 것이 특색이다. 현대시에서도 시조가 갖는 리듬, 균형, 감각을 지키면서, 산문식 장시와 극시 등을 실험했다. 산문집 『시와 도자』(1976), 시집 『묵을 갈면서』(1979)를 펴냈다. 아울러 『김상옥 시전집』(민영 편, 창비, 2005)이 나와 있다.
　경남 통영시 남망산조각공원에 그의 시비가 서있다.

김상옥의 「다보탑」은 다른 작가들의 관조적인 묘사와는 달리 다보탑이 만들어지는 과정을 청각적 이미지를 사용하여 표현하였다. '불꽃이 이리 튀고 돌조각이 저리 튀고'에서 처럼 다보탑 만드는 과정을 형상화하고, '꽃쟁반 팔모 난간 층층이 고운 모양!'에서 처럼 다보탑의 모습을 비유적으로 나타냈다. 돌로 만들어진 다보탑에서는 사각, 팔각, 원형 부분을 모두 소화하고 있는 아름다운 탑이다.
　참고로 시인이 경주 유물 관련 시들을 적어 놓는다.

옥적(玉笛)

신라 삼보의 하나

지그시 눈을 감고 입술을 축이시며
뚫린 구멍마다 임의 손이 움직일 때
그 소리 은하 흐르듯 서라벌에 퍼지다.

끝없이 맑은 소리 천년을 머금은 채
따스히 서린 입김 상기도 남았거니
차라리 외로울망정 뜻을 달리 하리오.

『초적』 수향서원, 1947

십일면관음

의젓이 연좌(蓮座) 위에 발돋음을 하고 서서
속눈썹 조으는 듯 동해를 굽어보고
그 무슨 연유 깊은 일 하마 말씀하실까.

몸짓만 사리어도 흔들리는 구슬소리
옷자락 겹친 속에 살결이 꾀비치고
도도록 내민 젖가슴 숨도 고이 쉬도다.

해마다 봄날 밤에 두견이 슬피 울고
허구한 긴 세월이 덧없이 흐르건만
황홀한 꿈속에 싸여 홀로 미소하시다.

『초적』 수향서원, 1947

대불(大佛)

가까이 보이려면 우러러 눈물겹고
나서서 뵈올사록 후광이 떠오르고
사르르 눈을 뜨시면 빛이 굴에 차도다.

어깨 드오시사 연꽃 하늘 높아지고
나한도 물러서다 가슴을 펴오시니
임이여! 크신 그 뜻이 다시 이뤄지이다.

『초적』 수향서원, 1947

무열왕릉

한결 깊숙해라 송뢰(松籟) 소리 그윽하고
다만 무덤 앞에 엎드린 돌거북은
아득한 향수를 안고 임을 외로 뫼시다.

오랜 비바람에 띠는 아직 푸르르고
널리 흩어진 겨레 한우리에 들이고저
애쓰던 임의 백골은 여기 고이 쉬시는가.

칠칠한 숲속으로 저문 빛이 짙어오고
골안개 풀리는 양 눈앞에 흐리는데
벌 끝에 갈가마귀떼만 어지러이 날아라.

『초적』 수향서원, 1947

포석정

저 굽은 돌틈으로 물과 함께 잔이 돌고
조을던 어린 무희 수심도 어여쁜 채
질탕한 풍악 소리에 몇몇 밤이 새드뇨.

우수수 낙엽만이 이리저리 구르는 날
그의 후예들은 어디로 헤매는지
지켜선 마른 고목도 하는 말이 없더라.

『초적』 수향서원, 1947

재매정(財買井)

초라히 남은 비각 비바람이 마저 헐고
풀잎 우거진 속에 메워진 얕은 새암
여기가 임의 집자리 우물터란 말인가!

그 님이 칼을 들고 북벌하러 가시던 날
이 앞을 지나치다 말 위에 오르신 채
한손에 고삐를 쥐고 타는 목을 축이시다.

천유년(千有年) 한결같이 물은 상기 솟아나고
흰 구름 푸른 하늘 그대로 잠겨 있어
이젯날 임의 후예는 다시 이를 마시다.

『초적』 수향서원, 1947

돌탑

비오는 불국사
돌탑 두 채
법당 앞에 나란히

마주 섰네.

남몰래
화랑을 짝사랑한
신라의 처녀야
어디 사나.

사월이라 초파일
좋은 명절
불공 온 사람 하나
안 보이고

초록 안개 자욱한
빈 절터
돌탑 두 채 나란히
말이 없네.

『고원(故園)의 곡(曲)』 성문사, 1949

박물관

꿈얘기도 옛얘기도 아닙니다.
경주 박물관에 가보세요
내 말이 믿어지지 아니하거든……

금으로 만든 금관이
파르르 떨고 있습니다.

옥으로 만든 옥저도 있습니다.
옥에서 나는 피리소리
얼마나 아름다운 소리겠습니까?

아이가 우는 쇠북이 있습니다.
꽃무늬 꽃무늬 속에서
어밀레 어밀레
아이가 우는 어밀레종이 있습니다.

돌로 만든 돌칼도
돌로 치운 돌도끼도 있습니다.

이렇게 꾀 없고 어리숙해도
아아 얼마나 맘씨 곱던 시절입니까?

구리로 만든 꼬마탑이 있습니다.
배꼽에도 못 자라는
열세 층 꼬마탑이 있습니다.

이 탑을 만드신 그 옛날
나룻이 하얗던 할아버지도
소꿉장난을 하고 노니셨겠지요.

꿈 같던 옛말 같은 이야기지만
경주 박물관에 가보세요.
내 말이 믿어지지 아니하거든……

『고원(故園)의 곡(曲)』 성문사, 1949

효불효교(孝不孝橋)

봄이 천번도 더 오고가며
닦아놓은 이 산천!

이끼 푸른 돌덩이가 닳아 없어지고
거기 새긴 말씀이 몰자(沒字) 되었대도 차라리 그것은 아무 상관

없다.
그보다 더한, 금석보다 더한, 한덩이 우리의 마음은 그냥 있지 않은가.
그리고 그 둘레엔 무엇인가 봄풀같이 푸른 것이 돋아나지 않는가.

달이 만번도 더 지고 새며
비춰놓은 이 언덕!

오늘 우리집 이웃에는
더러 젊은 편모 모시고, 잠이 든 아들은 없는가?
지금은 새벽인지, 그믐밤인지
우리까지도, 발을 빼지 않고 건너라고 이 다리는 놓인 것이다.

또 비는 몇몇번을 개고 오며
씻어놓은 개울인가!

누구나 물이 불은 시냇가에 서거든
추운 겨울의 그 어슴푸른 새벽녘을 생각하고,
버선을 빼고, 오금에 닿는 찬물에 몇번이나 어깨를 오싹이며 소름치던
그 홀어머니의 심정을 생각하고,

누가 두고두고 뭐라든 말든
우리는 그런 심정을 말없이 건네주는 다리를 놓자.

* 신라의 민간 설화에 의하면 한 과부 어머니가 있어, 밤마다 시내 건너 정든 홀아비를 찾아간다. 이것을 몰래 알아차린 아들은 어머니의 그 안타까운 연애를 돕고자 돌다리를 놓아드렸다. 후인이 이것을 일러 제목에 오른 대로 '효불효교'라 하였다.

『현대문학』 1957년 8월호

석굴암에서

푸른 이끼 속에
오색 영롱한 구슬 꾸러미!

차디찬 그 돌 속에
들먹이는 젖가슴 고운 숨소리……

푸른 이끼 속에
물이 반쯤 담긴 호로병 하나,

그 볼록한 꽃병 속에
신비로운 봄일랑 배슬고 있다.

동시집『꽃 속에 묻힌 집』청우, 1958

인간나라 생불나라의 수도

신라 일천년 서라벌은 한 왕조 아니라, 한 왕조의 서울 아니라, 진실로 인간의 서울, 오직 인간나라의 서울이니라.

한 가닥 젓대의 울림으로 만이랑 사나운 물결도 잠재운 나라, 모란빛 진한 피비림도 새하얀 젖줄로 용솟음치운 나라, 첫새벽 홀어미의 사연(邪戀)도 여울물에 헹궈서 건네준 나라, 그 나라에 또 소 몰던 백발도, 행차에 나선 젊으나 젊은 남의 아내도, 서로 죄 없는 눈짓 마주쳤느니

꽃벼랑 드높은 언덕을 단숨에 뛰어올라, 기어올라, 천지는 보오얀 봄안개로 덮이던 생불나라 생불들의 수도이니라.

삼행시집『삼행시 육십오편』야자방, 1973

「아가(雅歌)」 1 아사녀의 노래

지금 지금도 그리움 있으면 영지 가로 오너라
그날 지느러미 휘날린 내 치맛자락에
산산이 부서지던 구름발 산그림자 그대로 있네.

아무리 굽어봐도 이는야 못물이 아닌 것을
그날 그리움으로 하여, 그대 그리움으로 하여
내 여기 살도 뼈도 혼령도 녹아내려 질펀히 괴었네.

보고파라, 돌을 불러 잠 깨운 신기한 증험!
십리 밖 아니라, 천리 밖 만리 밖이라도
꽃쟁반 팔모 난간 층층이 솟아 이제런 듯 완연하네.

천년 지난 오늘, 아니 더 오랜 훗날에도
내 이대론 잴 수 없는 수심(水深)의 그리움이기에
탑보다 드높은 마음, 옮겨다 비추는 거울이 되네.

지금도 지금도 늦지 않네, 영지 가로 나오너라
시시로 웃음살 주름잡는 산 그림자 속에
내 아직 한결같이 그날 그 해질 무렵 받고 있네.

「아가」 2 아사녀의 노래

빛보라, 서늘한 빛보라, 이것은 무엇인가? 희다 못해 오히려
으슴푸른 별빛 ……. 탑은 백운교 층계를 내려서서 짐짓 걸어
본다. 선연히 못물 속에 들어선다. 머리엔 옥개를 받쳐들고, 찰
삭이는 물살에 발목을 적신다.

눈이 부시게 반짝이는, 저건 또 무엇인가? 빛을 받아, 볓빛을
받아, 빛무리 별무리 해맑은 둘레 ……. 물이 불은 영지는 쉴새

없이 잔잔한 파장으로 번져난다. 어느새 그 깊은 둘레 속에 남산도 잠기고, 구름같이 즐비한 서라벌 장장! 그 너머 또 산과 들로 농울쳐간다.

아사달, 아사달, 이제야 나는 안다. 밤마다 흘러넘는 빛보라 있어 천만 근 무게의 우람한 돌도, 미리내에 밀리는 돛단배처럼 가벼이 다녀가는 그대 그림자! 그러기 출렁이는 이 가슴 자맥질하여, 내 언제나 가지록 숨쉬고 산다.

삼행시집 『삼행시 육십오편』 야자방, 1973

부처님 돌이가 막일꾼 차돌이에게 1

어느날 경주 박물관에서

꽃밭서 아니리
어떤 진구렁에라도
수인을 짓고
앉아 기다릴게.

목이 달아나고
몸마저 삭아내린대도
마음속 이 사리
빛나고 있는 동안은.

지척에 두고 못 찾던
그날의 내 눈썹
오늘사 인부 차돌이가
들고 올 줄이야.

부처님 돌이가 막일꾼 차돌이에게 1

내 두부가 니온 골짝은 덤풀 속의 남산 골짝. 내 가슴, 내 동체(胴體)가 나온 골짝은 이름도 모를 어느 외따른 산골짝.

나는 석씨 출가세자 석(釋)돌이, 너는 경주의 막일꾼 차돌이. 한 뜨락 같은 비바람을 함께 맞은 인연이 얼마나 지중(至重)턴가.

돌 속을 흐르던 나의 피, 돌 속에서 뛰던 나의 숨결. 묘하여라 차돌이, 일자무식 차돌이. 네가 짚어 알았어라.

『묵을 갈다가』 창작과비평사, 1980

39 신라문학 논의
문일평, 모윤숙 양씨 일문일답기

선생은 방금 조반을 잡수시다가 대단히 반가히 맞아주신다.

모윤숙 : 선생님 바쁘신데 미안합니다. 특히 선생님께 오늘 신라문학에 관한 것을 좀 여쭈어 보려고 하는데요.

문일평 : 신라문학에 관한 그리 큰 연구가 없는 이상, 떳떳히 말씀드리기 어렵습니다.

문 : 사양하지 마시고 말씀해 주십시오. 대개 신라문학 하면 어디에 중요점을 두게 됩니까?

답 : 신라문학의 근원에 들어가 말하라면 아마도 향가를 말하지 않을 수 없겠지요.

문 : 지금 우리가 보기는 향가라고 별로 몇 수 없는 듯한데 모두 그 뿐이지요?

답 : 아니지요. 근본은 퍽 많았는데 중간에 오다가 다 소멸되고 지금 남은 것이 모두 25수뿐이지요. 신라문학이란 이 가요(향가)에서 발달되었다고 볼 수 있지요. 불행히 여러 번 병란을 당했든 관계로 이 좋은 향가들이 보존이 못 되었다고 생각합니다. 일본 내지의 『만엽집(萬葉集)』이나 지나의 『시경(詩經)』 같은 것이 아마 우리 향가와 동류의 것이 될 것입니다.

문 : 신라 때에도 가장 이것이 왕성한 때가 어느 때일까요?

답 : 아마 진성여왕 때지요. 그때 『삼대목(三代目)』(鄕歌勅選集)이란 책이 대구화상(大矩和尙)이란 분과 다른 한 분이 합해서 편찬한 것이 있는데 『삼대목』 내용은 지금 알 수 없습니다. 그러나 『삼국유사』에 남은 14수와 합해서(均如大師에게 남아 있는 것) 24수인데 균여대사에게 남은 14수는 대개로 종교에 관한 것이니까 말할 것 없고, 아마 가장 완성된 가요로는 「처용가(處容歌)」일 것입니다.

문 : 신라 이전에는 문학이란 것이 없었든가요?

답 : 『고려비사(高麗秘詞)』에 보면 문학적 기록은 고조선 시대에서부터 시작되었다고 합디다.

문 : 그렇습니다. 신라 사람은 생활이 유쾌하고 여유가 있고 누구를 원망하거나 질투하는 마음이란 도무지 없었습니다. 그렇게 아름다운 정신의 표현이란 것은 신라인 아니면 못할 만한 일입니다. 석굴암에서 볼 수 있는 우아한 표현점이지요.

답 : 저 월명(月明) 대사가 지은 「혜성가(彗星歌)」 같은 것을 보면 화랑들이 풍악(風岳 : 지금 금강산)을 구경가려든 차에 혜성이 떠돌고 해서 못가고 물러났는데 적이 왔다가 혜성 때문에 가버렸다는 이야기가 있습니다. 거기 보면 도무지 남을 원망하거나 미워한 마음이 없고 대단히 관대하고 이해력이 강하였습니다. 그렇게 명랑한 기질은 화랑에게서만 발할 수 있는 기질이었지요.

문 : 화랑과 문예의 관계는 어떻습니까?

답 : 관계가 퍽 깊지요. 화랑들은 먼저 자아를 완성시키려고 노력했습니다. 산수간에 방랑하기를 좋아했고 노래와 시를 즐겨 생활했습니다. 그래서 어떻게 보면 그들은 무사면서도 예술지상주의자들 같기도 했지요.

문 : 그런데 그들의 도덕 관념은 어떠했을까요?
답 : 네, 물론 그이들은 도덕과 의리에 충실하고 종교와 윤리가 밝았습니다. 그래서 예술적이면서도 종교적이요, 윤리적인 그들의 생활이 내가 생각하기는 가장 이상적 생활 양식이었다고 생각합니다.
문 : 그들의 종교 관념이란 어디서 발했습니까?
답 : 퍽 원시적이지요. 샤머니즘과 다른 여러 가지 윤리 관념이 결합해서 만들어진 종교 관념이었겠지요. 즉 그들의 종교 관념이란 생활 관념이나 마찬가지로 되어 있었습니다. 그때 그들의 윤리나 종교는 조금도 그들의 생활에 어떤 부자유를 주지 않고 명랑과 유쾌와 자유를 주었으니까요. 그들은 종교와 윤리를 조금도 의무적으로 지키지 않았습니다.
문 : 그러한 적극적인 관념들이 종합된 그때였던 만큼 여성들은 어떠했습니까?
답 : 요새 조선 여성들은 생각도 못하리만치 활발하고 씩씩하고 자유 사상이 농후했지요.
문 : 화랑도는 있는데 화랑과 비슷한 여성군(女性群)은 모르겠든데요?
답 : 있지요. 신라 사회에 있어서는 여성이 남성보다 더 활발하고 담대했습니다. 화랑이란 것도 처음엔 여성 화랑들이 중심이 되어가지고 남녀분별 없이 회합하고 일을 했습니다. 먼저 여성들이 중심을 해가지고 화랑 정신을 고취하고 남자들을 이끌어서 놀았지요.
문 : 대단 통쾌합니다. 그런데 왜 그 중심 회합이 계속치 못했습니까?
답 : 그것도 그렇지요. 아무리 자기들을 잘 비판한다 하더라도 남녀가 항상 같이 모이니까 좀 감상적 흥분을 갖기 쉬운 데서 그리

된 것 같습니다. 그들은 혼인도 거진 혈족 혼인을 하다시피 자유로웠으니까요.

문 : 그런 예로 한 사람 알려주세요.

답 : 바로 김유신 씨 어머니 만명(萬明)이도 자기 어머니 말을 안듣고 서현(舒玄)이라는 남자와 길에서 눈이 맞아 가지고 혼인했습니다. 바로 김유신 씨 아버지가 서현입니다.

문 : 김유신 씨 어머니 만명이란 여자는 어떤 계급에 여자였든가요?

답 : 바로 왕실의 딸입니다. 그러니 귀족이나 왕실의 혼인 사상이 그러했으니까 그 아래 계급이야 말할 거 무어 있습니까? 그때에는 사회 제도가 사람들께 평안한 감을 주게 되고 사람들의 인생관이 살았던 만큼 문학도 씩씩하고 활발하였지요. 그러면서도 정서를 잃지 않고.

문 : 외국문학 수입은 없었든가요?

답 : 왜요? 그때 한참 당나라 시가 많이 들어왔습니다. 신라 사람들이 어떻게 시를 좋아했든지 시인 아닌 상인이라도 지나로 행상을 떠났다가는 꼭 백낙천(白樂天)의 시 1편은 사가지고 온다니까요.

문 : 시 한 편에 얼마나 주었을까요?

답 : 천 원씩 주고 사다가 다시 귀족들에게 천 원씩 더 받고 넘긴다 했습니다.

문 : 그걸 보면 신라 사람들은 향가로만은 만족치 못했나 보지요?

답 : 그렇지요. 백낙천의 시에서 꼭 같은 향기를 감할 수 있었다 합니다. 그때는 백낙천의 시가 지나에서 가장 유명했고 신라 향가 비슷한 경향이 있었든 모양입니다.

문 : 그러니까 신라 민중은 모두가 문학적 감상안이 퍽 발달되었든

셈이지요.

답 : 그렇지요. 여하간 속아서 백낙천의 시를 사와도 보고난 후면 정말 그의 시인지 아닌지를 꼭 안다니까요. 일반적으로 문학적 의식감이 예민했든 것이 사실이지요.

문 : 여자들은 향가 지은 일이 없을까요?

답 : 왜요. 많겠지요. 아마 발표된 것은 별로 없으나 그때 형편으로 보아 남자보다 더 우세였을지 모릅니다.

문 : 조선 문학의 미래를 어찌 생각하십니까?

답 : 발달시키고 힘써야 될 줄 압니다. 지도적 입장에서 큰 역할을 해야 되리라고 믿습니다.

『삼천리문학』 제2호

위 글은 당시 삼천리사 기자였던 모윤숙이 문단의 원로 문일평 댁을 방문하여 취재하는 형식으로 진행된 일문일답기이다. 『삼천리문학』 제1호부터 기자인 모윤숙이 석학과 대담을 나눈 기사가 「이조문학논의」로 나가는데, 실제 내용은 벽초(碧初) 홍명희(洪命憙, 1880~1968)를 찾아가 『임꺽정전』의 집필 계기, 조선조의 한글소설, 하이네와 톨스토이 등 외국문인에 대한 평, 향후 집필 계획 등 다양한 이야기를 가지고 대담을 나눴지만 제목과는 부합하지 않는다. 그러나 제2호에서는 「신라문학논의」라는 제목으로 모윤숙이 문일평과 인터뷰하면서 신라문학 전반에 관한 이야기를 기록한 글이 바로 위의 글이다.

그림 39-1 문일평

호암(湖巖) 문일평(文一平, 1888~1939)은 평북 의주 출생으로 한국 근대의 대표적 사학자이다. 1910년 일본 메이지학원(明治學院) 중등부를 졸업했고, 1912년 와세다대학에서 정치학을, 1925년 동경제국대학에서 동양사학을 잠시 공부하면서 역사와 정치에 눈뜨기 시작했다. 1912년 말 중국 상해로 건너가 동제사(同濟社)에 가담하고, 1919년 삼일운동 때 자신이 작성한「독립선언서」를 낭독하는 등 독립운동에 적극 참여했다. 이후 한국사에 대한 글을 발표하기 시작했고, 신간회(新幹會)와 조선물산장려회(朝鮮物產獎勵會) 등의 발기인이나 임원으로서 정치에 참여했다. 1920년대 후반부터 역사학의 대중화에 집중했으며, 1933년 조선일보사의 편집고문으로 취임하여 수많은 사화와 사론을 지속적으로 발표했다. 그의 저서『호암전집』(전3권, 1939),『호암사화집(湖岩史話集)』(1939),『소년역사독본(少年歷史讀本)』(1940),『한미오십년사(韓美五十年史)』(1945) 등이 그의 사후에 발간되었다.

모윤숙(1910~1990)의 호는 영운(嶺雲)이며 함남 원산에서 출생했다. 1925년 함흥 영생보통학교를 졸업하고 개성 호수돈여자고등보통학교 2년에 편입하였다. 1927년 이화여자전문학교 예과에 입학하여 1931년 영문과를 졸업하였다. 그해 북간도 용정에 있는 명신여학교(明信女學校) 교사로 재직하며, 시「피로 새긴 당신의 얼굴을」(東光, 1931.12.)을 발표하였다.

1932년 서울 배화여자고등보통학교 교사로 자리를 옮겼으며, 첫 시집『빛나는 지역』(朝鮮彰文社, 1933)을 발간하였다. 1934년 보성전문학교 교수였던 안호상(安浩相, 1902~1999)과 혼인하였으나 곧 이혼하고 독신으로 활동하였다.

1948년 제3차 UN총회 한국 대표로 참가하여 정부수립에 여류 외교관으로서 활약한 바 크다. 1949년 월간 순수문예지『문예』를 창간하였고, 1951년 이화여자대학에서 강의를 하였다. 1955년 국제펜클럽 한국 대표로 참가하였고, 1960년 국제 펜클럽한국본부 회장, 1971년 공화당의 전국구 국회의원 등을 역임하였다.

경주의 농촌과 전설, 그리고 인물

40. 경주 지방의 농촌 생활(인정식)
41. 일천년 고도 경주 지방
42. 신라 효녀 연권 양(김약천)
43. 경주의 개 무덤(김화산인)
44. 경주의 인물(일기자)
45. 여왕 선덕(서정주)
46. 불국사의 서전(瑞典) 황태자(창랑객)
47. 자연으로 본 경주(이병기)
48. 역사적으로 본 경주(이윤재)

40 경주 지방의 농촌 생활 다찌바나(橘樸) 선생을 동반하여
인정식(印貞植)

경주까지

3월 중순 만주평론사(滿洲評論社)의 구리하라(栗原) 군이 서울로 와서 오래간만에 만났다. 그리고 그 이튿날을 다시 이 구리하라 군의 소개로 내가 평소에 사숙해오던 동양 문제의 세계적 권위인 다찌바나(橘樸)[65] 선생을 시울에서 만날 기회를 가지게 되었다. 다찌바나 씨라면 우리 학계에서는 다 아는 바와 같이 동양적 사회의 연구에 있어서는 윈트 포겔[66]과 비견(比肩)하는 대가이며 이 문제를 위해서 일생을 바치고 과거 35년간을 지나(支那) 각처로 조사 및 연구의 행정(行程)을 밟아온 분이다. 더욱이 지나 농촌 경제에 있어서는 우리 일본에서는 타의 추종을 허(許)치 않는 최고봉으로 이미 수다(數多)의 노작(勞作)이 발표되었음은 주지의 일이다. 사변(事變)과 함께 오랫동안 학구의 생활을 계속해오던 북경(北京)을 떠나 동경(東京)에 이주해왔다. 그 후로는 역시 동양적 사회의 구성의 특수

---

65) 일본 도교학의 개척자인 다찌바나(橘樸, 1880~1945)는 중국에 약 40년간을 머무르며 주로 동북 아시아 지역을 답사하였다.
66) 지금은 비트 포겔(Karl August Wittfogel, 1896~1988)로 표기한다. 독일 출신의 미국 사회학자, 경제학자이다. 중국 사회에 대하여 마르크스주의 입장에서 연구하였고 국가의 치수관개 사업을 사회의 기초적 요인으로 생각하며 '물의 이론'을 제시하였다.

문제 등을 더욱더욱 연마하는 한편, 종래 다른 사람들이, 혹은 신비적인 방법으로, 혹은 정의(情意)적인 견지밖에 해석하지 못하던 국체론(國體論), 일본 정신 등의 문제까지도 끝까지 과학적으로 합리적으로 연구하고 체계화하려는 노력에 노령의 정력을 경주하고 있는 중이다.

중풍증(中風症)의 병환이 선생의 기동을 퍽 괴롭힘에도 불구하고 원기는 매우 왕성하고 학문에 대한 노력과 열정은 처음 대하는 나로 하여금 한없는 경탄과 경의를 금치 못하게 한다.

"이번 조선에 온 것은 만주로 가던 도중에 들른데 불과하지만 장차로는 군(君)들과 같이 협력해서 조선 농촌에 관해서도 좀 연구에 힘써볼까 하네. 만주로 왔다가 돌아오는 길에 다시 들릴 터이니 꼭 좀 안내해주게. 전형적인 조선 농촌을 붙잡고 이모저모 살펴보고 싶은데 적당한 농촌을 하나 선정해주게. 그리고 경주의 고적과 예술을 한번 보지 못했는데 지나의 것은 거진 다 보았고 또 남양의 불교예술도 다 구경했지만 가장 우수하다는 조선의 것을 여지껏 못 본 것이 한이야, 그 외의 경주도 좀 가보아야 하겠는데."

이렇게 말하는 선생의 풍모는 너무도 열렬한 학문적 정열에 불타는 것이었다. 일언일구(一言一句) 거짓이 없고 좋은 말이나 나쁜 말이나 철두철미 과학적인 한계 내에서만 발언을 하는 것이 이 선생에 있어서 너무도 자연스럽게만 뵈인다. 나는 곧 선생의 요청을 쾌락(快諾)했다. 내 자신의 연구를 위해서도 많은 교시가 될 것이며 또 이렇듯 양심적인 노학자에게 내가 아는 한까지 이곳의 현실의 자료를 공급해주는 것은 퍽 유쾌할 일이였기 때문이었다.

이러한 약속이 있은 후 선생은 다시 입성(入城)할 것을 전제로 하고 만주로 떠났다. 그 후 4, 5일간 나는 혼자서 농촌 조사의 여러 가지 플랜을 꾸미면서 이 절호의 기회를 최고도로 효용(效用)할 생각으로 몰두하고 있었다.

그림 40-1 경성 조선호텔

3월 20일 선생은 다시 경성(京城)으로 돌아와 조선호텔에 유숙하였다. 그리하여 21일은 곧 농촌으로 출발케 되었다. 그런데 예정과 좀 달라진 것은 선생의 여정이 의외로 단축될 사정이 생겨서 농촌과 경주 고적과를 둘 다 볼 시간의 여유가 없게 된 것이다. 서로 협의한 결과 먼저 경주로 가기로 하였다. 그러나 고적을 보는 것이 아니라 경주 근교의 농촌을 보자는 것이 선생의 제안이었다.

"고적은 가을에 다시 와서 약 1주일간의 예정으로 상세히 구경하기로 하고 이번에는 농촌만 좀 보이여주게. 농업 활동을 아직 본격적으로 시작이 안 되었으니까 생산면(生産面)을 볼 수는 없지만 농민의 소비 생활만이라도 보고 싶다. 그리고 한 가지 농민들이 먹는 막걸리를 좀 먹어보았으면 좋겠네. 이곳의 막걸리 술이 동북(東北) 지방의 동동주와 같은 것이지."

이러한 말에도 농촌에 대한 선생의 뜨거운 학구열을 엿볼 수가 있었다. 21일 밤에 우리는 경주에 하차했다. 그리하여 포-타의 안내대로 시바타여관(柴田旅館)에 투숙했다.

그림 40-2 경주 시바타여관

이 여관은 수일 전 성대(城大)의 모리타니(森谷)[67] 교수도 와서 유숙한 일이 있다한다.

---

[67] 당시 경성제국대학 교수로 그의 저작으로는 「일만지경제제휴론(日滿支經濟提携論)」(『조선행정』 1941년 6월), 「국민개로의 의의(國民皆勞の意義)」(『조선』 제318호, 1941년 11월), 「대동아전쟁과 남방자원의 중요성(大東亞戰爭と南方資源の重要性)」(『조선행정』 1942년 1월) 등이 있다.

22일 아침 박물관에 들어선 우리는 무엇보담도 1200년 전 것이라는 신라 농구의 진열품에 깊은 흥미와 주목을 느끼지 않을 수 없었다.

호미, 삽, 밴쟁이, 쇠스랑 등이 상녹이 돌고 거진 다 파손된 것을 원형대로 정리해서 진열하여 놓았는데 현금(現今) 조선 농민들이 사용하는 농구와 조금도 다름이 없는 제조 방법으로 된 것이었다.

그림 40-3 조선의 쟁기

신라 농구와 동양적 사회

첫째로 이러한 사실은 동양적 사회의 정체성(停滯性)을 명백히 지시(指示)하는 유력한 사료가 된다. 이 점은 작년에 내가 처와 함께 경주에 갔을 때에도 절실히 느낀 바이다. 그러나 동양적 구성의 사회가 왜 그리 오랫동안 발전이 없이 정체를 계속하여왔던가? 이 중대한 핵심 문제에 관해서는 나 역시 비트 포겔의 견해를 여러 번 고찰해오기는 했지만 내심으로의 의아(疑訝)를 어찌할 수가 없었다. 이제 다찌바나 선생과 동행한 판이라 나는 곧 이 문제에 관한 선생의 의견을 듣기로 했다.

"서울서도 좀 이야기했지만 나는 비트 포겔은 그리 높이 평가하지 않는데 히라노 요시타로(平野義太郞)[68] 군은 포겔을 점수를 준다면 95점은 주겠다고 했지만 나 같으면 겨우 을(乙)의 하(下), 잘했자 을(乙)의 중(中)밖에 못주겠다. 물[水]의 의의에 대한 그의 강조는 확실히 정당하다. 이 점에 대한 그의 학속(學續)은 사실 위대하다. 이것은 나도 시인한다. 그러나 동양적 사회가 왜 오랫동안 정체를 지속해왔는가에 대해서는 결코 물[水]만 가지고는 해명이 안 된다.

나의 견해를 간단히 말하면 이렇다. 서양사회, 서양문화의 발단은 희랍(希臘)에 있지 않은가? 그런데 이 지중해 사회는 자연환경에 있어서 산하(山河)의 변화가 매우 심하다. 높은 산과 봉이 처처에 솟아오르고 또 한편으로는 맑은 강이 수없이 흐르고 있다. 강변의 유역(流域)에서는 농업이 전개되지만 산악 지대에서는 다종다양(多種多樣)의 공업 원료를 이용하여 왕시(往時)의 성대한 수공업을 발전시킬 수 있었다. 이리해서 농업과 수공업이 처음부터 병행적으로 분업적으로 성장해왔으며 공업은 농업에 대해서 기술을 주고 농업은 다시 공업에 대해서 원료를 제공하면서 아리스토텔레스의 찬란한 지중해 문화를 형성해온 것이다. 그러나 그 반면 동양사회를 본다면 황하나 양자강과 같은 대하(大河)를 가진 광대한 유역에서 먼저 농경이 시작되었다. 이 유역은 지세의 변화가 적고 그저 망망무제(望望無際)로 평탄할 뿐이다. 자연적 자원도 극히 단순하고 따라서 농공업의 분화가 성장되지 못했다. 산업이라면 거진 농업뿐이었다. 공업의 발전이 촉진되지 못하였으니까 공업은 농경 기술의 향상을 자극할 수도 없었다. 이러한 사회

---

[68] 히라노 요시타로(平野義太郞, 1897~1980)의 주요 저작으로는 『일본자본주의사회의 기구(日本資本主義社會の機構)』(岩波書店, 1934), 『현대중국과 중소 관계(現代中國と中ソ關係)』(공저, 勁草書房, 1965) 등이 있다. 그는 『조선고적도보』의 편집에도 참여하였다.

에서는 생산의 기술이 오랫동안 정체되지 않을 수 없고, 또 그러니까 사회의 전구성(全構成)도 정체적이 되지 않을 수 없었다. 문화의 출발에 있어서는 서양보담 훨씬 선진적이었음에 불구하고 근대 공업 사회에로의 발전에 있어서는 동양이 도리어 후진 사회가 된 것도 이 까닭이다. 문제는 요컨대 동양 사회와 서양 사회의 구성적 차이를 명확히 인식하는 데 있다."

정체성을 해명하는 선생의 이야기는 조금도 정체할 줄을 모른다. 동양적 사회의 이 정체성에 대해서는 이곳의 농구만 보아도 의심할 여지가 없다. 1300년 전의 농구가 오늘 것과 조금도 다름이 없다는 것은 그동안의 농업, 산업기술이 그만큼 정체되었다는 것을 말함이며 따라서 이것은 신라 이후의 전조선사(全朝鮮史)가 얼만큼 동양적으로 정체해왔다는 것을 의미한다. 박물관을 나서면서도 선생은 그냥 말을 계속한다.

"그렇기 때문에 서양 사회는 농공업의 분업을 기저로 하는 집합 사회로 성장했지만 동양적 사회는 영세농적인 공동체 사회를 기저로 성장해온 것이다."

박물관의 최 씨는 우리를 위해서 일부러 고종(古鐘)을 일부러 한 번 울려 보여준다. 그 음향의 아름답고 또 여운이 은은하게 긴 것은 확실히 다른 곳에서 유례가 없을 것이다. 여기저기서 "위대한 예술이다, 전혀 상상 이상이다"라고 몇 번이나 감탄을 되풀이하는 선생도 이 고종의 너무도 고전적인 음향에는 오직 침묵으로서 경탄의 느낌을 표시할 뿐이었다.

"보게, 고적이건 종이건 모두가 필요 이상으로 굉대(宏大)하지 않나? 이것은 귀족들의 위협 수단이야!"

어느 나라 고적임을 막론하고 옛날의 지배층의 고적은 모두 필요 이상으로 규모가 크다. 이것은 지배층인 귀족들이 그의 권세를 과시하며 인민의 생활과 그들 자신의 생활과의 간(間)에 넘을 수 없는 심연을 관념적으로 설정하여 지배권에 대한 불가침을 상징하려는 의도에서 한 것이다.

안압지 옆의 농촌

비가 부슬부슬 내린다. 우리는 마차를 타고 안압지반(雁鴨池畔)의 한 촌락을 향해서 길을 달렸다. 분황사지(芬皇寺趾)도 옆으로 바라보았을 뿐이며 안압지도 마차에 앉은 채 내려다보았을 뿐이다. 촌락에 들어서는 먼저 계획대로 중층(中層) 정도의 소작 농가를 찾아갔다. 농민은 역시 순박하고 마음이 좋다. 일면식도 없는 우리들을 아주 반가운 표정으로 맞아준다. 우리가 어떤 종류의 인간들이란 것을 대개 알아차린 이상, 신라의 현명한 자손들이 비록 빈곤한 살림, 초라한 누옥(陋屋)인들 무엇이 부끄러워 뵈여주길 피할 것이냐, 대문도 헛간도 없고 그저 간조(簡粗)한 울타리뿐이다. 나는 먼저 농가의 건축 양식이 기후 관계로 서선(西鮮)과 북선(北鮮), 남선(南鮮)이 각각 다르다는 것을 말하고 또 같은 지주와 자작농, 자소작농(自小作農), 소작농의 계층에 따라 각각 양식이 판이하다는 것을 설명했다.

다음으로 이 집 담 입구 옆에 있는 퇴비 쌓인 곳을 보았다. 역축(役畜)의 구사(廄舍)와 가족용의 변소와 그리고 이 퇴비 제조장의 3자가 서로 공간적으로 결합되어 있는 것은 어느 조선 농촌에서도 볼 수 있는 일이지만 다찌바나 선생도 매우 합리적이라고 감탄하는 것이었다. 구사(廐舍)도 조잡하고 변소는 더욱이 추하다. 그러나 구사(廐舍)와 변소와 그리고 퇴비 제조장과를 서로 결합하야 사람과 우마(牛馬), 도야지, 닭 등의 가축이 배토(排吐)하는 분변(糞便)을 퇴비 제조에 이용하는 이 농법을 생산이란 것의 의의를 과학에 의해서가 아니라 장구한 전통과 체험을 통해서 가장 잘 이해하고 있다는 것을 증명하는 것이 아닌가? 인간의 생산 활동이란 것은 결국 자연과의 투쟁은 자연과 인간과의 신진대사의 반복을 의미하는 것이다. 자연은 생산의 결과로서 인간에게 그의 식량과 의료(衣料) 등 필요 물자를 제공하지만 인간은 다시 이 모든 물자를 유기적으로 소화하고 배설하여 자연에게 돌려주고 만다. 나중에는 자연의 아들인 인간 자신까지도 소장이 되어 자연의 품속에 파묻히고 마는 것이 아니냐?

독일의 유명한 농업학자 리히트호펜[69]은 지나와 각지를 편력하

---

[69] 리히트호펜(Ferdinand Paul Wilhelm Richthofen, Freiherr von, 1833~1905)은 독일의 지리학자・지질학자이다. 중국에 관한 저서를 집필했으며 지리학 방법론을 발달시키고 지형학의 학문적 체계를 세우는 데 기여했다. 지형학이란 육지와 해저 기복의 형상을 다루는 지질학의 한 분야이다. 리히트호펜은 돌로미티 알프스와 트란실바니아 등지의 지질학 조사를 통해 명성을 얻은 뒤 1860년 극동으로 파견된 독일 경제사절단에 지질학자로 참여했다. 스리랑카, 일본, 타이완, 셀레베스 군도, 자바, 필리핀 군도 등지를 방문했으며 방콕을 출발해 모울메인, 미얀마 등지로 여행했다. 여기서 그는 다시 캘리포니아로 가 1863~68년 사이 그곳에 머무르면서 지질조사를 실시했다. 이 과정에서 그는 금광을 발견하기도 했다. 다시 동방으로 돌아온 뒤에는 중국 전역을 답사하면서 자료를 수집해『중국, 그 여행의 결과와 이를 기초로 한 연구(China, Ergebnisse eigener Reisen und darauf gegründeter Studien)』(1877~1912) 5권과 지도서를 펴냈다. 다른 저서로는 『현대 지리학의 과제와 방법(Aufgaben und Methoden der heutigen Geographie)』(1833),『19세기 지리학의 원동력과 방향(Treibkräfte und Richtungen der Erdkunde im neunzehnten Jahrhundert)』(1903) 등이 있다.

고 나서 이 나라의 농민들이 이러한 자연과 인간과의 신진대사의 이법(理法)을 가장 현명하게 잘 해득하고 있는 것을 보고 몇 번이나 경탄을 거듭했다. 사실 우리도 농촌에 갈 적마다 농민의 모든 농업 활동이 모두 이러한 이법(理法)을 기초로 하고 있다는 것을 깊이 깨닫는다. 또 이러한 농업 활동에 있어서의 여러 가지 기술도 비록 과학적인 것은 아니나, 영세농적 경영의 오래인 전통과 체험에서 얻은 것인 만큼 전생활(全生活) 체계와의 관련에서 볼 때에는 반드시 일정한 합리성을 가지는 것이다.

그림 40-4 개량 쟁기 사용 설명회

이에 관련해서 나는 선생과의 사료에 관한 교담(交談)을 여기에 기록해 볼까 한다. 이 소작농의 집에는 살찐 황소가 한 마리 있다. 가족의 말에 의하면 예탁우(豫託牛)라고 한다. 그런데 내지에서는 사료를 소한테 줄 때에 조선서 처럼 삶아서 뜨겁게 해서 주지를 않고 생초(生草)대로 주는 것이 일반의 관례이다. 그래서 조선의 사료를 처음 보는 내지인들은 이것을 오해하는 수가 많아서 연료 등 절약할 줄 모르고 남용한다고 말하는 이가 많다. 나도 이런 말을 여러 번 들은 기억이 있다. 다찌바나 선생도 이에 대해서는 많은 의아를 가지는 모양이었다.

"물론 전통과 체험에서 얻은 방법이겠지만 그 배후에는 반드시 어떠한 이유가 있을 것이다. 이런 것도 이곳 농촌의 전생활(全生活) 체계와의 관련 밑에서 고찰해야 한다. 군의 견해는 어떤가?"

과연 노숙한 대학자인 만큼 일견(一見) 괴이하게 보이는 사실이 있더라도 결코 이 사실만을 가지고 가타부타 판정하는 것이 아니라, 반드시 그 배후에 잠재해 있는 사회적인 원인에까지 추급(追及)하고야 만다.

선생의 의문에 대해서 나는 생초(生草)채 주는 방법과 삶아서 먹이는 방법과의 어느 것이 생리적으로 보담 좋은 방법인지는 나도 잘 모르겠지만 연료와의 관련에서 보면 조선의 가족 제도, 가옥의 양식, 더욱이 온돌과의 관계에서 볼 때 결코 연료의 남비(濫費)가 아니라 매우 합리적이란 것을 말했다. 조선서도 여름에는 생초(生草)채 먹이는 것이고 삶아서 먹이는 것은 동절(冬節)뿐이다. 조선의 가족 제도로 보아서 한 가옥 내에 여러 쌍의 부부가 각각 방을 따로 차지하고 있는데 밥 짓는 불만을 때가지고는 한 방밖에 열은 가(加)할 수도 없으니까 자연히 딴 방에도 따로 불을 넣지 않으면 안된다. 그래서 건넛방이라던가, 사랑방 같은 곳에 불을 때자면 이 불로서 우마의 사료를 끓이는데 이용하는 것은 결국 일석양조(一石兩鳥)의 현명한 책(策)이며 결코 사료의 남비가 아니란 말을 대답했다. 선생은 묵묵히 듣고 있다가 "옳다, 그럴게다. 개개의 부분적 사실을 반드시 생활의 전 체계와의 관련 하에서 이해해야만 한다. 이런 것도 좋은 일례이다" 라고 말했다. 다시 선생은 말을 계속하면서 "가령 지나의 농민을 본다면 누구나 다 아는 바와 같이 세계에서도 가장 근면한 농민이 그들이다. 그런데 처음 보는 사람이 퍽 괴이하게 여기는 것은 그들은 들에 나가서 근면하게 활동하다가도 한번 비가 오기만 하면 곧 일을 중지하고 집으로 돌아오는 습관이 있다. 그러나 요 사실만을 가지고서 지나의 농민을 아주 태타(怠惰)한 국민이라는 판단을 한다면 큰 실패가 아닐 것인가? 비가 오면 일을 중지한다는 사실에도 반드시 어떠한 역사적인 또는 사회적인 이유가 있을 것이다. 이런 것도 그들의 생활의 전 체계와의 관련에서 이해해야 한다"고 선생은 누누이 강조하는 것이었다.

잡다한 농업신

농민의 친절한 안내로 우리는 이 농가의 이모저모를 샅샅이 탐색하고 또 농가의 소지물(所持物), 의복, 식기, 솥, 김치 독 등 모조리 꺼내어 보았다. 여기에서의 조사의 전 성과를 일일이 통계적으로 발표할 필요는 없지만 어쨌든 농가 생활의 개개의 현상이 모두 심원한 역사적 의의를 내장하고 있으며, 또 이러한 역사적인 이유에까지 추적해서 고찰하고 설명하는 것은 곤란도 하지만 퍽 흥미도 있는 일이다.

방안에 들어가서 샅샅이 조사하고 있을 때 우리는 방 한 모퉁이에 천정 밑에 현판을 달고 그 위에 조그만 도기의 단지기[70]를 놓아둔 것을 발견했다. 선생은 곧 이것을 끄집어 내려서 보려고 했더니

---

70) '단지'의 경기 방언.

주인 노파가 대경실색하면서 안 된다고 달려온다. 이 이상스러운 태도를 보고 우리는 곧 이것이 어떤 종교적인 혹은 미신의 대상임을 알아채렸다. 농부들의 말에 의하면 이 단지기 안에는 쌀을 담아 두었는데 이것은 매년 가을 신곡(新穀)을 추수한 후 길일을 택해서 일정한 의식을 거행한 후 새 쌀을 넣어둔다는 것이다. 선생은 묵묵히 머리를 흔들고 있다가 "어떤 종류의 농업신일까? 혹은 불교와도 관련되는 일일까? 단순한 샤머니즘일까? 군의 생각은 어떤가?"고 나에게 묻는다.

사실 이 지방의 이러한 미신은 나의 고향인 서선(西鮮) 지방의 소위 귀신 당작이란 것과도 성질이 좀 다른 모양이다. 서선의 귀신 당작은 용(龍)의 표상으로서 구렁이[大蛇]를 위하는 것이며 틀림없이 농업신이다. 용이란 것은 동양적 사회에서는 물과 관련되는 미신의 대상으로 용이 하늘로 올라가서 비를 오게도 하고 또 용이 그냥 하수(河水) 속에 잠겨 있기만 하면 비가 오지 않으므로 흉년든다는 미신이 있다. 그러나 이 지방의 단지기는 도저히 알 도리가 없었다. 농부 등에게 물어보아도, 또 노파에게 물어보아도 그 의의를 전혀 모르는 것이었다. 누구를 위하는 것인지, 어떤 신을 숭배하는 것인지, 또 무엇 때문에 그런 것을 위해 두는지 전혀 이해치를 못한다. 오래인 전통과 관습이 그저 맹목적으로 이 사람들의 생활을 공포와 비굴과 무지의 수단으로 지배되고 있을 뿐이다.

어떤 집에서는 남아가 출산했다 해서 대문칸에 새끼줄을 가로 매이고 줄 위에 당초(唐草)와 해태(海苔)를 각각 하나씩 양쪽에 달아 매인 후 중앙에는 숯[木炭]을 한 덩이 매여둔 것을 보았다. 여아가 출산했을 시에는 이 숯만을 약(略)해 버린다는 것이다. 또 우리는 반월성 위에 있는 성황목(城隍木)도 보았다. 이러한 여러 가지 미신

표상을 종합해보아 다찌바나 선생은 "확실히 샤머니즘의 요소가 많다. 물론 몽고 계통이다. 만주 농촌의 미신과도 꼭 흡사하다. 좌우간 이것은 좀 더 깊이 연구해볼 필요가 있다" 라는 것이다.

지방에 따라 잡다하기 짝이 없는 이 각종의 농업신과 농촌의 미신을 체계적으로 과학하는 것도 우리들의 큰 임무가 아니면 안 될 것이다.

가족의 분화와 경제

이 소작 농가의 총 경작 면적은 겨우 1정보(町步) 내외이다. 그런데 가족의 노동력은 매우 풍부하여 호주의 부부와 장남과 차남의 부부가 있고 아해(兒孩)를 제(除)한대도 성년 노동력이 6명이나 된다. 아해들은 학령에 달했음에 불구하고 학교에는 못 다니며 농업 노동을 보조하고 있을 뿐이다.

"이처럼 여러 쌍의 성년 부부가 있음에도 불구하고 가족이 분화되지 않은 것은 무슨 까닭인가? 아직도 옛날의 대가족 제도의 관념이 지배하는 탓인가? 혹은 단순한 경제적인 이유뿐인가?"

다찌바나 선생의 이 질문에 대한 농민의 대답은 매우 명쾌했다.

"분업하자니 재산이 있어야지요. 가난하니까 못하지요. 분가야 물론 누구나 하고 싶지만."

소유한 재산은 별로 없지만 소작권을 새로 얻을 수도 없으니까 사실상 분가하기는 곤란할 것이다.

다찌바나 선생의 말과 같이 경제가 분가를 저지한다는 것은 이러한 경우에는 너무도 심각한 의의를 가진다.

전체로 보아서 조선의 지주들로 하여금 좀 더 적극적으로 생산에 협력하도록 해야 한다. 나는 이것을 금후 더욱 강조하고 싶다.

우리에게 친절을 보여준 농가에게 마음으로 사례를 표하고 가족들과 같이 사진을 찍은 후 우리는 첨성대로 마차를 달렸다.

『조광』 8권 4호, 1942년 4월

인정식(印貞植, 1907~?)은 농업경제학자이자 언론인이다. 평남 용강에서 태어났는데 집안은 부농에 속하는 편으로, 고향에서 할아버지가 운영하던 사숙에서 한문을 배웠고 보통학교를 졸업한 뒤 1917년 세 살 위인 노미석(魯美石)과 혼인하였다.

평양에서 고등보통학교를 다니다 1925년 일본으로 건너가 동경의 법정대학에 입학하였다. 일본에 있을 때 공산청년회에 가입하여 고려공산당 청년회의 기관지『조선청년』,『레닌주의』등의 간행을 맡은 것으로 전한다.

그 뒤 1929년 말경 동경에서 붙잡혀 1934년 2월까지 수감 생활을 하는 동안 많은 독서를 했다고 한다. 1934년 출옥 후 고향으로 돌아가 독서회를 조직하고 독본을 만들어 농민들에게 민족의식, 공산주의 등을 고취시키고 공화계라는 비밀결사를 조직하였다. 1935년 서울로 돌아와 『조선중앙일보』 기자로 활동하여 언론인으로 필명을 날렸다.

또한 이 무렵 농업 문제에 대해 본격적인 연구를 시작하여 1936년 4월 『중앙』에 「토지의 점유 형태」라는 논문을 발표하였으며, 그 해 5월 『조선중앙일보』에 실린 안창호(安昌浩)의 개량적 운동을 비판하는 「안창호론」에서 흥사단, 동우회 등의 문화·교육주의를 통렬히 비판하였다.

그의 농업 연구는 1937년 출판된 『조선의 농업기구 분석(朝鮮の農業機構分析)』에서 체계를 갖춘 것으로 평가받고 있다.

광복 후 그가 공산주의운동과 어떤 연관을 맺고 있었는지는 불분명하나, 1946년 출간된 『조선의 토지문제』라는 책의 내용으로 보아 공산주의 노선을 걷고 있었음을 추정할 수 있다. 1949년 11월 '국가보안법' 위반 혐의로 구속되었으며, 6·25전쟁 후의 행적은 알 수 없다.

일본어로 간행된 주요 저서는 『조선의 농업지대(朝鮮の農業地帶)』(1940), 『조선농촌재편성의 연구(朝鮮農村再編成の硏究)』(1943) 등이 있다. 한글로 간행된 주요 저서는 『조선의 토지문제』(1946)와 『조선농업경제론』(1949) 등의 다수가 있고, 사전으로는 『조선농촌문제사전』(1948)이 있다. 아울러 『인정식전집』(전5권, 한울, 1992)이 있다.

위의 글은 인정식이 구리하라의 소개로 당시 유명한 학자 다찌바나를 동반하고 농촌을 보여주기 위해 경주를 찾아 경성제국대학 모리타니 교수도 유숙한 적이 있다는 시바타여관에 투숙했다. 1936년 다나카 동양헌 사진관에서 간행한 『신라의 고도 경주고적안내』에는 시바타, 아사히(朝日), 마쓰야(松屋), 경주, 안동, 경성, 월성 등 여관 일곱 곳을 소개하였다. 아마도 시바타여관은 일본인이 운영했던 것 같다. 한편 불국사에서 여관을 운영하던 일본인 스기야마(杉山)는 경주 외동읍 모화리의 원원사지를 발견하기도 했다.

그 다음날은 박물관에서 신라 농구를 참관하고 이어 안압지 옆의 촌락에 들러 농가의 건축 양식과 농기구, 농업신, 농민의 생활 형편 등을 탐방했다.

41 일천년 고도 경주 지방

경주는 신라 일천 년 고도요, 고려의 동경(東京)이던 빛난 역사를 거듭한 남조선의 문치(文治)적 중심지이었었다. 이조에서는 특히 진경부(鎭慶府)를 두어 안동(安東)과 같이 경북의 중진으로 동지(同地)의 유수(留守)는 특별 권한을 부여한 일도 있었다 한다. 지금도 고도의 면영(面影)을 존석(存惜)하는 미술적 건물이 많이 잔여(殘餘)하여 사가, 예술가로 하여금 한번 장리(杖履)를 이끌며 배회망반(徘徊忘返)할 만한 가치가 있다. 또 신라가 특히 이 지방을 택하여 국가의 중심으로 하였던 당시와 같이 금일도 오히려 산업상의 교통상의 지위를 보지(保持)한다. 즉 동으로 감포(甘浦)와 같은 연해 지방을 통하는 도로는 험준한 개소(箇所)가 다(多)하여 육상 교통의 불편이 적지 않으나 기여(其餘)는 2, 3등로(等路)가 사통팔달한 평원지(平原地)뿐이다. 서(西)으론 대구(大邱)·영천(永川), 동남으론 포항(浦項)과 울산(蔚山)을 통하여 중앙철도와 자동차가 연락부절(連絡不絶)하는 지석(砥石)과 같은 2등(等)도로는 해륙(海陸)의 물산이 이 지방으로 집배(集配)되는 집중선로(集中線路)가 되었다. 이제 객년(客年)71) 중 수이출입(輸移出入) 중요품의 수량 및 가액(價額)을 보면 이러하다.

---

71) 지난해.

수이출품(輸移出品)

품 명	수 량	금 액
현　　　미	24,300석	36,400원
대　　　두	10,300석	1,030원
수　산　물	?	2,120,000원
조선지(朝鮮紙)	11,300석	414,067원

수이입품(輸移入品)

품 명	수 량	금 액
면　　　포	?	400,000원
석　　　유	220석	2,200원
염　(鹽)	50,400석	1,000원

　　이밖에도 연해의 어산(魚産)은 물론 남산(南山)의 안경석(眼鏡石), 함라산(舍羅山)의 백반(白礬), 팔조포(八助浦)의 사철(沙鐵), 비월동산(非月洞山)의 석유황(石硫黃) 등의 토산은 여구(如舊)히 이 지방의 생산력을 가세(加勢)한다. 더구나 조선지로서의 유명한 경주지(慶州紙)는 한국 당시부터 관영(官營)의 제지장(製紙場)을 두고, 공용지(公用紙)는 전부 이곳에서 초지(抄紙)한 역사가 있었다 한다. 즉금(即今)도 지방비 경영의 제지전습소(製紙傳習所)가 있어 사업(斯業) 장려에 치중하여 매년 국내는 물론, 외국으로부터 수입되는 이익률이 연년(年年) 증가된다고 한다. 다시 보문(普門) 수리조합은 내동면(內東面)과 경주면(慶州面)을 통하여 381 정보(町步)의 면적을 몽리(蒙利) 구역으로 하고 4만 1천원의 경비로써 객년(客年) 3월부터 공사에 착수하여 동년 6월에 준공하였다 한다. 이 사업이야말로 이 지방 조선인의 경영 발달로 보아서 흔행천만(欣幸千萬)이다.
　　또 목하 일선인(日鮮人) 합동의 사업으로 자본금 12만원의 전등

주식회사를 조직하여 불원간 읍내 시가의 미(美)를 더하게 됨과 읍내와 감포리(甘浦里) 등 인구 조밀(稠密)한 시가지에서 다년 현안이 되어있던 수량의 부족과 불량 문제로 먼저 읍내를 비롯하여 도비(道費)의 보조로써 공용 정호(井戶)를 설(設)하여 역시 불구(不久)에 해결케 됨은 모두 이 지방 번영상에나 위생상에 없지 못할 일이다. 그러나 관내의 곡물은 반분(半分) 이상이 포항과 영덕(盈德) 방면으로 산출(散出)됨과 감포의 건어물은 교통의 불편으로 하여 전부 부산으로, 부산서 대구로, 대구서 다시 이 지방으로 돌아들어 적어도 2, 3배 이상의 고가를 초(超)하여 주민의 경제상 손실이 막대하다 함은 더욱 유감천만이다.

이제 다시 조선인의 어획과 일본인의 어획의 비교를 상시(詳示)하면 이러하다.

어업자별	출어선수	승조인원수(乘組人員數)	어획물 개산고(槪算高)
조선인	433	1,589	2,516,216원
일본인	132	978	44,739원

이 지방은 관내를 통하여 총면적 88방리(方里) 여, 해안선 6리 10정(町), 12면, 185동리에 현재 총인구 30,204호내(戶內, 일본인 46호, 중국인 14호), 1방리(方里) 평균 밀도 1,169인(人)이 되는데 이제 조선인과 일본인과의 사경제(私經濟)에 대한 자력(資力)을 비교하면 이러하다.

조선인의 자력

6천원 이상	29
4천원 이상	37

2천 5백원 이상	96
1천 5백원 이상	207
천원 이상	318

일본인의 자력

5천원 이상	25
4천원 이상	10
3천원 이상	21
2천원 이상	30
천 8백원 이상	14
천 6백원 이상	20
천 2백원 이상	38
천원 이상	58

(단 천원 미만은 기입치 아니함)

다시 관내 주민의 1년간 생활비를 기(記)하면 이러하다.

종별	가족수	생활비 총액	내역(內譯)				
			양물비(養物費)	부식물비	의복비	교제비	잡비
상류	5인	천 5백원 이상	330원	370원	300원	300원	200원
중류	5인	750원 이상	165원	185원	150원	150원	100원
하류	5인	5백원 이하	110원	124원	100원	100원	66원

조선의 구문화를 보중(保重)하는 신라 고적

전기(前記)한 바와 같이 이 지방은 신라 치세(治世) 992년간의 도성으로 읍내를 중심으로 하여 사방 수십 리(舊里數)에 긍(亘)하여 산간야원(山間野原)의 어디를 불문하고 신라 문명의 전성을 연상할 만한 성곽당탑(城郭堂塔)의 적(跡)이며 조탁기공(彫琢技工)의 정밀을 극(極)한 고적, 유물을 매거(枚擧)키 난(難)함은 그야말로 조선 고대문명사의 실재와 고상을 들어내인다. 그러나 이러한 유적, 유물은 대개 천년 이상의 시일을 경과하여 점점 파괴, 산일되어 가고 따라서 고물상인의 영리품으로 아주 이름을 보수(保守)치 못하게 되었다가 하도 외인(外人)의 떠드는 소리에 놀래어 정신을 차림인가? 대정(大正) 4년 춘(春)에 당지의 관민이 일치 협력하여 50만원의 기금으로써 신라고적보존회(新羅古蹟保存會)를 설(設)하고 현지의 보존과 진열관에 수집, 보존에 힘써 일반의 종람(縱覽)에 공(供)한다. 이제 그 구적(舊蹟)의 종교적 유물과 비종교적 유물 가운데 아직 가장 주요(主要)되는 수를 약거(略擧)하면 이러하다.

태종무열왕릉. 이 능은 신라 전성기의 일대 영주(英主)인 태종 무열왕릉이다. 경주읍 서(西) 약 20정(町) 되는 서악(西岳) 징거징에서 약 5정(町) 되는 지점에 있다. 이 능은 그 전면에 있는 귀비(龜碑)와 같이 모두 신라 문무왕 원년에 조성된 것이라 한다. 비는 다만 귀부와 이수만 남았으나 정치(精緻)한 화강석으로써 만들어 그 두부(頭部)와 사지(四趾)의 수법이며 학실(鶴實)의 묘를 극(極)함과 정(頂)과 영하보상화문(領下寶相花文)을 각(刻)함이며 배(背)에 귀갑문(龜甲文), 주연(周緣)에 비설문(飛雪文), 이수에 6룡(龍)이 상배반결(相背蟠結)하여 윤곽을 이루고 표리에 있는 자는 각각 후족(後足)을 거(擧)하여 보주(寶珠)를 봉(捧)하는 모양은 실로 혼양기고(渾樣奇古)의 취(趣)가 있다. 또 중간에 '태종무열대왕지비(太宗武列大王之碑)'의 8자를 2행으로 양각한 전액(篆額)이 있으니, 이것은 당시 능서(能書)의 예(譽)가 책책(嘖嘖)하던 태종의 제2자 김인문(金仁問)의 유필(遺筆)이라 한다.

오릉(일명 蛇陵). 경주읍 남에서 약 1리 되는 내남면(內南面) 탑리

(塔里) 문천(蚊川)의 남편(南便) 송림 중에 있는 최대한 왕릉이다. 이 능지(陵地) 주위는 전부 토석장(土石墻)으로 남향 일각문(日角門) 내에는 '신라시조왕(新羅始祖王), 동비(同妃), 남해왕(南解王), 유리왕(儒理王), 파사왕릉(婆娑王陵)'이라 각(刻)한 석표(石表)를 세우고 연(連)하여 5개 원형의 묘산(墓山)이 전후로 벌려 있다. 그 가운데 표형(瓢形)으로 된 1묘(墓)가 시조왕릉이라 한다. 능남(陵南)의 죽림 중에 있는 숭덕전(崇德殿)은 시조왕, 즉 혁거세(赫居世) 거서간(居西干)을 봉사(奉祀)하는 박씨의 종묘로, 현금(現今)은 참봉(參奉)을 두고 춘추의 제전(祭奠)이 있고 또 그 후방 부근에 있는 폐정(廢井)은 시조왕비인 알영비(閼英妃)의 발상지로 지금은 일국토(一掬土)로 된 소구상(小丘上)에 잡초가 이리(離離)할 뿐이다.

나정. 오릉 남으로 약 7, 8정(町) 되는 대로 좌편에서 조금 높은 언덕 위에 있는 일총(一叢)의 송림 중에 고정(古井)이 있다. 이 고정은 신라 시조 박혁거세의 천강처(天降處)라 한다. 이조 순조(純祖)에 세운 석비가 있어 그 비문의 상세는 이러하다.

　　　고허촌장 소벌공이 양산 기슭을 바라보니 나정 옆의 숲 사이에 말이 꿇어앉아 울고 있었다. 그가 즉시 가서 보니 말은 갑자기 보이지 않고 다만 큰 알이 있었다. 이것을 쪼개자 그 속에서 어린 아이가 나왔다. 그는 이 아이를 거두어 길렀다. 아이의 나이 십여 살이 되자 지각이 들고 영리하며 행동이 조신하였다. 육부 사람이 그의 출생을 기이하게 여겨 높이 받들다가 이 때에 이르러 임금으로 삼았다. 진한 사람들은 '호'를 '박'이라 하였는데 처음의 큰 알이 박과 같이 생겼으므로 그의 성을 박이라고 했다(高墟村長蘇伐公望楊山麓. 蘿井傍林間有馬跪而嘶. 則往觀之馬忽不見只有大卵. 割之嬰兒出焉. 則收而養之. 及年十餘歲岐嶷然夙成, 六部人以其

生神異, 推尊之至是立爲君焉. 辰人謂瓠爲朴, 以初大卵如瓠, 故以朴 爲姓).72)

포석정. 나정에서 다시 남으로 10정(町) 여 되는 남산 서록(西麓) 계류(溪流)의 방(傍)에 있다. 신라 헌강왕(憲康王)은 이곳에서 남산 의 신이 무악(舞樂)으로써 성덕(聖德)을 찬송함을 보았다 하고 그 뒤 경애왕(景哀王)은 이곳에서 연안(宴安)의 여독(餘毒)으로 후백제 견훤(甄萱)에게 사상초유(史上初有)의 참극을 당하였다 한다.

그림 41-1 견훤 묘(연무읍 금곡리 소재)

지금에도 임중(林中)에 석거(石渠)로 영회(縈回)한 포어형(鮑魚 形)의 유상곡수(流觴曲水)의 적(跡)이 완연하다.

계림. 김알지(金閼智)의 천강지(天降地)이다. 읍남(邑南)에서 15정 (町) 되는 경주면 교리(校里)에 경역(境域) 2,213평 안에 규(槻)·괴 (槐)·가(榎) 등의 고목이 번울(繁蔚)한 임원(林原)이 있다. 이 임원

---

72)『삼국사기』「혁거세 거서간」조 참조.

은 상대로부터 시림(始林)이라는 신성림(神聖林)으로 신라 제4세 석탈해왕(昔脫解王) 9년 4월에 의외이채(意外異彩)가 있는 금독(金櫝)을 열고 본즉 골표(骨表)가 영특한 소아가 들어 있다. 즉시 수양하여 금독의 이(異)와 지혜의 초범(超凡)을 인(因)하여 김알지라 이름을 지어 태자로 책립하였다 하고 그 7세손 미추(味鄒)가 왕위에 즉(卽)한 후 이 임원과 국명을 개칭하여 이로부터 계림팔도(鷄林八道)의 이름이 지금까지 전래한다고 한다.

첨성대. 동양 최고의 천문대로 계림의 북방 약 2정 되는 대로 방(傍)에 있다. 이 대는 신라 23세 선덕왕 때에 축조하였는데 방형(方形)의 지복석상(地覆石上)에 화강석으로써 원통형으로 축상(築上)하고 그 위에 이중의 정형(井桁)을 치(置)하였다. 고(高)가 29척 여, 하경(下徑)이 17척 여, 두부(頭部)의 광(廣)은 8척 5촌, 석층(石層)은 27단(段)이 된다. 그 남면 중앙에 창구를 통하여 겨우 이곳으로 족첨(足尖)을 접(接)하여 창까지의 상하와 내부의 출입을 하게 되었다.

반월성. 경주면 인왕리(仁旺里)에 동서 약 15정(町), 고(高)가 약 10간(間) 되는 토성같고도 석축의 적(跡)이 현저한 주위 3,023척의 반월형으로 문천의 북안에서 만곡(彎曲)한 하류(河流)에 연(沿)하여 남산과 대치한 성, 이곳이 성이라. 신라 파사왕 12년에 축조한 후 여러 왕조를 열력(閱歷)하는 동안에 누누(屢屢) 증축, 수리하여 왔다 한다. 그 내부에 있는 숭신전(崇信殿)은 탈해왕을 봉사(奉祀)하는 석씨(昔氏)의 종묘로 참봉이 있어 춘추의 향사(享祀)가 끊이지 않고 그 서방에 23의 송수(松樹)가 있는 곳이 성의 구 정문지(舊正門址)라 한다.

석빙고. 반월성 내에 있다. 견치(堅緻)한 일천 개 이상의 화강석으로써 축(築)하고 천정은 궁륭형(穹窿形)으로 구조(構造)된 대빙고

(大氷庫)이다.『삼국사기(三國史記)』에 "지증왕 6년 겨울 11월에 유사에게 명을 내려 얼음을 저장하게 했다(智證王六年冬十一月始命有司藏氷)"이라 한 사전(史傳)은 이 빙고가 적확(的確)히 신라 당시에 비로소 조성된 것으로 증명할 수 있다. 다시 입구의 미석(楣石)에 '숭정기원후재신유추팔월이기개축(崇禎紀元後再辛酉秋八月移基改築)'이라 각(刻)한 것은 이조 영조(英祖) 17년의 공사라 한다.

안압지. 반월성 북에서 수정(數町)되는 지점에 임해전의 지(址)가 있다. 신라 문무왕 14년 2월에 궁내에 지(池)를 착(鑿)하고 석(石)을 적(積)하여 무산(巫山) 12봉형(峯形)의 점점산(點點山)을 작(作)하고 기화요초(琪花瑤草)의 재식(栽植)과 진금기수양(珍禽奇獸養)이 있어 인간선(人間仙)을 꿈꾸던 곳이 즉 이 요지(瑤池)라 한다. 지제(池際)에는 정원의 적(跡)과 지중(池中)의 도(島)에는 석교를 가(架)하였던 기흔(基痕)이 상존(尙存)함만 보아도 석일(昔日) 왕가(王家)의 임천운치(林泉韻致)를 상상할 만하다.

표암. 탈해왕릉 서린(西隣)에 있다. 진한(辰韓) 6촌 중 알천상(閼川上)의 양산촌장(楊山村長)인 즉 월성(月城) 이씨의 비조 이알평(李謁平)의 출생지라 한다. 신라 당시에 이 암이 국도(國都)에 해가 되는 바가 있다하여 표(瓢)를 식(植)하여 암(岩)을 복(覆)하였음으로 표암이라 이름하였다 한다. 지금까지 이씨의 일문(一門)은 조선(祖先)의 천강(天降)한 영지(靈地)라 하여 제단을 설(設)하고 연년(年年) 향전(香奠)이 끊이지 않는다. 거금(距今) 115년 전에 신건(新建)한 석비가 있고 단안절벽(斷岸絶壁), 울창한 수림의 풍광의 미는 오히려 일일가흥(一日佳興)을 돋우는 듯하다.

서악서원(西岳書院). 경주면 서악리에 있는 태종 무열왕릉을 동으로 상거(相距)한 약 3정(町) 되는 지점에 있다. 이 서원은 신라 명신 김유신(金庾信), 동(同) 중기의 학자 설총(薛聰), 동 말기의 학자 최치원(崔致遠)의 3씨를 병사(并祀)한다. 이조 명종(明宗) 16년에 부윤 이귀암(李龜巖)의 손으로 창건(刱建)하고 동(同) 인조(仁祖) 원년에 지사(知事) 이시발(李時發)73)이 중건하였다 한다. 최초의 건물은 임진왜화(壬亂倭火)에 소진되고 현재의 건물은 그 뒤 재건한 것이라는데 이조 인조의 사액(賜額)이다.

옥산서원(玉山書院). 강서면(江西面) 옥산리, 즉 안강(安康)역에서 서북으로 15리(舊里數) 되는 지점에 있다. 이 서원은 이조 중종(中宗) 때의 석유(碩儒) 이언적(李彦迪 : 晦齋)을 사(祀)한다. 선조(宣祖) 6년에 창건한 것으로 사액(賜額)까지 있으나 본 서원의 묘(廟)와 낭무(廊廡)는 모두 만력(萬曆) 초년의 것이라 전하는 고건축물이라 한다. 개중(箇中) 회재의 고주택이었던 독락당(獨樂堂)·양진암(養眞岩)은 교남(嶠南) 굴지(屈指)의 고건물이라는데 더구나 부근의 풍경의 절가(絶佳)는 소인묵객(騷人墨客)의 막대를 머물게 한다.

---

73) 이시발(李時發, 1569~1626)의 본관은 경주, 호는 벽오(碧梧)·후영어은(後潁漁隱), 자는 양구(養久). 시호는 충익(忠翼)이다. 1589년(선조 22) 증광문과에 급제하여 승문원에 들어갔다. 임진왜란 발발로 접반관(接伴官)이 되어 경주에서 명나라 장군 낙상지(駱尙志)를 접대하였고 도체찰사(都體察使) 유성룡(柳成龍)의 종사관으로도 활동하였다. 1594년에는 명나라의 유격장을 따라 일본군 부대를 방문하여 정탐하였으며, 1596년 충청도 홍산에서 이몽학(李夢鶴)이 일으킨 반란을 진압하는 데 기여하였다. 이 밖에도 군사 시설의 설치와 군량의 조달 등에 많은 활동을 하였다. 종전 후 성주목사·경상도·함경도의 관찰사, 예조·형조·병조의 참판을 역임하였으나 북인들의 권력 독점으로 1612년(광해군 4) 김직재(金直哉) 옥사와 관련하여 삭탈관직된 바 있으며, 인목대비(仁穆大妃) 폐비론을 반대하여 낙향하였다. 1619년 광해군의 특명으로 찬획사(贊畵使)를 맡아 평안도의 민폐를 해결하였다. 1623년 인조반정 후 한성부판윤·형조판서를 지냈다. 이괄의 난 때는 부체찰사로 진압군을 지휘하였고 남한산성의 정비 임무를 수행하였다. 군사와 행정 실무에 밝았고 정치색은 크게 드러내지 않았다. 저서로『주변록(籌邊錄)』,『벽오유고』가 있다. 영의정이 추증되었다.

옥적(玉笛). 이 적은 신라 3기(奇)의 일(一)로서 대소의 2개가 있다. 대자(大者)는 장(長)이 1척 8촌 1분(分), 경(徑)이 1촌인데 흑반점이 있는 황옥(黃玉)으로 조작(造作)한 것으로 그 절단된 곳을 은판(銀板)으로써 권접(卷接)하였고 소자(小者)는 장(長)이 1척 5촌 6분(分), 경(徑)이 9분(分) 5리(厘)로, 이것은 소흑점(小黑點)이 있는 청옥으로 조작하여 대소에 모두 죽상(竹狀)을 상(象)하고 교묘히 절(節)을 모(模)하였다. 원래 이 적은 동해 황룡이 7공(孔) 7절(節)의 청황(靑黃) 2개를 부래(負來)하여 약수랄(若水剌)이 이 적을 가지고 취농(吹弄)하다가 조령(鳥嶺)을 넘어간즉 성음(聲音)이 없어졌다 하고, 또 이 적을 30년 만에 능취자(能吹者) 1인씩 출생한다는 전설이 있다. 이 적도 또 임란(壬亂)의 왜화(倭火)로 하여 일시 유실되었던 것을 그 뒤 숙종(肅宗) 때에 경주 객사의 토굴 중에서 다시 먹득(覓得)하였다는데 목제함에 황동의 금구(金具)를 부(附)하여 월성·안압지·첨성대 등의 그림을 각(刻)하고 또 기개(其盖)에 명문(銘文)이 있다. 지금은 이왕가박물관(李王家博物館)에 보존하였다. 이제 이 적에 대한 참고로 경주부윤 이인징(李麟徵, 1643~1729)의 지(識)를 소개한다.

숙종 32년 병술(1706)에 내가 경주부윤으로 부임하니 산하는 변하지 않았으나, 다만 남아있는 유물은 한 자 남짓한 옥적뿐이었다. 그러나 후세의 화재로 인하여 시커멓게 그을렸고 부서진 채 10여 조각이나 되었다.

지난 임신년(1692)에 고을 사람 김승학이 객사 무너진 토담 속에서 이 옥적 한 개를 주워 사사로이 숨겨 놓았다. 그러나 조심하지 않고 깨뜨려 가운데를 부러뜨린 후 다른 사람에게 발각되어 관아로 가지고 왔다. 그 모형은 세 마디에 아홉 구멍이 뚫렸으며 둥글고 곧은 것은 대나무를 본뜬 것인데 그 파편을 살펴보면 자못 (대나무와) 유사하였다. 특히 그 빛깔이 희고 푸르름이 남달랐는데 대개 신라 시대의 유물일 것이다.

아! 슬프다. 이 옥적의 흰색은 이미 수 천 년의 세월이 흘렀고 푸른색도 또한 수 천 년이 지나서 그 변한 것은 한두 번이 아니었다. 그렇지만 흰색이 드러나면 푸른색이 가라앉고 흰색이 없어지면 푸른색이 나타나, 신라 유물이 장차 없어지려다가 다시 전해지게 되었다. 물건에 주어진 명을 생각해보면 또한 어찌 우연이라 하겠는가. 옛날 풍검이 다시 합쳐진 것은 천고의 이사라 하였다. 만약 흰색이 불에 타 없어지지 않았고 푸른색도 곧 그 빛깔이 드러나 흰색과 푸른색이 서로 월성과 봉황대 사이에 어울어져 화음으로 울렸다면 기물의 신이함과 유적의 특이함이 어찌 저 풍검만 같지 못하겠는가. 거듭 한탄스러울 뿐이다.

그리하여 흰 밀 찌꺼기를 녹여 붙이고 백금으로 감싸 궤짝에 간직했다. 아울러 여기에 그 전말을 기록해 후세 사람의 고증을 삼으려 한다.

정해년(1707) 정월 7일에 쓰다.

(上之三十二年丙戌, 余尹東京, 不變山河, 物唯經尺玉笛. 然中入回祿, 今藏董黯點粉粹者, 十數片也. 歲壬申, 州人金承鶴者, 於客舘毁垣掘土, 得一枚而私閟之守, 不謹而折其央. 然後爲人所發而輸諸官. 其制三節九孔, 圓直象竹, 徵于破片頗近, 特其色白碧殊, 盖亦羅代舊物也. 嗟夫, 白旣歷數千年, 碧亦歷數千年, 經變故不一再, 而白顯則碧沉, 白毁則碧出, 古國遺器, 將泯而復傳, 命物者, 意亦豈偶然也. 然酆劒再合, 爲千古異事, 若使白不歸灰爐, 而碧都其出, 更唱迭和於月城鳳凰臺之間, 則物之神, 而迹之異, 奚遽不若哉. 重爲慨也. 於是淬白蠟融粘之, 裝以白金藏諸匱, 而并記其顚末于此, 以爲後人考云. 上任之翼年正月人日識).

황룡사. 안압지에서 동으로 약 3정 내외 되는 지점에 북은 분황사의 기지에 인접한 일폐사(一廢寺)이라. 신라 진흥왕 4년에 신궁을 축(築)하려고 이 지점을 선정한 후 이외(以外) 황룡이 이곳에 나타남으로 이것을 이상(異祥)이라 하여 신궁을 개(改)하여 불사로 하고 황룡사라 이름하였다 한다. 이 사는 14개 년 만에 준공한 대규모의 사찰로 신라 사찰 중 가장 굴지의 대찰이라는데 거금(距今) 804년 전 몽고호화(蒙古胡火)에 리(罹)하여 소진되고 지금은 다만 당시의 장관을 추억할 만한 거대한 초석이 전포인가(田圃人家) 중에 잔존할 뿐이다.

분황사 9층탑. 신라 선덕여왕 3년에 창건된 것이라 한다.

안산암(安山岩)의 소석재(小石材)로써 축조하여 초층(初層) 4면에는 입구를 설(設)하고 그 좌우에는 금강역사의 상(像)을 각(刻)하였으며 또 탑의 4우(隅)에는 석사자를 치(置)하였다. 이 석사(石獅)는 처음에는 6개이었던 것을 재작년에 2개는 당지 고적보존회 진열관에 이치(移置)하였다. 대정(大正) 4년에 총독부로부터 급비(給費)로써 수선할 때 이 사내에서 석함(石函)을 발견하여 함 내로부터 옥류(玉類), 금구(金具), 협(鋏), 침통(針筒), 령(鈴), 고전(古錢) 등의 수 십 점을 취하여 이것은 모두 총독부박물관에 보장(保藏)하고 석함은 당지 보존회 진열관에 이치하였다. 이 9층탑은

그림 41-2 황룡사 찰주본기 일부

임란 당시에 소실되고 3층만 겨우 구태(舊態)를 지켜오고 원효법사(元曉法師)의 철장(鐵杖)과 소위 개황화주(芥皇火珠)는 다시 전설까지 들어볼 수가 없다. 이제『경주부윤선생안(慶州府尹先生案)』중의 "정유년(1597, 선조 30) 9월에 왜장 청정 등 변방에 웅거한 적이 다시 준동하여 육량으로 전라, 충청도 등을 종횡하고, 직산에 이르렀다가 경상 좌도를 따라 내려올 때 참살과 노략질한 것은 처음보다 훨씬 더 심했다. 경주부에 남아있던 관사와 신라 때 창건한 분황사에 30만 근의 주물로 만든 금불이 모두 불에 타 없어졌고, 9층 고탑도 모두 무너지고 부서졌다(丁酉九月, 淸正等據邊之賊, 再肆蠹毒, 縱橫陸梁, 全羅忠淸等道, 至稷山, 還下左道之際, 殺掠之酷, 有甚於厥初. 本府餘存官舍及羅代所創芬皇寺, 三十萬斤鑄成金佛, 並皆焚滅無餘, 九層古塔, 亦盡打破)"라 명기한 것을 보았다. 아아! 문천, 알천의 합류(合流)인 천고의 혈루(血淚)는 속절없이 흐를 뿐이다.

백률사. 읍북(邑北)에서 약 30정 되는 소금강산(小金剛山) 중복(中腹)의 성산거암(城山巨岩)은 삭립(削立), 송백(松柏)은 삼삼(森森)한 풍치림(風致林) 속에 있는 신라 최고의 사찰로서 신라 신문왕 당시에 중수하였다 한다. 대웅전 내에 안치한 고(高) 7척 여의 동조약사여래(銅造藥師如來)의 입상은 불국사 대웅전 동조비로사나불(銅造毗盧舍那佛)의 좌상과 동(同) 극락전 아미여래의 좌상과 함께 신라 통일시대의 대표적 작품의 일(一)이 된다 한다.

불국사. 읍 동남으로 약 4리 되는(불국사역에서 33정) 토함산록에 있다. 신라 눌지왕 시에 승려 아도(我道)의 창건한 사(寺)로 아도의 일거후(一去後)로부터 점점 퇴폐함을 따라 3도(度)의 중창(重創)을 경(經)하여 결구(結構)가 겨우 완성하였다 한다. 이제 그 당우(堂宇)와 석축물 중에서 가관(可觀)할 만한 것은 이러하다.

대웅전·노사나불·춘일등롱(春日燈籠)·다보탑·석가탑·청운교·백운교·자하문·범영루불기주(泛影樓不基柱)·위축전(爲祝殿)·아미타불·석사자·칠보교·연화교.

석굴암. 불국사로부터 25정(町) 되는 급판(急坂)의 잔도(棧道)로 답등(踏登)하는 토함산상(吐含山上) 동해에 면한 원 석불사(元石佛寺)이다. 신라 경덕왕 당년에 김대성(金大城)의 창건한 것이라 하는데 석굴은 동남향의 평원형(平圓形)으로 전부 화강석으로써 축조하였다. 내부는 궁륭형(穹窿形)으로 입구에는 사천왕과 인왕상을, 내부 주벽(周壁)에는 11면 관세음, 10대 제자, 범천제석(梵天帝釋), 4보살, 8금강역사 등 26체(體)를 박육조(薄肉彫)로 각(刻)하였고 중앙에는 고(高) 1장 1촌 여의 석가상을 안치하고 상방(上方)의 벽(壁)에는 감(龕)을 설(設)하고 소불상을 안치하였다. 그 각상(刻像)의 자세의 온아(溫雅), 면상(面相)의 기괴(奇魁)함과 그 구조의 정(精), 의장(意

그림 41-3 석굴암 전면

匠)의 묘는 당시 신라의 예술의 정화를 극진하였을 뿐만 아니라, 현금(現今) 천하 제일의 미술품이 된다 한다. 연래(年來) 이 석굴암은 황괴(荒壞)가 심하여 거의 위험에 빈(瀕)할 우(虞)가 있어 대정(大正) 4년 총독부에서 보조비를 급(給)하여 수리하였다.

당시 수리 중에 석조인왕(石造仁王)의 두부(頭部), 완(腕), 수(手), 소보탑(小寶塔)과 제종(諸種)의 와(瓦), 전(塼)과 당시 사용하던 철제 설(楔), 정(釘), 임(袵)의 등속을 발견하여 지금 당지 보존회진열관에 보장(保藏)하였다. 이 굴이야말로 퇴폐는 하였을지라도 여하한 폭우에도 일적(一滴)의 옥루(屋漏)는 없었던 것을 일차 일본식의 수보자(修補者)의 손을 대인 뒤부터는 소우(小雨)의 감당(堪當)이 말유(末由)하여 지금 다시 수개(修改)에 급급(汲汲)함을 보면 이것이 이른바 혹(瘤) 떼이려다가 도로 붙이는 세움과 무엇이 다름이 있으랴!

봉덕사종. 신라 혜공왕(惠恭王)이 부군 성덕왕(聖德王)의 유명(遺命)을 받아 부 문왕(文王) 당시의 미성품(未成品)을 완성한 것으로 조선 거종 중 제일이 되고 고종으로는 제이가 되는 주물이라 한다. 중량 12만 근, 구경(口徑) 7척 5촌, 구주(口周) 23척 4촌, 후(厚)가 8촌인데 용두(龍頭)의 방(傍)에 도통(圖筒)이 있고 견대유곽(肩帶乳廓) 및 구대(口帶)에 보상화문(寶相花文)을 그리고 사면에는 천인(天人)을 배(配)하고 또 장문(長文)의 종명(鍾銘)이 있다. 일시 봉덕사가 홍수에 윤몰(淪沒)된 후 영묘사(靈妙寺)에 이치하였다가 거금(距今) 465년 전에 이 사가 역시 폐사(廢寺)된 후 다시 봉황대 아래에 종각(鐘閣)을 세우고 이치하였었다는데, 이것을 또 다시 대정(大正) 5년 4월에 보존회관 내로 종각과 함께 이치하였다 한다. 아아! 볼수록 끝이 없는 신라 문명의 유물! 이에 고가(古歌)의 일장으로써 붓을 머문다.

설월(雪月)은 전조색(前朝色)이오, 한종(寒鍾)은 고국성(古國聲)이라
남루(南樓)에 높이 올라 옛 일을 생각하니
잔곽(殘廓)에 모연생(暮煙生)뿐이기로 글노설어

다만 고적의 상세에 한(限)하여는 다시 후기(後期)를 지어 별호(別號)에 실어 보렵니다. 지금의 너무 소략하였음은 용납하시라(기자).

관내 종교 신도 수

종교별		포교소	신도수
불교	조선인	3	1,130
	일본인	10	8,176
기독교	구 교	4	664
	신 교	24	1,117
천도교		1	756
시천교(侍天敎)		1	787

관내 일본인 461호(戶)에 대한 교육의 시설과 조선인 29,709호에 대한 교육의 시설과의 비교표는 이러하다.

학교명칭	학교수	교원수	생도수	
			남	녀
공립소학교	4	9	168	137
공립보통학교	6	18	997	111
사립학교	4	6	407	65
일어강습회	7	9	479	

이밖에 서당수 87, 일본 유학생수 수십일인(數十一人).

경주는 동척(東拓)의 태창(太倉)

동척의 대구지점은 대정(大正) 5년에 이 지방에 수납소(收納所)를 두고 매년 추수기가 되면 지점원(支店員)이 출장하여 소작인(小作籾)을 수납케 하고 일방(一方)으론 연초장려주재원(煙草獎勵駐在員)을 두고 연초 장려에까지 열심히 힘쓰다가 대정(大正) 8년 전매령(專賣令)이 발포되자 즉시 이것은 폐지하고 다시 재작년부터 수납소에 간판을 고치어 동양척식회사주재소(東洋拓殖會社駐在所) 힐소(詰所)라 하고 주재소원(駐在所員)을 증치(增置)하여 토지의 매점과 기타 차(此)에 반(伴)한 이권 획득에 전력을 가(加)한 결과 벌써 관내 12면을 통하여 1,200여 정보를 영유하고 일(日)을 가(加)할수록 충천(冲天)의 세(勢)로써 괴완(怪腕)을 분진(奮振)하는 중이라. 이제 각 면의 그 소유지의 면적과 수확고와 이민수(移民數)를 기(記)하면 이러하다.

면명(面名)	경지면적		수확고		이민수
	답(畓)	전(田)	답(畓)	전(田)	
경주면(慶州面)	5,255 반(反)	1,788,1 반(反)	5,661 석(石)	8,576 석(石)	1호(戶)
내동면(內東面)	1,857,6	965,0	21,047	11,561	35
양북면(陽北面)	1,142,5	1,188,4	11,980	10,966	
양남면(陽南面)	702,8	551,0	6,921	4,636	
외동면(外東面)	2,010,8	952,2	20,820	8,970	
내남면(內南面)	1,623,6	1,226,4	18,063	11,110	10
산내면(山內面)	729,2	869,6	7,945	8,120	
서 면(西 面)	1,719,5	1,716,6	17,056	16,448	115
현곡면(見谷面)	693,5	685,6	5,625	5,134	
강서면(江西面)	1,560,5	1,729,8	16,335	15,945	36
강동면(江東面)	1,006,0	1,137,3	9,731	9,120	
천북면(川北面)	1,109,5	1,193,2	10,959	9,768	
계	14,680,7	13,003,2	152,138	119.350	107

관내 금융조합의 세력과 대은지점(大銀支店)의 약점

이 고을의 금융기관이란 것은 읍내와 안강 및 감포의 3개소에 분포된 금융조합과 사설 기관으로 읍내에 대구은행 지점의 1개소가 있다. 그런데 전자 식리과잉(殖利過剩)에 배불러 걱정이오, 후자는 취인율(取引率)의 부진으로 줄이여 걱정이다. 다시 전자는 세민(細民)을 대수(對手)하여 경주조합만의 1년 대부고(貸付高)가 2천 7만원, 기타 2개소의 12만 여원이란 엄청난 금전이 민간 사경제의 공황을 다소 완화하는 듯하다만은 남달리 생산 부족으로 천식(喘息)이 급급한 세민들은 한번 이만 그물(金網)에 걸리어 들기만 하면 도리어 속신(贖身)을 못할 만큼 차용 시의 아유(阿諛)는 어디 가고 다만 최후의 남은 것은 상환일의 울음뿐임에야 어찌 할까? 또 후자로 말하면 민간 거래의 실적은 아식 가서(叫擧)할 것이 없고 다만 공급의 취급에 그치는 것이 목하 상태이라 한다. 이것은 후원의 힘이 부족한 독부(獨夫)라 금융조합의 고압적 자본책(資本策)에 착수키 어려움도 일리가 없지 않을 것이다말은 이보다 이상의 허용할 수 없을 점은 이 지점의 역원(役員)의 활동이 너무도 지둔(遲鈍)함과 따라서 은행으로서의 은행다운 신용을 박득(博得)치 못하였음에 있지 않을까?

관내 청년회의 개황

본 군 청년회는 경주면의 경주청년회와 강서면의 안강청년회, 양북면의 해동(海東)청년회가 유(有)하니 회원의 총수는 195인(人)이다.

경주 인심의 악경향(惡傾向)

그렇지 않아도 영남 추로(鄒魯)의 향(鄕)이오, 사대부의 향(鄕)이라 하여 제법 예의염치(禮義廉恥)를 숭상하고 따라서 정사(正邪)의 분별이 명확하였다 한다. 그 가운데에도 특히 경주는 나대로부터 이조에 이르기까지 인물의 명산지로 현금(現今)도 도내 타군에 비하여 소위 양반 유생이 다(多)하여 동방 군자국의 미풍양속을 말한다. 더구나 주민의 과반수 이상 되는 농업자의 성질은 대개 돈후질박(敦厚質朴)한 데다가 아직도 구(舊)를 수(守)하고 신(新)을 배척하는 풍이 많은 모양이다. 이러함도 불구하고 읍내에는 무엇보다 먼저 발전의 기선(機先)을 제(制)하여 여인숙 및 음식점의 겸업자와 전업자의 수가 벌써 수백을 초과하고 창녀와 무녀(巫女) 및 소위 예기(藝妓) 등의 수도 역시 수백지상(數百之上)에 달하여 백방(百方)의 호미(狐媚)로써 유위청년(有爲靑年)들을 마혹(魔惑)하여서 서로서로 추악의 이득을 다투는 꼴은 인견(忍見)키 난(難)한 괴상(怪狀)이다. 아서라, 이 향(鄕)이야말로 식색(食色)의 향(鄕)으로 화(化)하여 버리려는가? 어찌 이뿐이랴! 가가(家家)의 박혁열(博奕熱)은 축일비상(逐日沸上)하여 일차수(一次手)를 착(着)하는 자이면 사물광(死物狂)이 되는 모양이다. 그러고 이족(異族)에게 매수되어 공권을 자실(自失)하고도 요두전목(搖頭轉目)하는 돈견아(豚犬兒)며 자가(自家)의 존재를 무시하고 조선(祖先)의 성지(聖地)를 남굴(濫掘)하고 유물을 요도(窈盜)하여 이족에게 구걸하려는 야매인종(野昧人種)은 얼마이냐! 아아! 조석(朝夕)이 급한 이 지방의 위기! 뉘라서 고도의 영(靈)을 위(慰)할꼬?

『개벽』 제4권 제18호, 1923년 8월

이 글은 1923년 당시 경주 지역의 경제생활상과 풍속을 살피는데 유용한 자료이다. 먼저 경주의 역사, 지리적 위치, 수출품과 수입품, 어획량, 주민의 생활비, 경주의 고적, 종교 신도수, 학교, 경지면적과 수확량, 금융기관, 청년회 활동, 그리고 마지막으로 경주의 인심을 상세하게 소개했다.

이 글의 작자가 누구인지 알려져 있지 않지만 예전의 미풍양속은 모조리 사라지고 점차 '식색(食色)의 향(鄕)'이 되어가는 '이 지방의 위기'를 통탄하고 있다.

42 역사 미담 : 신라 효녀 연권(連權) 양

김약천(金藥泉)

　신라 한기부(韓岐部)에는 연권(連權)이라는 여자가 살았었다. 성품이 지극히 효도(孝道)로워서 부모에게 효성 있기로 유명하였습니다. 어려서 부친이 세상을 떠나고 연약한 여자의 몸으로 홀로 그 어머니를 공양하는데 나이 서른 두 살이되 시집을 가지 아니하였습니다. 그러고 아침저녁으로 어머니 옆을 떠나지 않고 극진히 공양하는데 집이 너무 빈한하기 때문에 남의 집에 가서 방아품도 팔고 또 문 앞 문 앞을 다니며 밥을 빌어다가 공양하였습니다. 그러나 이것도 하루 이틀이지 허구헌날 그렇게 하니 몸이 여간 피곤하지 아니하여 도무지 더 견딜 수가 없게 되었습니다. 연권이는 생각다 못하여 할 수 없이 남의 집에 몸을 팔아 쌀 십여 석을 얻어서 종일 그 집에 가서 일을 하여주고 어둔 후에야 집에 돌아와서 밥을 하여 어머니 공양을 하였습니다. 이렇게 하기를 삼사 일을 하니 자연 연권이는 더욱 피곤하였습니다. 그 모친이 딸의 눈치가 이전보다 다른 것을 보고,

　"이애야, 네가 그전에 얻어다 주는 밥은 찬밥덩이에 장물만 얻어다 주어도 내 맘이 편하고 맛이 입에 달더니, 지금 네가 하여주는 밥은 더운밥에 반찬을 갖추어 주어도 밥맛이 전 같지 아니하고 가시밥을 먹는 듯이 밥이 목에 넘어가지 않으며 맘이 칼로 에여내는

것 같으니, 웬 일이냐?"

하고 울었습니다. 이 말을 들은 여자가 아무래도 오래 속이지 못할 줄 알고 자기가 밥을 빌어다가는 어머니를 공양할 수가 없어서 몸을 팔아 종이 되었다고 이야기 하였더니 늙은 어머니는 이 말을 듣자 목을 놓아 울면서,

"이 못된 목숨이 왜 얼른 끊어지지 않아서 아비 없는 딸자식이 남에게 종으로 팔려가게 한단 말이냐!"

하니, 딸도 역시 슬퍼서 흐느껴 울면서 어머니를 위로하며 마주 붙들고 울며 자기의 가련한 신세를 비탄하였습니다. 이때에 마침 효종랑(孝宗郞 : 그때에 일부 공부하여 나랏일을 하는 집단으로 화랑이라는 것이 있었다)이 놀러 다니다가 보고 돌아가서 자기 부모에게 말하여 집에 있던 곡식 백여 석과 옷 갖가지 주며 또 연권을 종으로 샀던 주인에게는 쌀 열 섬을 도루 갖다가 주고 다시 물러서 보통 사람을 만들었습니다. 이 말을 듣고 각 화랑의 무리들이 각각 곡식 한 섬씩을 내어주었습니다. 이 말이 차차 한 입 건너 두 입 건너 온 나라 사람에게 알리우게 되니 그때 임금님이 이 말을 듣고 벼 오백 석과 집 한 채를 주고 나라에서 시키는 정역(征役)이 구슬을 면제하여 주고 또 너무 그 집에 곡식이 많아서 도적이 들까하여 나라 군사를 보내 그 집을 수직하여 주고 그만 이름을 효양방(孝養坊)이라 부르게 되었습니다.

기자 왈 : 연권은 자기 어머니를 위한 효녀입니다. 어머니를 잘 공양하기 위하여 자기가 뼈가 부러지도록 방아품을 팔고 또 나중에는 자기 몸을 팔아서 어머니 봉양을 하였으니 갸륵한 일입니다.

그러나 이것은 이천 년 전에 있든 아름다운 이야기입니다. 어머니를 위하여 자기 몸을 희생하는 것이 잘못이라는 말은 아닙니다만

은 지금과 그때는 시대가 다릅니다. 어머니 한 사람보다 더 중한 조선 사람 전체라는 것이 있습니다. 조선 사람 전체를 위하여 몸을 바치는 사람이 많이 나는 것이 어머니를 위하여 몸을 바치는 것보다 더 위대한 일이라고 생각합니다. 조선 사람을 위하여 몸을 바치고 남은 힘이 있으면 다른 일을 하려니와 다른 일을 한 후에 조선 사람을 위하여 바치는 일을 할 수는 없습니다. 그것은 우리의 앞에 뚜렷히 있는 조선 사람 전체의 행복을 도모하지 않고는 개인으로 아무리 어머니에게 효성을 하려야 효성도 할 수 없는 까닭입니다. 어머니를 위하여 몸을 바친 연권의 이야기를 하든 끝에 요사이 이야기를 하나 하겠습니다.

연권이와 처지는 다르지만 현재 이화전문학교 학감으로 있는 김활란(金活蘭)74) 씨는 나이 36, 7세가 되었으나 아직 시집가지 아니하고 부모를 뫼시고 공양합니다. 그래서 누가 양에게 결혼을 하지 않겠느냐고 묻는 이가 있으면 "내가 시집을 가면 부모는 어떻게 살

---

74) 김활란(金活蘭, 1899~1970)은 한국의 여성교육자이며 아호는 우월(又月). 본명은 '김기득(金己得)'이며, '활란'이라는 이름은 어머니를 따라 어릴때 감리교에 입교하면서 '헬렌(Helen)'이라는 세례명을 받아 이를 한자로 표기한 것이다. 인천 출생으로 이화학당의 대학부를 1918년 제1회로 졸업하고 이 학교에서 교사로 근무했다. 1920년대와 1930년대 각각 미국에서 학사(오하이오 웨슬리안 대학교), 석사(보스턴 대학교)와 박사 학위(컬럼비아 대학교)를 받고 귀국하여 이화여전 교수가 되었다. 박사 학위 논문은 한국의 농촌 교육에 대한 것이었다. 그는 국내 여성으로는 최초의 박사가 된 사람으로, '여성박사 1호'라는 수식어가 늘 따라다녔다. 중일 전쟁 발발 이후부터 조선총독부가 지원하는 조선부인연구회, 방송선전협의회, 애국금차회에 참여했고, 국민정신총동원조선연맹과 조선언론보국회, 임전보국단을 통한 강연, 『동양지광』, 『조광』에 대한 기고로 전쟁 지원을 선동하는 친일 활동을 벌였다. 광복 후에는 우익 운동에 나서 반탁 운동 단체인 독립촉성중앙부인단에 참가했다. 이후 이화여대 초대 총장을 비롯하여 여러 학교의 이사장직을 맡았으며, 여성 교육계의 대표적인 인물로서 한국여성단체협의회 회장 등 여성계에서 활발한 활동을 했다. 저서로 자서전 『그 빛속의 작은 생명』(1965)이 있다.

아가시겠느냐?"고 하였다 하니, 그 심경만은 역시 신라 때 연권과 같다고 할 수 있습니다. 그러나 김활란 씨는 10년 동안이나 미국에 유학하여 박사학위를 얻어 가지고 온 이요, 조선의 오직 하나인 여자전문학교의 학감이라, 이천 년 전의 연권이 같이 어머니 한 사람을 위하여 독신주의를 지키며 고심분투하지는 않을 것이요.

역시 조선과 조선 사람을 위하여 일을 하여보겠다는 결심으로 독신 생활을 하는 것이라고 전하는 사람이 있습니다.

『실생활』 제3권 제11호, 1932년 11월

김약천에 대해서는 알려진 바가 없다. 이 효녀 이야기는 『삼국사기』「효녀 지은(知恩)」조에 나온다. 그런데 자자는 연권과 지은을 착각하였다. 지은은 연권의 딸이므로 위의 글에서 연권은 지은으로 대체되어야 마땅하다.

여하튼 우리 역사에서 '효녀 이야기'는 대를 넘어 무수하게 전해졌다. 동방예의지국에서 딸이 부모를 섬겨 그 이름이 만고에 전하는 미담은 아직도 우리 사회에 유효하거늘, 그러나 현재 한국의 상황은 어떠한가? 자식이 부모를 유기하고 돌보지 않는 사례가 비일비재하다. 참으로 개탄할 일이다.

43 경주의 개 무덤
금화산인(金華山人)

경주(慶州)의 개 무덤 최 부잣집이라 하면 우리 조선에서는 모르는 이가 없습니다. 부자로 13대를 누리고 진사(進士)라는 초시 벼슬로 9대나 이어 왔으니 어찌 조선에서 유명하지 않을 수가 있겠습니까? 그런데 이 최 부잣집이 이렇게 부귀를 누리게 된 것은 물론 그 선조의 끼쳐논 적선과 복덕의 그늘이라고도 하겠지요마는 간접으로는 개의 도움이라고도 합니다.

이제로부터 이야기는 최 부잣댁의 충견(忠犬) 개의 이야기로 들어가겠습니다. 최 부잣집의 13대 이전의 조상되는 최 씨는 그리 넉넉하게 살지를 못하였습니다. 그대로 겨우 계량이나 될랑말랑하게 한미한 선비로 지냈습니다. 그런데 이 최 씨는 식구조차 번성하지 못하였음으로 강아지 한 마리를 얻어다가 친자식과 같이 생각하고 귀히 여기기를 마지 아니하였습니다. 세월이 흘러감을 따라서 강아지도 큰 개로 변하여서 주인을 따르되 마치 어린아이가 부모를 따르듯이 하였습니다. 그래서 주인이 어디를 가든지 하면 꼭 따라다니기를 마지 안했습니다. 그런데 어느 해 봄에 최 씨는 일갓집으로부터 무슨 잔치를 한다고 최 씨에게 청첩을 하였습니다. 그래서 최 씨는 그 잔치하는 집으로 가게 되니 그 키우던 개도 꼬리를 치고 따라갔습니다. 최 씨는 그 연희에 참석하여 글도 짓고 음식도 먹고 하던 끝에 주반이 낭자하여 술을 마신 것이 만취하도록 취했습니다. 저녁나절이나 되어 최 씨는 자기의 집으로 돌아가는 길에 몸도 고달프고 정신도 흐릿함으로 어떤 벌판(지금의 개무덤으로 전하는 곳)의 잔디밭에서 담배를 물고 피우면서 양지짝을 향하여 앉았다가 졸음이 사르르 드는 고로 그대로 퍽 쓰러져서 팔을 구부려 베고 눕게 되었습니다. 그래서 고만 그 자리에서 잠들게 되었습니다. 이럴 때에 입에 물었던 담뱃대는 최 씨가 잠이 듬을 따라서 그대로 사르르 빠지자, 담배를 담아 피었던 대통이 폭 엎어지며 대통에 담겼던 불이 바싹 마른 잔디 속에 파묻혀서 봄바람이 살살 부는 대로 불꽃이 일어나게 되었습니다. 개는 이러한 광경을 자세히 보면서 정든 주인을 지키고 꿇어 앉아서 그 불꽃이 타가는 곳만 보고 있었을 뿐입니다. 그러나 바람이 반대 방면으로 부는 고로 불꽃은 주인의 저 짝으로 자꾸 붙어갑니다. 영리한 개는 아무리 생각하여 보아도 주인의 몸에 위해(危害)가 미칠듯하여 보이는 고로 두 발로서 주인을 잡아 흔들고 주인의 귀가 뚫어질 만치 그 귀에다 대고 짖었습니다. 그것은 물론 주인의 잠을 깨게 하려는 것이겠었지요. 그러나 술이 만취되어 잠이 든 최 씨는 꿈나라에 달콤한 보금자리를 치고 있었는지라 몸이야 불에 타든지 말든지 이 나라에 일은 알 바가 아니었습니다. 그저 가벼운 혼신이 꿈속 나라에서 향락을 탐해 놀았을 뿐입니다. 그런데 잔디 벌판에 불꽃은 반대 방향에서 탈대로 타다가 다시 바람의 세력을 따라서 주인이 누은 이곳으로 향하여 타들어 옵니다. 벌써 불꽃은 난무를 하며 주인이 누운 곳의 삼면을 휩싸고 타들어 옵니다. 이것을 본 개는 그대로 주인의 잠만 깨려고 할 때가 아님을 알았습니다. 그래서 개는 주인이 누운 곳에서 조금 떨어져 있는 곳에 시냇물이 있음을 발견하고 곧 즉시 시냇물로 들어가서 몸에다가 물칠을 하여 가지고 나와서 주인이 누운 곳에 와서 때굴때굴 구르며 아직 타지 않은 잔디를 적시어서 불이 침범하지 못하도록 방비를 하였습니다. 개는 이와 같이 하는 동안에 불꽃은 사면으로 빽 돌았습니다. 그러나 개는 불타는 것도 관계하지 않고 물을 적시어서 주인의 누운 자리를 적시느라고 그 개는 어느덧 불속으로 왕래하는 바람에 발이 데고 털이 그슬려서 화상을 당한 고로 그만 주인이 있는 그 옆에서 그대로 사지를 뻗치고 죽고 말았습니다. 주인은 얼마 동안을 잤든지 잘대로 자다가 깨서 보니까 하늘에는 별이 총총하게 박혀 있습니다. 그런데 옆을 바라보니 금잔디가 깔려 있는 잔디밭은 어느덧 초토로 변하여 까맣게 타고 자기가 누었던 터만 멍석 한 입 깔아노니만큼 남았는데 물이 흥건하게 흘러서 젖어 있는 것이 달빛에 은은하게 보입니다. 최 씨는 이게 웬일인가 하고 놀라운 생각에 눈을 동그랗게 뜨고 사면을 휘휘 돌아보다가 발 뻗은 곳을 내려다 보니 흰 개가 까만 개로 변하여 누었습니다. 그래서 최 씨는

"워리워리, 이개 즉즉"

이렇게 하여 보았으나 개는 아무 대답이 없이 바위처럼 누었습니다. 그래서 지팡막대로 건드려보니 개는 그대로 여전히 누었을 뿐입니다. 이때에 개주인은 개가 죽은 것을 알았습니다. 따라서 자기가 술 먹고 왔던 일과 담뱃대를 물고 잠들었던 일을 추억하매 그간에 불이 났던 일과 잔디밭이 탔던 일과 멍석 한 입만큼 물이 흘러서 타지 않은 이유를 누구의 설명을 듣지 않고도 상상할 만큼 뀌여 알게 되었습니다. 그리고 자기가 입고 누었던 소창(小敞)옷의 앞자락과 뒷자락에 개 발자욱이 있음을 발견하니 개가 자기를 깨느라고 얼마나 애를 썼던 것을 알만 합니다. 따라서 개가 불에 타서 죽은

그림 43-1 경주 내남면 이조리 개무덤(최영기 제공)

까닭도 설명 없이 알만하게 되었습니다. 그럼으로 최 씨는 죽은 개를 들여다보며

"아아, 너는 나를 살리느라고 네가 몸을 버리고 말았구나! 너는 나에게 둘도 없는 충견이다. 아아, 신둥아! 신둥아!"

이와 같이 부르짖고 울기를 마지 않했습니다. 이러는 동안에 밤은 벌써 새워졌는지라 최 씨는 자기 집으로 돌아와서 권속 등을 데리고 가서 그 멍석 한 입만큼 남은 잔디밭에 그 개를 비단에 싸서 묻어주고 뫼를 돋아줄 뿐더러 제문(祭文)을 지어서 축을 일러주고 제물을 갖추어서 제사까지 지내주었습니다. 이렇게 하여 그 개가 죽은 제삿날이면 언제든지 잊지 않고 제사를 지내왔더니 세상 사람들은 개도 그러한 개가 없거니와 주인도 그러한 주인이 없다고 감탄하고 이야기를 하게 되어 그 개 무덤은 지금까지도 여러 사람의 구비(口碑)에 전해올 뿐더러 최 씨는 그 개혼(狗靈)의 도움을 입어서 13대나 부귀를 누려온 것이라고 전합니다.

『조선』 제18권 제1호, 1934년 1월

김화산인은 김화산(金華山, 1905~1970)의 필명이다. 김화산은 서울에서 부친 방성식(方聖植, 1855~1908)과 모친 밀양 박씨 사이에서 3남 3녀 중 셋째아들로 태어났다. 본명은 방준경(方俊卿)이고 아명은 원룡(元龍), 아호는 춘범(春帆)이며 필명으로 김화산(金華山), 김화산인, 방포영(方抱影) 등이 있다.

그는 일제강점기 문학평론가이자 시인, 법조인이었다. 1927년 조선 프롤레타리아 예술가동맹(KAPF) 문학의 방향 전환기에 목적의식론을 비판하고 아나키즘 문학론을 펼쳤다. 그는 경성제일고등보통학교를 거쳐 경성법학전문학교를 마쳤다. 지방법원 서기로 지내다가 판사 시험에 합격했으나 문학에 뜻을 두고 KAPF 맹원이 되어 시와 평론을 발표했다. 아나키즘 입장에서 발표한 「계급예술론의 신전개」(『조선문단』, 1927. 3)에서 "종교 신자와 같은 심리적 미망이 현금 마르크스주의자 일부에 침윤"되었다고 볼셰비즘을 비판하고, 예술은 독립할 수 있고 독립할 가치가 있다고 했다. 이 아나키즘과 볼셰비즘의 논쟁은 김기진과 박영희의 내용·형식 논쟁 과정에서 나왔기 때문에 큰 파문을 일으켰다. 그러나 한설야·조중곤·윤기정 등이 아나키즘을 집중 공격하여 아나키즘 계열은 KAPF에서 제명당했다. 아나키스트의 논리는 사회에서 지지받지 못했으나 그는 아나키즘의 예술론에 대한 강한 집착을 보이는 글을 계속 발표했다. 시 「아름다운 사람」(『시종』, 1927. 8), 「구월 우일(九月雨日)」(『혜성』, 1931. 10), 「행복」(『신생』, 1931. 11), 소설 「악마도」(『조선문단』, 1927. 9. 3~11. 23), 평론 「설명에서 감각으로」(『조선일보』, 1925. 10. 23), 「뇌동성문예론(雷動性文藝論)의 극복」(『현대평론』, 1927. 6) 등이 있다.

1933년에 조선총독부의 공주지방법원 판사로 임명되었고, 이후 부산지방법원, 대전지방법원, 상주지방법원, 통영지방법원, 인천지방법원 등의 판사를 역임했다. 판사로 근무하면서도 1933년 「맑스주의의 문학론 음미」로 아나키즘 문예이론 정립을 시도하고, 아나키즘 문학론을 대표하는 소설 「악마도」, 「이대장전」 등의 작품을 발표했다.

광복 후인 1947년에는 변호사를 개업했다. 제1공화국 말기인 1959년에 대법원 판사가 되었고, 1960년에는 광주고등법원장에 임명되었다. 1961년에 변호사로 돌아갔다가, 1964년 제3공화국에서 재차 대법관에 임용되어 1966년에 퇴직했다.

경주 최 씨의 집성촌 경주시 내남면 가암(佳岩) 이조(伊助) 마을은 포회(浦會)라고도 부른다. 내남 용산 이조 앞을 흐르는 강물은 명계서 들어오는 별내 강물과 노곡에서 들어오는 미역내와 박달에서 흘러오는 이조내 강물, 즉 세 곳의 강물이 보이는 곳, 즉 '갯모늘'이란 뜻이다. 그리고 이 마을에는 '개무덤'이라고 하여 무덤을 쌓아놓은 곳이 있어 이 마을을 개무덤 마을이라 부르기도 한다. 그러나 또 다른 설화가 전하기도 한다.

신라의 어느 왕 때 왕비는 색마라서 왕 몰래 대신과 통정했다고 한다. 이 소식을 들은 왕은 대신의 목을 자르고 왕비를 어떻게 처리할지 몰라 망설이던 차에 왕비는 수치심을 견디지 못하고 언제 닥칠지 모르는 형벌이 두려워 자살하고 말았다. 왕은 왕비의 처사를 못마땅하게 여기고 그녀의 행동을 '개 같다'라고 욕을 하며 왕비의 무덤을 커다란 능으로 쌓지 않고 무덤처럼 쌓았다고 한다. 모두 확실한 근거는 없고 단지 전해오는 설화에 불과하다.

개무덤에 관한 설화는 중국 남북조 시기 동진(東晉)의 문인 간보(干寶)가 지은 『수신기(搜神記)』에도 기록되어 있다. 참고로 적어둔다.

(오나라) 손권 시대 때 이신순은 양양 기남 사람이다. 그의 집에서는 '흑룡'이라는 개 한 마리를 길렀다. 주안은 이 개를 애지중지하여 자나

깨나 데리고 다녔고 음식을 먹을 때에도 나누어서 먹곤 하였다.

하루는 이신순이 성 밖에서 술을 마시고 대취하여 귀가하는 도중에 풀밭에 누워 잠들었다. 때마침 태수 정하가 사냥을 나왔다가 사냥터의 풀이 우거진 것을 보고 사람을 시켜 불을 지르게 했다. 이신순이 누운 곳으로 공교롭게도 바람이 불어왔다. 불길이 다가오는 모습을 본 개는 입으로 주인의 옷을 당겼으나 이신순은 꼼짝도 하지 않았다. 주인이 누운 곳에서 삼십 내지 오십 걸음 정도 떨어진 곳에 개울이 있는 것을 보고 개는 곧 달려가 물속에 뛰어들어 몸을 적시고는 주인이 누운 곳으로 돌아왔다. 그 주위로 몸의 물기를 뿌려 주인이 화상당하는 것을 막았다. 개는 물을 나르느라 피곤하고 지쳐서 결국 주인 곁에서 쓰러져 죽었다.

잠시 후 깨어난 이신순은 죽어 있는 개를 보았고, 또 온 몸이 젖어있는 것을 보고는 무슨 일이 있었는지 몹시 궁금했다. 그는 불길의 흔적을 발견하고는 그제서야 통곡하기 시작했다. 이 소식이 태수의 귀에 들어가자, 태수는 개를 불쌍히 여기며 말했다. "개의 보은이 사람보다도 낫구나! 은혜를 알지 못하는 인간은 개만도 못하구나!"

태수는 즉시 관과 수의를 준비토록 명하고 장례를 치러주었다. 지금의 기남에는 의견총이 있는데, 그 높이가 열 길이나 된다(孫權時, 李信純, 襄陽紀南人也. 家養一狗, 名曰黑龍, 愛之尤甚, 行坐相隨, 飮饌之間, 皆分與食. 忽一日, 於城外飮酒大醉, 歸家不及, 臥於草中. 遇太守鄭瑕出獵, 見田草深, 遣人縱火爇之. 信純臥處, 恰當順風. 犬見火來, 乃以口拽純衣, 純亦不動. 臥處比有一溪, 相去三五十步, 犬卽奔往, 入水濕身, 走來臥處. 周回以身灑之, 獲免主人大難. 犬運水困乏, 致斃於側. 俄而信純醒來, 見犬已死, 遍身毛濕, 甚訝其事. 睹火踪迹, 因爾慟哭. 聞于太守, 太守憫之曰："犬之報恩甚於人！ 人不知恩, 豈如犬乎？" 卽命具棺槨衣衾葬之. 今紀南有義犬塚, 高十餘丈).

의견총 설화는 중국뿐만 아니라 한국의 개무덤 설화, 일본의 이누즈키 설화에도 그대로 전해지고 있는데, 의견, 충견을 바라보는 동양 삼국의 시선은 모두 동일한 것 같다.

44 경주의 인물
일기자(一記者)

경주는 신라의 천년 고도로 오늘날 조선 문물의 으뜸이 되어 있은 것이어니와 영웅과 위인이 이곳에서처럼 많이 난 곳이 드물 것이다. 또한 여자로도 역사상에 빛나는 이름을 전한 이가 여기에처럼 많은 곳이 없을 줄 안다.

시조 불구내(弗矩內)의 왕후 알영(閼英)

여섯 마을의 촌장이 모여 남쪽으로 양산 밑 나정(蘿井)이란 우물 곁에서 이상한 빛이 하늘로부터 땅에 드리운 것을 보고 그곳으로 찾아가 한 어린이를 얻어 마침내 임금을 삼으니 그가 신라의 시조 불구내니 그 이름의 뜻은 '빛으로 누리를 다스린다'는 것이다.

이 일이 있은 후 사람들은

"이제 하늘 아드님이 우리에게 강림하셨으니 마땅히 거룩하고 덕 있는 여군이 나옵시어 그 짝을 이루리라."

하였다. 과연 그날 사량리(沙梁里)라는 곳 알영정 우물가에서 또 옥 같은 동녀(童女)를 구하여 월성 뒷산에 가 목욕시키어 모셔 왔다.

이에 남산 서쪽 모퉁이에 새 대궐을 짓고 그 두 거룩한 아기를 받들어 모시고 자라시기를 기다려 나이 열셋에 이를 때에 임금을 삼으니 이가 곧 천년 동안 사직을 계속하여 찬란한 문화를 피어낸 신라의 시조이다.

소경 백운랑(白雲郞)을 따라 간 제후(際厚)

진흥왕 때에 벼슬 사는 두 사람이 있어 한 동리에 같이 살았을 뿐 아니라 남달리 그 사이가 가까웠고 또 같은 날 두 집에서 아기를 낳으니 하나는 아들 백운이요, 하나는 딸 제후이었다.

두 송이 꽃같이 아름다워 자라나는 그들은 또한 깊은 인연으로 장차 부부 만들 언약을 얻게 되었다.

어느덧 열네 살, 백운은 이때에 국선(國仙)이 되어 그 이름이 장안에 들렸다. 무론 제후의 조그마한 가슴은 남달리 기쁨으로 터질 듯하였다. 그러나 그들에게는 불행의 첫 막이 열리는 그것은 우연한 병으로 백운이 소경된 사실이다.

그로 말미암아 제후의 부모는 점점 마음이 변하였다. "아무리 언약이 있을지언정 소경에게야 딸을 줄 수가 있나" 하고 마침내 제후를 무진(茂榛) 태수 이교평(李校平)이란 이에게 시집보내기로 하였다.

제후는 부모님 앞이라 제 속을 말 못하고 눈물로 날을 보내고 ○○○ 마지막 용기를 내어 밤에 남몰래 백운을 찾아가 자기의 뒤를 따라오라고 밀약을 하였다.

그리고 이튿날 시집 길을 떠나 무진에 이르자 이교평에게 인사만 하고 돌아서 나와 뒤를 따라 온 소경 백운과 손목을 마주 잡고 멀리 도망해 버리고 말았다.

중로에 도적을 만나 고생도 하면서 먹을 길, 입을 길조차 없이 사랑을 지켜 마음을 안 변한 제후의 이름은 오늘 더욱 기억된다. 그 신의 있는 사람, 이것이야말로 참사랑이다. 신라 부녀는 이러하였다.

가실(嘉實)을 기다린 설(薛) 처녀

진평왕-서기 580년경-때에 어느 빈한한 설 씨의 집에 한 어여쁜 딸이 있었다. 집안은 비록 가난하고 천할 시라도 인물이 아름답고 행실이 단정하므로 보는 이마다 칭찬을 말지 않았다.

그때에 그 늙은 아버지 설 노인이 정곡(正谷)이란 곳으로 수자리를 살러가야만 하게 되었다. 그러나 딸은 차마 늙고 병든 아버지를 먼 곳으로 보내드리기가 어려웠다.

이러자 하루는 가실이라는 젊은 사나이가 찾아와 설 노인의 대신으로 자기가 가겠노라고 청하는 것을 보고 설 처녀는 마음에 고마운 생각을 가지지 않을 수 없었다. 그리하여 가실이 설 노인의 대신으로 떠나게 되매 설 노인은 그 감사한 값으로 수자리 사는 기한을 채우고 돌아오면 자기의 딸과 혼인시켜주기로 언약하였다. 그때에 설 처녀는 거울 하나를 가실의 ○○○○○ 반쪽은 품에 넣고 반쪽은 가실에게 주며 "이것으로 뒷날 신표를 삼자" 하였다.

이렇게 가실과 설 처녀가 서로 나누인 뒤로 기약한 삼년 세월은 어느덧 다 지나고 또 삼년이 더 지나도록 와야 할 가실은 돌아오지 아니한다.

설 노인은 드디어 가실이 죽은 줄만 알고 딸을 다른 곳으로 시집보내려 하였다. 그러나 설 처녀는 한번 맺은 언약을 풀 수 없고 마음 한번 박힌 뒤니 고칠 수 없다 하고 그가 돌아오기만 기다렸다. 그러나 새로 정한 시집 날은 왔다.

그날 아침 설 처녀는 가실이 두고 간 말 앞에서 말 등을 쓰다듬으

며 울었다. 그때에 마침 가실이 돌아와 신표로 받은 거울 조각을 내어 보이니,

"당신이 살아왔구료, 살아왔구료. 하늘은 당신을 살리고 또 나를 살렸소."

하며 반가이 맞아들이고 다시 좋은 날을 가리어 언약한 두 사람이 잔치를 이루었다.

백제로 시집간 선화(善化) 공주

진평왕의 따님 선화 공주는 아름답기로 신라 일국에만 들린 것이 아니라 이웃나라 백제에까지 소문이 퍼지었다. 백제 서울의 남지(南池)라는 못가에 어느 과부의 집 젊은 아들 서동(薯東)에게까지 들렸으니 이 서동은 늘 밭에 나가 마[薯]를 캐어 그것을 팔아 살아가는 아이였고 또 그로 서동이란 이름을 얻었다.

서동은 선화 공주가 어여쁘단 말을 듣고 문득 칼을 들어 머리를 깎은 뒤에 경주로 향하여 가니 그것은 장차 신라 공주를 자기 손에 넣으려는 뜻이었다.

서동은 마를 한 짐 짊어지고 경주의 거리를 돌아다니며 많은 아이들에게 마를 그냥 나눠주며 노래를 가르쳐주었다.

> 선화공주님은
> 남 몰래 어려두고
> 서동방을 밤엘랑은 안고 가요.

> 善化公主主隱
> 他密只嫁良置古
> 薯童房乙夜矣卯乙抱遺去如.

아이들은 이 노래가 무슨 뜻인지도 모르고 불러 퍼졌다. 하루 이틀 동안에 경주 성안은 이 동요를 모르는 사람이 없게 되었다. 그러자 이것이 궁중에까지 문제가 되어 마침내 여러 가지 관계로 선화 공주를 멀리 귀양 보내게 되었다.

그리하여 선화 공주는 귀양길을 떠났다. 서동은 자기가 모든 일을 계획적으로 해놓은 것인 만큼 한편으로 미안도 하였으나 또 한편으로는 뜻대로 되어가는 것이 무한히 기뻤다. 서동은 공주의 뒤를 밟아가다가 어느 날 밤 공주와 좋은 연분을 맺고 그 자세한 이야기를 한 뒤에 같이 백제를 향하여 도망하였다.

백제 서울에 이르러 새살림을 사는 동안 그들은 차차 민망을 얻어 마침내 백제의 왕이 되니 이가 곧 백제의 서른째 임금 무왕(武王)이다.

(그런데 『삼국사기』에는 이 무왕이 법왕(法王)의 아드님이라고 적혀 있는 것을 붙여 말하여 둔다.)

맹모(盲母)를 섬기는 효녀 지은(知恩)

경주 분황사(芬皇寺) 동쪽 마을에 연권(連權)이라는 사람이 있어 그 집이 몹시 가난하였다. 연권이 오랜 병으로 자리에 누워 앓고 있었으나 그 아내는 소경이었고 딸 지은이 또한 어린 것이라 어찌할 길이 없어 마침내 연권은 못 오는 먼 길에 끝없는 손이 되고 말았다.

그리하여 남은 두 목숨은 의지할 곳이 없었다. 나 어린 지은이는 어머니를 위하여서나 저를 위하여서나 집집이 밥을 얻으러 나가지 아니할 수 없었다.

한 술 두 술 밥을 모아다가 등불 아래 앉아서 같이 먹고 쓰러져 안고 자는 두 모녀의 광경은 참으로 슬펐다. 그러나 사랑의 힘은 그 속에도 웃음을 부어주었든 것이다.

그러다 지은이는 어떤 세든 집[金入宅], 즉 부잣집에 들어가 부엌일을 해주고 벼를 얻어 방아에 찧어가지고 돌아와 소경 어머니에게 따뜻이 밥을 지어드릴 수가 있었다. 그러나 어머니는 "내 딸이 오작히나 피곤하겠나", "저것이 어데가 상하지 않나" 하는 근심으로 도리어 아픈 가슴을 진정할 수 없어서 하루는 두 모녀가 마주 잡고 울었다.

그 울음이 집을 새어 길에 들리자 마침 그때에 그 앞을 지나가든 효종랑(孝宗郞)의 낭도들이 그 일을 자세히 탐문하여 돌아가 회중에 이야기하자 그 지은이의 효심에 감복하여 옷을 내어 쌀을 내니 왕도 그 소문을 들으시고 집을 하사하시어 ○○ ○○ ○○가 되었다. 그리고 그 지은이가 살던 마을을 효양방(孝養坊)이라고까지 불러 후세에 그 흔적이 남기어졌다.

그런데 여기 따라 한 말 붙여두고자 하는 것은 경주가 낳은 옛 여성으로 기록에 적혀 있는 이로 신라의 세 분 여왕이 있으나 이는 본지 신년호에 소개한 바 있기로 중첩을 피하였으며 또한 화랑의 시초인 원화(源花)로 남모(南毛)와 준정(俊貞)이란 두 분 여자가 있으며 김유신의 사랑을 받은 기생 천관(天官)도 있으나 다 칭찬으로 소개할 것이 못됨으로 그만 두었으며 고려 이후 이조에 이르기까지의 여성으로도 『동경지(東京誌)』에 수십 인이나 적혀 있으나 별로 이 사적을 쓸만한 것이 없고 모두 열녀라 효녀라는 것만 들어 놓았기로 일일이 다 적지 못하였을 뿐 아니라, 신여성으로도 소개할 수가 없는 것을 심히 유감으로 생각한다.

『신가정』 1933년 4월

이 글은 『신가정』 기자가 쓴 글인데 『신가정』의 영인본이 이미 6권으로 출간된 바 있다.

이 글은 모두 신라의 설화에 등장하는 인물을 소개한 것이다. '시조 불구내의 왕후 알영'은 『삼국유사』에 나오며, '소경 백운랑을 따라 간 제후'는 『삼국사절요』 제6권, 『동국사략』, 『동사강목』에 전한다. 이 설화는 1963년에 창극 「백운랑」이란 이름으로 서항석 작/박진 연출로 국립극장 대극장에서 초연된 바 있다. '가실을 기다린 설 처녀'는 『삼국사기』 권48 열전 '설씨조'에 보이며 춘원 이광수는 이를 소재로 단편소설 「가실」을 쓴 바 있다. 아울러 분당에서 오포면 신현리로 넘어가는 곳에 '가실고개'가 있다고 하는데, 그 길목에 가실이와 설 처녀의 무덤이라는 서낭당이 있었다. 그래서 이곳 주민들은 이곳을 '당모퉁이'라고 불렀다. 그러나 분당 신도시가 생길 당시 열병합발전소가 세워지면서 사라졌다고 한다.

'백제로 간 시집간 선화 공주' 이야기는 『삼국유사』 권2 '무왕조'에, '맹모를 섬기는 효녀 지은'은 『삼국사기』 권48과 『삼국유사』 권5 '효선'편에 각기 수록되어 있다. 효녀 지은에 관한 설화는 '손순매아(孫順埋兒)'와 마찬가지로 효행 설화의 하나인데, 『삼국유사』에서는 다르게 표현하였다. 그 제목이 '빈녀양모'로 되어 있고 이야기를 들은 장소는 포석정으로 설정되었으며 『삼국사기』에서는 효종랑이 직접 목격한 것으로 서술했으나, 『삼국유사』에서는 이야기를 간접적으로 들은 것으로 되었고 '지은'이라는 인명이 그저 '빈녀'로 나타난다. 아울러 나라에서 상으로 내려준 집을 모녀가 희사하여 절로 개조하여 그 이름을 '양존사(兩尊寺)'라 하였다고 한다.

위와 같은 신라의 각종 설화는 고 윤경렬(尹京烈, 1916~1999) 선생의 『신라 이야기 1~2』(창비, 2001)에 상세하다.

45 여왕 선덕
서정주

신라의 여왕 선덕(善德)은 일견 꽤나 쓸쓸하고 서러운 것을 잘 타던 여인 같지만, 그와 동시에 또 아주 유창한 유머의 소유자이기도 했다. 어떤 난경(難境)에도 동요하지 않았을 뿐만 아니라, 오히려 그 난경의 사태들을 아무것도 아니게 잘 통과해 낸 것은 그네의 그 유머의 힘이었던 걸로 안다.

지귀(志鬼)라는 이름의 우직한 사내가 이 여왕을 과격하게 짝사랑하여 남의 눈에 거슬릴 정도로 여왕의 뒤를 따라 다니기까지 했었다는 것을 우리는 잘 들어 알고 있다. 절간으로 불공을 드리러 가는 데까지 졸졸 따라다니다가, 여왕이 불공을 드리고 있는 동안에는 그 근방 어디 돌탑 밑에 주저앉아 콜콜 잠이 들어 있기도 했다는 이야기도 잘 알고 있다.

그러나 여왕이 지귀, 그 앞에서 한 것은 당황도 아니요, 겁도 아니요, 또 무관심과 냉대도 아닌 일장(一場)의 온화한 유머였다.

그네는 불공을 마치고 나오다가 돌탑 밑에 한잠 잘 들어 있는 이 맹추를 만나자, 그네 팔에 끼고 있던 황금 팔찌를 넌지시 스스로 벗어 그 가슴팍 위에 슬그머니 얹어주는 꽤나 익살스러운 한, 유머러스한 잠깐 동안의 행동을 취했을 따름이다.

이 행동은 아마 종자(從子)들을 꽤나 웃기고, 그 선덕여왕 본인의 얼굴에도 모종의 미소를 띠게 했을 성싶은데, 그 웃음을 상상하고 있으면, 그건 천 몇 백 년을 살짝 가벼이 넘어서 우리에게까지도 감염되고 있음을 느낀다.

그리고 이것을 원만한 유머가 늘 그런 것처럼 모든 사람을 안심하고 살 수 있게 하려면 그네 정의(情誼)의 아주 든든한 뿌리를 우리에게 보이는 것이다.

선덕이 어느 때 문득 입에 담았던 듯한 쌍소리까지도 우리에겐 그네의 강력한 유머의 품위 높은 수식으로 보인다.

백제군이 신라를 쳐들어 왔을 때,

"오올치, 남정네들이 ○○골(女根谷)로 들어왔다면 다 죽어야 할 건 뻔한 일이지러 ……"

난국 속의 당황을 조금도 보이지 않은 이런 웃음엣소리를 한 마디 한 덕으로, 신라군의 사기도 웃음의 여유 속에 넉넉히 유지되어 백제군을 손쉽게 격파해 내었으니 쌍소리도 그네의 이런 경우의 유머 속의 쌍소리는 참 상당히 유력한 것이었다.

그림 45-1 여근곡

그 잦았던 외구(外寇) 내란에 발끈 달아올라 당황하거나 풀죽어 부들부들 떨기가 일쑤였던 삼국시대 이래의 그 많은 왕전하들에 비해 볼 때, 여왕의 이 한 마디 쌍소리는 참 순금 좋은 순금 빛만큼 믿음직한 것이다.

비담(毗曇)과 염종(廉宗) 두 역적의 무리가 내란을 일으켜 나라가 무척 어지러웠을 때였다. 마침 밤하늘에서 유성이 있자, 이게 왕궁으로 떨어져 내렸다는 유언이 떠돌아 약한 민심의 걱정거리가 되고 있었는데 이런 난국의 어려운 사태를 아무렇지도 않은 양 일장의 유머러스한 연극으로 처리해 넘긴 김유신과 선덕여왕의 합작의 일막 유머극에도 여왕 선덕의 슬기는 역시 순금의 광도로 빛나고 있다. 그리고 또 이것도 천 몇 백 년의 시간은 잘은 유창하게 건네에 우리를 믿음직히 미소시킨다.

바람 따라 날리는 종이 연을 하나 만들고 그 밑에 매달은 허수아비에 불을 붙여 연과 함께 날리면서,

"보소! 왕궁에 떨어졌다는 별이 시방 다시 하늘로 올라가네!"

거리마다 왜장쳐 참 어수룩한 당대의 인심 동요를 그전 제자리로 다시 돌아가 안정하게 했다는 것은 땅과 하늘 사이 조용한 때의 조용한 번갯불처럼 번뜩이는 선덕여왕의 여유 도도한 유머의 그 순금빛 웃음인 것이다.

 이 산문은 서정주가 그 유명한 선덕여왕의 세 가지 명언, 즉 '지기삼사(知機三事)' 중 하나인 여근곡 이야기를 풀은 글이다.

'지기삼사'는 『삼국유사』 권1 「기이편(紀異篇)」에 수록되어 있으며, 세 가지 설화를 그 내용으로 하고 있다.

첫째는 향기 없는 모란꽃 이야기로, 당나라 태종이 붉은색·자주색·흰색의 세 가지 색으로 그린 모란의 그림과 그 씨 석 되를 함께 보내 왔다. 왕은 그 꽃 그림을 보고 그 꽃이 향기가 없음을 예언하였는데, 이듬해 핀 그 모란은 과연 향기가 없었다는 이야기이다.

둘째는 몰래 침략한 적군을 미리 알아 섬멸한 이야기로, 영묘사(靈廟寺) 옥문지(玉門池)에는 겨울인데도 많은 개구리가 울어 이 사실을 왕에게 알리니 왕은 정병을 여근곡(女根谷)에 보내어 적을 섬멸하도록 하였다. 군사가 서교(西郊)에 가니 과연 여근곡이 있고 적군 5백여 명이 매복하고 있으므로 이를 섬멸했다는 이야기이다.

셋째는 왕이 자신의 죽을 날을 미리 안 이야기로, 왕은 생전에 자신이 죽을 날을 예언하며 도리천에 장사 지내 달라고 일렀다. 신하들이 도리천이 어딘가를 물으니 낭산(狼山) 남쪽이라고만 답하였다. 왕은 과연 예언한 날에 세상을 떠나고 신하들은 낭산 남쪽에 장사를 지냈다.

그로부터 10년 뒤 문무왕이 사천왕사(四天王寺)를 무덤 아래 세웠다. 불경에 사천왕천 위에 도리천이 있다 하였으니 그제야 예언이 적중하였음을 알게 되었다.

그 당시 신하들이 세 가지 지혜의 해답을 물어보았는데 왕이 대답하기를, 모란꽃을 그리되 나비가 없으니 향기가 없을 것임을 알았고, 노란 개구리는 병사의 형상이며 옥문은 여자의 상징으로 음(陰)이며, 백색은 서쪽을 가리키므로 적군의 서방 매복을 알았다고 대답하였다.

이 설화는 선덕여왕이 불경이나 『주역』에 조예가 깊었음을 알려 주는 설화이다. 일연(一然)은 삼색 모란은 신라에 선덕·진덕·진성의 세 여왕이 있을 것임을 당나라 임금이 헤아려 맞춘 것이라고, 당나라 임금의 지혜와 선덕여왕의 지혜를 함께 설명하고 있다.

2009년 5월 25일부터 50부작 드라마 『선덕여왕』이 절찬리에 방영되었는데, 중간을 넘긴 당시 시청률이 40퍼센트를 넘어섰다고 한다. 서점에 가보면 선덕여왕 전문 코너를 만들어 놓고 신진혜, 여설하, 이기담, 정진영, 한소진의 동명 장편소설과 그밖에 김별아의 『미실』, 김용희의 『상처 입은 봉황 선덕여왕』 등이 독자의 애정 어린 손길을 기다리고 있다.

아래에 서정주의 시 「선덕여왕의 말씀」을 소개한다.

짐의 무덤은 푸른 영(嶺) 위의 욕계(欲界) 제이천(第二天).
피 예 있으니, 피 예 있으니, 어쩔 수 없이
구름 엉기고, 비터잡는데 ―그런 하늘 속.

피 예 있으니, 피 예 있으니,
너무들 인색치 말고
있는 사람은 병약자한테 시량(柴糧)도 더러 노느고
홀어미 홀아비들도 더러 찾아 위로코,
첨성대 위엔 첨성대 위엔 그중 실한 사내를 놔라.

살[肉體]의 일로써 살의 일로써 미친 사내에게는
살 닿는 것 중 그 중 빛나는 황금 팔찌를 그 가슴 위에,
그래도 그 어지러운 불이 다 스러지지 않거든
다스리는 노래는 바다 넘어서 하늘 끝까지.

하지만 사랑이거든
그것이 참말로 사랑이거든
서라벌 천년의 지혜가 가꾼 국법보다도 국법의 불보다도
늘 항상 더 타고 있거라.

짐의 무덤은 푸른 영(嶺) 위의 욕계(欲界) 제이천(第二天).
피 예 있으니, 피 예 있으니, 어쩔 수 없이
구름 엉기고, 비터잡는 데―그런 하늘 속.

내 못 떠난다.

『신라초』, 1961

46 불국사의 서전(瑞典) 황태자

창랑객(滄浪客)

서전(瑞典) 황태자가 고고학에 취미를 가지고서 동양 고적의 순례의 길에 올라 인도, 애급(埃及)을 거쳐서 동양에 이르러 국빈의 접대를 받고 그러고는 다시 발길을 옮겨 나라(奈良), 교토(京都) 등 옛 도읍을 다녀 동반도(東半島) 관문인 부산에 발을 들여놓기는 아미 7, 8년 전 이느 늦은 봄날이리라.

원래(遠來)의 이 열심(熱心)한 문화적 왕족을 맞이하고자 서울서

그림 46-1 서봉총 발굴 현장에서의 스웨덴 구스타프 황태자(1926년)

는 각 신문사에서 특파원을 부산까지 유송(流送)하였다.

나도 살구꽃 재촉하는 늦은 봄비를 맞이하면서 신문사 사진반을 데리고 경성역을 떠난 것이 야행(夜行) 9시의 특급. 이튿날의 부산 부두는 총독부와 기타 각처로 모여 온 접반원(接伴員)들로 번화하였다.

그때 나는 서전의 황자를 보았다. 키가 훨씬 크고 눈이 이글이글하고 말소리 부드럽고 태도가 상냥한, 그러면서 어디인지 궁정미(宮廷味)가 흐르는 중년 신사, 검은 모닝이 상아를 박은 굵다란 단장(短杖)을 집은 지나치게 겸손한 외방(外邦) 청년 왕족을. 황태자의 목적은 조선서 세 군데를 보기 위함이라 한다.

첫째는 신라 고도 불국사와 경주 고분,

둘째는 고구려 고도 낙랑(樂浪),

셋째는 서울의 중세기 예술 유적.

이 세 가지는 동양사를 연구하는 위에 귀중한 자료라고 하여 일부러 찾아온 것이라 하니, 우리로서는 그 뜨거운 마음을 감사히 받지 않을 수 없다.

태자는 처음 경주 시외 금관총에 자동차를 머물렀다. 그는 옛 왕릉의 봉분 모양을 자세히 살피고 그리고 거기서 발굴한 금관을 이모저모 뜯어보았다. 이미 천년을 지났는지라 고분은 석관이 남았을 뿐, 금관도 녹이 슬고 청색을 띠어 이끼 앉은 기왓장 파편 같은 모양을 보이고 있었다. 태자는 손수 그것을 쥐여 들고 먼지를 불며 사족을 맞혀도 보고 있었다.

그리고는 애급서 보는 거와 유사한 데가 있다고 한다.

나일강 가의 세계 최고 문명의 터에 4천년의 긴 꿈을 걷어 안고 지나오는 애급의 여러 고분 속 보물을 우리도 태자의 말을 통하여 눈앞에 보는 듯하였다.

고고학자라 하면 인류의 두개골이나 이리 뒤적 저리 뒤적하고 그렇치 않으면 다 썩어빠진 옛 무덤 관곽(棺槨)에서 새겨놓은 상형문자를 현미경으로 노틀담의 곱사등이 같은 사내를 연상하기 쉽지마는 이제 이렇게 금관과 왕릉을 경건한 마음으로 들여다보는 태자 같은 분을 바라보며, 그것이 옛일인 것이 알리라. 바로 어저께 있든 육친의 애정을 둘쳐보는 일같이 한껏 정다움을 느껴진다.

그림 46-2 서봉총 발굴 기념비

태자는 거기서 카메라로 여러 장의 사진을 박았다.

그리고 경주박물관을, 다시 첨성대와 안압지를 보았다. 박물관에서는 관장의 안내로 특히 장시간을 관람하고 몇 가지 메모하는 양을 볼 수 있었다.

그러나 태자의 감격을 불국사 앞마당에 섰을 때에 고조(高潮)하는 듯하였다. 천 년 전 옛 고찰이 배후의 영산을 끼고 동해를 향하여 우뚝 선 그 유현(幽玄)한 풍자(風姿)에 한참 머리를 숙이고 있었다. 단청도 낡을 대로 낡고 당우(堂宇)도 비바람에 한쪽으로 조금 기울어진 양 그 자연의 숭고한 모양에 태자의 발길은 몇 번 빙빙 돌았다.

더구나 희랍 신전 앞 성화대를 연상케 하는 돌로 깎아 만든 다보탑. 황혼의 다보탑은 속인에게서 시를 찾는 듯하였다.

몇 번 절찬하는 소리, 태자의 입으로부터 흐름을 들으면서 석굴암까지 올라갔다.

사(社)의 전보를 받고 나는 먼저 서울로 올라왔다. 그리로 태자는 평양에 이르러 낙랑 고분에서 얻는 바가 많아 가지고 일로(一路) 지나(支那)로 향하더라 한다. 지금도 잊혀지지 않는 인상은 서양 사람 치고도 몹시 키가 후리후리한 이 어른이 카메라를 들고 불국사 앞마당을 거닐던 엄숙한 자태였다.

『삼천리』 1938년 12월호

이 글의 저자 '창랑객'은 『산천리』잡지사의 편집인이자 발행인이었던 파인 김동환의 필명이다. 김동환은 이 외에도 강북인(江北人), 김파인(金巴人), 파인생(巴人生), 초병정(草兵丁), 목병정(木兵丁), 석병정(石兵丁), 화병정(火兵丁), 초사(草士), 한양과객(漢陽過客), 강서산인(江西山人), K.W.H. 등 다양한 필명을 가졌다.

지금의 경주 서봉총 앞에는 사각형의 비석이 서있다. 스웨덴 황태자가 서봉총 발굴에 참여했던 일을 기념하기 위해서 1971년에 한서협회(韓瑞協會)에서 세운 것이다. 서봉총의 '서'는 스웨덴의 한자 이름 '서전(瑞典)'에서 따온 이름이다. 서봉총은 1926년 10월 10일에 발굴된 적석목곽분이다. 이 서봉총은 당시 스웨덴 황태자였던 구스타프 아돌프 공(1882~1973)의 경주 방문을 기념하여 발굴되었다. 당시 구스타프 황태자는 고고학도로 널리 알려져 있었는데 본문에서 설명했다시피, 그는 신혼여행 노선을 동양으로 잡고 이집트, 인도, 도쿄, 나라, 교토 등 고고 유적지를 탐방하고 부산에 도착했다. 그의 한국 방문은 일대 센세이션을 일으켰다. 각 신문사에서는 특파원을 파견하여 그 상황을 취재하고 대서특필했다. 이어 경주 박물관, 첨성대, 안압지, 불국사를 관람하고 서봉총 발굴에 참여했다가 낙랑 유적지를 거쳐 중국으로 넘어갔다고 한다. 이후 구스타프 황태자는 1950년에 구스타프 6세로 스웨덴 국왕의 자리에 오른다.

47 자연으로 본 경주

이병기(李秉岐)

내가 본 것은 가을의 경주.

둥긋둥긋한 그 봉황대 머리마다 하얀 억새꽃이 가을 바람에 힘없이 흐늘흐늘할 때 계림의 화엽과 함께 벼 이삭, 수수 이삭이 천 삼백 방, 십 팔 만 호나 되는 옛 서울의 비인 터를 덮어 있고 그 가장자리로는 문천(蚊川)이니 서천(西川)이니 알천(閼川)이니 하는 냇물들이 잔잔하게 흐르고 그밖엔 올막졸막한 조그마한 산, 연해 있는 장산들이 혹은 가까이 혹은 멀리에 둘러서서 한층 더 적적하고 소조하게 보일 뿐이다.

벼논, 수수밭 머리에 몇 호씩 남아있는 초라한 기와집, 초가집. 이것이 한 농촌-고적한 마을에 지나지 못하나, 그래도 이리저리 뚫린 큰길이라든지 낡은 성벽이라든지 글자가 박락하고 파란 이끼 진 여러 표선과 비석이라든지 또는 굴러다니는 돌덩이, 기와쪽이라든지 메어지는 못, 글헝, 즘 들오륵한 언덕, 말라가는 고목, 잦어진 덤불, 그 어느 것이라든지를 물론하고 하나도 나의 눈, 나의 마음을 아니 끄는 것이 없다.

한편 논머리 좁웃한 길에 뒷짐을 지고 긴 담뱃대를 물고 어슬렁어슬렁 나오는 흰옷 입은 늙은이며 수수밭 머리에서 고추, 듬부, 목화 나부랭이를 따아 앞치마에 꾸리고 또는 한바구니하여 이고 서형산 머리로 넘어가는 저녁볕을 두 뺨에 다북 받고 해오족해오족 걸어오는 아낙네며, 까치집만하게 솔가루, 마른 풀을 해짊어지고 한편 산골짜기로서 몰아오는 아이들이며 수수이삭 끝으로 거뭇한 갓꼭대기가 들락날락하며 달랑달랑 방울을 울리고 조그만 나귀를 타고 지나가는 행인이며 술잔이나 얼큰하게 취하여 "서형산 저문 날에 님을 찾어 ……"하고 큰 노래를 부르며 비틀거림을 하고 방황하는 이. 그들 가운데에는 김유신 같은 영웅, 만명이 같은 어진 어머니, 김대성 같은 놀라운 조각가, 월명사 같은 신이, 처용이 같은 한량도 없지 않을 것 같다. 아니 그들이 곧 그러한 천재나 소질은 못 타고 낳았다 하더라도 그들의 얼굴에나 체격에는 반드시 그 유전된 모습만이라도 남아 있을 것 같다. 그리하여 그들은 지금 이 천년 고도의 폐허를 무대로 하여 단조하고 빈약한 무슨 조그마한 희극이나 비극을 연출하며 있는 것 같다.

과연 경주의 자연은 자연 그대로만이 아니다. 그러므로 볼 맛이 있다. 마치 함축이 많은 시나 산문을 보는 것처럼.

그리고 그 부근의 오릉, 포석정, 백률사 따위도 있지마는 그보다 더 볼만한 곳은 토함산이다.

불국사에서 토함산 빙에를 잡아가며 한 모퉁이 두 모퉁이 돌아갈 때 발을 멈추고 고개를 돌리어 조감도 같은 경주의 한 폭을 내려다보는 맛과 척척 늘어진 머루, 다래 넝쿨을 더위잡고 바위 엉서리[75)]에 걸터앉아서 '휘유' 하고 한가로운 쉬는 맛과 그리고 마지막 그 고개를 넘어서서 망망한 동해 바다를 바라다보는 맛이란 이 토함산 아니고는 어디서든지 얻어 볼 수 없다. 어떻다 말할 수도 없다. 그

---

75) '벼랑'의 제주 방언.

저 가보면 곧 알 것이다.

앞으로 한편 산빙에를 돌아가는 길이 있다. 그 길로 두어 굽이를 돌아 얼마 아니 가서 유명한 석굴암이 나선다. 여기까지 다 와서 석굴암을 얼마 아녀 보겠다는, 그 복 바치는 기쁨이야 또한 어떠하겠느냐.

내가 본 것은 가을의 경주.

그중에도 나는 가장 토함산을 좋아한다.

『신가정』 1933년 4월

이병기(李秉岐, 1891~1968)의 호는 가람(嘉藍)이며 현대 시조의 개척자이자 국문학자이다. 시조 부흥 운동에 앞장서서 시조를 이론적으로 체계화하는 데 노력하는 한편, 창작에도 관여하여 시조의 현대화에 기여하였다. 저서에 『가람 시조집』(백양사, 1939), 『지나명시선』(박종화와 공편, 1944), 『국문학 개론』, 『가람문선』, 『가람일기 1~2』(신구문화사, 1976) 따위가 있다.

그는 일제강점기 권덕규 선생과 마찬가지로 한평생 고문헌을 수집하고 그 주석에 매달린 학자이다. 그가 동광·휘문고보에서 교사로 받는 당시 월급 18원 중에 절반 이상을 책 구입비로 썼다고 하는데, 그의 『가람일기』를 보면 그가 얼마나 책에 애착을 가졌는지 알 수 있다. 그는 또한 애서가, 애란가, 애주가였다고 한다.

이병기는 1927년 9월 27~30일까지 경주 수학여행을 인솔하였고, 1930년 10월 8~11일 재차 경주 수학여행을 인솔하였다. 아울러 이병기는 1931년 7월과 8월 두 달에 걸쳐 삼남 각 지방을 순회하면서 「한글과 우리문학」에 대해 강연하면서 각 지방의 방언, 민속, 민요, 고문헌을 수집하였다. 그 뒤 같은 해 10월 1~2일간에도 경주 수학여행을 인솔한 바 있다. 이 글은 그때의 견문을 향토성 짙고 맛깔나는 문체로 적은 글이다.

48 역사적으로 본 경주

이윤재(李允宰)

"나라는 망하였으되 산과 물은 그대로 있다[國破山河在]"라 한 옛 사람의 시구도 있거니와 옛날의 서라벌, 오늘의 경주! 과연 장구한 천년 동안의 신라국 서울로 한창 변화가 극하던 옛날의 자취는 이 제에 다시 찾을 길이 없고 다만 저 토함산의 높은 봉과 알내[閼川] 의 흐르는 물만 옛 형태를 변하지 않고 있을 뿐이로다.

경주가 처음에 사로국이란 이름으로 진한 12연방(聯邦)의 종주국 이든 것은 지금으로부터 3천 년 내지 2천 년 전 삼한 시대의 일이었 다. 이곳은 그때로부터 문화가 크게 나아가서 백성들은 누에치는 법과 베 짜는 법이 발달되었고 또 예의를 숭상하여 장가가고 시집 가는 것에 다 예법으로써 하며 행인은 길을 서로 사양하였다 한다.

그 뒤 반도의 북방으로부터 단군 조선의 후손들이 내려와 동해면 산곡 사이에 여기저기 흩어져 살아서 여섯 촌락[六村]을 이루었다. 그 여섯 촌락은 이러하다.

지형	촌 이름	촌장	성	위치
알천(閼川)	양산촌(楊山村)	알평(謁平)	이씨	중
돌산(突山)	고허촌(高墟村)	소벌도리(蘇伐都利)	정씨	남
무산(茂山)	대수촌(大樹村)	구례마(俱禮馬)	손씨	서
취산(觜山)	진지촌(珍支村)	지백무(智伯武)	최씨	동남

지형	촌 이름	촌장	성	위치
금산(金山)	가리촌(加利村)	지타(祗沱)	배씨	동
명활산(明活山)	고야촌(高耶村)	무진(武珍)	설씨	동북

　이와 같이 여섯 촌의 촌장이 각각 그 촌 안의 백성들을 다스리고 있었다. 촌장들은 중대한 일이 있을 때면 항상 한데 모이어 나랏일을 의논하였는데 한번은 촌장들이 알내 위에서 회의를 열고 지금까지는 그저 이렇게 지내왔으나 아무리 하여도 일국을 통치할 한 사람의 임금을 둠이 좋다는 데에 의견이 일치하여 박혁거세(朴赫居世)란 이를 맞아서 임금을 삼았다. 혁거세가 당시 13세의 소년으로서 거서간(居西干 : 대왕이란 말)이 되어 나라 이름을 서라벌이라 하니, 서라벌이라 함은 곧 신라와 같은 말로 본 데는 경주 한 지방의 이름이든 것이 이와 같이 나라의 이름으로 된 것이다. 이것이 지금으로부터 1천 9백 90년 전의 일로 반도 남부에서 군주제의 비롯이라 할 것이다.

　제4세 탈해이사금(脫解尼師今)이란 임금 때에는 왕성 서쪽 시림(始林)이란 숲 사이에서 닭 울음소리를 듣고 뛰어가서 금궤 속에 들어있는 아이, 곧 경주 김 씨의 시조되는 김알지(金閼智)를 얻어 이곳을 기념으로 나라 이름을 계림이라고 고치어 한 2백 50년간이나 시행하다가 제15세 기림이사금(基臨尼師今) 때에 도로 신라로 고치었으며 제22세 지증왕(智證王) 때에 이르러는 이때까지에 신라의 나라 이름을 동음이역(同音異譯)으로 서벌(徐伐)·서라벌(徐羅伐)·서야벌(徐耶伐)·서나벌(徐那伐)·사로(斯盧)·사라(斯羅)·신로(新盧)·설라(薛羅)·신라 등 이와 같이 여러 가지 써오던 것을 한문 글자로 '신라(新羅)'라고 고정하여 쓰기로 작정된 것이다.

이때 신라는 사방 여러 나라에게 몹시 시달림을 받았으니 동쪽으로는 왜국에게 종종 집적임을 받으며 서쪽으로 백제에게 침략을 당하고 북쪽으로 강대한 고구려의 내려누림을 입어 정신없이 지내다가 지금으로부터 1천 2백 60여 년 전에 백제와 고구려가 전후하여 모두 멸망하고 신라가 제36세 문무왕의 때 완전히 반도를 통일하게 되었다. 이로써 반도의 정치의 중심지는 이곳 경주가 된 것이다.

신라가 통일한 이후로는 나라의 ○○○○○○○달을 이루었으니 한창 시대에는 신라 서울 성내의 호

그림 48-1 계명도

수가 17만 8천 9백 36호요, 동리는 1천 3백 60방(坊) 55리라 하니 17만 호고 보면 지금 경성의 호수 7만 호에 비하여 약 3배 가량이나 컸음을 알 것이다. 이렇게 많은 집에 초가집은 한 채도 없고 죄다 와가 뿐이며 밥 짓는 데는 나무를 쓰지 않고 숯으로만 썼으며 노래 소리와 음악 소리는 길에 가득하여 낮과 밤으로 끊이지 아니하였다. 이를 보면 그때에는 백성들이 얼마나 부유하게 지내며 안락한 생활을 하였든지 가히 미루어 알 것이 아닌가.

신라가 통일 후 2백 50여 년을 지나 제56세 경순왕(敬順王)이 고려 태조에게 항복하니 신라가 이로써 망하였다. 신라가 건국한 이후 한번도 도읍을 옮긴 일이 없고 992년이나 되는 장구한 시일에

처음부터 끝까지 줄곧 한 군데에만 있은 것은 다른 나라에서는 도무지 보기 어려운 일이며 또 한 왕조로써 박·석·김 세 성이 서로 이어 왕위를 전한 것이라든지 더구나 동양에서는 매우 드문 여왕이 세 분까지 있은 것은 한 가지 특색이라 아니 할 수 없는 것이다.

그렇게 번화하던 신라 나라의 서울은 신라가 망함과 한 가지 아주 황폐하여졌다. 지금으로부터 고려 태조 때에 신라 서울이란 이름을 경주로 고치었으니 경주란 지명이 이때로부터 처음 생긴 것이다. 그리고 거기에 대도독부를 설치하였으며 그 뒤 성종대왕 때에는 동경유수(東京留守)로 고치고 유수사(留守使)를 두어 영동도(嶺東道)에 붙였으니 이로써 고려 삼경(三京)의 하나로 되었다. 삼경이라 함은 평양을 서경, 한양을 남경, 경주를 동경이라 하는 것이다. 현종대왕 때에는 경주방어사라니 안동대도호부라니 하다가 도루 동경유수를 두었으며 신종대왕 때에는 여기에 야별초란(夜別抄亂)이 있었고 또 동경 사람으로 신라를 복국한다는 이유로서 각처에 격문을 뿌린 사건이 생기므로 강급(降級)하여 경주지사를 두었다가 고종대왕 때에 도로 유수로 회복하였으며 경효(景孝)대왕 때에는 계림부로 고쳤으며 또 우왕 때에는 낙랑부라 일컬었으며 이씨 조선 태종대왕 때에 옛 이름 경주로 고치어 오늘까지 이르렀다.

경주가 신라 이후로는 이렇게 변천이 많았다. 옛날 고루거각 17만 호가 깔려 있든 곳이 오늘날 겨우 2천 호 미만의 황량한 벽촌으로 화하였음을 볼 때에 진실로 감개무량하다. 그러나 고적과 유물이 오히려 남아있어 절로 옛날 역사를 말하는 듯.

『신가정』 1933년 4월

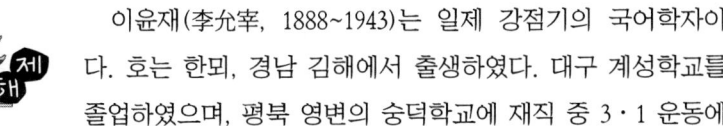 이윤재(李允宰, 1888~1943)는 일제 강점기의 국어학자이다. 호는 한뫼, 경남 김해에서 출생하였다. 대구 계성학교를 졸업하였으며, 평북 영변의 숭덕학교에 재직 중 3·1 운동에 참여하여 3년간 감옥 생활을 하였다. 1924년 중국 북경대학 사학과를 졸업한 뒤 귀국하여, 오산·경신·연희전문·감리교 신학교 등에서 교편 생활을 하였다. 1927년 '조선어학회' 회원들과 사전을 엮고, 1934년 국어학자·사학자들과 함께 진단학회를 설립하였으며 기독교신문의 주필이 되었다. 1942년 조선어학회 사건으로 최현배·이희승 등과 함께 체포되어 이듬해 함흥 형무소에서 악형과 추위에 시달리다 병사하였다. 저서로 『표준 조선어 사전』, 『도강록』 등이 있다.

편저자 약력

趙 誠 煥 62chosh@hanmail.net

    1962년 충남 서산 출생
    1981년 천안고등학교 졸업
    1987년 경북대학교 중어중문학과 졸업[문학사]
    1989년 경북대학교 대학원 중어중문학과 졸업[문학석사]
    1996년 경북대학교 대학원 중어중문학과 졸업[문학박사]
    1991년~2005년 경주 서라벌대학 전임, 조교수, 부교수 역임
    2005년 중국사회과학원 역사연구소 방문학자[지도교수 : 王宇信]
    2007년~2009년 경북대학교 국제대학원 강사
    현재 백석대학교, 상명대학교, 충주대학교 강사

만든 책

『중국현당대문학비평가사전(상하)』(대구 중문출판사, 1996)
『자오수리(趙樹理) 평전』(역서, 도서출판 동과서, 1999)
『한국의 중국어문학연구가 사전』(도서출판 중국학@센터, 2000)
『중국문학과 여성』(역서, 도서출판 중국학@센터, 2000)
『중국고대문학연구가사전』(대구 중문출판사, 2001)
『딩링(丁玲)의 소설』(역서, 도서출판 중국학@센터, 2001)
『동양관광문화이해』(공편, 서울 백산출판사, 2002)
『인물로 보는 중국현대소설의 이해』(공역, 도서출판 역락, 2002)
『중국어 입문』(공저, 서울 백산출판사, 2003)
『가이드와 함께 하는 중국어 경주관광안내』(도서출판 학고방, 2003)
『중국언어학자 인명사전』(도서출판 학고방, 2003)
『중국번역문학사』(역서, 대구 중문출판사, 2005)
『중국현대문학과의 만남』(공저, 도서출판 동녘, 2006)
『북경과의 대화 : 한국 근대 지식인의 북경 체험』(편저, 학고방, 2008)
『중국의 최치원 연구』(역서, 심산출판사, 2009) 외 다수

경주에 가거든
한국 근대 지식인을 통해 본 경주

1판 1쇄 인쇄 2010년 7월 8일
1판 1쇄 발행 2010년 7월 18일
1판 2쇄 발행 2011년 5월 31일

편저자 ∣ 조 성 환
펴낸이 ∣ 하 운 근
펴낸곳 ∣ 學古房

주　　소 ∣ 서울시 은평구 대조동 213-5 우편번호 122-838
전　　화 ∣ (02)353-9907 편집부(02)356-9903
팩　　스 ∣ (02)386-8308
전자우편 ∣ hakgobang@chol.com
등록번호 ∣ 제311-1994-000001호

ISBN 978-89-6071-169-3 03800

값 : 25,000원

※파본은 교환해 드립니다.